戦後的思考

katō norihiro
加藤典洋

講談社文芸文庫

目次

死ぬつてことが重荷になるなんて
今夜に限つて
こりや一体どうしたことだ
重荷と云ふんぢやなくつて
何と云ふか
とつても嫌らしいんだ
（宮野尾文平詩集『星一つ』より）

戦後的思考

第一部　戦後的思考とは何か

Ⅰ　一九九七年の「歴史主体論争」――日本・ドイツ・韓国

はじめに

「戦後」と「思想」について考えてみたい。

主題は一言でいえば、「戦後的思考」である。戦争と敗戦をへて、「戦後」という経験が可能にした新しい「思考」の地平が日本の戦後にはあったと、わたしは考えている。

その輪郭とは、どのようなものだろう。

一九九七年に刊行した前著『敗戦後論』は、著者としては予期を越える反響にあった。その反響の中身が圧倒的に批判からなっていたということも、その批判が主に革新派の陣営から寄せられたということも、文学ということの意味に触れた部分が余りその批判に影を落としていなかったことも、著者の予想を越えていた。

わたしからすれば、かなり頭の固い革新派からは教条的な批判がくるだろうが、現在の革新派の敏感な部分には、そのモチーフは受けとめられ、大方の明確な形での批判は、(そのモチーフを正確に受けとめれば窮地に立たされることになる)先鋭な保守派のほうからくるだろうと、予期していたのである。

革新派の知識人との間には対話が成り立つと考えていた。この予期と現実の落差がどこから生じたのか、そのことの反省がこの本の考察の出発点となっている。

まず、この間に現れた批判を一瞥することを起点に、『敗戦後論』の基本的骨格に立ち返り、そこから、この本の主題である「戦後的思考」について、それがどういう経験に基づく思考であるか、語ってゆく。

1　批判の形状

これまでに現れた前著への批判は、だいたい三つに分類できる。

第一は、国民国家批判の立場から、『敗戦後論』が「国民としてのわれわれ」の構築をめざしていると見て、これをナショナリズムの再興であると批判するもので、西川長夫、上野千鶴子その他の学者、知識人がこの立場を代表している。

わたしはこのような批判理論は、やはりマルクス主義的な現実批判のカテゴリーのうちにあるのではないかと思う。その批判の貫徹のためには、革命、それもロシア・マルクス主義流のそれをもってくるしかないのではないか、ということである。「国民化」という概念が彼らの否定の指標となっているが、それはこれまで「近代化」、「プチ・ブルジョワ化」という形で階級闘争的な観点から定式化されてきた概念と、どう違っているのだろうか。国民国家批判はそこで、国民国家、システム社会といった観点を導入し、単に概念を更新されただけの、マルクス主義を焼き直ししたその延命形になっているのではないだろうか。こういう疑問に答えるのに、これらの批判理論は、もしそうではない、というのなら、革命以外の、この批判に立つ現実改変の方法を示す必要があるだろうと思う。その際、なぜ現在、「革命」が不可能なチョイスとなってしまっているのか、その理由を考えてみてもらいたい。

　国民国家に代わる代案はないではないか、という考え方自身が、既に国民国家に毒されている、現にフランス革命の折りには、誰も代案などもたなかった、という主張も見受けられるが[*1]、これはおかしい。確かに代案というものはいつも誤りうるし、したがって変更されうる。けれども、どんな革命の場合でも、とりあえずの代案は示されている。考えてみればわかるだろう。批判が身分制国家はダメだ、国民国家はダメだ、という。この現実批判に、「ではどうすればいいのだ」という代案への問いかけは不可避だ。国民国家批判はこの反問に答えなければならない。そのような反問自体を、国民国家に毒されているという理由で禁圧するていの批判は、その時点ですでに批判として、失格しているはずである。

　第二は、主に社会科学的な立場からなされた批判で、前著が、「敗戦後論」、「戦後後論」、「語り口の問題」という三部構成のうち、第一の論考「敗戦後論」の提起した社会的政治的な問題を第二の論考以降放置した、全体として「腰砕けの論」になっている、と指摘するものである。わたしの接した中では、間宮陽介、小浜逸郎その他の論者の批判ないし指摘に、このような観点が認められた。

これらの論考を通じて著者が具体的に現在の問題をどうせよと考えているのか、著者の政治的態度が明確に受けとれない、とする批判、この種の問題を扱うには考察態度が文学的にすぎる、という批判も、ここに含まれる。

憲法第九条の問題、憲法「選び直し」の問題についてどう考えるのか、という指摘もここに入れてよいだろう。

わたしも第一の論考で提起した「問題」が社会、政治的提言として単なる問題提起にとどまっていることを認める。しかしわたしのつもりでは、それはわたしの仕事ではなかった。誰か社会科学畑の専門家が関心をもてば、やる仕事だろうと思っていた。いってみれば、第一の論考「敗戦後論」には文学と社会科学、二つにわたる重層的な意味がある。これを一本のトンネルとすると、その隣りにもう一本、「続敗戦後論」ともいうべき論考が書かれるべき空白がある。しかし書かれたのは、そのトンネルのむしろ下方の空白を埋めるトンネル、垂直に連なる文学論だった。わたしにしてみれば、より困難な課題に向き合ったのが、第二の論考「戦後後論」だったのである。

この第二の類型に入る批判は、このわたしの文学をめぐるモチーフを受けとめていない。しかし、第一の論考の提出した問題が答えられていないという指摘は、その通りである。どうもこの問題についてもわたしが考えたほうがいいらしい。この本では、これらの批判、指摘の指さす空白をも、埋めるつもりである。

第三は、戦争の死者の哀悼の問題、謝罪の問題、いずれをとってもこのような繊細な主題を考えるのに、考え方が大ざっぱすぎるのではないか、という批判で、斎藤純一、小泉義之といった若手の論者からの批判にこうしたものが多かった。

中には読んでみるとわたし以上に乱暴な議論を展開している例もあるので、一概にはいえないが、前著に展開したわたしの死者をめぐる二分の仕方、数で示す仕方、謝罪をめぐる問題提起がこれらの批判者の観点にくらべ、「大ざっぱ」で「粗雑」な構えをもっているというのは、その通りである。しかし、わたしは、たしかに「大ざっぱ」で「粗雑」な言い方ながら、死者と謝罪の問題に関し、それまで指摘されていない問題点を取りだしている。わたしとしても死者と謝罪の問題を扱うに際し、これが繊細な観点と感覚を要請する主題であることを意識しないわけではない。しかし、それがそういう主題であり、そのように丁寧に扱われてきたにもかかわらず、また、これまで多くの日本の戦後の知識人が関与してきていながら、あることが気づかれていなかった。それをいうのに、わたしはこの「大ざっぱ」で「粗雑」な言い方を、選んだのである。

大ざっぱで粗雑な言い方でしか、いえないことがある。あるいは大ざっぱで粗雑な言い方がかろうじて指さすことがある。それがいわれた後には、そのいわれたことはどのようにも補正されうる。しかし、それは、まず単純な形で、それとして、一度、いわれなくてはならない。

わたしが、アレと空の鳥を指さす。そのわたしの指が曲がっていようと、わたしとしては、まずわたしの指さした鳥について、そのわたしの指さし行為について、それが正鵠を射たものかそうでないかを論じてほしい。

弓をひきしぼり、矢を放つ。そのことと、矢の「軌跡」を微分し、そこにひそむ難点を批判することとは、対立しない。両立する。

という意味は、これらの指摘はわたしには有益だが、批判ではない、ということだ。その矢の「運動」を受けとった上での批判でないかぎり、それはわたしに再考を迫らない。

ほかにも、保守派からのものを含め、さまざまな批判がある。中にはいわゆる自由主義史観とわたしの主張を同一視させようとするデマゴギー的言説も含まれているが、そうした考え方に対する答えも、追って、本書の中でふれてゆくだろう。

2　真情とねじれ

さて、前著を出してから以後、わたしにとって最も大きな経験は、この自分の著作に対する批判の集中砲火だった。気がつくと、これまでわたしの著作のよき理解者であった人々の一部がそのような批判の先頭の列に加わっていた。また若い知識人からの批判にはその思考の「単細胞ぶり」でショックを与えられるものが少なくなかった。何か大きな地殻変動にも似たものが起こっているという感想を、わたしはもった。

いったいここに、どのようなわたしの見込み違いがあったのだろうか。いったい何が違うためにこうもこの本のモチーフが伝わらず、正確に受けとめられないのか。

わたしは、この反応に当初、心底驚いたが、やがてわかった。何かわたしに自明と思われていた思想の感度のようなものが、ある時期以降、わたし以後の世代にほとんどとだえようとしているのである。

たとえば、あるわたしより若い学者は、これまで自分の「勉強」してきた英語圏の社会正義論を「日本の文脈に活用しよう」と思い、日本と韓国をめぐる謝罪の問題に発言しようと思ったと述べていた。また別の学者は、石橋湛山の大正期の逆説的な功利主義的抵抗を国益中心主義に立つものだと一言のもとに否定していた。わたしとしては、これらの学習能力に富んだ人々に、かたや思想の生きた姿がほとんど摑まれていないこと、簡単にいえば思想の感度というものが備わっていないことが、非常に不満である。

なるほど、彼らのいうことにも一理ある。たとえば、その種の問題は「勉強」されうるし、その意味で学問と「両立」するだろう。しかし、それでは余りに「吉岡道場的」すぎる。本来、韓国と日本の間の謝罪、といった問題は、それが「学問」ではなくなるところで「問題」として生きている。なぜ学問としての社会正義論があるのか。学問と問題の順序がそもそも逆なのである。

こうして『敗戦後論』が国内で若手の論者からの批判にさらされているさなか、人を介し、韓国の知識人グループからこの論考の内容に関心をもっているというメッセージが寄せられたことも、わたしに、こうした認識をさらに深めさせる契機となった。

わたしの観点からすれば、わたしのいわば自己批判としての日本戦後批判のモチーフは、日本の中では意外にも、大半の革新派の論者に、受けとめられなかったが――とはいえむろん例外的な理解者には少数恵まれた――、しかし、意外にも、隣りの国の同時代の学者、文筆家の一部には、かなりの程度、著者から見ても正確に、受けとめられたのである。

なぜこのようになるのか。

わたしはものごとを、ずいぶんと長いこといわば最後の車両で考えてきた。ものを考えるのに、自分の思考の中の先頭車両で考えるのと、最後尾車両で考えるのと、二つの仕方がある。新しい外来思想を仕入れてきて、それまでの言説を批判することで商売をしようというのは先頭車両で考える仕方の見やすい例だが、また、自分の考えのもっとも先端的な部分を自分の思想のダイナモ（動力源）と考える人も、この先頭車両で考える人に分類される。最後尾車両で考えるとは、これに対し、自分の中のもっとも怠惰な部分、遅れた部分に思考の足場をおく考え方、自分の最後尾車両にむしろ機関車（ダイナモ）をおくことを本質とする考え方である。英語に、「彼は決して嘘をつかない人間だ」というのを直訳的には「彼は嘘をつく世界で最後の人間だ」という言い方で表わす表現があるが、それでいうならわたしは自分の中の「最後の人間」に発言させようとしてきた。自分の中の「彼」を自分の中で一番信用してきたし、その「最後」の場所で「最も遅れた者」として考えたものに沿って思考の稜線を辿る限り、「彼」がそういうのなら、たとえ間違っても、その間違いは引き受けられるだろう、と考えてきたのである。

さて、時代の兆候の中には出現点と消滅点があるが、先頭車両で考える人はだいたい、その出現点に新味をおぼえて注目する。それに対して、わたしは、逆の消滅点に新味を見て、そこからものごとを考えてきた。そしてそのように戦後という時代と接してきたわたしの観察の結論をいえば、日本の戦後においては、出現よりも消滅のほうが、しばしば深い意味をもっているのである。

わたしは、この間の批判の集中砲火を浴びるという経験から、あるものがいま、消えかかっている、という感想を受けとる。その感想は、わたしにほぼいまから十年前、もう一つ、あるものの消滅を確認した時のことを思い出させる。わたしの考えでは、この二つのものの消滅の間には、一つの対応がある。

そのあるものとは、まず、一つの「真情」である。

『敗戦後論』を書いた時、わたしは天皇を敬愛する信従者に対し、もし本当に信従しているのであればむしろ天皇に諫言をさしむけるべきではないのか、と述べたが、この考えは、実をいえば、戦後、天皇信従者の正統の流れはもうとだえているという、この最後尾車両型の観察を背後に控えていた。わたしが日本の保守派知識人、広くは天皇信従者がもう「終わっている」ことに気づいたのは、一九八八年に昭和天皇が倒れ、重体となった時のことである。

この時、朝日新聞、毎日新聞の二紙に天皇の「病状」をグラフで示す「天皇陛下のご容体の推移」といった図表が現れた。血圧、輸血・下血の量、脈拍、体温、呼吸数を折れ線グラフで示すアナログ的な情報図像である。

情報表示の形態にデジタル型とアナログ型と二つがある。デジタル型というのは、情報の変化をその結果である数字で表わすデジタル時計式の共時的な輪切りの形態であり、これに対し、アナログ型というのは伝統的な文字盤と針のアナログ式時計のように情報の推移が目でたどれる通時的形態である。

わたし達はふつう、図表というとこのアナログ式とデジタル式を使い分けている。相撲の星取表は勝ち負けの「推移」を記号で示すアナログ式であり、野球のリーグ別順位表は「その日現在」の各チームの順位、ゲーム差を数字で示すデジタル式である。

この二つの形態は、情報の性格（伝達者、受けとり手双方における）と密接な関係をもっている。

プロ野球の順位表などで勝ち負けの「推移」のわかるアナログ式が現れるのは、だいたい優勝チームが決定した「回顧の時」である。これに対し、デジタル式図像が現れる代表的な機会は、テレビで行われる国事選挙の「開票速報」番組だが、その特徴は、一言でいえば、「一喜一憂」型である。

さて、このことからわたし達は次のような想像をすることを、許されるだろう。

ここに重病で入院し、いましも死のうという瀕死の子どもに連れ添う親がいる。彼は医師に入室を禁じられ、廊下に待機しているが、刻一刻と変化する病状――血圧、脈拍、呼吸数――を知らされる度、ほっと安堵し、また一転して、憂えている。ところで、彼がふと横を見ると、そこに見知らぬ男がいて、何かのグラフをつけている。よく見るとこの男は、一喜一憂する彼のかたわらでその彼の子どもの病状を記録し、それを折れ線グラフに作っている。どうも医者でもないらしい。そういう次第がわかった時、さて、彼は、どうするか。

わが子の病状の一進一退に一喜一憂するこの親は、この男の不審な動きを見とがめ、いったいこういう時に何をしているのだと、その襟首を摑み、激怒しつつ男のその振る舞いの意図を、問いつめるのではないだろうか。

なぜこういうことをいうかというと、一九八八年秋、日本の主要紙が行ったことは、そこで死のうとしている人物の近親者から見れば、これと同じことだったからである。

それは、それまでに類似の事態が起こった時、日本のメディアがけっしてやったことのない前代未聞の行為だった。なるほど大正天皇が死去した時も、日本の新聞は日時ごとに「御体温」、「御脈拍」、「御呼吸」の情報を伝えている。主要新聞のスタッフはそれを踏襲したつもりだったかもしれない。しかし大正天皇の時の新聞が採用したのは、あの選挙速報と同じ、デジタル型だったのである。

ここで情報の形態がデジタル型かアナログ型かは決定的な意味をもっている。折れ線グラフに代表されるアナログ型の図像は、それの示す情報に対し、読み手を高みに立たせる。それはそもそも、冷静な視線で情報を空間的に処理する情報操作の産物であり、受け手にそのような情報との関係を作り出すクールな情報形態である。大正天皇の死去に際し、日本のメディアが採用している情報形態は当然ながら、そのようなものではありえない。それは情報が人間にとっては「一喜一憂」の対象である場合に必然的にとる伝達形態、デジタル型である。そしてこの情報形態は、当時まだ十分に普及していなかったラジオ放送網を補うべく、定時に発表される宮内省発表の電文情報が、日本全国の津々浦々の町役場、村役場の掲示板にそのつど貼りだされ、そこに村人が心配そうに群がる情景を、そのままに反映していた。これと同様、昭和の末期に現れた図像は、これもまた当時のこの情報とその伝え手受け手間の関係を克明に反映している。折れ線グラフの出現は、その背後に死のうとする者をはるか眼下の手術台に見下ろす観察者の視線の遍在を語っている。それは戦前であれば考えられない、「不敬」の行為だが、しかし、一九八八年、そういうことがはじめてなされた時、誰もこれを「不敬」とは感じなかった（天皇の近親者にはそのことにひそかに悲憤をおぼえた人物がいたかもしれない）。いずれにせよ、少なくともこの時点で、天皇信奉者を標榜する右翼運動家、言論人に、このことを「不敬」と感じる感性の持ち主はもういなかったのである。

皮肉にも、当時、このことの異様さに気づき、それに言及したのは、立場からいえば彼らの対極に立つ、——非日本人だった。[*2]

そこにはこう書かれている。

私には理解できない。公式には、かの老人は尊敬の的たる人である。ところで、私なら、もし敬愛するある老人が身体下部から出血をみたにせよ、そのようなことを知ろうとは思わない。たとえ知ったとしても、そんなことを話したいとは思わない。まして新聞に記事として出したりするなぞ、しないことは確かだ。

私には理解できない。私たちの前にさしだされているのは、死に直面した人間の描写ではなく、機能の停止しつつある一個の生物体の描写だ。当人の心の状態についての報道ではなく、糞便の状態についての報道だ。思考についての情報に代えられた、内臓器官についての情報だ。この老人の生命は図表の数値の中にかき消されてしまっている。私たちが見聞きしたのは、老人の平均体温だとか、呼吸数、何ccの血が体内に注入される一方、何ccが体外に出たかといった話なのだ。(C・ダグラス・ラミス「聖なる血」[*3])

さて、このこと以上に、日本社会から何かが消えたことを証しだてるものがあるだろうか。このエピソードが語るのは、いつ消滅したのかはわからないながら、とにかく一九八八年には、日本の右翼陣営、天皇信奉者たちから、彼らのいう「真情」の根が、消えていたという一事である。それは一九四五年、高村光太郎が敗戦直後に詩編「一億の号泣」を書いた時には確かに存在した。しかしそれは、折れ線グラフの現れた一九八八年には、もう、ない。

ところで、ここに消滅しているものが戦後の保守派、右翼の天皇信奉を戦前に結びつける赤い糸だとして[*4]、いわばこれに対抗するものとして、戦後が作りあげ、戦後の思想を戦後の思想たらしめていたものを、「ねじれ」と呼んでおくことができる。

そして、昭和天皇の死から十年、いまわたし達の前にあるのは、戦後の思想の核心をなす、この「ねじれ」が、後続の世代で消えかかっている、というもう一つの消滅をめぐるできごとなのである。

わたしにやってくるのは、いまの「若手」と呼ばれる学者、研究者のあいだで、思想的感度がほぼ四十年、一九五〇年代くらいまで、先祖返りしてしまっているのではないか、という感慨である。たとえば一九五〇年代、米国によるビキニ環礁の水爆実験が契機となり、革新派の団体の主導による『死の灰詩集』なる詩集が刊行された時、詩人の鮎川信夫は、これに反対した。理由は、そこでの詩の書かれ方が戦争中の翼賛詩集である『辻詩集』と同じだったからである。何が同じだったかといえば、その「真情」吐露ぶりが同じだった。ともにそこでの詩作の「真情」がなんらの抵抗に遭っていないことに無頓着だった。『辻詩集』の時は、アジアの白人支配打破が唱えられていた。詩人はその戦争目的の至高さを真情をもって謳った。しかし、その戦争目的は見かけだけの虚偽だった。したがって、その詩も虚偽とされた。ところで、『死の灰詩集』はアメリカの核実験に対する反対である。アメリカの核実験はよくない。それはけっして虚偽ではない。とすれば、なぜそれに真情をこめて、反対する目的で詩の本を編むことが、いけないのか。

さて、わたしの批判者達がこの鮎川の反対に同意するとしたら、どういう理由を示すのかをわたしは聞きたい。わたしの考えでは、彼らは、そもそも『死の灰詩集』に反対ではない。彼らのセンスは、この『死の灰詩集』の編纂者と同一だからである。彼らは善意に立つ。核実験に反対したい。では、鮎川によれば、何がその彼らの間違いなのか。

鮎川は、戦前の『辻詩集』にその目的が虚偽であるからと反対しているのではない。むろん目的が虚偽なのはよくないが、それ以上によくないものがある。問題は、そこに掲げられる正義がホンモノかウソかということではなく、そこに掲げられる正義と、詩の関係なのである。

なぜ鮎川は『辻詩集』に反対か。そこで詩は、戦争目的という先験的に措定される「正義」にささえられている。しかし、彼によれば詩は、何よりこうした先験的に措定された「正義」にこそ、抵抗する。敗戦は、この従来の「正義」という観念が木っ端みじんにされる経験だった。戦後詩は彼にとり、それをこの木っ端みじんの状態から、これまでとは違う仕方で、もう一度ゼロからありうべき「正しさ」を探す努力を意味している。ここで彼は、『死の灰詩集』の戦前と変わらないあり方に、何より戦争体験の不在、思想におけるありうべき「ねじれ」をもつ「正しさ」の不在を、見ているのである。

「ねじれ」とは何か。

それは単なるジレンマでもないし、矛盾でもない。それは、それを解決することなしには生きてゆけない、という形におかれたジレンマであり、また矛盾である。まず「正解がない」状況に置かれ、しかも、「問題」を解かずには先に進めないこと。それが戦後の思想に遺贈された「ねじれ」の意味、その必要で十分な二つの条件なのである。

しかし、そういうなら、一九五〇年代初頭から一九七〇年代初頭までの二十年間は、この戦前からの一貫した「正義」の思考と、「ねじれ」の思考がぶつかった時代だったのではないだろうか。わたしは、一九六六年に大学に入学しているが、その時、自分の前に差しだされた思想の担い手たちが、ことごとく戦争世代、敗戦時に二十歳前後のいわゆる戦中派たちだったことを、いま、単なる偶然ではないものとして受けとる。彼らが思想の世界の前面に出てくるのは、はっきりと一九六〇年の安保闘争以後、あの戦前以来の日本共産党に異議申し立てする別個の左翼が全学連という形で現れて以後のことである。反代々木系の共産主義者とはそれこそ「ねじれ」の相関者にほかならない。両者のぶつかりあいの末、一九六〇年代の後半になって戦前の「正義」の思考が退けられ、それに代わり、この戦後の「ねじれ」の思考が受け入れられる。わたしの理解をいえば、わたしが前著で展開した考え方は、この六〇年代、七〇年代にわたしが受けとった戦後の思考を、世界史の中におき直し、自分なりに推し進めたものにほかならない。そのわたしの本に対する反応が教えるのは、この六〇年代、七〇年代の思想の感度が、一九九〇年代に来て、日本でほぼ若い知識人において全面的に消えかかっている、という事態なのである。

考えてみれば、この二つの時代の間には十五年以上に及ぶポストモダン思想の流行期がはさまっている。いま三十代半ばの知識人は、よほど自分の気質が強いというのでもない限り、物心ついてから、この先頭車両の思想、そして「すなおな思想」一本できていることになる。

そこで失われているものは何か。

『敗戦後論』への批判は、わたしにそこでいっていることのうち、どうしても譲れないのはどこか、と考えさせるが、そのことを通じ、いわばその考察の核心に、「ねじれ」に立つ「戦後的思考」ともいうべきあり方のあることを、教えるのである。

3　ドイツ歴史家論争

「戦後的思考」とは何か。

『群像』一九九八年七月号に掲載された大西巨人の「現代百鬼夜行の図」と題する作は、少なくともわたしにとって、この問いを考え進める上で好個の礎石を提供している。

これは、いっぷう変わった「小説」の形をとった『敗戦後論』批判だが、わたしはこの大西の「小説」を読んで、なるほど、ここに、わたしのいう「ねじれ」に立つ思考と、その対極に位置する思考の、最終的な対立点が顔を見せていると、感じた。

ここには一点非の打ち所のない人物が現れ、加藤のいうところは「わからないではない」、しかしそれは客観的にいえば時局便乗型言説と変わるところがない、と断定する。

わたしにはこんな感想がきたのである。

前著『敗戦後論』には、数にして優に五十編を越える批判が寄せられた。その内容は、多岐に及んでいる。しかし、たぶん、わたしの批判者の中に、この大西巨人の観点を批判する――批判できる――人は、革新保守を問わず、まずいないだろう。これまでの批判は、すべてこの批判の前に、微細な点で留保がありうるとしても大筋で、同意することになるに違いない。ところでわたしはここに示された大西の観点にまったく反対である。つまり、この対立は、わたしとわたしの批判者の対立を、ほぼ集約するものとして、ここにあるのである。

対立点はどこにあるのか。わたしはそれを、とりあえずは、大西の思考は、敗戦という経験を受けとめていない、といっておく。その一点でわたしは大西と対立している。わたしの考えでは、この「小説」に示された大西の立場、観点、思想に欠けているもの、それが、わたしのいう「戦後的思考」の核心なのである。

敗戦という経験を受けとめる、とはどういうことだろうか。

大西の批判に入る前に、まず、「戦後的思考」として、わたしがどのようなあり方を念頭に置いているかを、同じ世界戦争の敗戦国として戦後を生きてきたドイツの事例を手がかりに、見ておきたい。

『敗戦後論』のもととなる文章を発表して、それへの批判に見舞われた頃（一九九七年）、ある新聞の文化コラム[*5]がこの批判のやりとりを指して、「歴史主体論争」と名づけたことがある。当時自由主義史観の主張がだいぶメディアをにぎわしていたため、歴史を見直す論争と位置づけられたのだが、その時わたしは、そういえば十一年前に当時の西ドイツに起こった「歴史家論争」と今回の争点の関係はどんなものだろう、といわばはじめてこのもう一つの敗戦国の論争を、本格的に検討してみる気になった。

この論争は、歴史家エルンスト・ノルテが歴史見直しの観点をもつ論文を書いたのに対し、戦後派を代表する哲学者ユルゲン・ハーバーマスが反論を発表したのをきっかけに、一九八六年から八七年にかけ、歴史家、政治家、知識人をまきこんで西ドイツを揺るがす規模で繰り広げられた。関連する四十二本の論文をまとめたものが一九八七年にドイツで出版され、その原著から十六本を選んで、一九九五年には『過ぎ去ろうとしない過去――ナチズムとドイツ歴史家論争』と題し、日本語にも訳されている（人文書院）。わたしも主要な論文には目を通していたが、はじめて、自分の観点がたとえば同じ第二次世界大戦の敗戦国である西ドイツではどう現れているのか、一歩踏み込んで検証してみる気になったのである。

読んでみて、わたしはこの「歴史家論争」への言及を心待ちする気持ちになった。前著への言及者の中にはこの日本語訳の参加者の名もあった。もし専門家がこの論争と今回の論争を比較する観点を提示してくれたら、もう少し風通しがよくなるかもしれない。そう期待させる実質が、わたしから見たこの西ドイツの論争にはあったからである。

しかし、なぜかそのような本格的な言及は現れなかった。その状況はいまにいたるも変わっていない。こうしていま、専門家でもないわたしが紹介する所以だが、この論争の見取り図は、わたしなりに示せば、次のようである。

まず、ノルテは、ナチスのユダヤ人絶滅政策を他と比較を許さない唯一無二の犯罪とする見方が、ドイツにあって、過去を「過ぎ去ろうとしない過去」とさせ、その歴史化をさまたげ、歴史学、歴史観に停滞を生み出している、という。単純な比較はむろん不可能だが、それでもユダヤ人絶滅政策をこのように歴史から隔離させたままでいるのは正常ではない。そのような観点から、このナチスのユダヤ人絶滅政策を、一九一〇年代のトルコにおけるアルメニア人虐殺に端を発する「アジア的蛮行」、一九三〇年代から西側に知られることになる初の共産主義国ソ連による階級的虐殺を含む「共産主義的蛮行」といった先行する事象との関連の内に位置づけることが不可能ではない所以を説く。そうした手続きを通じて、ドイツから歴史を救い出す必要がある、というのが彼の主張の基本形である（「歴史伝説と修正主義のはざま？」、「過ぎ去ろうとしない過去」）。

次に、同じ新歴史派の歴史家ミハイル・シュテュルマーでは、提言はより政治的意味合いを深める。

ドイツは先進諸国で、最も世代間の対話がなく、人々が自信をもたず、価値の変動があった国である。そういう国では、アイデンティティーの追求が大きな意味をもつ。このような国は、隣人にとっても、信頼度の低い、危なっかしい国となるほかない。「失われた歴史を探し求めることは、抽象的な教養上の努力などではない。それは道徳的に正当であるとともに、政治的にも必要なのである。というのもここで問題になっているのは共和国としてのドイツの政体の内的連続性と、その外交政策上の予見可能性だからだ。記憶をもたない国では何が起こるかわからないのである」(「歴史なき国における歴史」[*6])。

さらに同じく歴史家のアンドレアス・ヒルグルーバーは、ドイツ東部戦線におけるドイツ国軍の自己犠牲的な戦いに肯定すべき要因を見、そこから、ドイツの現代史を描き直すことが一定の意味をもつという観点を示す。たとえば日本の場合、市民社会における軍隊の存在理由を市民の防衛におく西洋的な考えからいえば、軍部が民間人(シヴィリアン)を敵に対し防衛しなければならない乾坤一擲の場面を迎えたのは、沖縄決戦と満州での戦闘の二度の機会だが、その二度とも、日本軍は、沖縄では沖縄民衆をむしろ盾に米軍と戦い、また、満州の関東軍も民間人をそっちのけにし、あるいは犠牲にして、ソ連軍の前に敗走している。[*7] しかし、東部戦線におけるドイツ国軍は、それとは逆に、ソ連軍の暴虐から民間人を守ろうとして、その盾となり、壊滅している。ヒルグルーバーは、このドイツ国軍の東部戦線での「壊滅」を根拠に、歴史の見直しを提起し、その国軍の「壊滅」をユダヤ人の「絶滅」と併置する構図のもとに、『二つの没落』という表題の著作にまとめ、公刊することになる。

これらに対し、ドイツの戦後の価値の擁護の立場から、ユルゲン・ハーバーマスが反論を展開するというのが、この論争の対立の基本的な図式だが、さて、わたしは、このハーバーマスの主張が、むろんそこに後に見る問題点はあるにせよ、大枠として、「ねじれ」の議論になっていることに、深く興味をそそられるのである。

ハーバーマスの議論はこうなっている。

彼はまず次のように、各人に反論する。

ノルテ。彼はナチスのユダヤ人絶滅の犯罪の唯一無二性を相対化しようとしている。大きくいえば、近代化による伝統的世界の崩壊を歴史的文脈から切り離し、この「近代の不安」への反応として共産主義とファシズムを同列におくことで、結局のところナチスを相対化しようとしている。

シュテュルマー。彼のいうアイデンティティーの喪失は基本的には社会の近代化の帰結である。彼は歴史によってアイデンティティーを確保しようというが、これは歴史を「近代の疎外」の「一種の損害補償」の手段として使おうという功利主義である。

ヒルグルーバー。彼が『二つの没落』で東部戦線のドイツ国軍の立場に自己同一化して歴史記述を行う理由は説得的ではない。彼は、ソ連に抵抗したドイツという部分を肯定すべきものとして取りだすが、その「抵抗」の間にも他方でユダヤ人絶滅が遂行されていた。また彼の論でヒトラーと対立させられるドイツ国民というカテゴリーも、無実ではありえない。ハーバーマスは、歴史性の核心はその多元主義、批判性にあるという。

連邦共和国（西ドイツ——引用者）の住民の歴史意識を強化しようという真剣な努力に、だれが逆らおうとするだろう。いっこうに過ぎ去ろうとしない過去を歴史化し、それから距離を取ろうとすることにも十分な理由がある。（「一種の損害補償——ドイツにおける現代史記述の弁護論的傾向」）

自分も歴史家たちとモチーフは共有する。ただ、その方法が違う。彼らの「そこから負債を振り落とそうとする衝動に導かれた、過去を脱道徳化する」方法で、歴史意識の強化はできない。

わたしは、誰についても、そのひとに悪意があるなどといいたいわけではない。ただ、ひとつの単純な判断基準があり、それによって人々の意見が識別されるのである。すなわち一方の人々は、距離を置いて考えようとする理解の作業こそが、反省的な想起の力を解放し、そのことによって、アンビヴァレントな諸伝統に対する主体的関わりのための余地を拡大する、というところから出発する。これに対し他方の人々は、慣習的アイデンティティーを修

理して国民の歴史を作ろうと、修正主義的歴史記述を奉仕させたがっているのである。(同前)

ハーバーマスは論敵を、「国民意識のなかに自然発生的に根づいているアイデンティティーを再活性化しようと企てる者、予見可能性や合意形成、あるいは意味感覚を呼びおこすことによる社会統合といった機能的な命令に服従している者」とみなす。そして、彼らは、「歴史記述の啓蒙的な効果に怖気づき、広範囲へ効果をおよぼす歴史解釈の多元主義を拒否」しているのだと批判する。

さて、このようなハーバーマスの観点においては、いわば、国民としてのアイデンティティーはそれ自体としては、否定されるべきものとならない。そこでアイデンティティーという考えの検討が曖昧にではなく敢行され、かつ肯定へと踏み出されている点が、この一点について明確な態度決定を行えない、あるいはアイデンティティーという考え自体をナショナルなものへの回帰として否定する、日本の戦後派、革新派との大きな違いである。ハーバーマスの観点においては、歴史意識、歴史観、歴史像が、批判的な歴史主義と一枚岩的な旧套の歴史主義との間で、それぞれ違うとされ、その違いに応じて、二つのアイデンティティーが構想される。彼によれば、ナチスの敗北は従来的な一枚岩の歴史像、歴史観の終焉を意味している。そこから新しく生まれたのが歴史の多元主義だが、「それ（透明にされた多元主義）こそが、アイデンティティーを生み出し続ける自らの伝統風土を、その両義的なすがたで明らかにする機会を、はじめて開く」と語られる。

つまり、彼のいうアイデンティティーは「自らの伝統風土」から形成されるが、そこで伝統は、「両義的」なものとして現れることで従来の一枚岩的な伝統観と対立する。そして伝統をこのように「両義的なすがた」で構築するのが、彼のいう歴史の多元主義である。

この歴史観は、何より、「多義的な伝統を批判的にわがものにする」ため、「つまり、第二の自然としてあらわれる閉鎖的な歴史イメージとも相容れないし、反省以前に全員一致で共有されているような慣習的アイデンティティーのどのような形態とも相容れない、そうした歴史意識の形成のために必要」とされる。

彼は、伝統的な一枚岩的なアイデンティティーを、そうでない多元的な形のアイデンティティーと対置させることで、この前者タイプのアイデンティティーを否定し、いわば「ねじれ」を含んだアイデンティティーに道を開くのである。

では、その「ねじれ」を含んだアイデンティティーとはどういうものか。

彼は書いている。

連邦共和国（西ドイツ）が、西欧の政治的文化に向けて無条件に解放されたことは、われわれの戦後という時代の偉大な知的業績であり、そのことを誇ってよいのはまさしくわれわれの世代であろう。（略）われわれを西欧から引き離すことのない唯一のパトリオティズムとは、憲法パトリオティズム Verfassungspatriotismus である。だが、世界普遍主義的

universalistsch な憲法原理と、十分に納得したうえで絆を結ぶこと、このことは文化国民であるドイツ人において、残念ながら、アウシュヴィッツ以後になって、アウシュヴィッツを通じて、はじめて可能となったのである。この事実についての恥かしさ Schamröte を、「罪に取り憑かれている Schuldbesessenheit」(シュテュルマー、オッペンハイマー)というような決まり文句によって祓い落とそうとする者、ドイツ人をそのナショナル・アイデンティティーの慣習的な形式に引き戻そうとする者は、西欧へと結ばれたわれわれの絆の、唯一信頼し得る基礎を破壊しているのである。(同前)

このアイデンティティーは、世界普遍的な原理をもつ憲法に基礎をもつが、この憲法原理と絆で結ばれているパトリオティズム(愛国主義)は、「残念ながら」自力で獲得されたものではないと、彼はいう。それは、ドイツ人にあっては、「アウシュヴィッツ以後になって、アウシュヴィッツを通じて、はじめて可能となっ」ている。

ところで、ここでアウシュヴィッツという名前で指し示されているのはナチスによるユダヤ人絶滅政策である。それは、文化国民としてのドイツ人のアイデンティティーの核を決定的に打ち砕いた犯罪であり、事実にほかならない。するとどういうことになるのか。ここでハーバーマスは、自分たちは戦後ドイツのアイデンティティーを作りあげたが、それは、自分たちの戦後がもつ「ねじれ」をむしろ礎石に置くことによってだったと、いっている。ここにハーバーマスが新歴史派を相手に提示している戦後派の論理は、わたしが『敗戦後論』で述べているのとほぼ変わらない意味で、「ねじれ」の論理となっているのである。[*8]
ここで特に注意を要するのは、引用の訳に「恥かしさ」とされている Schamröte（シャームレーテ）というドイツ語の意味である。"Schamröte" とは、英語にいう shame プラス red、つまり、blush（赤面）に近く、その原義は「（恥かしさの）頰の赤らみ」である。そこに留意するなら、ハーバーマスは、自分たちがアウシュヴィッツ以後に、アウシュヴィッツを通じてしか――ということは、文化国民としての自分の誇りとか正しさとか自恃の念だとかを一切破砕されつくした後で――この他者への前代未聞の悪とそのことによる自己破砕を通じてしか、憲法の普遍的な原理を我がものにできなかったこと、そのことへの「恥かしさ（頰の赤らみ）」を、「罪に取り憑かれている」という理由で否定しようというのは、間違っている、といっている。つまり「恥かしさの感覚」と「罪の自覚」を峻別した上で、その混同を戒める形で、保守派の言い方に反駁しているのである。ハーバーマスが実はどのくらい、この二つの概念の違いに自覚的であるかは、よくわからないが、[*9]少なくともここで彼が、戦後のアイデンティティーの核心に「罪の意識」ではない、「恥かしさ」の感覚をおいていることは、確認できるのである。
このことからどういうことがわかるだろうか。
たとえば、日本語訳に際して、この件りの訳者（辰巳伸知）は、この語の出てくる個所を「このような事実に対する恥の感覚」と訳しているが、この件りが引用されている別論文を担当している別の訳者（細見和之）は、同じ個所を「この〔アウシュヴィッツという〕事実についての恥辱感」と特に注記を加えて訳出している。[*10] しかし、この後者の訳は、意味を取り違えている。誰がいったい、アウシュヴィッツという事実を前に、「頰を赤らめ」ることができるだろうか。「頰を赤らめ」る対象は、アウシュヴィッツという事実ではない、自分たちがアウシュヴィッツ以後にしか憲法の原理をわがものにできなかったという、ふがいない、「ねじれ」た、事実のほうなのである。

ポイントは、この「恥かしさ」が「罪の意識」とは違う概念であり、感情であり、意識――「羞かしさ」――だということにある。「恥かしさ＝羞かしさ」は頰を赤らめる自己を否定しないが、これに対し、「罪の意識」は、それを感じる自己を肯定しないのである。

なぜ、罪の意識を感じる時、わたし達の頰は「赤らまない」のだろうか。またなぜ、羞恥の意識にとらわれる時、わたし達の頰は「赤らむ」のだろうか。

頰の赤らみとは、感情による血管の膨張である。

そして感情による血管の膨張とは、自己の発現にほかならない。

こういえばわかるだろう。

『敗戦後論』をめぐる論争で、わたしは「よごれ」の自覚が必要だといい、わたしの論敵は、「汚辱の記憶を保持し、それに恥じ入り続ける」ことが必要だといった（高橋哲哉「汚辱の記憶をめぐって」）。「よごれ」といい、「汚辱（恥じ入る）」といい、言葉は似ている。しかし概念としてこの二つは同じではない。ある場合には対立すらする。ハーバーマスが「頰の赤らみ」をいうのは、先に触れたようにアウシュヴィッツの事実に対してではなく、自己の粉砕を通過した「ねじれ」たあり方でしか自分たちに、普遍的な憲法原理の受け入れが可能でなかった事実に対してである。わたしは、わたし達の戦後は、この「よごれ」の自覚に立ち、そこから「ねじれ」を生きる思想を築くべきだと述べ、いや、そうではなく、「罪の意識」に立たなければならない、という反対意見と対立したが、ここにあるのは、戦争の悪の引きうけの起点に、“shame”をおくか“blame”をおくか、という違いだった。わたしのいう「よごれの自覚」とは、ここでハーバーマスのいう“Schamröte”に相当している。それは、そのようなものとして、あの「罪の意識」に隣り合いながら、それと自分を区別しているのである。

　わたしの考えでは、戦後に生まれた人間に「罪の意識」は、そのままには問題となって、現れえない。「罪」は、彼の中に「よごれの自覚」という受け皿ができてはじめて、それを問うものとして現れる。ここでの「罪」と「よごれ＝頰の赤らみ」は、前著の構図でいえば「他者」と「自己」の関係にある。わたしの批判者は、まず（他者との関係から生じる）「罪」がある、というのだが、もし「罪」がその当事者でない後代の人間に直接媒介なしに問われなければならないとしたら、その場合、非当事者の中では、頰を赤らめさせるもの、罪の受け皿である「羞かしさ」の主体が壊れずにいないだろう。「罪の意識」は、この「羞かしさ＝頰の赤らみ」の感覚があってはじめて、これを媒介に、もしそのことが必然である場合、自分がそれまでそのことを知らなかったことへの「罪」の感覚として、彼に訪れるのである。

　戦後派のマルティン・ブロシャートは、先のハーバーマスの論を受け、この論争の分岐点を次の一点に見ている。

長くなるが、日本の状況との類似を思わせる件りを含むので、そのまま、引用してみる。

アルフレート・ドレッガーは九月十日の連邦議会の予算案審議の中で次のように述べている。「自国民に対する歴史性の欠如、配慮の欠如について、われわれは憂慮せずにはいられない。他の諸民族にとっては自明であるような基礎的なパトリオティズムなしには、われわれの民族もまた生きてゆくことはできないであろう。『過去の克服』もたしかに必要であったろうが、それを濫用してわれわれの国民を未来に向けて不能化しようとする者に対して、われわれは反駁しないわけにはいかない」。ドイツ人にふたたび可能とされるべき〈直立歩行〉についてシュテュルマーが言及するとき、彼は根本的にこれと同じことを考えている。ハーバーマスはこのことを、ドイツ人から「羞かしさの頬の赤らみ」が祓い落とされようとしているのだ、と的確に表現した。(「どこで意見は分かれるのか」)

これに続けて、

ここで人々の意見が分かれるのである。連邦共和国市民が、古き時代および比較的新しい時代の自らの歴史に対して作り出してきた自己批判的な関係を、つまらぬおしゃべりによって取り去ろうとする者がある。そういう連中は、五〇年代後半以来、徐々にこの国に広がってきた政治的作法のうちの最良の要素を、連邦共和国市民から奪い取ろうとしているのである。何より背信的なのは、苦境を通して獲得された自らの歴史に対する倫理的センスを、他の国民と比較して文化的政治的な短所であるかのように考え、むしろ他の国民の歴史的自己意識のほうを模倣すべきではないか、と考えるような根本的な誤認が、そこにはたらいているることだ。しかしこれら他の国民の自己意識はといえば、歴史的な理由からして、しばしばいっそう粗野、いっそう素朴であり、かつ政治的にたいてい有害なものなのである。（同前）

ブロシャートがいうのは、この論争の最も基本的な分岐点は、ハーバーマスのいう「羞かしさの頬の赤らみ（＝Schamröte）」をどう評価するかだ、ということである。この「羞かしさ」をプラスと見るか、マイナスと見るか。戦後思想の起点として保持しつづけるか、それともこれを追い払い、背筋を伸ばして「直立歩行」に代えることにするのか。そこにこの論争の対立点がある。彼はそういっている。

わたしとしては、ここで、一九三〇年代中葉の転向期において、中野重治が展開した議論との類似に、読者の注意を短く、喚起しておく。

後にふれるが、そこで中野は、プロレタリア文学運動で転向した自分たちは、「弱気を出し」自分がやってきたことを否定しようとしたら最後、死んだ小林多喜二の生き返ってくるのを恐れなくてはならなくなる、だからむしろ筆を断つのではなく、筆を執り続けなければならない、そうすることで、過去の誤りを正面から「よごれ」として引き受け、それを通じて、はじめて、その「消えぬ痣」を頬に浮かべたまま、「自己批判を通して日本の革命運動の伝統の革命的批判に加われ」る、という論理を展開しているが（「『文学者に就て』について」一九三五年）、それとほぼ同じ観点が、ここで戦後ドイツ人であるマルティン・ブロシャートから、示されているのである。

ここで、典型的な保守派議員である与党院内総務アルフレート・ドレッガーの主張がやはりわたし達に親しい環境の中で、自由主義史観の論者のそれと酷似していることを思い合わせておこう。そうすれば、わたし達は、次のような見取り図に辿りつく。つまり、ドイツ歴史家論争とは、これをそのまま現在の日本の構図に重ねれば、わたしが『敗戦後論』に提示した議論の場所にドイツの戦後派の論理が位置し、それに対し、自由主義史観から旧来の保守派にいたる論者がドレッガーから新歴史派までの幅に重なる、そういう論争である。

わたしが『敗戦後論』で提示した姿勢は、統一前の西ドイツでは戦後のいわば公的な見解の礎石となっている。旧西ドイツでは、敗戦直後から、努力がつみ重ねられ、いわば「よごれ」の自覚に立った「ねじれ」の論理の上に、そのアイデンティティーが築かれようとしてきたのである。*11

しかし、こうした「ねじれ」を本質とする変則的な公的見解に、時間がたてば、以下のような「直立歩行」をめざす反問がやってくるのは、不可避である。すなわち——

そもそもアイデンティティーは、こんな「ねじれ」たものでいいのだろうか。アウシュヴィッツ以後に、アウシュヴィッツを通じてはじめて可能になったというような「よごれ」を起点に据えたもので、はたして国民は結束できるものだろうか。「他の諸民族にとっては自明であるような基礎的なパトリオティズムなしには、われわれの民族もまた生きてゆくことはできない」。「『過去の克服』もたしかに必要であったろうが、それを濫用してわれわれの国民を未来に向けて不能化しようとする者」――われわれの歴史に対し、余りに〝自虐的に〟向き合う者――「に対して、われわれは反駁しないわけにはいかない」と。

つまり、戦後四十年がたち、やはり「ねじれ」の上に立つアイデンティティーなどではダメだ、という意見が浮上し、これに対して、いや、この「ねじれ」を生きることにこそ活路がある、という戦後派の意見が向き合った時、ドイツの歴史家論争は、起こっているのである。

では、〝歴史主体論争〟で、『敗戦後論』の立場を保守反動と見て、これはナショナルなものへの回帰だ、と批判した知識人たちは、これを旧西ドイツの思想地図に重ねれば、どこに位置することになるだろうか。

彼ら革新派知識人は、その意識のありようを正統的な形で取りだせば、戦前からこの戦争が誤りだと「わかって」いた。戦後、自分の誤りに気づき、一度決定的に膝を折る、というような体験とは無縁だった。彼らは敗戦によって「堰を切ったように」発言をはじめ、近代的な日本、民主的な日本社会の建設に邁進した。その戦後二十年の間のバックボーンは明らかにマルクス主義思想であり、社会主義思想である。先程の中野重治の「転向」の脇におけば、理念型として、疑いなくその中心には日本共産党の非転向組がいる。戦後の革新派知識人とはつまり、この立派な非転向組を批判できない人々でもある。そういう日本の戦後知識人に対応する存在は、西ドイツのこの論争構図の、どこにいるだろうか。

彼らは、いる。しかし（当時の）国境の向こう側に。

こう見てくればわかるように、日本の革新派知識人が一番近いのは、旧西ドイツの戦後派というより、旧東ドイツの公的見解を担う、いわば「正統」の知識層にほかならない。戦後の「ねじれ」があるかどうか、あの「頬の赤らみ（＝よごれの自覚）」がその起点にあるかどうかが、〝われわれ〟と〝彼ら〟の分岐点をなす。なぜ共に敗戦国として同じような問題を深く共有しながら、ドイツの経験は日本の戦後に生きた教訓とならなかったのか。たくさんの紹介者がいながら、西ドイツの思想は日本の戦後派に打撃を与えなかったのか。それは、けっして理由のないことではないのである。

4　ハーバーマスとヤスパース

ところでこのハーバーマスの「ねじれ」の論理の特色は、これがいわば旧西ドイツにあっては戦後の公的見解の骨子だった、というところにある。この公的見解は、ハーバーマスによって、このように語られている。

彼はまず、こんなことをいう。

> したがって、自分で自分を否認しようとするのでないかぎり、われわれは自らの諸伝統に対して責任をもたなければならない。それを回避しようとする戦術には何の根拠もないこと、この点に関してわたしは、（前記超保守主義者の――引用者）ドレッガー氏とすら同意

見である。(「歴史の公的使用について」)

ついで、一ページおいて、

連邦共和国の公式表明された自己理解のなかには、これまで明快で単純な答えが存在していた。その答えはハイネマン大統領やホイス大統領の場合も、ヴァイツゼッカー大統領の場合も同じである。アウシュヴィッツ以後、われわれはナショナルな自己意識を、吟味されざる歴史ではなく、批判的に獲得されたわれわれの歴史のよりよき伝統からのみ作り出すことができる。一つのナショナルな生活の有り様が、かつて人類の共存性の基盤に対するたとえようもない損傷を許してしまった以上は、われわれがこの生活を引継ぎさらに発展させようとするならば、倫理的な破局によって啓蒙され、疑り深いものとなった眼差しに耐え得るような、そのような諸伝統の光のなかで、それをするしかないのである。さもないとわれわれは自分自身を尊敬できないし、他からの尊敬も期待できないであろう。(同前)

ハーバーマスのこの「公式表明された自己理解」に関する言及は、ヴァイツゼッカーの講演集によって確認できる。

たとえばヴァイツゼッカーは歴史家論争の前年、一九八五年五月八日の「敗戦記念日」の議会演説で、「われわれドイツ人はこの日をわれわれだけの間で記念」するけれども、「これはどうしても必要なこと」だ、「われわれは（判断の）規準を自らの力で見出さなければ」ならない、と述べている。この日は西ドイツの同盟国にとっては戦勝記念日だが、彼によれば、彼らがこの日を祝福するのと、自分たちがこの日を注視するのとは、違う意味をもっている。「今日という日、われわれが勝利の祝典に加わるべき理由はまったくありません。しかしながら、一九四五年五月八日がドイツ史の誤った流れの終点であり、ここによりよい未来への希望の芽がかくされていたとみなす理由は充分であります」（「荒れ野の四〇年」）[*12]。

ここにあるのは、これを日本の戦後の革新思想との比較でいうなら、先に見たように、一つにまず、自分たちの「ナショナルな自己意識」、ナショナルなアイデンティティーをそれとして否定はしないという態度であり、次にしかし、この戦後のアイデンティティーを戦前型の一枚岩的アイデンティティーとは画然と異なるものとして築くことによって、この構築を、戦前のアイデンティティーの否定として位置づけるという（「ねじれ」の）態度である。

この違いは、どこから出てくるのだろうか。

両者の違いが、一つに、ドイツにおける分断によって生まれていることは明らかである。分断は、西ドイツに戦前のナチス・ドイツとも、また隣りに控える戦後東ドイツとも違う独自のアイデンティティーを確立するよう迫ったし、また、ロシア型マルクス主義的なアプローチを一切禁じ手としたまま、独自の仕方で、民主主義的かつ普遍主義的な戦後思想構築をなしとげるよう迫った。逆からいえば、そのような「不利な条件」をもたなかったことが、日本の戦後思想に敗戦という経験からのさまざまな逃げ場を用意する結果となっているのである[*13]。

しかし、この違いは、その淵源を辿れば、たぶん明瞭な原因から流れ出ている。二つの国の戦後の思想が、敗戦を受けとめることからはじめられたかどうかが、たぶん、その分岐点なのである。

ところで、わたしの考えでは、ドイツのこうした「ねじれ」に立った戦後的な思考の原点に位置しているのが、カール・ヤスパースが敗戦直後に著した『責罪論』という著作である。ハーバーマスもそれに言及しているが、ヴァイツゼッカーの演説にも明らかにこのヤスパースの声が反響している。わたしは、このヤスパースの所論を読んで、ここに「戦後的思考」という範疇のありうることを教えられた。「戦後的思考」とは、日本だけではない、いわば第二次世界大戦に代表される世界戦争の戦後が世界にもたらした思考、世界戦争の戦後が開くことになった新しい思想の地平を含意しているが、ドイツだけではない、いわゆる戦後世界に通底する問題の起点を、この著作は、指さしているのである。

ヤスパースはこの論をドイツの無条件降伏の年のうちに用意し、翌一九四六年の一、二月に、当時復職したばかりのハイデルベルク大学で講義している。戦争と敗戦はドイツ人に罪と責任を与えた。これをどう考えればよいのか。準備は、敗戦直後、一九四五年秋からはじまっているが、これは、日本でいうなら柳田国男の『先祖の話』あたりに位置する、心血を注いで考えられたドイツ論であり、敗戦論であり、罪と咎と責任をめぐる「戦後的」考察なのである。

ここには日本のどのような戦後知識人とも違う、ある敗戦に対する態度がある。一言でいえばヤスパースは、敗戦という経験を回避していない。それと向きあうことで、そのことがどのような経験でありうるかを、彼はわたし達にさし示している。

一九三三年、ナチスが政権を取った時、ヤスパースの父は彼に、これで自分たちの祖国はなくなった、と語ったという。その時ヤスパースはほぼ五十歳であり、ユダヤ人の夫人との離婚をナチス政府に勧告されると、これを拒否して大学を退く。彼は、一貫してナチスに反対の姿勢を示し、戦時下にあって、ドイツの良心ともいうべき位置を占め続ける。しかし、その彼が、ドイツが負け、連合軍の占領統治下におかれ、ユダヤ人絶滅政策をはじめとするさまざまなナチスの罪業が明らかになると、一転して、「今はじめて、私がドイツ人であり、私の祖国を愛するのだと、ためらいなくいいうる」と、自分を、この誤り、悪をなした「敗戦国民」の側に立たせる。

彼は、多くの同国人がドイツ人たることから遠ざかろうとする時、逆に、この悪をなした敗者であるドイツ人の場所に近づき、さらに一歩を進めてそのことに、自分の戦後の思惟の起点を見ようとするのである。

当然、彼の占領下の現実に対する態度は、日本の知識人のそれとはだいぶ異なるものとなる。

彼は書いている。

われわれは次の点をはっきりと意識しておくがよい。すなわちわれわれが生き、生き残っているのはわれわれ自身のおかげではないのだ。恐ろしい破壊のなかに新たな好機をもつ新たな状態が与えられているのは、われわれ自身の努力で達せられたのではないのだ。当然われわれに属すべきはずでない合法性を勝手に自分に認めたりするのはやめよう。(『責罪論』[*14])

あるいは、

今日、いかなるドイツ政府であろうと、それが連合国の任命した独裁政府であると同様に、ドイツ人は誰しも、言い換えればわれわれの一人一人が、今日、連合国の意志ないし許可によって、自己の活動範囲を与えられている。これがなまなましい事実なのだ。われわれが誠実である以上、この事実は一日も忘れられない。誠実ゆえにわれわれは傲慢にもおちいらず、おのれの分を知ることを教えられるのである。(同前)

彼は自分たちの自由が自分たちの敗北をへていわば「ねじれ」を含んで自分たちのものとなっていることを否定しない。しかし否定しないだけではない。むしろそこに自分の思想の着地する場所を見る。ここには、戦後の自由にせよ、また戦後の平和憲法にせよ、そこにひそむ「ねじれ」に十分に気づくことのないまま歩みをはじめた日本の戦後思想と、根本的に違う姿勢がある。

とりわけ意味深く思われるのは、次のような点である。

右の引用に見るような冷厳な現実認識、敗戦国民としての自覚は、このような環境にあっては、えてして、インターナショナルな理念への疑いと結びつきやすい。たとえば日本の昭和期の最大の思想家の一人、小林秀雄は、敗戦に際して自分はバカだから反省などしない、利口なやつはたんと反省するがいいじゃないかと述べ、また、河上徹太郎は戦後の自由は占領軍に「配給された自由」だと書いて、敗戦を受けとめる一方で、戦後のインターナショナルな風潮への抗いの姿勢を示した。他方、大多数の戦後派知識人は、「日本人」の反対語としてのいわば「世界市民」に自分の思想の足場を据え、その戦後民主主義、平和主義、中立主義の思想をマルクス主義から西欧的社会主義までの信条を背景に開陳した。

しかし、ヤスパースの場合、この敗戦国民としての自覚はどのようなナショナリスティックな主張にも、また近年の日本に見られる現実主義的主張にも帰着しない。そればかりか、むしろ逆に、その自覚が彼の場合は、世界市民的な思考、世界普遍的な立場へと向かう跳躍の踏切板となっている。日本の戦後において知識人を二分させる対立要素が、二つながら、ヤスパースの中にあるのである。

彼は書いている。

われわれが今日、軍政府をもつということは、明言するまでもなく、われわれが軍政府を批判する権利をもたないということである。

しかしそう言ったからといって、それはわれわれの研究を制限することになるのではなく、われわれの決してあずかり知らないことに、口を出すなということであり、言い換えれば現在の政治的な行動や決定にくちばしを入れるようなことをするな、という強力な圧力を意味するに過ぎない。このようなことがわれわれの真理の探究に制限を加えるかのように考えるとしたら、それはひねくれすぎているように思う。（同前）

われわれには政治的自由がない。しかしそれは、われわれに占領軍の意にかなうような研究しかできないということではない。「われわれにとっては権力の道は望むべくもなし、謀略の道は品位を傷つけ、実効をともなわない。公明正大こそ、無力のうちにもありうべきわれわれの品位の宿るところ、しかもわれわれ自身の好機の宿るところである」。（同前）

ここで日本の戦後をふりかえると、かつて江藤淳は、占領軍による日本の言論統制を「不当」と考え、その結果、日本の言説空間は骨抜きにされたという占領政策批判を行ったことがある。ここにあるのはそれとちょうど逆の認識であり、姿勢である。ヤスパースによれば、被占領国民である自分たちに言論の自由がないのは当然である。この本で彼は敗戦者としてのドイツ人、ドイツ国民にやってくるはずの罪の概念を「裁き手は誰か」、という観点から、刑法上の罪、政治上の罪、道徳上の罪、形而上的な罪に分類しているが、その彼の概念にしたがえば、この被支配状態は敗戦国の「政治上の罪」に由来している。敗戦国とその国民は、戦争に敗れたことによって「政治上の罪」を可視的に問われることになる。国民とてもそのような政府を自ら選び、支持した責任を免れるものではない。この罪を裁くのは「戦勝者の権力と意志」であり、いやしくも生を賭した国家間の実力行使である戦争で負け、しかも生き残ることを選んだ者は、それがどのようなものであれ、「戦勝国の権力と意志」が行うこの罪の問いつめを、受けいれなければならないのである。

ヤスパースの思考では、この政治的自由の拘束――あるいは言論弾圧――は、それへの抗議へとは向かわない。しかしその言論統制下での思想的営為が必ずしも権力への迎合になるほかなく、不可能だとされるのでもない。彼は逆に、この敗戦が、思考が「公明正大」であることによってしか生き延びられない環境であることに注目する。そしてこれは、少なくとも思考にとっては、一つの「好機」だと考えるのである。

ここで日本の知識人とヤスパースを分けるのは、敗戦という経験に対するある洞察の有無である。

敗戦という経験から目を離さず、そこから絶望を余さず受けとることで、ヤスパースはその洞察を現実そのものから得ている。

そもそも敗戦とは人の生きることにおいてどのような意味をもつ経験なのか。

この本の末尾近く、ヤスパースは面白いことをいっている。

敗戦は罪を投げかけてよこす。この罪に関しては「身を投げ出すか横柄に構えるか」が敗戦国民の一般の対応となる。「非難に対して敏感な者は、奇妙なことには、とかく心機一転して自己の罪を告白する衝動にかられることがある」。しかし、これは嘘の告白である。それは告白者の様子でわかる。「そういう人間の罪の告白には他人に告白させようという魂胆がある」。一方、これの対極にあるのが「横柄な誇り」で、この対応に染まった人は、他人が攻撃を加えてくるといいよいよ頑なになる。彼は「内面的な独立とおぼしきもの」におのれの自意識を仮託しようとするが、責任を回避し、決定的な事項を曖昧にしたままなので、「内面的な独立」は得られない。両者はいずれも敗戦という経験に正面から向き合うことを、そのような形で回避している。

では、敗戦経験とは何なのか。

　決定的に重要な問題は時代を超えた根本的な事態にある。この永遠の事態が今日新たな形をとって再び現れているのだが、その事態は何かというように、完全な敗戦状態にあって死よりも生を選ぶ者は、生きようとする決意がどのような意味内容をもつかということを意識しながらこうした決意に出るのでなければ、今やおのれに残された唯一の尊厳ともいうべき真実の生き方をすることができないということである。(同前)

ヤスパースによれば、ここにあるのはあのヘーゲルの『精神現象学』にいう、「主人と奴隷の弁証法」である。

すなわちヘーゲルによれば、無力な者として、奴隷として生きようとする決意は、生を樹立する真剣味を帯びた行為である。この決意からは一切の価値評価を修正する人間の生まれ変わりが生ずる。この決意を遂行し、そこに生ずる結果を引き受け、進んで苦悩と労役を選ぶことになれば、これこそ人間の魂のこの上もない展開の可能性なのである。ヘーゲルの説くところによれば、精神的な未来を担う者は奴隷であって主人ではない。ただしそれには奴隷がその苦難の道を誠実に歩むのでなければならない。(同前、傍点引用者)

さて、わたしにやってくるのは、こんな感想である。

ここには、ある考え方の原型をなす洞察が、顔を見せているのではないだろうか。ここから示唆される考え方は、敗戦の起点にある自分たちのマイナス要因から目をそらすことなく、そこにある恥辱、よごれを直視し、それを足場にすることで、これまでにない思考を築こうとする自覚的な選択を意味している。無力な者、敗れた者が、死ぬことができずに奴隷として生きようとする。それは「生を樹立する真剣味を帯びた行為」である。そこからある価値評価の転倒を呼ぶ人間の再生が生じうる。そこにあるのは、敗北に「人間の魂のこの上もない展開の可能性」を見る、これまでにない思考なのである。

わたし達はこれを、「戦後的思考」と呼んでみてもよいだろう。

ヤスパースこそ、ある意味でわたし達の戦後がもってよかった「戦後知識人」なるものの祖型なのである。[*15]

ヤスパースをそのまま日本にもってくれば、彼の生年は一八八三年で、明治十六年にあたっている。わたし達はここで彼と同様、敗戦という事実に正面から向き合った彼より十年年長の二人の日本の老知識人を思い浮かべることができる。その一人津田左右吉は、ヤスパース同様、戦時下にあって、軍部の言論弾圧に遭い、これとよく戦った明治生まれの硬骨のオールド・リベラリストである。彼は、国が敗れると、戦後創刊された『世界』に一転、熱烈な皇室賛美を書いて、周囲を困惑させている。またもう一人美濃部達吉は、やはり戦時下、天皇機関説をめぐる弾圧に遭いながらよくこれに抗した近代日本の代表的な法学者である。彼もまた、戦後、枢密院本会議での新憲法案審査の場でただ一人これに反対し、敗戦によっても動かされない価値観の所在を身をもって示した。彼らもたぶん、敗戦に際会し、ヤスパースのようにではないにせよ、それまでにまして、敗戦によって「今はじめて、私が日本人であり、私の祖国を愛するのだと、ためらいなくいいうる」と、感じているのである。

しかし、彼らとヤスパースは一点で違っている。たしかに彼らもまた敗戦という経験にある「ねじれ」を見、その「ねじれ」を生きている。その「ねじれ」の自覚が他の戦後知識人と彼らを隔てるものでもある。しかし、彼らにあってはその「ねじれ」を生きることが、彼らを天皇への信従へと導く。つまり、「ねじれ」は、ヤスパースにあっては彼をいま逆境にある思想行為の唯一の活路としての「公明正大」へと向かわせ、その「公明正大」を通じ、彼をカントのいわゆる世界市民的な思考へと導くのだが、津田と美濃部にあってそれは、世界普遍的な原理とは逆に、彼らを——いま逆境にある——世界普遍の原理とは対極にある「天皇」という価値への信従へと向かわせているのである。[*16]

むろん日本の戦後が、ここにいう、ヤスパースと同様の世界市民的な展望をもたなかったということではない。日本の論壇では、津田、美濃部に続いて、丸山真男、都留重人といった少壮の知識人が現れ、世界市民的な立場を踏まえた平和論を基礎づけている。しかし、この両者は対話をもたない。つながらない。戦後すぐに創刊された岩波書店の雑誌『世界』は、二年もすると主要執筆陣を当初の安倍能成、天野貞祐、また美濃部、津田といったいわゆるオールド・リベラリストから、丸山真男、都留重人、久野収といった革新派知識人へと交代させる。しかしこの交代劇には対立も共感もなかったこと、というより、この交代劇自身があたかもないかのように推移したことは、前著『敗戦後論』に見た通りである。

ヤスパースのような知識人を日本の戦後がもたなかったとは、こういうことにほかならない。彼の中には、美濃部と丸山がいて、いってみれば丸山が美濃部に肩車され、立っている。そこでは「よごれ」の自覚が、彼がそこから世界市民へと向かうことの起点、足場となっており、敗戦の「不如意」が何ら彼の「公明正大」の妨げとならないのである。

ナショナルなこととインターナショナルなこと、共同的なことと普遍的なことがそこにあっては必ずしも対立の位置関係におかれない。そこには二つのあい異なるものの対話があり、関与があり、その結果として、「ねじれ」が生きられているが、ドイツの戦後がこのヤスパースの著作を礎石の一つとしてはじまっているとすれば、日本にあって、こうしたありうべき戦後思想——戦後的思考——は、逆に敗戦当初の「戦後思想」への批判として、戦後、しばらく時をおいて、その後、現れてくるのである。[*17]

5　大西巨人の（小説の形をした）批判

さて、ここでようやく大西巨人の「現代百鬼夜行の図」に戻る。

まず、大西の「小説」の形で示された批判を一瞥しておく。

作品冒頭に次のような言葉がある。

> 小説家真田《さなだ》修冊《のぶふみ》（一九九七年十二月二十日、天命大学において開催せられた当代文学会冬季大会における）講演『「戦後声高に」の問題』（録音より採取）抄

作品本文は五章からなり、全章がこの作中人物の講演記録からの抄録といった体裁をもっている。最初の三章は、敗戦直後の百家争鳴的な状況を近年になって「『戦後声高に』戦後派が声をあげはじめた」などと揶揄する時局便乗的文章が増えてきたことへの辛辣な言及からなり、後の二章で、『敗戦後論』の批判がなされる。ただし、これは小説である。批判自体も、作中人物の発言だが、そこに引かれる小説家「真田修冊」の過去に書かれた文も、たぶん厳密にいえばフィクションであると考えられる（いまの時点でわたしには判断材料がない。大西のこれまでの厳密さからそう推測する）。

とはいえ、これはまた、完全なフィクションともいえない。というのも、批判されるほうの

素材は現実から取られている。それがわたしの『敗戦後論』だからである。

大西は、一人の批判者をフィクションとして作りあげる。その批判者である戦後文学者の立場は、限りなく大西に近い。しかしこれだけ瑕瑾のない戦後文学者は希有の部類に属する。大西こそそのような一人であることは、衆目の一致するところだが、自分をそのように提示することはたぶん自慢めいて大西の矜持が許さなかっただろう。虚構の必要はここに生じたとも考えられる。

だから、この小説は、批判としては、こういっている。

たとえば、ここにこのような形で戦争と敗戦と戦後を生きてきた文学者がいる。そういう文学者が加藤の『敗戦後論』を読んだとして、そこに批判すべきものを認め、そこから、次のような批判を呈する、ということは十分にありうるであろう。さて、このような批判に、加藤は、よく答えるだろうか、と。

この大西の小説の主人公「真田」の個別的批判は五つの点からなる。それを語るに先立って、彼「真田」は、彼自身の過去に書かれた小説一編とエッセイ三本——一九四八年発表の小説、一九八一年発表のエッセイ二本、一九八七年発表のエッセイ——から自分の文章を引用し、これを聴衆に示しておきたいと述べる。

まず、第一、「真田」の一九四八年発表の小説からの引用。そこでは一九四五年暮れ近く、四年の軍隊生活から復員し、いま敗戦後の町を歩く主人公のひりひりするような外界への異和、痛覚が描かれている。彼は町を「横行闊歩《おうこうかっぽ》」する「碧眼《へきがん》」の「見た目にいかにも快活な異国人たち」とすれ違うたび、「一種異様な感覚の波立ち」をおぼえる。八月半ば、敗戦を知らされた時、彼の中には「歓喜と悲痛」と二色の心情があり、「隠微な絡み合い」を見せていた。彼は町を歩き、「黄色人種、黄色人種、……」と呟く内部の声を聞く。

第二、第三の引用は、一九八一年発表のエッセイからなされている。最初のものでは、書き手は、彼の自国の戦争の死者への「心持ちの一端」を吐露している。彼は四年間の兵士生活の後に一九四五年秋、復員帰国した。帰郷先の住家の近くに「小高い陸軍墓地」があった。その墓地を「敗戦後は、私の知るかぎり、ほとんど誰もが、知らぬ顔で（ハナもひっかけぬ様子で）通り過ぎた。」「ただ一度だけ、私は、一人の年配婦人が丁字路で立ち止まり丁重に遥拝するのを目撃した。」

私は、ひそかに思い定めるところがあって、その十二月中旬から丸一年間、往来のたびごとに、丁字路での停止・直視・遥拝を実行した。それが、「かけがえのない、三百十万の」〔『朝日新聞』八月十五日号朝刊〕戦争犠牲者にたいする私の心持ちの一端であった。以来現在まで三十余年間、私の心持ちにおいて、事情は、むろん少しも変わらない。（『川土手道の丁字路』）

そこから彼は当時の閣僚の靖国参拝に「戦争犠牲者」に対する加害者の側からの「ぬけぬけとした」墓参りを見、強い怒りの声をあげている。

第三の引用は、「戦争体験の風化」を憂うる風潮に対し、むしろ「物事《ものごと》を突き詰めてまともに考えて行くことの風化」が問題だと述べる。こういう考えを、彼が一九八一年当時に抱いていたことが語られている。

第四の引用は、一九八七年のエッセイだが、そこで、さらに二十八年前（一九五九年前後か）当時のエッセイを引用して、彼が、二十八年来――象徴天皇制の基礎づけの部分である憲法「第一章全八箇条」に関する――「憲法改定論者」を自任してきたことを踏まえ、しかし、現在は、主張の力点を変えなくてはならないと思っているという認識を示している。自分はこれまで現行憲法の第一章天皇の全面的廃止を主張する、いっぷう変わった「憲法改定論者」としてやってきたが、

（そういう――引用者）私も、（憲法改定の主張が逆に戦争放棄条項の改悪の主張に呑み込まれる危険が顕著となってきた現在では、力点を変え――同）現「日本国憲法」の擁護こそが、われわれ進取的・民主的人間の力を尽くして遂げるべき次善の課題でなければならない、と考えて信じます。（『「憲法改定（改正）論者」として』）

一九八七年、戦後四十年をすぎ、戦後日本は保守化した。事態がここまで進めば「次善の課題」として、護憲を強くいうべきなのではないか、というのが彼の考えである。

さて、これらの引用からわたしはほぼ次のような印象を受けとる。このことをわたしは、「わたしは」ではなく「わたし達は」を主語に、いってもよいだろう。まず、ここには、戦後の時局便乗的な風潮からではなく、まともな個人としての信念に立って、戦後の五十年以上を、民主主義と進取的な精神を堅持して生きてきた文学者、知識人がいる。彼の主人公は兵士として、戦争の「地獄」をつぶさに体験してもいる。彼は、その体験に立って、この五十余年間、自国の戦争犠牲者のことをかたときも忘れなかった。

つまり、わたしは『敗戦後論』で戦後の日本の保守陣営、革新陣営にわたる知識人一般に批判をむけてきたが、ここに点描される「真田修冊」という大西の作りあげている文学者、知識人は、わたしが先に前著であげつらった現存の日本の知識人の難点の多くをクリアする、その意味では稀少な知識人の一人なのである。

この「真田」は文学者像として限りなく大西に近い。そしてこれは、その大西がわたしにさしむける批判にほかならない。このことは、批判されてみて思うが、けっして意想外なことではない。わざわざそれを明示するかどうかは別に、彼の考えと『敗戦後論』が語る考えとは、ほんらい、はっきりとした対立点をもっているからである。

それをわたしは先に、大西の思考は、敗戦という経験を受けとめていない、と要約しておいた。でもこの引用を取りだした上は、こういい直さなければならない。大西を他の多数の戦後の革新派文学者、知識人と区別するのは、彼が、敗戦という経験を受けとめてきたことを、少なくともこのような小説を構想するほどには、自認していることである。しかし、そのことは、何ら彼の思考が敗戦を受けとめたことを、保証しないのではないだろうか、と。

つまりここで問題になるのは、思考として、敗戦を受けとめるとは、どういうことか、ということなのである。

6 小説家「真田」の論難

しかしその前に、大西の作品における小説家「真田修冊」による具体的な『敗戦後論』批判を見ておく。

「真田」は、批判の理由をこう語る。「敗戦の日から今日まで、叙上のような思いを堅持して生きてきた」自分には加藤の「『心持ち』」は、「わからなくはない（あるいは、むしろ、よくわかる）」。したがって自分は加藤の言説を「〈近年の『いまだから』的な言論〉に決して単純無造作《むぞうさ》には組み入れない」。

とはいえ、その客観的性格において、加藤の言説は、ついに〈近年の『いまだから』的な言論〉（および「それの受け売り」）を出ない、と私は確信する。

と。つまり、書き手の「主観的」な心情は理解する。しかしその「客観的」性格で、『敗戦後論』は時局便乗的言説、保守反動的言論になっている、とされるのである。

作中展開される批判は五点からなる。

一、「平和憲法があるから（湾岸）戦争に反対する」と述べた湾岸戦争時の反対者に対し、加藤は「そうかそうか。では平和憲法がなかったら反対しないわけか。」と思ったといい、それらの反対者に「法の感覚」が欠けていると批判している。しかし、「法の感覚」が欠けているのは加藤ではないか。理由は簡単、この加藤の言い分は、「罪刑法定主義の明白な否定」だからである――。

二、一部、加藤の言葉遣いが「下品」ではないか――。

三、『敗戦後論』で加藤が行っている、保守派対革新派についての「分裂」と「対立」の言い方は「悪しき二分法的・藪睨み的な捕らえ方」である。「このような粗雑な分類・こういう杜撰な把握によって日本戦後の複雑微妙な言語空間を脱却することは、とてもでき」ない――。

四、なぜ坂口安吾をこうまで批判し、太宰治をもちあげるのか。両者に違いはない――。

五、『敗戦後論』とは別の短文に関するもの。

わたしの答えは、このようなものである。

一は、法があるから、反対する、ということがなぜ否定されるのか、それはむしろ否定する加藤の側の「法の感覚の欠如」を示すのではないか、という批判だが、もし、この法が日本国民の立法意志の発現によって日本国民が「作った」ものであったなら、むろん、わたしもそんなことはいわない。しかし、この憲法に日本国民の意志は関与したのか、そしていま、このことは彼ら（わたし達）が五十年以上この憲法を堅持してきたという理由から、問題にするに足りないものになっているのか。このことに、疑義がある以上、憲法を本当に大事に考える人間は、そのことに敏感たらざるをえない。わたしはそのことを念頭に、湾岸戦争の反対者の「法の感覚」を問題にしている。二、三。そこにいわれていることはともにわたしからいえば揚げ足とりの類いである。日本の戦後の現状を「複雑微妙な言語空間」などというのを、大西の分身たる人物の口から聞くのは、悲しいことである。
四、ほぼ右と同じ。太宰と坂口に違いはないと「真田」はいうが、その一見同じに見える二人に、どういう本質的な違いがあるかを、わたしは『敗戦後論』で問題にしている。これについては後にふれる。
このように、この小説で小説家の「真田修冊」が『敗戦後論』を批判する点に関しては、少なくともわたしはわざわざこれを取りあげるだけの必要を認めない。しかし、大西が、先に述べた形で、批判者の「立地」を造型し、その批判者にこう語らせていることには、根拠がある。

そのような文学者、知識人が存在しうる。理念的に存在しうるし、また、現実に、そのような文学者、知識人が存在していることをわたしは知っている。大西巨人は間違いなく、その一人である。

大西の作る小説家の批判にわたしは動かされないし、こんな発表を行う小説家もつまらない文学者だと思うが、そういう小説家を作り、それをわたしの前に置く大西は、「真田」ではない。その大西には、答えてみようと思うのである。

こうした非の打ち所のない文学者、知識人の考えと、わたしが『敗戦後論』に述べたこととは、どこが対立するのか。

その対立を定式化しようとして、わたしは、大西の考え方は、敗戦という経験を通過していない、しかしわたしが大切なものと考える「戦後的思考」は、敗戦という経験、世界戦争という経験を正面から受けとめたところに成立するのだ、と述べた。

両者は、どこで分岐するのか。

7　『敗戦後論』再考

『敗戦後論』で述べた従来の日本の戦後思想の基本性格にたいする疑問を、いま、こういい直してみることができる。

一九八九年、昭和天皇が死んだ時、わたしは「『敗者の弁』がないということ」と題し、およそ次のように書いた。[*18]

敗戦前後の新聞、雑誌をかなりの量、続けて見て気づくことがある。いわゆる「敗者の弁」がそこに見られないということだ。それらは戦時中、「撃ちてしやまん」を合言葉に、鬼畜米英を打破することを謳っていた。しかし敗戦となると、一転して、困難ながらも文化的な新日本の出発を果たさなければならないと、荘重に訴えるようになった。

しかし、その理由は必ずしも編集者の変節ということではないだろう。むろんそのようなケースは数として多いが、このことが教えるのは別のことだからである。新聞、雑誌の事情に一歩立ち入って調べると、これまで米英殲滅、戦争勝利を唱えていた編集者は退陣し、時にそれだけでなく、筆を折り、引退している。そのような場合、代わって編集権を握っているのは、戦時中は雌伏していた別の人間である。そういう後任者が、戦後、軍国主義の終わりと民主日本の再建を自分の信念に基づき、主張している。つまり、彼らはともに主観的には自分の節をまっとうしている。一人一人は主観的には誠実なのだが、そうであるまま、その結果として、日本のメディアから「敗北」ということが、全面的に姿を消しているのである――。

ところで、このことをわたしは、その小文では、野球のゲームになぞらえた。あるチームが相手チームと試合し、三対零で負けている。六回裏にピッチャーが交代し、その後、九回までに相手を零に抑え、自分のチームは二点を入れた。敗戦直後の日本のメディアは、この六回から交代したピッチャーが、自分を勝ち投手だと考えるのに似ている。日本の戦後に「敗者の弁」がないのは、この負けチームに敗者がいないのと同じである。しかしこれでは九回をこのチームと戦った相手チームは、やりきれないのではないだろうか。誰かがこの敗北を引き受けなければ、この日本というチームは、負けただけでなく、さらに、そもそもこの負け試合を、なかったことにしているからである――。

さて、この短文を書いた時、わたしにやってきたのは、不思議な感触だった。わたしにはこんな思いが残った。もしそうだとしたら、この場合、この「主観的」な誠実は、「客観的」には、不誠実と同じではないだろうかと。

そして、このようなことがあったため、一九九三年、細川首相が一歩踏み込んだ謝罪発言を行い、この年から翌年にかけ、この趣旨を否定する一連の閣僚失言がこれに続き、この事態に対し、岸田秀が、この謝罪と一連の失言は、前者があったのに後者が現れてこれを台なしにしたと見るのではなく、前者が現れたので、これに後者が呼びだされたと、これを一対の存在と見るのが適当であると述べた時、わたしにきたのは、この場合と重ねての、既視の感覚だった。ここには、戦後の起点に現れたと同じ事態が顔を見せていると、わたしには思われたのである。

わたしはこう感じた。もし、これら日本の戦後が作りあげた謝罪の論理がどうしてもそれに対する反動（失言）を生みださずにいないなら、そこで謝罪は、主観的には「謝罪」であっても、客観的には「日本社会に謝罪ができないことの放置」を意味するほかないのではないだろうか。つまり、ここに主観的に非の打ち所のない誠実な知識人がいる。そして彼が心から被侵略国の住民に日本のなした侵略行為について謝罪するが、それが謝罪にならない。そのような構造が日本にあるとすれば、わたし達は、いったんこの主観的な「正しさ」（＝誠実）を殺し、この「正しさ」（＝誠実）への依存から脱却しない限り、この構造を、壊せないのではないだろうか。

このことは、具体的には、次のことを示している。この時まで、日本に被侵略国に対するしっかりした謝罪ができないのは、自民党政府の支配が続くからだ、といわれてきた。しかし、これはうわべの理由にすぎない。というのも、ここに明らかにされたことは、謝罪が、たとえ心ある首相（あるいは知識人ないし文学者）によってなされたとしても、もし、その謝罪発言を受けとり、消化する力が日本社会のほうになければ、それは、謝罪にならない、という事態だからだ。また、その謝罪が日本社会に自分を受け入れさせるだけの論理の力をもたなければ、――反動としての失言の根を断つ論理としての深さをもたなければ――、それは、どれほど主観的に心のこもった謝罪でも、客観的には謝罪の意味をなさない、という事態だからである。

ここで善意に立つ心からの謝罪は、あのハイド氏を裏に隠したジキル氏の謝罪のようなものとなっている。誰がそのようなものを信用できるだろう。この謝罪は、ハイド氏の失言とワンセットの存在にすぎない。それはこの問題を自分で解決した上での謝罪とはなっていないのである。では、このジキル氏とハイド氏の二重人格的な言説構造、謝罪と失言の一対の構造を壊すには、どうすればよいのか。

わたしは、『敗戦後論』では、この謝罪と失言の一対構造をさして、日本社会は人格が分裂している、と述べた。そして、このあり方を克服することをさして、人格の分裂を克服すること、と、呼んだ。

しかし、このわたしの提言は、わたしがいおうとしたようには受けとられなかった。わたしの批判者の多くは、意識してかしないでか、ここにいわれる「人格分裂」と「分裂の克服」という言葉にひっかかり、この表現をめぐる揚げ足とりに終始した。なぜそうなるのか。その理由は色々にある。しかし、その中でもっとも強力な理由は、わたしの提言の中に、彼らの足場を揺るがすものがあったからである。わたしの提言は、主観的な「正しさ」だけでは無効な世界のあることを示唆することで、戦後の革新派が半世紀を通じて積み上げてきた「正しさ」（＝誠実）が、日本の戦後という大きな枠組みの中で恣意的なものにすぎない可能性を指さしていた。彼らは普遍的に「正しい」とされる教科書に書かれた通りの道を歩んできたが、わたしの指摘は、そのような「正しさ」には、何の意味もない、そういう洞察をこそ、敗戦という経験はわたし達に促したのではないか、といったのである。こういえばわかるだろう。大西は、そのような、彼らの足場を、象徴しているのである。

8　白楽晴と代案の思想

ここで、もう一度、一つ小さな回り道をしてみよう。

冒頭に述べたように、前著は、日本で多くの批判に見舞われる一方で、韓国でごく少数ながら有力な理解者に恵まれた。なぜそういうことが起こったか、といえば、そこにもこの同じ要因が作用している。

韓国の、代表的知識人の一人というよりはむしろ例外的な知識人である白楽晴《ペク・ナクチョン》と、加藤周一の、ソウルで行われた一九九五年の対談に、失言問題に触れた次のような件りがある。

この問題に最初に触れているのは加藤周一である。加藤は、「日本では国務大臣が一年に一回くらいの割で失言をしてその地位を失っている」が、とこの問題に触れ、その後、こう述べている。

どうして一年に一回ずつそんな失言をするかと言えば、かなり多くの人々が同じ様な考えを持っているからでしょう。それでは何故そんな考え方をするのか、日本が韓国を侵略したという事実を認めることが出来ないのは何故かという問題があります。一番重要な理由は、一九四五年までの日本の政治権力が戦後の日本の政治権力に持続して来たというところにあるでしょう。ドイツと比べて見ると、ドイツの場合には、ヒットラー政権と、アデナウワー以後の今日の政権とは、はるかにはっきりと切れています。(「朝鮮の近代、日本の近代」『世界』一九九五年二月号)

失言の理由が戦前の軍国主義の流れに続く自民党政権の一党長期支配に求められるところは、戦後の革新思想の定型に沿っている。ドイツの場合との違いが、先に触れた戦後の「よごれ」と「ねじれ」の引き受けの有無にではなく、戦前との切断の強さに求められるところにも、同じことがいえる。

加藤周一の考えを戦後の革新派のこの問題に関する見解の一般例とみなすことができるが、さて、これに対し、白がいうのは、こういうことである。白はいっている。

そのような連続性があるとしても、大臣が一度そのような失言をすれば首が飛ぶというのに、どうしてそのようなことが年中行事のように起きるのか、韓国でも不思議に思うときがありません。私にそのような人たちの暴言を弁護する理由はどこにもありませんが、先生のお言葉どおりに、それが日本の多くの人たちがそのように考えているために、それを背景として、そのような発言が出てきているとするならば、それをそのまま、悪いとか、バカみたいだとかといって済ましてしまうのではなくて、根拠が少しでもあるのならば、その根拠が何なのかを正確に分析して究明する必要があるのではないかということです。（同前）

わたしの考えをいえばこうなる。

『敗戦後論』に韓国の知識人の関心に触れるものがあるとすれば、それは、この評論が、ここにいうなぜ失言が「年中行事のように起きるのか」という問題に関し、はじめて、その「根拠」が何なのかを分析して究明する試みになっているからではないだろうか。

ある対立する意見があるとして、単にそれが悪である所以を記し、それへの反対を述べるのではなく、なぜそういう対立が生じるのかという理由までさかのぼってその原因を解除しようという姿勢のあるところが、評価されたのではないだろうか。

この失言の話の起点は、白が、日本の韓国における植民地政策が工場を自国に建設し、原料を植民地から輸入するイギリス型と違い、工場を韓国自体に建設するといった別のタイプ（後発帝国主義型）を示したと述べたことにある。これに、加藤が、いや、その違いの理由は、むしろ日本が同化政策をもっていたことにあると述べ、話は失言問題に転じるのだが、起点で白がいっていることは、日本の保守派は日本の韓国統治が朝鮮にとってよかった、というが、そのことにも「全然根拠がないわけではない」だろう、[*19]ということである。つまり、保守派の意見にもし万が一の理由でもあれば、それを吸収し、消化した論理としなければ、その論理は、必ず反動を生む、というのが、そこで白の議論の前提をなしている思想観なのである。

だから、彼はこの発言を、こう続ける。

例えば、植民地において工業建設をするようになった主たる原因が同化政策とするならば、その同化政策を採るようになった主たる原因は何なのか、それが後発帝国主義の特徴だけではなくほかに何かの特徴があるならば、それは何なのか、このようなことを究明して認めるべき点は認めながらも、もっと峻烈に批判することによってのみ、そのような大臣の発言に賛同する考えをもった――その中には善意の人たちも多いでしょうけれども――そのような人たちの心を変え、そのようにすることによってそのような発言が出てくる根拠を除去することが出来るだろうと思います。（同前）

わたしが『敗戦後論』で行っている「究明」の答えが正しいかどうかはわからない。たぶんこれまで書いたところまででは、充分ではないだろう。しかし、大事なことは、ここに、彼と我とに、共通した現実認識があり、思想観があるということである。

失言が「年中行事のように」起きるとすれば、そこにはそれなりの根拠がある、そしてそれは、自民党政権であるとか、政治権力の戦前からの持続の問題だとかで説明のつくものではない、そこには、保守派、革新派を含めた日本社会全体の問題がある、そのことに日本の戦後の革新思想が気づき、根底的に自己批判の作業を行わないかぎり、ここにまともな思想的な対話が成り立つことは、困難だろうというのが、その現実認識の内容にほかならない。

なぜ失言が起こるのか。つまり、なぜ日本社会は、しっかりした謝罪ができないのか。

かつて西ドイツ時代の首相ヴィリー・ブラントが、ポーランドを訪問し、思わずひざまずいて謝罪した時、このハプニングを彼の帰国後、ドイツ社会は、〝容認〟した。加藤周一は、ドイツと日本の違いを保守党政権における戦前との断絶の強弱により説明するが、両者の違いの根本は、そういうところにあるのでないことはもちろん、ブラントのような首相がいないことにあるのでもなく、そういう首相の「ひざまずいての謝罪」を受けとめ、飲み込み、これを〝批准〟するだけの社会の厚みが、まだ日本に用意されていないこと、また、社会にそれを受け入れさせるだけの——それへの反動が生じることの根を断つ——謝罪の論理が、いまなお日本の戦後派によって作り上げられていないことにあるのである。

なぜ日本に失言が絶えないか。わたしは、その「根拠」を「分析して究明」した結果、その淵源に日本の戦後が敗戦を通じてもつことになった「死者の分裂」があると書いた。そして、このことが克服されない限り、この問題は解決しないだろうと考え、自国の死者、他国の死者との向きあい方をめぐる新しい考えを編み出さなければならないと述べたが、それは、その後の経緯が教えるように、日本の革新派知識人の多くに、モチーフを解されないまま、自国の死者を先に置くナショナリズム復興の論理と受けとめられた。

しかし、ここにも同じ問題が反復されている。

最近のある共同討議で、白は、この問題に触れ、『敗戦後論』を全面的に否定する柄谷行人に答え、こう述べている。

日本の戦死者への哀悼が先であるといった彼の主張が論難されたようですが、韓国人の私がこう言うと意外かも知れませんが、（略）とにかく私はむしろ新鮮だと感じました。哀悼するという儀式の先後関係でなく、人間の心の作用を基準に言いますと、やはり空しく死なれた血族への痛みがまず起こらない状態で、いかに他人への贖罪の念が成立するのでしょうか？ その時彼らの死が結局は間違った戦争による無意味な死であったという、その「痛み」が核心となるべきなのはもちろんのことです。（「韓国の批評空間」〔共同討議、崔元植・鵜飼哲・柄谷行人と〕『批評空間』第二期第一七号、一九九八年）

日本の一般的革新派知識人と白の考え方の違いは、明白である。「空しく死なれた血族への痛みがまず起こらない状態で、いかに他人への贖罪の念が成立するか？」日本の戦後の革新派は、このようないわば「心の作用」の領域――論理だけで解決できない領域――を論理から切り離し、その革新思想を築いてきたが、そうすることが、問題の回避であり特に日本のような「後進的要素」をなお色濃くとどめた社会にあっては、その「革新思想」を弱め、必ずそれに対する反動を生じさせる所以であることを、見ようとしなかった（というより、その「心の作用」の切り捨てに、罪責感の代償という彼ら自身の「心の作用」の反動が働いていることを、見まいとしてきた)。その傾向はいまも変らないが、これに対し、白は、「歪み」をもつ「後進社会」の「革新思想」は、この「心の作用」に足をとられ、負荷を負い、それを克服する作業を強いられるが、その作業を通じ、逆にそこから、「先進社会」の革新思想の規矩を踏み越える手がかりを得るだろうと、考えるのである。

大西巨人の観点は、ここでこの議論と合流する。それは、それこそ、「空しく死なれた血族への痛みがまず起こらない状態で、いかに他人への贖罪の念が成立するか?」という点を押さえた、一息深い日本の革新思想として、わたし達の前にある。それはそのようなものとして、大西によって仮構され、その場所から、『敗戦後論』は「その客観的性格において」、時局便乗的、反動的ではないかと批判をなげかけていると、見なされうるのである。

しかし、そうだとしても、この白の観点と大西の観点の間には、大きな違いがある。白は別の場所で、ユルゲン・ハーバーマスの南北朝鮮論にふれ、それが国家の「分断」にその「統一」を越える可能性を見るものとなっていないことに軽い失望感を表明している。白にとって、「分断」とは、やがて国家が「統一」されることによって克服されるべき単なる負性を意味していない。民族がそこでは、国家の枠を越える不思議な相貌を示している。共同性がそこで、普遍性に向かう意志の足場となっているのだ。彼は、そこに国家の国民国家としての「統一」を越え、さらに「その先」までを望見する、一抹の可能性があると考えている。*20

白の思想から感じられるのは、先の「心の作用」といい、また失言をめぐる発言での「日本の多くの人たち」への着目といい、思想が、思想では動かすことのできない、いわば思想の他者ともいうべき要素との関係の中で摑まえられているという感触である。わたしの考えをいえば、そこにこそ白の思想における「戦後」的本質が顔を見せている。それは文字通り、思想として韓国解放後の「分断」を通過しているが、大西の思想は、これに対し、「敗戦」を思想として通過していないのである。

両者の分岐はどこにあるだろう。

同じ共同討議で、白はいっている。

ここで白について簡単にふれれば、彼は朝鮮動乱の終結から二年、一九五五年に高校を卒業後、渡米している。ブラウン大学、ハーヴァード大学でD・H・ロレンスを研究し、一九六三年、八年にわたる滞米生活を終えて帰国すると、直ちに友人と『創作と批評』を創刊するが、そこで、「民族文学」を提唱する。一九七〇年前後にも三年間、博士号取得のため再度渡米しているが、つまりは、同時代の韓国人の中でたぶんもっとも西洋的な知的風土に親しみ、知的訓練を経てきたはずの人間が、自国の西欧派と対立する形で、ナショナルな場所を自分の立地点と定めるのである。白の創刊した雑誌『創作と批評』が、一九六〇年代以降の朴、全両大統領時代を通じ、韓国民主化の抵抗の拠点の一つとなり、白自身、ソウル大学教授の職を解かれ、反共法違反に問われ、起訴されたことについては、よく知られているので繰り返さない。いいたいことは、彼の軌跡を特徴づけるものが、この外国体験と民族文学という、鮮明な「ねじれ」の姿勢にほかならないことである。
そのような白に、日本の現状はどう見えているか。白は、たとえば日本の読者に向けたある文章の中で、自分の「民族」文学の提唱に関し、こういう考えは、日本の知識人には〝避けがたい後進性の一部だ〟と受けとめられ、しかもその後で、第三世界のものだからと〝寛大に認めてやる〟対象にみなされているようだが、といわば礼儀正しい留保の念を表明している。[*21] そこにあるのは、端的にいえば、日本の戦後革新派の思想的感度の悪さ、単純さに向けられた、連帯感に裏打ちされた深い憂慮の念だが、そのような事情を踏まえた上で、白は、柄谷にこう述べるのである。

私の本から（民族という言葉をめぐる個所を――引用者、以下同）引用されましたが、日本では民族という言葉が否定的な意味を持っているということを私もよく承知しております。ですから、日本の友人たちに民族という言葉を強要するつもりはありません。どういう言葉や概念を使うかは日本人自身が判断すれば良い問題です。（一九六〇年）当時、私が望んだのはむしろ、（こういうことです。私は、）岸首相に代表される右の民族主義者であれ、共産党のような左の民族主義者であれ、彼らの立場に単に反対するに留まらず、一定の民族的特性と民族的感情を持っている日本の大多数の大衆を望ましい方向に導く代案を求めるべきではないかという注文をしたかったのです。（同前）

ここにいわれていることを一番大きくとると、白は、自分は日本の友人に「正しい」と思うことをしてくれ、というのではない。「日本の大多数の大衆」がその「望ましい方向」に進めるような、彼らを現に動かしているありように対抗できる、彼らに通じる「代案」を用意してほしい、といっているのだ、と語っている。

ここには、単に自分が正しいと思うからあることに反対するだけでは、そのあることへの「反対」にはならない、それが「反対」になるには、そのあることが「日本の大多数の大衆」に受け入れられている根源にふれ、それを壊す「代案」がそこに含まれているのでなければならないという、いってみれば、思想は他者をもつという意識と、思想はその他者との関係の中に生きるという意識とが、働いている。彼は、思想とは、その思想の相手（＝他者）との関係の中ではじめて、「正しく」もなれば「正しくなく」もなるものではないかと、いっているのである。

これを別にいえば、彼は、ある個人が自分の正しいことを行う、自分の正しいと信じることを貫く、というだけで、それが「正しさ」を意味しうるような思想の牧歌時代は、壊れた、終わった、といっている。そういう世界に自分たちは生きているのではない。それが彼が、「反対」をではなく「代案」を、「日本の友人たち」に「注文」していることの意味である。白と大西の違いは明らかだろう。大西の作りあげた小説家「真田修冊」は、主観的には非の打ち所がない。彼は、戦争の渦中にあり、見るべきものは見つくし、戦後も、自国の死者のことをひとときも忘れず、しかも日本が他国に対してなした悪をこころにとどめ、このようなことを二度と国の内外で繰り返させないよう、政府を批判し、日本社会が少しでも民主的、進取的になることをめざしてきた。彼は何一つ間違わなかった。できるかぎりのことはしてきた。彼は重厚であり、正しい。

しかし、にもかかわらず、悪はなされる。

こういう時、「正しさ」は、どのような変容を強いられるものだろうか。

わたしの考えをいえば、敗戦とは、すべての「正しい」人間に、そういう問いをつきつけずにおかない経験だった。

大西が作りあげた文学者、知識人の理念型である「真田修冊」が、どう考えても自分は間違っていないのに、しかし、結果として間違った（主観的にはどこも間違っていないのに客観的に完全に間違った）、なぜか、なぜこうなるのか、と激しく膝を折り、口から泡を吹いて、ノックアウトされる。あの一九四五年の敗戦とは、とりわけ文学者と知識人にとって、そうであるべき経験だったのである。

わたしは『敗戦後論』に、坂口安吾について、こう書いた。

「堕落論」と「真珠」と、いずれでも、坂口のコトバはある透徹した響きをもっている。どちらを読んでも坂口の真情は行間にあふれ、わたし達を動かす。しかし、ほんとうは、これは、ありうべからざることなのではないだろうか。これは、素朴な読者であるわたし達がその読みにおいて責められるべきでないとしたら、坂口の文学者としての、何か根本的な欠陥を、語るものなのではないだろうか。(『敗戦後論』)

大西の小説家「真田」は、この件りを引き、なぜ戦前に書かれた「真珠」と敗戦直後に書かれた「堕落論」と、この二つが「透徹した響き」をもって同様に読者を動かすことが坂口の文学者としての「根本的な欠陥」となるのか、

そんなことは、まったく毛の先ほどもありません。戦争中に相対的に立派な『真珠』を書いた坂口だからこそ、敗戦後にも相対的に立派な『堕落論』を書くことができました。それが、文学・文学者の、あるべき本道・真姿です。(「現代百鬼夜行の図」)

と批判するのだが、わたしの考えでは、この「真田」のいう、「あるべき本道・真姿」が完膚なきまでに打ち砕かれることのうちに、五十余年前の日本の戦争体験、敗戦体験の核心は、あったのである。[*22]

わたしのいう戦後的思考と、大西の「あるべき本道・真姿」との違いとはどのようなものだろう。

わたしは、大西の批判にあったが、その彼が完全に一周遅れでいまわたしの傍らを走っている、という感じを受ける。わたしと大西の間の落差の大きさにほとんどめまいをおぼえる。しかし、同時に気づくが、この落差はわたしが自分と同年代の批判者、あるいは先に触れた年少

の若手学者の批判者に感じる落差と正確に同じである。両者に共通しているのは、そこで思想があの「論理ではどうにもならないもの」を自分の中にまったくといってよいほど、繰り込んでいないことである。思想はそこでどんなに身軽であることか。しかし、わたし達にとって、敗戦とは、思想がそれだけの「正しさ」では、もはや「正しい」ものとして生きられないことを教える経験、たとえ自分は生きのびても、その時にはその「正しさ」の意味を失わざるをえない経験に、ほかならなかったのである。

このような経験を通過した後で、いったい、どのような、主観にとどまらない、「真情」が可能だろう。どのような〝孤高〟でない「本道・真姿」がありうるだろうか。

ここまでくれば読者にもわかるだろう。

大西が象徴している戦後革新派の足場とは、戦後にあってなお壊れない、あの〝孤高〟の「正しさ」である。それはなぜ戦争を通過しても壊れないのか。それは、端的にいえば、他との関係の意識を欠いている。その正しさは、自分への確信によって堅固にされ、他との関係によって自己を揺るがされることのない、そのために敗戦を通過できない、いわゆる〝閉じた〟「正しさ」なのである。

正しいと思うことを行うことがそのまま「正しさ」だった時代を、思想の牧歌時代と呼ぶことができる。しかしそういう時代は終わっている。そのことをいち早く知らせたのが、この世界戦争における敗戦経験というものだった。

9　吉本隆明の一九八六年の弔辞

いまから十三年前、一九八六年に鮎川信夫が死んだ時、吉本隆明は、このような弔辞を読んだ。

鮎川信夫さん。
死者にお別れするこの国の風習にしたがって、貴方への挨拶を申し述べます。
ほんとを申せば、もう一年余りまえに、貴方は無言のうちに、わたしへの別れの挨拶をされ、それは確実にわたしに伝わっておりました。
あるとき貴方は、善意の優しさを与えつづけるために、こらえにこらえてきた長年の忍耐の辛さを放棄されて、本音の世界に入られたのでした。そのときから貴方の晩年が始まったのだと思います。（「別れの挨拶[*23]」）

葬儀には行かなかった。この弔辞は雑誌で読んだ。その時は、急逝した鮎川にこうした酷薄な言葉を連ねる吉本の意図がよくわからなかったが、いま、この「別れの挨拶」は、それこそ明瞭な意味を湛えた言葉として、わたしの耳朶を打つ。

ここで吉本は何をいっているのか。彼は、白の言い方でいえば、これまで自分の「正しさ」をではなく「日本の大多数の大衆」がそれでいけばより「望ましい方向」に導かれるという

「代案」を作る、そういういわば二次方程式のあり方を自分の思想の前提としてきた鮎川が、ある時その努力をやめたこと、自分の正しさによって動くことを「こらえにこらえ」、「長年」忍耐してきた鮎川が、それをやめていわば自分の「正しさ」につき、一次方程式の思想によって語り、書くようになったことをさして、「本音の世界に入った」といっている。

そこに吉本は、いわば二次方程式の思想から一次方程式の思想への〝退化〟を、見ている。

以後、貴方が書かれる時評の筆は冴えわたり、伸びのびとした表情に溢れるように思われました。それと同時に他者の心を自分のなかに無限に繰り込んで、内部に均衡を作り上げる、かつての貴方の文脈とは異った、即興の危うさのようなものも文脈のなかに混じってゆくのを感ずるのでした。わたしは貴方が戦後にはじめて、ご自分を野放図に解放されたのだと思い、喜ばしさと一緒に、一抹の寂しさをも覚えたのでした。（同前）

二次方程式と一次方程式の違いはここで、「他者の心を自分のなかに無限に繰り込んで、内部に均衡を作り上げる」方法の有無として示されている。戦争で死んだ友人の遺言執行人の位置に改めて自分を据えることが、鮎川にとってはいわば、戦後における「ねじれ」の選択だった。そこに歩み出ていく体験の原質の場所でいうかぎり、彼のいた場所は、大西の作った小説家「真田」のそれと変わらない。では両者の違いはどこからくるか。鮎川は、この敗戦で、一度ノックアウトされ、その結果として、自分の「正しさ」をいったん「他者」の口を通した後でなければ外に出さなくなる。彼はいわば、「彼と世界の戦い」では、いつも「世界に支援する」。それが、「他者の心を自分のなかに無限に繰り込んで、内部に均衡を作り上げる」彼の思想と詩作の方法となる。二次方程式とはそういうことである。しかし、それを四十年続けた後、鮎川は、そのことに疲れ、逆説的な遺言執行人であることをやめ、ついで、とうとう自分の「正しさ」で動くようになった。吉本はそういっている。

一九八六年という年にことよせていえば、ここには、あのドイツの歴史家論争に見合う、もう一つの歴史家論争が展開されているのだといってもよい。ここにあるのは、「ねじれ」た姿勢ではとてもやっていけないと「直立歩行」の姿勢をとることにした思想家と、二重の、「ねじれ」た姿勢にとどまる思想家の、対峙の構図だったのである。

この脇に置けば、大西の小説家「真田」は、ほとんどこの対立自体をナンセンスとするほかない場所にいる。彼は、それこそ「国境の向こう側」にいるのだ。吉本と鮎川の間には、敗戦を機に「本音の世界」を出た人間同士の、そこにとどまろうとする者とそこから離れる者との「別れ」の劇があるが、「真田」は最初から最後までその正しい「本音の世界」を動かない。彼は、敗戦をへてもいっこうに「本道・真姿」の世界の外に、放逐されないのである。

日本の戦後に、敗戦を通過した思想がないのではない。わたしの考えでは、戦後にあって、日本の敗戦経験を正面から受けとめ、そこから戦後的な思考を展開したのは、ここに見る大西の世代のすぐ後、吉本隆明を代表の一人とする、戦争世代、敗戦を二十歳前後で通過した世代である。

なぜこの世代の人間としての吉本が、非転向の日本共産党幹部を否定する一方、転向し、「よごれ」の自覚からはじめた中野重治にこそ、中野自身も気づかなかったほどの思想的意味を見出すのか（「転向論」）、また、観念の絶対性ではダメだ、関係の絶対性でなくてはならない、という考えに抜けでてゆくのか（「マチウ書試論」）、さらに、石原吉郎の誰にもほとんど言葉をさしはさめないと思われる苛酷なラーゲリ体験に、それゆえに、というような関心の切迫を示しつつ、そこには大きな欠落がある、石原には「国家とか社会とか、共同のものに対する防備が何もない」と厳しく批判を寄せるのか（「石原吉郎の死・戦後詩の危機[*24]」）、さらにまた、前著の「戦後後論」でも扱ったが、たとえばわたし自身に対し、「文学」だけでは誤る、「外部からくる強制力、規制力」への眼が必要だ、それが自分の「戦争体験からの教訓」だった、という趣旨の発言を行うのか（「半世紀後の憲法[*25]」）。

そういうことが、いまわたしに、ことによれば吉本自身の了解とさえ異なる形で、一つの意味を帯びて浮かんでくる。

吉本の思想の起点は、関係の意識にある。

日本における戦後的思考の核心とは、この関係の意識の発見にほかならない。

それは、たとえば、次のような言い方に現れているものをさす。

ここで、マチウ書が提出していることから、強いて現代的な意味を抽き出してみると、加担というものは、人間の意志にかかわりなく、人間と人間の関係がそれを強いるものであるということだ。人間の意志はなるほど、選択する自由をもっている。選択の中に、自由の意識がよみがえるのを感ずることができる。だが、この自由な選択にかけられた人間の意志も、人間と人間との関係が強いる絶対性のまえでは、相対的なものにすぎない。（「マチウ書試論[*26]」）

また、

関係を意識しない思想など幻にすぎないのである。（略）秩序にたいする反逆、それへの加担というものを、倫理に結びつけ得るのは、ただ関係の絶対性という視点を導入することによってのみ可能である。（同前、傍点引用者）

ちょっと見ると、これはマルクス主義的な思考と見える。しかしこの視点を、吉本が、マルクスの知の眺望から得ているというより、むしろ戦争体験としてのノックアウトから得ていると考えると、どうだろう。

わたし達は、また別個の視界をうるのではないだろうか。

第二部　戦前——誤りをめぐって

Ⅱ　罪責感を超えるもの――吉本隆明「転向論」の意味

1　世界戦争と死者の分裂

戦後にとって、戦前の経験、また戦争の経験とは、何を意味しているのだろうか。それは、これまで信じられてきたように、無意味かあるいは悪を意味し、戦後の価値と、無縁なのだろうか。

あるいは、そこにこそ国家正義の源泉はあり、そこからすれば、戦後はすべからく堕落だということになるのだろうか。

わたしはそこに、一つの切断があると思う。そしてその切断は、切断として生きられることで、両者をつなぎうるのだと思う。

その切断は第一部で、ノックアウトの経験と呼ばれた。

敗戦におけるノックアウトということが、なぜ敗戦という経験の核心をなすのかといえば、そこに、誰をも無傷では通過させない、モラル上の切断が挿入されているからである。

そこでは、この切断線を無傷で通り過ぎることが、そのまま、その通過の浅さを意味するということが起こっている。

しかし、この切断線の通過は、なぜ困難なのだろうか。

ここには一つの問題が横たわっている。

これまで何度か述べてきた、死者の分裂という問題も、このことと深く関わっている。わたし達のもとで、死者の分裂ということがなぜ不可避か。この問いは、敗戦経験の核心がなぜノックアウトか、したがって、戦争の誤りを見通す「正しい」洞察が、なぜそれだけでは無効なのか、という問いと、パラレルなものとして、わたし達の前におかれているのである。

ここにいう、ノックアウトという切断の意味を考えようとすれば、第二次世界大戦という戦争の、世界戦争としての性格に、特に死者と共同体の関係という観点からもう一度光をあてることが必要となる。

第二次世界大戦は、世界規模の戦争だった。その新しい世界戦争としての性格については、これまで、総力戦、全体化など、さまざまなことがいわれているが、わたしの見るところ、そのもっとも本質にふれる変化は、そこでの戦争の死者と共同体との関係において、生じているからである。

日本が敗戦で終えることになった第二次世界大戦が、一部萌芽的には第一次世界大戦とともに、それ以前の戦争とまったく違う性格をもつようになった理由は、それ以前の近代戦争がすべて、国民国家間、あるいは国民国家と前近代国家間の戦争だったのに対し、これが世界戦争だったからである。ちなみに、第一次世界大戦に先立つ戦争をいま思いつくままにあげてみると、一八四〇年にアヘン戦争（英国対清国）、一八五三年にクリミア戦争（ロシア、トルコ、英国、フランス、サルジニア）、一八六一年に南北戦争（米国内戦）、一八六六年に普墺戦争、一八七〇年に普仏戦争、一八九四年に日清戦争、一八九八年に米西戦争、一九〇四年に日露戦争が起こっているが、これらはほぼ、（南北戦争を除き）国民国家を主体とする国民国家間の戦争、もしくは植民地戦争である。

さて、この国民国家間の戦争において、戦争の死者とは、国家主権という最高価値を守るために戦場に駆り出された兵士たちのことである。そのためにそこで死ぬ戦争の死者は、この最高価値を共有する共同体成員に、たとえその国が戦争に負けようが、その後、深く弔われることになる。戦争の結果にかかわらず、そこでの至上の価値が国家主権であることは、ここでのゲームの規則だからである。戦争といえば古代以来、共同体間の戦闘行為を意味しているが、戦争の死者が戦争終結後、共同体の成員によって弔われるというこのあり方は、近代戦争にいたるまで変わらなかった。ある意味で、愛郷心を愛国心へと変質させ、このあり方をもっとも擬制的に純化したものが、この国民国家間の近代戦争にほかならなかった。

世界戦争は、このあり方に根本的な改変を加える。そこに生じる違いを一言でいえば、まず、それぞれの国民国家内に、ナショナリズムと一部対立しつつ、これを越えるものとして、帝国主義的な経済、社会体制が現れる。また、ネイションの観念（国民観念）を越えるものとして、階級という観念が生まれるようになる。さらに、技術革新による戦争行為の質量両面における拡大と深化を通じ、戦争というできごとは、戦闘員と非戦闘員の区別をなくし、各人の身体、所有物の物理的動員だけでなく精神的な動員をも含む、総動員、総力戦を条件づけられるようになる。その結果、これまでの近代戦争が、国益をめぐる、戦闘員による、ナショナルな意識の自然な発露としての戦いだったのに比べ、以後、戦争は、国益を越える価値をめぐる、またその価値を精神の全一の様相で信奉しないでは戦えない、世界戦争となってくるのである。

ナチスが第二次世界大戦を戦うためにアーリア人種の優位という人種概念に立脚する価値を掲げ、日本が東洋における白人支配の打破といったやはり人種概念に立った理念、西洋と東洋の融合、あるいは近代の超克といった「世界史の哲学」を、どんなにお粗末なものであれ作り出し、八紘一宇、大東亜共栄圏の哲学として掲げた理由が、ここにある。

大東亜戦争の開戦の詔勅には、日清・日露の宣戦詔書にはあった「国際法にもとらざる限り」、「凡そ国際条規の範囲に於いて」という文面が抜けているが、これは、橋川文三の推測しているように、たぶん、「欧米の与えた国際法を脱却して、世界に新しい秩序をこちらから書き与える、したがって従来の国際法には無縁であるということを示す」[*1]ものだったと考えられる。日本の兵士は、皇軍兵士と呼ばれ、「お国のために」、「天皇陛下万歳」といって死んでいったが、こう考えてくれば、ここにいう「お国のために」と「天皇陛下万歳」は、違う意味を担っていたと受けとることができる。それは、日清・日露の戦争とは違い、単に「お国のための」戦いではありえなかった。それは、世界理念を掲げての総動員の戦争だったのであり、白人支配の打破、西洋と東洋の融合、近代の超克といった理念が、「お国のため」とは違うものとして、「八紘一宇」、「天皇陛下万歳」という名号に含意されているのである。

ところで、第二次世界大戦が、これに参戦したそれぞれの当事国にとって自由・平等のような近代原理、また階級、人種、文化といった世界理念を掲げて戦われたはじめての本格的な世界戦争となったことは、戦争の死者と共同体の関係に大きな変化を及ぼす結果となった。それまで、戦争の死者は、右に述べた理由から必ず彼がそのために死んだ共同体に深く弔われるのを常としたが、戦争の至上価値がいわば国家主権からその上位の審級である世界理念（人種、近代理念、文化、平和、階級など）に移ったことから、死んでみると、その彼を弔うべき共同体がもうなくなっている、という新しい事態が生じるようになったからである。

第二次世界大戦のほぼ完全な敗戦国であるドイツ、日本に起こったことは、まさしくそのようなことだったといってよい。近代戦争が国家主権を至上価値として戦われる戦争だという意味は、そこでの敗戦国が、つねに、「正しい」にもかかわらず戦争には負けている、ということである（ここでは国家主権は至高の価値である。それをそのまま受けとれば、それはその国に属する者にとっての無限定の「正しさ」の源泉となる）。しかし、世界戦争において生じたことは、ドイツ、日本が、「正しい」にもかかわらず、戦争には負けた、ということではない。ドイツ、日本はまず、戦争に負ける。しかし、その敗北が次の敗北を用意する。つまり、そこでは、戦争に負けることは、その戦争を導いた理念そのものが、敵対する理念に、理念としての罪を問われることを、意味している。それに応じ、この両国は、負けた後、自身の理念を問われ、その理念を放棄することを求められ、それを諾い、かつて掲げた理念をいわば心から悔悟し、否定することで、「民主主義国家」となっているのである。

敗戦によって、日本に起こった転換は、一億総懺悔の形で天皇を率先して行われるが、戦争の死者がその名の下に死んだ理念に立って見れば、その価値の否定であり、それへの裏切りであり、いわば戦争の死者と行った約束（コミットメント）からの「集団転向」である。それは、敗戦の翌年元旦の天皇による人間宣言にはじまり、東京裁判を舞台とした日本の戦争遂行理念の断罪とそれの認容へと続き、新しい戦後的価値への信従をへて、たぶん高度成長期における「戦後日本人」全員での無意識裡の戦後的価値への身体的帰依によって、完了している。その過程にあっては、昭和天皇の人間宣言が明治天皇の教育勅語の精神への回帰のつもりでなされたとか、東京裁判で処断が天皇の身に及ぶのを恐れたために臣下達がやむなく罪を認めたというような細部のエクスキューズは、問題にならない。彼らは——つまり「わたし達」は——、天皇を先頭に、白人支配の世界秩序を打破するといった戦争の理念を撤回し、わが非を悔い改め、連合国主導の民主国家としての更生プログラムを受け入れている。わたし達は、強制され、従い、考えを変えた。指導者達の転向を先頭に、敗戦国民としての日本人が、やがて、自ら進んで集団的に転向したというのが、戦後日本人の誕生劇だったのである。

問題は、その先にある。

それは、面従腹背の、偽装的な転向だったろうか。

わたしの考えをいえば、それは、偽装転向ではなかった。というのも、戦後日本人は、当初こそ、この押しつけられた近代西欧の原理（個人の自由、平等その他）を勝者のごり押しとしてやりすごし、面従腹背し、頭越しに通過させようとしたが、やがてそれはそれなりの歪曲を受けつつではあれ、「面」から「腹」に浸透し、最終的に、わたし達は、価値として、それに説得されたからである。[*2]

その背景に、次の事実がある。

日本が掲げた戦争遂行の理念は、理念のレベルで考えても、敵対する近代西欧の理念に及ばなかった。そのことを戦後の日本人は、ある時点で、身に滲みて、納得しているのである。

ここにいう日本の戦争遂行理念を、白人支配の打破による植民地の解放という思想に代表させてみよう。そして、敵対する連合国側の戦争遂行理念を、個人の自由と尊厳を最優先する近代理念に代表させてみよう。すると、敗戦直後の日本人こそ、この二つの理念を比べるというような余裕をもったとはとうてい思えないものの、その後、現在にいたるまでの半世紀を越える時間の中で、戦後日本人の圧倒的多数は、たしかに理念として、人種概念をテコにした、有色人種あるいはアジア人の観点に立った普遍的な「正義」の観念よりも、個人の自由と尊厳に立つよりダイナミックな近代的な理念のほうを、選んでいると考えられる。

連合軍が掲げた近代理念は、それこそ生活様式と社会システムの中で、事実として身体的に選びとられたばかりではない。理念としても、優位性を明らかにして現在にいたっているのである。

念のためいえば、わたしがいうのは、白人支配の打破、東洋と西洋の融合、近代の超克といった日本の戦争理念が、それ自体としては悪くなかったのに、実際は、実質をともなわないお題目にすぎなかった（そのため連合国側に及ばなかった）、ということではない。たとえ実質をともなおうとも、戦争期に日本が掲げたあり方に照らすかぎり、それは、個人の自由と基本的な人権に基礎を置く欧米の近代理念に遠く及ばなかったのである。

たしかに植民地主義の遺制、人種的偏見といったものはいまも解決されずにわたし達の世界にある。西洋が礎石を築いた近代原理は、さまざまな暗黒面をもっている。しかし、そのマイナス面の克服は、共同性に立つ、あるいは単に普遍的「正義」の観念を掲げる大東亜戦争の理念では可能ではなかった。[*3]それが、ロシア型のマルクス主義的理念によってすら可能ではなかった、ということの結果を、いまわたし達は目の前にしているのだが、なぜ七十数年の西欧の近代理念を越えようとしたロシア型共産主義思想の試みが、頓挫したか。その理由を、それは、けっして「軍事力」の問題ではなく、「人間の自由を少なくとも理念として肯定している」西洋近代のシステムにロシアの理念が及ばなかったということだと述べる見田宗介の指摘は、そのまま同じ形で、日本の大東亜戦争の理念との比較についても、いえるはずである。[*4]

いまも、わたし達の周囲には、東洋の文化的特色をいってみたり、南北格差を論じる際に、植民地遺制にからめ、それが西欧近代理念の人間観を基礎とした人種差別の結果であるかのように語る議論が、後を絶たない。しかし、そのような「外在的」な西欧近代批判、文化観、人種とか社会的概念による、世界の社会構成にまつわる問題の打開の試みでは、そもそも歯が立たず、問題の解決とはならないこと、西洋近代の諸問題の克服は、西洋近代を作り出した自由、公共、社会といった概念を検討し尽くすことを通じ、いわば「内在的」にしかなされえないだろうことは、いまわたし達が行う検討の前提である。*5

なぜ、死者の分裂がわたし達にとって不可避なのか。それは、関係の構図のもとにいえば、わたし達がこの戦後の新しい理念に心の底から納得したからである。死者の分裂の根源には、明らかにわたし達戦後日本人の、この集団転向による戦争の死者に対する裏切りがある。このことを戦争の死者のほうから見れば、彼らは、たとえそれが愚劣な戦争指導者の口からほぼ出まかせに語られた虚言だったとしても、また彼ら一人ひとりがそれを信じていなかったとしても、関係の構造として、彼らの帰属する共同体の掲げる理念を信じ、あるいはその共同体の存続のために、戦場に駆り立てられ、そして死んでいるのだが、死んでみたら、彼らがそのために死んだはずの共同体は、もうなかった。それは、戦争の理念を撤回し、また、共同体全体での壮大な自己否定をへて、別の理念に立つ、別個の共同体となっているのだが、わたし達は、その新しい共同体に、それが掲げる別個の原理を信奉して、いま、生きているのである。

それと同じことが、敗戦の当事者についても、いえるだろう。戦争に生き残った彼らの前にあったのは、すでにその一方に死者と共有する戦前の価値に殉じるという項目を含む選択肢ではなかった。彼は、自分がいつのまにか戦前の価値に殉じないという選択をした結果、死ぬことなくいま戦後に生きているのであることを、認めざるをえない。しかも、戦後の価値とは、自分がかつて信じた価値の否定であり、それを信じることは関係の絶対性のもとで、戦争の死者を裏切ることなのである。

敗戦という経験の底に、どのような「正しい」洞察の持ち主をもってしても免れない形で、ノックアウトともいうべき契機がひそむことの根拠が、ここにある。

もし、戦時下、この戦争を帝国主義の一環としての侵略戦争だと認識する正しい洞察をもっていたとして、その立場は、その当時、少なくともそれだけでは、多くの「同胞」のあり方を愚昧とみなし、切り捨てることを意味する以外になかったろう。その洞察に見合う感性の持ち主であれば、そのことを深く意識せざるをえなかったはずである。しかし、半世紀前の戦時下という時点で、戦争の死者を含む彼ら「同胞」を切り捨てる行為には、権利があっただろうか。

わたしは、前著でいわば戦後の終点の場所から戦後の問題を取りあげ、そこに「ねじれ」の起点の直視という課題を見たのだが、ここにあるのは、敗戦の半世紀後を生きる「わたし達」ならぬ「彼ら」——戦争の当事者——の場所から見れば、それは、どういう課題だったか、という、もう一つの問題なのである。

2　戦争の当事者と戦争の体験

敗戦は、その当事者にとって、どういう経験だったのだろうか。

この経験の受けとめが、彼らにとって困難だったことのポイントは、どのようなところにあったのだろうか。

日本の場合、敗戦の受けとめは、先に見たドイツの場合と違い、戦争に批判的に対し、戦争期を知識人として過ごし、そのうえで敗戦後すぐに声をあげた、（ヤスパースに対応する）第一世代によってなされたのではなかった。敗戦直後の思潮を主導することになったのは、丸山真男（一九一四年生れ）、都留重人（一九一二年生れ）ら、戦後日本の最初の中心世代にあたる知識人たちだったが、彼らは、戦争期をいわばひそかな抵抗者として過ごした事実に基づき、戦後、自分を過去から一貫した近代主義者、民主主義者として提示する形となり、その結果、その主張と思惟とからは、ある種の要素、あの敗戦経験の核心としてのノックアウトの契機、戦争の死者との齟齬の問題などが、消えることになった。こうして、つけは次代に回される。敗戦から十年ほどのタイムラグをへて、一九五〇年代後半に入り、むしろこの日本の戦後の第一世代の主張――戦後民主主義の思想――に異議申し立てをする形で、これまでにない考え方が示されはじめるが、敗戦経験の思想としての受けとめは、日本の場合、その異議申し立てを担う世代、いわば戦争の当事者である第二世代（戦争世代）の手で、あのヤスパースの場合にも似た様相をもちつつ、思想化されることとなるのである。

ここに戦争世代というのは、およそ一九二〇年代の初頭から半ばにかけて生れ、敗戦を二十歳前後で迎えることになった、戦争の当事者世代をさしている。アジア・太平洋戦争として知られる十五年戦争の最終局面に現れる学徒出陣の対象となったのが、ちょうどこの世代であり、特別攻撃隊の構成者の大半も、ここから充当されている。

彼らの特徴は、一言でいえば、そのそれまでの全生涯をほぼこの世界戦争に全面的に覆われる形で生きている点にある。彼らは、ほぼ戦争の進展と軸を一にする形で育ち、いわばその「悪」から逃れようのない形で精神形成する。青少年期をすっぽりと十五年間の戦争期に「つつまれ」、全人格をほぼ完全に戦争に覆われた、文字通りの「戦争の子供たち」の世代が彼らにあたっている。

この世代が戦争から蒙ることになったトラウマを、もっとも強く意識し、またこれを引き受けることを自分の使命としたと見えるそのうちの一人、橋川文三は、ある文章の中で、「太平洋戦争」の特異さを、そこに生きる人間にとってそれが「戦争の終結に対する感覚を麻痺せしめる」永続戦争として現れた点に見て、自分の「個人的体験に即して」、「たとえば満州事変は、太平洋戦争開始の時点において、すでに遠い昔の絵草紙の世界のことのように思い浮かべられた」と述べているが[*6]、ここには、「太平洋戦争」の特異さであるとともに、むしろ「戦争世代」の特異さでもあるものが、よく現れている。

橋川は、一九二二年の生れ、敗戦の年を二十三歳で迎えているが、張作霖の爆殺事件が起こる一九二八年には六歳、満州事変の起こる一九三一年には九歳であり、物心つく頃には、もう国全体が戦争に入っている。中国との宣戦布告なき戦争は同時に戦争目的のはっきりしない戦争であり、いつ、どのような形で終結するのか、誰にも予測が難しい、いわば日常に溶け込んだ戦争だった。彼らは、その戦争の中で小学校に入り、中学校に進み、さらに旧制高校に進学する。十五年戦争は彼の九歳から二十三歳までを覆っている。全体戦争と総力戦を本質とする世界戦争は、彼ら戦争世代において、もっともその全的な本質を明らかにする形で、生きられるのである。

そこで生年のわずか数年の違いが、彼らにとってどれほど大きな意味をもっていたか。白井健三郎が敗戦前後期の橋川にふれて語る次の挿話は、その機微を、余すところなく伝えている。[*7]

ある時、後の詩人宗左近の応召を送る一高の学友の集まりで、白井が、「戦争の愚劣さを説き」、友人宗に対し、「生きて帰ってくるように」と述べると、同席していた文芸部の後輩のうち、五歳年下にあたる橋川が、突如白井の胸ぐらをつかまえ、「お前はそれでも日本人か、日本人ならこの戦争に参加すべきだ」とはげしくなじる。白井が、そのような橋川を冷笑し、「日本人である前に人間だ、人間であることからこの戦争は許せない」と応じると、橋川は、激昂して、その白井に、なぐりかかったというのである。

こう書く白井は、一九一七年の生れ。このできごとがあった一九四五年（宗の応召は同年四月）には、二十八歳になっている。そのほぼ同年の友人には、戦後マチネ・ポエチックの新人として現れる中村真一郎（一九一八年生れ）、福永武彦（一九一八年生れ）などがいるが、白井の発言の背後には、彼らの親炙したフランスの哲学思想の知的で自由主義的な感性が控えている。しかし、そのような知的伝統は、同じく小林秀雄伝来のランボーに親しむという経験に立ちながら、そのことが同時に日本浪曼派の保田與重郎への没入をも惹起した橋川たち戦争世代の後輩たちとの間で、奇妙な断絶を示している。戦争への冷視と戦争への没入は、そこで、紙一重の差をなして隣りあう。

戦争世代は、いわばその身体ごと戦争に浸されて育ち、戦争の「悪」を逃れようのない形で身に浴びた「戦争の当事者」だが、敗戦経験は、そのような彼らにおいてはじめて、不可避なものとして、その本質の相で、受けとめられるのである。

橋川は、後に、敗戦の明らかになった日のことを、こう記している。

> 八月十五日正午、私は部屋にいた。アパートの人たちも、大ていどこにも出かけないでいた。工場でも、どこでも、もうすることなどないといってよかったのである。ラジオはとなりの組長Tさんの家に集って聞いた。
>
> 終ったとき、ながいながい病床にあった老人の死を見守るときのように、いわれのない涙が流れた。その時思ったことは二つだけである。——一つは、死んだ仲間たちと生きている私との関係はこれからどうなるのだろうかという、今も解きがたい思いであり、もう一つは、今夜から、私の部屋に灯をともすことができるのかという、異様なとまどいの思いとであった。（「敗戦前後」一九六四年[*8]、傍点引用者）

いまの目から見ると、この時橋川が感じた自問は、その後の戦後をいわば心臓の位置で貫く、核心の問いだった。一般に知識層は言葉を糧に生きるが、この戦争の激化前に精神形成した知識層には、たとえばマルクス主義などの社会思想、あるいは西欧の自由主義的な知的伝統を背景に、その侵略戦争としての本質を見抜き、これをひそかな抵抗者の位置で切り抜けることも不可能ではなかった。しかし、橋川に代表される戦争世代は、この意味でいわば知を逆方向に純化させた知識層予備軍にほかならない。彼らはあの「正しい」洞察と無縁だった。大半の戦争の死者と同じく、戦争に没入し、自分もほどなく後を追うことを自明としながら、突如敗戦を迎え、ふいに生きながらえることになった彼らに、しかし、戦争は、はじめてその本質の全貌を、隠れない形で突きつけているのである。

こうして、日本にあって敗戦という経験は、丸山、都留ら戦後の指導的な知識人でも、大西巨人（一九一九年生れ）、加藤周一（一九一九年生れ）らそれに続く世代でもなく、橋川ら、戦争期を皇国イデオロギーにさらされて生き、いわば壊れた身体をもつ、〝取り返しのつかない〟戦争世代の幾人かの思想家によって、全的に受けとめられる。一九二二年生れの鶴見俊輔、一九二三年生れの吉田満、一九二四年生れの吉本隆明、一九二五年生れの三島由紀夫、一九二六年生れの井上光晴などが、その思想家、文学者たちである。[*9]

しかし、そのため、次のことが起こる。

そこでの戦争の受けとめは、ドイツにおけるヤスパースの場合とは異なり、これを批判的にでなく、無批判に通過した者によって担われるが、そのため、その体験は、これを担う彼らの心臓を直撃するものとなる。ヤスパースは、丸山真男[*10]のようにファシズムの戦争に対し、批判者として現れながら、敗戦となると丸山とは違い、誤った国民の側に身をおく。そこでは、彼が戦時下にあって「悪い戦争だと思った（＝間違わなかった）」そのことが、戦後、彼が「敗戦国に加担する」ことの足場となっている。しかし、日本の（丸山の次の）戦争世代にそのヤスパースの足場はない。彼らにおいては、逆に、戦時下にあって自分が皇国思想を信奉し、戦争に加担したこと、自分がこれを「よい戦争だと思った（＝間違った）」ことこそが、戦後、彼らが「敗戦国に加担する」ことの足場にならなければならない。つまり、彼らにおいて、「間違い」はまず、前段として、戦後の反ファシズムの思想の足場にならなくてはならず、さらに後段として、そのようなあり方から一歩を進め、この単なる反ファシズム思想への抵抗の意味で、ヤスパースにおけるような「敗戦国に加担する」戦後思想の構築の足場にならなくてはならないのである。

彼らが敗戦という経験を受けとめ、そこから戦後の思想を作りあげるに際し、ぶつかった困難――「ねじれ」の起点――がここにある。

何がここで彼らに要請されているのだろうか。

彼らは、ヤスパースではない。その彼らが、戦時における「誤り」にもかかわらず、ヤスパースのように敗戦に際し、「敗戦国に加担」しようとすれば、彼らにやってくる関係の意識は、「自分は間違った、だから（したいが）いまさら敗戦国に加担できない」というその心理的バリア――「罪責感」――を、さらに思想的に突き放し、客体化するだけの強度を、もつものとならなければならない。そこに生じる「ねじれ」が心臓を直撃するものであることに見合って、彼らの思考もまた、そこに生じるバリア（罪責感）を凍結するだけの強度を、もつことが要請されるのである。

わたしの考えをいえば、日本の敗戦がその受けとめによって作り出すことになる戦後的思考は、このような試練に耐える形で、はじめて日本の戦後に、姿を現す。

そこに現れる試練とは、どのようなものだろうか。

一九五九年、橋川文三は、なぜ戦争世代の人間は、いまなお十余年も前の戦争に「女々しい懐旧趣味」を見せるのかという後続世代（石原慎太郎）の嘲弄をまじえた問いに答え、その理由は、この度の戦争と敗戦という経験が、「わが国の思想伝統において、歴史意識の形成・変革のための唯一の機会」だからだと述べ、その意味を、次のように語っている。

この度の戦争の体験が特別な意味をもつ背景を、二つの視角から説明することができる。一つは、「歴史意識の存在論、その思想的意味の問題」であり、もう一つは、「日本近代史におけるいくつかの戦争体験と、太平洋戦争のそれとの質的差異の視角」である。

まず、「歴史意識」は、本来、歴史の変動点において現れるが、それは、人々がそこにおいて、はじめて、「社会と精神の枠組が変化しうるということ、従来、規範的意味をもった信条体系の動態化によって、人間の根本的意味と機能とが変動しうることを身をもって」知ることになるからである。

そのことを、もっともみごとに表現したものとして福沢諭吉の「一身にして二生を経るが如く、一人にして両身あるが如し」という言葉は有名である。これまで述べたことに関係づけていいえば、前半の生に対する疑いもない体験と、後半の生に対する同様に明白な実感との間に生じるダイナミックス——それが本来の歴史形成の動因となるのである。（『戦争体

験』論の意味」、傍点引用者)[*11]

> 「太平洋戦争」とその敗戦は、日本の近代にとっては幕末の「開国」と「維新」(明治維新)と並ぶ、大きな歴史的な変動点を意味している。しかし、そのうち、明治維新は、伝統的な身分社会を突き崩すことには成功したが、そこから歴史的個体を作り出すことには成功しなかった。この度の太平洋戦争の敗戦と戦後の改革は、その意味で、日本に歴史意識を根づかせる、明治維新以来はじめての機会となりうるはずである。その場合、そこにあるのは、単なる歴史過程を越えた、イエスの磔刑に見合うとすらいってよい、超越的な啓示の過程である。
>
> もし戦争体験論ということを、たんに歴史過程としての戦争と結びつけるならば、(略)戦中世代の独占的な体験範疇とみなすほかはなくなるであろう。(略)しかし、鶴見俊輔や藤田省三、安田武や私などのいう戦争体験論は、全くそのような構造とはかかわりないのである。私たちが戦争という場合、それは超越的意味をもった戦争をいうのであって、そこから普遍的なものへの窓がひらかれるであろうことが、体験論の核心にある希望である。(同前、傍点原文)

しかし、なぜそれが「太平洋戦争」なのか。どうして橋川たちは、「太平洋戦争の体験のみに超越的契機をさぐろうとして、他の戦争にはそうしないのか」、また、「なぜ一般に戦争という歴史過程に注目して、他の歴史的事件にはそうしないのか」。

そういう疑問が起こるに違いない。しかし、太平洋戦争には、他の戦争にはない特別な性格がある。その特質とは、この戦争が、国体観念を丸山真男のいう「無限の縦軸」に据えた、これまでにない全体戦争だったことである。(別にいえばこれが、先に述べた世界戦争だったことである。)そのため、敗戦によるその国体理念の解体は、戦後の日本人をはじめて、普遍者の形成を要請する、「甲羅のない蟹」の状態におくこととなった。戦後の日本人はこの戦争によりはじめて自ら歴史意識の形成を行わないでは生きていけない土壇場の状態に突き落とされる。日本人はそこで、いわば「超越者としての戦争」に出会っているのである。

しかし、当然のことながら、このようにしてなされる橋川の説明は、石原慎太郎、浅利慶太、大江健三郎、江藤淳ら後続世代からなる彼の論敵をほとんど説得することができない。橋川はこの時期、孤軍奮闘、先行する第一世代と次に現れた新戦後派世代とに挟撃されながら、戦争世代の戦争体験の時代と文化を超えた普遍的な意味を明らかにしようと、努力するが、その試みはことごとく失敗に終わっている。理由ははっきりしている。虎穴に入らずんば虎児を得ずの故事ではないが、自分を戦争への没入という「誤り」のただ中におき、そこから自分に発言させるのでない限り、あの戦後の日本人全体の戦争の死者への裏切りという様相は、彼ら自身にも、また彼らの論敵にも、可視的なものとならない。それには、戦争中に自分が誤ったことからくる罪責感、心理的な負い目を客体化するだけの、極端なまでの思想的な強度が必要だが、思想がそのような形をとるには、ある根本的な態度の変更がなくてはならないのである。
吉本隆明が戦争世代の代表的思想家だというのは、彼においてはじめて、その態度変更が果されているという意味である。
吉本は、『高村光太郎』の中で、こう書いている。

わたしは徹底的に戦争を継続すべきだという激しい考えを抱いていた。死は、すでに勘定に入れてある。年少のまま、自分の生涯が戦火のなかに消えてしまうという考えは、当時、未熟なりに思考、判断、感情のすべてをあげて内省し分析しつくしたと信じていた。もちろん論理づけができないでは、死を肯定することができなかったからだ。死は怖ろしくはなかった。反戦とか厭戦とかが、思想としてありうることを、想像さえしなかった。傍観とか逃避とかは、態度としては、それがゆるされる物質的特権をもとにしてあることはしっていたが、ほとんど反感と侮蔑しかかんじていなかった。（『高村光太郎』[*12]一九五七年）

こうした言明がなされるまでに、戦後十年を要したことの意味を、わたし達は考えてみる必要がある。この文は、こう続く。

戦争に敗けたら、アジアの植民地は解放されないという天皇制ファシズムのスローガンを、わたしなりに信じていた。また、戦争犠牲者の死は、無意味になるとかんがえた。だから、戦後、人間の生命は、わたしがそのころ考えていたよりも遥かにたいせつなものらしいと実感したときと、日本軍や戦争権力が、アジアで「乱殺と麻薬攻勢」をやったことが、東京裁判で暴露されたときは、ほとんど青春前期をささえた戦争のモラルには、ひとつも取柄がないという衝撃をうけた。(同前)

この言明は、それまでに現れた戦後の主張とどこが違っているのだろう。

わたし達は、こう自問してみてもいいだろう。

なぜ、自分は皇国イデオロギーを信じていた、と留保なくいわれているのに、この言明は、いわゆる皇国イデオロギーの徒の主張とは、聞こえてこないのだろうか。

また、なぜ自分は完全に間違った、と留保なしにいわれているのに、その〝間違い〟は、書き手に否定されているようには、聞こえないのだろうかと。

吉本が、自分のこの「誤り」を、たとえばほかの同世代人の幾人かのように否定していないことについては、他に彼の述べていることから明らかである。彼がその体験を、自分の中で否定しないばかりか、むしろ自分の思想の礎石にしていることは、たとえば、次のような名高い戦後派世代批判からははっきりとわかる。

戦争世代のマニフェストともいえる「戦後文学は何処へ行ったか」は、こう書きだされている。

戦後派作家たちの作品をとりあげて論じようとするまえに、どうしても、ちがった戦争体験からくるかれらの世代とわたしたちの世代との時間的断層を、はっきりと云っておく必要がある。（略）戦後十一年の暗い平和にたたかれて変形されたとは云え、わたしのなかには、当時からくすぶっている胸の炎がまだ消えずにのこっている。決して「戦後」はおわっておらず、戦争さえも過ぎてはゆかないのである。わたしはそれを信ずる。

戦後文学は、わたし流のことば遣いで、ひとくちに云ってしまえば、転向者または戦争傍観者の文学である。

かれらは、おそらく転向者、傍観者、ニヒリストの心情をもって戦争を通過したのであって、戦争を通過してはじめて転向者、傍観者、ニヒリストになったのではなかった。転向者も傍観者もニヒリストも、いやおうなしに戦争の巨大な暴力沙汰と破壊にひきずりこまれて、いやおうなしに幾百万の戦争犠牲者の死と、いつか、どこかで内面的に対面しなければならなかったはずである。（「戦後文学は何処へ行ったか」一九五七年[*13]）

戦争の時期を「正しい」洞察をもって通過し、その後、戦後文学と戦後思想を担うことになった知識人文学者たちは、実をいえば、戦争を通過していない。戦争の時期に客観的にいえば「誤って」おきながら、戦後すみやかにその「誤り」を離れ、戦後の民主主義日本の「正しさ」についた知識人文学者たちは、実をいえば、その「誤り」を通過していない。

吉本は、戦争を通過するということ、「誤り」をおかすということを、ここでそれまでとはまったく違う形に定式化している。それまで戦争の体験とは、その悲惨な経験を二度と繰り返さないための足場という点でかろうじて意味をもつ体験だった。また「誤り」とは、それを繰り返さないための反省材料としてかろうじて「正しさ」に通じる、過渡的な一契機にすぎなかった。それらは、経験としては、これに批判的な観点から見てどのような意味があるかという尺度ではかられる対象であり、いずれ、それ自体としては消極的な意味、否定的な意味しかもたない、いわば功利的な観点から見られた反面教師的存在だったのだが、ここで吉本は、その図柄を反転し、そこで功利性の基準をなしている戦後的な価値自体を、それは、戦争（と誤り）を通過しない限り、いずれは戦争（と誤り）によって更新されざるをえない、暫定的な正しさにすぎないと、一転、吟味の対象に、引き落としているのである。

なぜ彼に、このような考え方が可能になっているのだろうか。

先にふれたように、戦争と敗戦の経験に一つの「ねじれ」がひそむことを直覚したのは、何もその世代の中で、吉本一人というのではない。彼と並んでこの世代の使命を思想化しようとした橋川文三にも、戦争時の自分の保田與重郎への深い傾倒の意味を探ろうとした記念碑的論考、『日本浪曼派批判序説』がある。当時の軍国主義日本における皇国イデオロギーのもっとも洗練された形は、明らかにグループとしての「日本浪曼派」、またその中心に位置した個人としての保田與重郎の文体・思想に見ることができるが、橋川のこの労作は、彼のいう、戦時中のある情熱の形態への自分自身の「惑溺」を、彼の戦後手にした社会科学的な視覚で、改めて冷徹に分析、解剖し、考察しようとしたものである。

橋川も、かつての自分の戦争理念への「没入」を隠そうとしていない。その経験を自分の思想的な出自の場所と思い定め、そこから彼の戦後の思惟を築こうとしているのは、先の戦争体験論に見た通りである。しかし、先の引用が示すように、橋川におけるその「没入」した自分と現在の自分との関係は、吉本の場合と違っている。橋川は、戦時の自分の体験にあくまで立脚して、その体験の思想化をめざすが、それに立脚しながらも、なお、それを「誤り」と見、批判しようとする。もちろん批判はその経験にひそむ情熱それ自体への同情なしには本来、内在的なものとならない。そして『日本浪曼派批判序説』の卓越している所以は、その内在的批判の深さにある。しかし、そうだとして、彼と「誤り」の関係は、いわば現在の彼が医者で、かつての彼が病人だというような、内に二人を併存させるていの構造となっている。彼はかつての彼に立脚しつつ、その自分を否定し、いまは別の立場に立って、これに相対しようとするのである。

これを別にいえば、橋川が戦後、政治学徒として丸山真男に学ぶ社会科学的方法は、保田與重郎の「情熱とイロニー」を「惑溺」と見る、その彼の新しい「正しさ」としての学的立脚点にほかならない。これに対し、吉本は、戦時下の自分の「誤り」を否定しない。事実、橋川と比べ、吉本の場合に特徴的なのは、彼が戦時中の皇国イデオロギーを「誤り」だとしながらも、いったい彼自身がどの場所に立って、この判定を下しているのかが、橋川の場合のようには、はっきりとしていないことである。彼は、自分の信じていた大東亜戦争の理念が実態としてアジアでの「乱殺と麻薬攻勢」を推進するようなものだったことを知り、そのような理念のまやかしに手もなく騙されたことに、「ほとんど青春前期をささえた戦争のモラルには、ひとつも取柄がないという衝撃」を受ける。彼は彼の目に完全に〝間違っている〟。そこでは彼は、戦時中の自分を否定し、今後はそのような「誤り」を繰り返すまいと考え、いまは、自由主義、民主主義、社会主義、共産主義その他を奉じ、あるいはそれに共感を寄せる、他の同世代人、大多数の戦後日本人と何一つ変わらないように見える。しかし、よく考えてみると、彼は戦後の社会がもたらしたイデオロギーあるいは社会科学的方法を、橋川とは違い、何一つ認めていない。彼は、戦時中の自分の「誤り」を否定するが、それを、自由主義から共産主義にいたるどんな既存の「正しさ」、戦後に確立された価値が称揚するどんな理念、社会科学的な「正しさ」に立つ足場にも同意することなく、行っているのである。

また、次のようにもいえる。彼は彼の「誤り」を誤りであるとして認める。でも、他の同時代人が、その「誤り」に否定すべきものを見ているのに対して、彼は逆に、否定に抗するものを見ているようでもある。彼は、もし誤らないことが「それがゆるされる物質的特権をもとにして」しかありえないなら、自分はそれをとらないと、いうからである。

たぶん、ここに彼を他の同世代人、同時代人、また大多数の戦後の日本人と区別する一つの態度の端緒がある。彼は戦時中の彼自身の「誤り」を否定するが、それを戦後の「正しさ」に立って行わないばかりでなく、戦時中の「誤り」を否定しつつ、彼がその「誤り」を誤ったこと、そのことにはむしろ否定しえないものがあると、考えるのである。

この橋川と吉本の違いは、たとえば両者にやはり戦争世代に属する鶴見俊輔を加えて行われた、次の鼎談での橋川の発言に、よく現れている。

この座談会では、鶴見が、戦争中、この戦争が負けの決まった悪い戦争であることはわかっていた、なぜこうも長く続くんだろうと思っていた、しかし戦争が終わってうれしいという感情は全くなかった、「生き残った」という不潔な感じが自分に残った、と鶴見の場所から、戦争世代としての先行世代との違いを述べるのに対して、吉本が、自分などは、鶴見がなぜこうも負けないのか、と思っていたというその軍国日本の「きっと負けないところをささえ」ていた、と応じるのだが、それに答え、橋川は、こう語る。

僕なんかもそうなんだけど、「君でも戦争中に負けるとは考えていなかったのかなあ、日本というのは、だからしょうがねえな」とそういうふうにいわれると、非常にまごつく。つまり負けると思っているのが人間理性の当然なあり方なんで、それがそう思えれば（負けないと思えればそういう人間は、の意か――引用者）、そもそも人間的で理性的な存在といえないはずじゃないかと、そういうふうにきめつけられると、何とも答えようもないという気がする。[*14]

自分が戦争中、皇国イデオロギーを信じていた、ということに自分の戦争体験の中核を置く点、吉本と橋川は同じだが、その自分の「誤り」と、戦後の時点でどのような関係を結ぶか、というところにくると、二人は分かれる。

なぜ君のような聡明な人間ですら、この戦争に負けるとわからなかったのか。

そういう友人の問いが、自分を「非常にまごつ」かせると、橋川はいう。しかし、吉本なら、そのような問いにまごつくということはないはずである。橋川の友人は、自分にあったその明察が明敏な橋川になかったことに驚き、「だから日本というのはダメだ」という。友人は、自分のその明察がなぜ可能になっているかという関係の構造には無頓着であり、その点、この友人の問いかけにまごついている橋川も、同じなのだが、これに対し、吉本は、「日本は負ける」というその明察が一定の「物質的特権をもとにして」しか戦争当時、可能でなかったという自分の体験上の確信に立ち、そうである以上、自分はそんな明察よりも「物質的特権」に支えられない頑迷な盲目状況に足場をおくことのほうに普遍性を見る、という別種の明察――関係の構造を繰り込んだ明察――を、ここから導きだしているからである。先の引用に照らせば、このような場所で、彼は、自分は特権を条件としての「正しさ」よりも、特権のないことを条件としての「誤り」のほうに加担する、といっている。そのような考え方を可能にしているのは、あの戦争体験に立つ、「誤り」をめぐる態度変更である。

吉本と橋川の違いをこういうことができる。橋川が先に述べたように医者となり、戦時下の彼自身の「病気」を診断しているとすれば、吉本はむしろ病人であり続けることを選び、病人のままで――つまり自分の「誤り」に立ち、「誤り」だけを手がかりに――自分の病気を、治そうとしている。

しかし、病人が病人のままで病気を治す、とはどのようなことか。

そのようなことが、そもそも、可能なのだろうか。

彼は、一九六〇年代、こんな述懐を残している。

もう十年近くもまえのことだが、（略）わたしは橋川文三に、こんな意味のことを喋言ったのを覚えている。

──おれは戦争中のじぶんについて、どうしてもこれだけは駄目だったなあ、と戦後になって考えこんだことがふたつある。（そのうちの──引用者）ひとつは世界認識の方法について、なにも学んでいなかったことである。（「情況とはなにかⅥ──知識人・大衆・家」一九六六年、[15]傍点引用者）

「世界認識の方法」とは何か。

彼は戦後、既成の全ての「イデオロギー」に対峙させる形で、この「世界認識の方法」と呼ばれるものを掲げている。わたしの考えをいえば、「世界認識の方法」とは、そのような場所でこそ、「病人」としての彼に摑まれ、態度変更をへて、戦前の自分には「これ」が欠けていたと語られているものにほかならない。彼はここで、橋川のように社会科学的方法を手にした「正しい」医者としてかつての「誤り」に相対しているのではない。むしろ彼は、どんな既成の「正しさ」からも遠く離れ、徒手空拳で、戦後の産物としてある共産主義から自由主義にいたる、またそれ以前からある「正しさ」の思想の全てと相対し、この正しさをもたない位置で手にされる「方法」を試金石に、逆に「正しさ」のほうを、診断し、判定しているのである。彼のいう「世界認識の方法」とは、そのような態度変更をへて摑まれている方法のことだ。そこから窺われるのは、彼がそこで、彼の戦争の体験がこれまでにないものであるという自覚に見合って、これまでにないことをめざしていること、彼がいわば、既成の「正しさ」からの回復というようなことを、めざそうとしているらしいということなのである。*16

わたし達は、吉本が敗戦に続く数年間、たとえば小企業での労働組合の実践に従事していた時期に、マルクスの思想を知り、これに震撼され、皇国イデオロギーから革命思想に移り変わったかのように漠然と考えているのだが、しかし、ここにあるのは、彼の言動に照らす限り、どう考えてもその種のいわゆる「転向」ではない。もしそうであれば、皇国イデオロギーと彼の「革命思想」、ここにいう「世界認識の方法」は、誤と正として、対立する関係、つまり相対の関係におかれているはずである。しかし、吉本においては、この「誤り」と「正しさ」が対立していない。「世界認識の方法」とは、「正しさ」から「誤り」を割りだす世の常のあり方に対する疑念を基礎に摑まれた方法なので、それを別にいえば、それはむしろ「誤り」の場所から、「正しさ」の意味を、吟味している。彼は、この「方法」を、「では、どうであれば（特権なしのままで）誤らないですんだか」、という「誤り」に立つ問いだけを手に、どのような既存の「正しさ」にも避難しないことを条件に、――「正しさ」としてではなく、「世界認識の方法」として――手にしているのである。

この病人の方法は、また、逆説的なようだが、彼を戦争体験から離陸させるように働く。

彼は書く。

（戦争体験についてさまざまな言明が現れて、当初の体験への信頼と共同体験者への連帯感が薄らいだことが戦争期のことを考えるきっかけになった、というのを受け——引用者）ことに、戦争に抵抗したという世代が現れたときは、驚倒した。もし、そういう世代があったとしたら、どうしても戦争期に出逢うとか風聞をきくとかすることがあってもよかったはずだ。わたしは、戦後、インテリゲンチャによって語られてきた抵抗体験というものを、内心のわずかな痕跡を拡大してみせているのだ、という以外にすこしも信じていないが、ただ、何人も、程度の違いこそあれもっていた戦争にたいする抵抗感と、戦争にたいする傾倒感の、いずれを拡大して意味づけるかは、見解のわかれるところであろう。わたしもまた、自身の懐疑と、実行にたいして根拠を与えねばならないのである。（『高村光太郎』、傍点引用者）

橋川は、あくまで彼の戦争体験にこだわり、それを足場に体験の中身を「普遍」につなごうとするが、吉本はこの「体験」に無意識の作為を見、それから距離をとろうとする。吉本によれば、その核心さえ押さえるなら、「体験」とは、思われるほど不可疑の存在ではない。誰の心の中にも「程度の違いこそあれ」、「戦争にたいする抵抗感と、戦争にたいする傾倒感」とがある。人はその「いずれ」かを「拡大」して「意味づけ」、自分の戦争体験を〝作成し〟、その上で、これを受けとる。体験それ自体というものはない。彼によれば、ここでも、あるのは、「関係」なのである。

3 「転向論」とは何か

そのようには受けとられていないが、彼が一九五八年に発表した「転向論」は、吉本が、こうした戦争世代としての戦争体験論を、全面的に展開しつつ日本の近代の思想の歴史の中に位置づけようとした試みである。

この論は、これまでのところ、ふつうには、当時の日本共産党主導のマルクス主義思想を背景に、そこに動かしがたくあった共産党指導部の「非転向神話」を粉砕した論考として、評価されている。それまで、日本の左翼の風土の中には、軍国主義下、獄中で非転向を貫き、戦後指導部に復帰した日本共産党の非転向組指導者に対する畏怖の念が支配的だった。そのため、彼らに対する批判も公然とは出にくかったが、このような現状に対し、はじめて「非転向」であることにはそれ自体として何の意味もないと正面から主張したのが、この論考だとされたのである。

しかし、この論は、そうしたことも念頭においているとはいえ、むしろ主要には、自分の戦争体験と敗戦体験の核心に意味を与えたい、という吉本の内的な要請に動かされ、構想されている。

取りあげられているのは、一九三五年前後の転向だが、探求されているのは彼自身の一九四五年の敗戦体験の意味にほかならない。彼はこの二つに、「敗北」として、通じるものがあると、考えている。

ここで簡単に、当時の転向論の背景に触れておこう。

それまでの「転向」論を代表するものとして、本多秋五の『転向文学論』(一九五七年)がある。吉本はこれを「転向論」の冒頭に取りあげ、そこで本多の「転向」観を、「とどのつまり輸入思想の日本国土化の過程に生じる軋り」であると、要約している。

「転向」とは、一般には、一九三三年六月の日本共産党指導部佐野学、鍋山貞親による「共同被告同志に告ぐる書」の発表の形で示された共産主義思想の放棄と、これをきっかけに集団的に起こった日本共産党員の思想放棄以降の、共産主義からの思想転換をさしている。

当初、そこには宗教的な棄教にも似た倫理的意味合いが濃かった。共産主義の公理的な「善」が前提としてあり、権力の強制に屈し、そこから外れるものは裏切り者、脱落者とみられた。

本多の論は、この転向を明治以来の進歩的合理主義的思考の放棄、思想的回心一般とともに扱うことで、この問題系を、いわば無限善としての共産主義という枠の外に、社会化し、解放している。そこには一九三三年に検挙され、次の年保釈出獄している本多自身のモチーフが底流としてある。

この本多の仕事に並行して、一九五三年から「思想の科学」研究会により、膨大な準備を下敷きにこれも日本近代以降の「転向」を対象にした共同研究がはじめられており、その成果が五〇年代末から六〇年代初頭にかけ、吉本の「転向論」と相前後して世に現れている。

現在にいたるまで転向研究の考え方の標準となっているのが、この研究会の研究結果だが、そこにおける転向の定義は、それを主導した一人である鶴見俊輔により、「権力によって強制されたためにおこる思想の変化」と、定式化されている。

鶴見は書いている。

自発的な思想変化という概念を一つの極としておき、特定権力の強制に完全に同調した場合の思想変化をもう一つの極としておくとき、両者のあいだの任意の一点に現実の思想をおくことができる。現実におこる転向の例は、つねに自発性の側面と、被強制性の側面とをもっている。われわれは権力による強制力の発動を一つの事件として記録し、さらにその後に権力の強制する方向に近い仕方で、ある個人の思想の変化が現れたとき、その思想変化を転向として記録する。(「転向の共同研究について」一九五九年[*17])

研究の狙いは、こう語られる。「日本の思想の中に今までよりも自発的な主体をつくる」。「思想史を正しい思想の発展の歴史としてとらえ、正しい観点からより正しい観点へと発展してゆくものと理解している」これまでの日本における思想理解の流儀を、変えたい――。

転向はそこでより明確に、「権力の強制」と「自発性」の「からみあい」として概念化され、外からの観察、検討の可能な客体に構成されている。

そこにあるのは、吉本に見られると同質の、戦争体験をへて摑まれた、「誤り」のもつ可能性への関心である。[*18]

> 私たちは、まず第一に、一般的なカテゴリーとしての転向そのものが悪であるとは考えない。むしろ、転向の仕方、その個々の例における個性的な展開の中に、より善い方向、より悪い方向が選ばれるものと考える。（略）もともと、転向問題に直面しない思想というのは、子供の思想、親がかりの学生の思想なのであって、いわばタタミの上でする水泳にすぎない。就職、結婚、地位の変化にともなうさまざまな圧力にたえて、なんらかの転向をなしつつ思想を行動化してゆくことこそ、成人の思想であるといえよう。非転向の稜線に規準をおいて、そこから現代の諸思想を裁くことは、子供の思想によって大人の思想を裁くこっけいをあえてすることになりかねない。（同前、傍点引用者）

本多の仕事にはまだ払拭されずにいた「転向」をマイナス視する視点を完全に根絶すること、それを誰にも開かれた社会科学的な考察対象に再構成すること、さらに「誤り」のもつ可能性を研究モチーフにすえることなどが、そこで新たに獲得された、精彩ある達成と受けとめられた。

さて、吉本の「転向論」はそのような流れの中に現れる。

それは、日本共産党主導の革命運動の中で、戦後有数の画期的な論としてこの論的地平に着地するが、わたしの考えをいえば、必ずしも、その最深のモチーフでは受けとめられなかった。この論が現れた時点においてそうであり、その状況はいまも変わらない。それは、ある意味で、そこにこめられたモチーフとは逆のものとして高く評価され、そのまま現在にいたっているのである。

わたしの観点からいえば、吉本がここで基底におく考え方は、これまでわたしが述べてきた言い方にいう、「病人の方法」にほかならない。間違った人間が、間違いだけを頼りに、そこから「正しさ」を構想する道とはどのようなものか。その場合には、その「正しさ」は、どのようなものとして摑まれることになるか。またそこで「誤り」は、どのような条件で、「誤り」から脱することの足場となるか。彼は、日本の革命思想に一石を投じようというよりは、むしろ自分が敗戦でぶつかった難題をこそ石として、これを戦前の転向の問題に投げこもうとしているのである。

吉本は、いっている。

自分はここで日本社会に対する自分のヴィジョンを明確にしたい。この種の社会認識をめぐる思想的状況への不満がこの論のモチーフである。

しかし、何よりも、当面する社会総体にたいするヴィジョンがなければ、文学的な指南力がたたないから、このことは、すべての創造的な欲求に優先するのだというとてつもないかんがえが、いつの間にか、わたしのなかで固定観念になっているらしいのである。敗戦体験は、こういう気狂いじみた執念のいくつかを、徹底的につきつめるべきことを教えてくれた。わたしは、ただ、その執念の一つをたどってみたいのである。（「転向論」[*19]）

そのモチーフに立ち、あの名高い転向の定義がくる。

わたしの欲求からは、転向とはなにを意味するかは、明瞭である。それは、日本の近代社会の構造を、総体のヴィジョンとしてつかまえそこなったために、インテリゲンチャの間におこった思考転換をさしている。したがって、日本の社会の劣悪な条件にたいする思想的な妥協、屈服、屈折のほかに、優性遺伝の総体である伝統にたいする思想無関心と屈服は、もちろん転向問題のたいせつな核心の一つとなってくる。（同前）

さて、この定義はどのように読まれるべきだろうか。

これまで、それは、インテリゲンチャ（知識人）のあり方の「正答」として、「日本の近代社会の構造を、総体のヴィジョンとしてつかまえる」ことの必要が示された上で、その「正答」の場所から、そこから外れるさまざまな「誤答」例として、「思考転換」としての「転向」がわりだされる、という理解で受けとられてきた。

しかし、その場合には、なぜこのあり方が「正答」であるのかが問題になる。どのような基準に照らして、この日本社会の構造の総体のヴィジョンの把握が「正しく」、その把握の欠如が「誤り」とされるのか。もしこれがこのような構えに立つものであるなら、ここにはメタレベルの正誤の基準があるのでなければならないからである。

たとえば鶴見は、この定義に触れ、こう述べている。

> この転向の定義は、敗戦にさいして吉本個人の中に生じた問題を解くという探求過程にぴったりとあった用語規定である。なぜ敗戦を貫いて自力再建するコースを日本の知識人はつくれなかったのか、なぜ敗戦が革命によってもたらされるような条件を作りえなかったかという問題に対して答えが求められているのである。(「転向論の展望」一九六二年[*20])

しかし、この見方は、間違っているといわざるをえない。

考えてみればわかるはずだがそういうことは、ありえないからである。

吉本についてよく知られた話がある。彼が戦時下にあってもっとも私淑したのは詩人の高村光太郎だった。しかしその高村に、彼は、戦後、はじめて異和感を感じる。高村は敗戦の後、いち早く、「一億の号泣」と題する詩を発表するが、二十一歳の吉本は、その詩の最後の四行に、自分たちは敗れたが、その敗北の中から不死鳥のように蘇ろう、という意味の語句が記されているのを見て、その意外な「立ち直り」の早さに、激しく躓いたというのである。吉本の書いてきたところをそのままにとれば、彼の戦後は、その異和感からはじまっている。[*21] その彼が、戦後、いち早く、鶴見のいうように、「なぜ敗戦を貫いて自力再建するコースを日本の知識人はつくれなかったのか」というような〝建設的な〟探究を自分に課したとは思われない。彼は世の明敏な知識人とは違い、戦争を「抵抗」の姿勢で送ったのではない。まして「革命」を待望して戦禍の下に過ごしたのではない。皇国イデオロギーの徒として、「未熟ななりに思考、判断、感情のすべてをあげて内省し分析しつくし」、戦争に「傾倒」したあげくに敗戦にぶつかっているのであり、そこで彼は、ノックアウトされ、膝を屈し、「なぜ間違ったか」という問いを前に、頭を打っているのである。

彼の「問題」とは、なぜ皇国イデオロギーに「内省」の限りをつくして打ち込んだのに、誤ったのか、というものだ。「なぜ敗戦が革命によってもたらされるような条件を作りえなかったか」という明敏な問題が、「答え」られようとしているのではない。彼が「転向論」に記す「敗戦体験」は、鶴見が考えるのとは逆に、そのようなものとして、この論に母型を提供しているのである。

その痕跡をこの論に見ることはそう難しくない。

吉本の論を転向論の範疇で検討してみてわかるのは、鶴見の主導する「思想の科学」研究会の転向の定義が、「権力からの強制」と「自発性」を並列に並べる見方であるのに比べ、吉本の定義が、同じものを「権力からの強制」から「自発性」へと進行する様相で直列にとらえていることである。

吉本によれば、日本の近代の転向は、一九三三年にはじまる一連の共産主義者の集団転向において、特徴的なあり方を示している。そこで、転向は、一九三七〜四〇年あたりを境に、それ以後、「権力の強制」を主動因とする「良心に反しての」転向から、「自発性」を主動因とする「良心に従っての」転向へと深化していく。この見方のもとになっているのは、この論の二年前に書かれた彼の「『民主主義文学』批判」に展開された「二段階転向説」だが[*22]、ところで、ここで彼の転向論の重点は、はっきりと第一段階の「良心に反しての」転向（＝抵抗）ではなく、第二段階の「良心に従っての」転向（＝傾倒）のほうにおかれるのである。

彼の考えでは、日本近代型の転向は、この第二段階にいたってその本質を明らかにしている、したがって転向研究はこの「良心に従っての」転向を母型に考察されたほうがいい。鶴見の転向論が「権力からの強制」を軸足にとった、「良心に反しての」転向の論であるのに対し、吉本の論は、逆に、「自発性」に軸足をとった、「良心に従っての」転向の論となるのである。

ここに、吉本のあの戦争体験観が反映していることは、すぐに見てとられるところだろう。一九四一年から四五年にかけての太平洋戦争の体験は、これを「抵抗」から見る限り、川を浅瀬で渡ることにしかならない。この川を最も深い場所で渡ろうとするなら、「傾倒」から見なければならない、と彼は考えるが、それと同じく、ここで彼は、一九三〇年代から四〇年代にかけての転向を問題にするなら、これを「強制」の段階——抵抗の相——で見るのでなく、「自発」の段階——傾倒の相——で見なくてはならない、といっているのである。

ここには吉本の、あの世代的な世界感受ともいうべきものがはっきりと顔を覗かせている。

彼は総動員、総力戦の世界戦争を生きた。それは、「ゆるされた物質的特権をもととして」しか抵抗が可能ではない、全体性の戦争だった。彼の転向論の特異さはそこからくる。転向論としていえば、これは総力戦をくぐった、世界戦争以後の論なのである。

吉本はそこに二つの転向タイプを原型として提示するが、その二つを、こう受けとり直すことができる。

まず、日本共産党指導部佐野学、鍋山貞親の転向。この第一のタイプは、わたしの言い方でいえば、「現実との関係を失っていた思想が、その関係の途絶に耐えられず、その関係を回復すべく自分を変える」思考転換である。あるいはこれを、「現実との関係が十分に成立していないために、それを回復すべく起こる自分を変える方向での」思考転換といい直してもよい。

佐野・鍋山を特に躓かせたのは、コミンテルンの三二年テーゼに盛られた「反戦任務」だった。それは、彼ら各国の共産主義者に、ソ連・中国との戦争においては自国を裏切り、ソ連・中国に味方することを指示している。それによれば、共産主義者は誰であれ、自分の国民共同体への帰属を捨て、ソ連を祖国とする国際労働者階級の共同体に自らを同化させなければならない。

佐野・鍋山において、「現実との関係の途絶」は、「大衆からの孤立」感として訪れるが、それは、彼らの信奉する思想がこのテーゼに象徴される、現実からの離反を強制するものであることと、表裏の関係にある。ここで強制として働くのは、権力は権力でも小林多喜二を死に追いやったものとは異質の、いわば世界理念の形をとった権力である。

また、佐野は『大乗起信論義記講義』を獄中で読んでその深遠さに一驚を喫し、共産主義を捨て、ナショナリズムに帰依する。それは、一つに、彼らが彼らの思想の欠陥に由来する「大衆からの孤立」感に耐えられなかったということだが、もう一つに、これまで見知らなかった「日本封建制の優性遺伝」（日本の封建的な前近代性の優性部分）の「正しさ」に説得され、これに屈服したということでもある。ここでは、現実との対応をもたない思想が、その関係の途絶に耐えられず、関係を回復しようと、先の「正しさ」から押しだされ、次に新しい「正しさ」に屈服するタイプの思考転換が起こっているのである。

これに対し、小林多喜二、宮本顕治、蔵原惟人ら日本共産党の獄中非転向組（小林は拷問によって死亡）に代表される第二のタイプは、やはり「現実との関係が十分に成立していない状態で、しかし今度は自分を変えないため、逆に現実との関係のほうを切断する形で起こる」思考転換にほかならない。これは吉本の論にあって、「非転向としての転向」と呼ばれる。

小林・宮本・蔵原の非転向組は、獄中にあって自分の信奉する共産主義思想を堅持したが、そこには、それだけをとれば、宗教の宗徒が拷問、迫害といったさまざまな「権力からの強制」にも負けず、非転向を貫くのと同じ人間的美質以上の意味はない。そこに「現実との関係」に立脚しての自分の保持する思想への反省、吟味、自己批判がなければ、思想的には、政治責任をもつ政治家としても、自分の言葉で人に訴えかける知識人としても、失格といわなければならないからである。

思想を現実との緊張関係の中に生きるものと考える限り、非転向組の共産主義思想は、まず、一九三二年、佐野・鍋山の転向の一年前に、出獄してきた林房雄が「作家のために」を書いて、プロレタリア作家同盟指導部への「不満をぶちまけた」時に、その問題を抱えるゆえんを明らかにしている。ほんとうなら、彼らは、そこに示された問題に真剣に取り組むべきだったが、たとえば小林多喜二は、この林の発言を、まずマルクス主義の「正しさ」の基準を提示した後、いかにそこから「逸脱しているか」をあげつらうことに終始している。その時の林の執行部への不満の根は、一年後の佐野・鍋山のコミンテルンへの不満の根とほぼ同じだった。非転向組は、林ら不満分子の「論旨の背後に、どのような社会的な動向があるのか、どのような大衆的な基礎があるのか」を見るべきところ、これを回避し、ただ、先験的な理念の「正しさ」への合致と逸脱をふりまわし、いわば自分の先験的思い込みを守るため、ここで、「現実との関係」のほうを切断しているのである。

ところで、よく知られているように、吉本は、この二つのタイプの転向を、ここには「世界認識の方法」が欠けている、という理由で否定する。その否定に、わたし達は、何を見るのがよいのだろうか。ここに取りだされているのは、一つに、ある「正しさ」からもう一つの「正しさ」への飛び移り、そしてもう一つに、現実との関係の切断に基づく主観的な「正しさ」の保持としての、非転向のままの転向ということである。それは、はっきりとただ一つのことを語っている。わたし達はこれまで、この吉本の日本共産党の転向組及び非転向組双方への批判を、無謬の方法の場所からの過失者に対する手厳しい指弾と解してきたのだが、そうした見方は吉本のこの論の最深のモチーフを受けとっていない。彼は、佐野・鍋島のタイプの転向に対しては、なぜ「大衆からの孤立」感に（別個の「正しさ」にすりよることなく）もう少し踏みとどまれなかったか、といっている。そして、非転向組のタイプの転向に対しては、なぜ自分の思想が「現実から孤立」していることの不如意に（「正しさ」を脅かす現実を遮断することなく）もう少し踏みとどまれなかったか、といっているのだが、この両者に欠けているのは、「現実との関係の意識」であり、彼は、この「現実との関係を思想的に繰り入れることができない」ことこそを、この両者の思考変換の問題点にあげているのである。こう考えてみれば、次のことがわかる。彼が批判の対象に想定しているのは、実は、日本共産党の転向組、非転向組であるとともに、それと同じ資格で、戦時下、頑迷に皇国イデオロギーという「正しい」ものに「傾倒」し、その信従において揺るぎなかった、――しかしその信従のうちに「現実との関係」を思想的に繰り入れることのできなかった――若年の吉本自身の姿でもある。形としては正反対の姿をとるが、この転向組の封建的優性への帰依、非転向組の主観的な正しさへの帰依、双方の誤りとして彼が取りだしているものの原型は、彼自身の誤りであり、ここにあるのは、「世界認識の方法」が戦前の自分には欠けていたという、あの思いであって、そうであればこそ、「転向論」は、彼の敗戦体験をめぐる、自己批判の論だったのである。

ここでいわれているのは、思想が自分自身と現実との関係を総体のヴィジョンとして把握するのでない限り、どんな思想も、自分の正しさを追うことで、「いかに内省を徹底しても」誤る、ということにほかならない。

わたし達は、こうこれを受けとってはじめて、一九五〇年代という時期にあって、なぜ吉本だけが、非転向組の〝威力〟に動じていないかという、その理由に思いあたる。日本共産党の非転向組の非転向は、ここでは吉本に、戦前の自分の「主観的な正しさへの帰依」と同質のものと見られている。一九三〇年代の日本共産党指導部の「非転向」は、その「転向」とともに、彼の「敗戦体験」をこそ試金石として吟味され、その後、その彼により、否定されているのである。

4　「誤り」の動かしがたさ

ここまでくれば、「転向論」で吉本の述べていることを、かなり簡明な形で取りだすことができる。なぜ、ここにいう第一、第二のタイプの転向は吉本に否定されるのか。彼はそのダメな所以を、その定義が予想させるように、それらが「正しさ」から外れているところに見るのではない。彼は、むしろそれらが既成の「正しさ」に帰依するところに、その否定されるべき所以を、見ているのである。

佐野・鍋山の転向は、コミンテルンの三二年テーゼの反戦任務への疑いから生じている。それが彼らに「大衆からの孤立」感を与える。吉本によれば、その三二年テーゼへの疑いには根拠がある。間違っているのは国際共産主義運動の「インターナショナリズム」を謳いながら、その実「国際労働者階級の祖国」ソ連の「ナショナリズム」に各国の共産主義者を奉仕させようとする三二年テーゼのほうである。佐野・鍋山の間違いは、信奉する共産主義思想に疑いをさしむけたことにあるのではなく、むしろ、自分の疑いを全うせずに、共産主義を離れきる前に今度は『大乗起信論』に説得され、前近代の優性の要素を知ってここに「正解」があるとばかり、苦もなくその新しい「正しさ」に屈服してしまった、そのことにあるというのが、吉本の観点である。

同じことが小林・宮本・蔵原の非転向型転向にもいえる。彼らの間違いは、たんに現実との対応のない外来の理念を思想として信奉していることにあるのではない。理念が「正しさ」として外からやってくる構造は、後発国の宿命ですらある。問題はそれが思想である限り、現実にためされることにある。現実との交渉の結果、現実から疑問が呈された時、彼らがその先験的な理念としての「正しさ」を守ろうと、逆にそれまで彼らの共産主義思想が不十分ながらもっていた現実との関係を切断する時、思想に携わる者としての彼らは、吉本によれば、同じく既成の「正しさ」の軍門に下っているのである。

こうして、これら二つの「正しさ」への帰依の弱点が明らかにされた後、この論の中心に位置するもう一つの転向が取りあげられる。もう一人の共産主義者、中野重治の転向がそれである。

吉本は、中野の転向を、先の二つの場合とは逆に、新しく現れた「正しさ」との向かい合い、そしてそれへの帰依への抵抗という様相で取りだす。そして、それが「正しさ」の軍門に下ることを免れていること、また、そこに実は大きな思想的課題のあることを発見している点をもって、そこに転向の勝利、「誤る」ことの可能性があるという。

吉本にあって、この中野の転向は、否定されない。

この吉本の評価については、鶴見が、ここにある種の「論理の混乱」があると指摘しているが、論のみちすじとしては、鶴見のいうことが正しい。[*23]

吉本の転向の定義は、日本社会の構造の総体のヴィジョンが摑めなければ、人は誤る、という。しかし、ここにはもう一つ、論の還相ともいうべきものがあって、耳をすませばそのもう一つの声は、人はたとえ誤っても、その誤りを生ききりさえすれば、あの日本社会の構造の総体のヴィジョンを手に入れることができる、といっている。転向はその前段では否定すべきものだが、その後段では、肯定すべきものなのである。

吉本は、日本社会の構造の総体のヴィジョンが摑まれなければならないというが、それがどうすれば摑まれるかということとこの命題の関係を明らかにすることが、いい落とされている。つまり、この論の構造は、おそらくは一部、吉本の手を越える形で、この往相と還相の二重性として、書かれているのである。

中野の転向は、いまはそのような逆のプロセス、「誤り」から「世界認識の方法」を望見する、彼の転向論のいわば上向過程を跡づけるものとして、ここに提示されることになる。

その転向は、これを転向として見た場合、時間差攻撃のような構造をもっている。

最初の段階でそれは、先の分類にいう、佐野・鍋山の場合と同じ第一のタイプに重なる。つまり、そこにあるのは、「現実との関係が十分に成立していないために、それを回復すべく起こる自分を変える方向での」思考転換である。

中野は、一九三四年、二年の下獄の後、裁判で「非合法組織にいたこと」を認め、「以後政治活動を行わない」という誓約をするのと引換えに懲役二年執行猶予五年の判決で保釈出獄している。世に「転向」と呼ばれるのは、この権力の意向への屈服をさし、中野もこの時点で自分が「転向」したことを自認している。しかし、この段階では、吉本のいう「転向（＝思考変換）」は、完了していない。

出獄の後、彼は、転向者は節を全うすべきであったという糾弾にあい、その糾弾者の「正しさ」を前に、これに抵抗する以外に自分の活路はないと考える。それは、具体的には後にふれる文芸評論家板垣直子の「文学の新動向」という評論による糾弾への対応として生じるが、一九九四年に公刊された日記を読むと、一九三四年の出獄後、それと前後して、彼は、「つかまった上は、非転向で小林のように死ぬべきだった」という同趣旨の考えを帰郷先で父の口から聞かされている。[*24] 彼は明らかに父の言葉に重なるものとして板垣の糾弾を受けとめ、それに答える。そして、一年後、その父との交渉が小説「村の家」となってわたし達の前に現れるが、先に述べておいた「転向」の定義にしたがう限り、彼はその時、父の糾弾に「答える」ことによって（またその考えを「書き」、明らかにすることによって）、その一連の「思考変換」をようやく完了している。吉本の転向論から見れば、中野の転向（＝思考変換）は、釈放までの第一段階と、「村の家」執筆までの第二段階と、一年を越える期間にわたり、二つの段階をへて生じているのである。

まず第一段階の転向から見てゆけば、それは「村の家」を通じて、こう語られる。

中野の分身である主人公勉次は、非合法組織に加わり、政治活動をしていたという廉で治安維持法違反で逮捕されるが、自分の属していた組織は非政治的組織であり、自分は非合法組織には加わっていない、と主張する。しかし、今後政治活動をしないから保釈を願いたいという趣旨の保釈願を出すに際しては、他のメンバーに悪い影響が及ぶことを恐れて、先の主張に一切ふれない。彼は、保釈願は出す。そこに上申書を添え、今後政治活動はしないと誓約はするが、しかし、仲間に迷惑がかかる可能性を絶つため、そこにこれまで非合法組織に加わったことがない、云々の弁明すらも一切つけまいと決意し、この最後の点に、自分の踏みとどまるべき一線を設定する。

彼が、このように完全非転向とは違う道を選んだ背景には、彼自身の狂気への恐れがあった。彼は獄中で、一度かかったまま完治していない黴毒からくると思われる発熱に苦しむ。何度も病気の治療願、血液検査願を出すが、それは黴毒が「発病したら検査する」という形で拒否される。その悪化による発狂の恐怖から、彼は何とか、転向することなしに、しかし、今後政治活動をしないという上申書だけで、保釈されることをめざすことにする。実質的な転向なしでの保釈が、この条件下での彼の獄中闘争の目標となるのである。

その獄中闘争の過程で、彼は、内心の「転向しようか。しよう……?」という誘惑に幾度かとらえられそうになる。しかし何とかその誘惑を断ち切る。ある日、その迷いを完全に克服できた、という気持が生まれ、彼はその嬉しさに、涙にむせぶ。

しかし、最後の瞬間、それは控訴審の前日のことだが、保釈が認められるには、過去に非合法組織に加わっていたことを認める必要がある、彼の所属していた合法の組織のほうが解体してしまったいまではそのことを彼が認めても誰にも迷惑がかからない、そんなところで節を全うしようとしても、「無駄ではありませんか」と、弁護士から反問され、すると、彼は、一晩考え、こらえにこらえた木がどっと倒れるように、あっさりと右の弁護士の助言を受け入れてしまう。翌日彼は、懲役二年、執行猶予五年、即日執行で保釈される――。

彼は、権力からの強制に屈服し、過去に非合法組織に参加していたが、今後は一切政治活動をしない、という誓約を権力側に「上申」する。この段階での彼の「転向」は、「権力からの強制」に屈した、「良心に反しての」、政治的立場の転換である。

これを見るかぎり、――ここでは中野の転向を勉次の転向と同一視していうが――この第一段階の彼の転向は、見ようによってはぎりぎりの後退戦を闘い、最後の一線で狂気に陥ることへの恐怖から生じた「権力への屈服」ともいえるが、これだけをとれば、それが、その後の彼の転向の他との隔絶を約束するていの屈服となっているわけでないことがわかる。

問題は、その後、この屈服を彼が、どのように自分の中で処遇したか、という点にある。彼は誤る。しかし彼は、その自分の「誤り」への向かい合いにおいて、他の誰とも違うあり方を示すのである。

第二段階の転向は、「村の家」に、次のように語られる。

勉次は、転向して家に帰り、父の孫蔵に、人に立派なことを説き、逮捕されながら転向して、いったん生きておめおめと帰ってきたのだから、もう筆を折れ、と説かれる。彼はその父の言葉に面と向かって抗弁できない。しかし、ここで「いま筆を捨てたらほんとうに最後だ」

と思う。彼は「その考えが論理的に説明されうる」とも考えるが、それを「自分で父に対してすることはできないと感じ」る。彼は、父に、「よくわかりますが、やはり書いて行きたいと思います」と答える。辛抱強く息子に説いてきた父は、自分の諫言が息子に通じないことを知り、がっくりと肩を落とす——。

勉次の転向（＝思想の変化）は、彼が過去に非合法組織に参加していたことを認め、その旨上申書に記載し、これに署名し、出獄した、いわゆる「転向」時にではなく、この「村の家」でいえば、それから数ヵ月後、父にこう答えた時、その「発語」によって、完了している。これを中野についていえば、その吉本のいう意味での転向は、出獄から一年数ヵ月後、彼がこのように「村の家」を書いた時、第二段階をへて、ようやく終了しているのである。

小説執筆に先立ち、次の中野の言動が、現実の場面で、あの「村の家」の勉次の言葉に対応するものとして、行われている。

中野の出獄後、文芸評論家板垣直子が彼を含む転向作家たちを名指しで批判する文章を書く。あるドイツの作家がナチスにとらえられた時、「自分は共産主義を承認する。共産主義の理論は正しいが故に自分は共産主義者である。それは、真理であるがゆえに万能だ」と明言し、死刑を判決された、しかし、日本の転向作家たちはそのようではなかった。彼らはだらしがない。

プロレタリア作家は、思想的に生きる限り転向することはありえない筈だ。部分的修正は可能であろうが、生活の態度を根本的に変化することは不可能である。しかるに、もし転向が行われたとすれば、彼は本能に執着し、それに道を譲ったまでである。かかる第二義的種類の生活者から第一義的な文学が——何れの意味からも——生れるであろうとは想像できない。(「文学の新動向」[*25]、傍点原文)

これに対し、中野は、ただ一人、この正面切った糾弾を、正面から受けとめる。このいわば否定しようのない「正しい」糾弾を前に、彼は転向作家の中にあって例外的に、これに答えることは不可欠だ、という姿勢を示すのである。

中野は、彼と同じ転向作家で友人の貴司山治が板垣や他の芸術派からの批判に向け、お前などは自分で何もしない傍観者ではないか、何もしないお前よりも何かをやって失敗した転向作家のほうがまだ高く支払っているのだ、と反批判した時、その貴司に対し、このように書く。

君の言葉によると、板垣直子の転向作家批判は世間の評判が悪かったそうである。君自身も一方でその言葉に君として強く打たれたといっているが、他方では彼女の図式主義を誤謬として指摘している。君の書いたものに現れている限りでは、僕も彼女の言葉を正しくないと思っている。しかし彼女が「転向作家は転向するよりも転向せずに小林の如く死ぬべきであった」といった時、彼女の求めたものは転向作家の死ではなくて第一義的な生活であったこと、彼女の言葉が片寄ったものであったとしても、その片寄った表現へ彼女を駈りたてた激情の源泉に対して彼女が強い肯定の立場に立っていたことを君自身見逃していはしないか？（「『文学者に就て』について」）[*26]

この板垣の糾弾を自分の「正しさ」の場所から「誤った」ものと見るのではなく、その「正しさ」が「正しさ」としてありうる場所のあることを認めたうえで、この「正しさ」にどう対するか、と考えなければ、この言葉に相対することにはならないのではないか。

中野はそういっている。

ここでは、あの吉本と同様、中野は、どのような言説にも「正しさ」の要素と「誤り」の要素があると考え、その上で、この板垣の糾弾に対して、これにたち向かうには、これを「誤り」であるからと否定するのではなく、「正しさ」であるからと否定することこそが必要だと、語っているのである。

見ればわかるように、ここにあるのはあの「村の家」の勉次の、孫蔵への答えの原石ともいうべき転回（＝思考変換）である。

この転回の核心を次のようにいうことができる。

中野の転向が佐野・鍋山たちのそれと、動態としては同じタイプなのに内実として違うのは、そこで「現実との関係を回復すべく」行われる「思考変換」の方向が、佐野・鍋山たちの場合と逆向きだからである。佐野・鍋山たちは、現実との関係を回復しようとし、そこで「日本封建制の優性遺伝」を体現する仏教書の「正しさ」に出会い、これに帰依するのだが、中野は、同じように先の「正しさ」を離れ、新たに「日本封建制の優性遺伝」を体現する「孫蔵」の諫言にあうと、彼らと同じく、これを「正しさ」として認めるものの、そのうえで、「よくわかりますが、やはり書いて行きたいと思います」と、この「正しさ」に帰依することを拒んでいる。

ここで、この中野のあり方は、顕在化されていないとはいえ、すでにして、従来の自分たちにとっての「正しさ」を疑わず、現実からの問診があってもこれに答えない結果として非転向を貫く小林・宮本・蔵原たちの「転向」とも、この「正しさ」への帰依をめぐる同じ違いを指標として、向かいあっている。非転向組は「正しさ」への帰依の位置を動かないが、中野は、権力からの強制でやむなくその「正しさ」から剝されると、再び元の「正しさ」に避難することなく、また、新たな「正しさ」に帰依することもなく、あの若山牧水の「白鳥」のように、二つの青さの間を「ただよう」のである。

では、なぜ彼は、「正しさ」であると認めるものに、にもかかわらず、帰依しようとはしないのだろうか。帰依することに抵抗するのだろうか。

彼は書いている。

> 弱気を出したが最後僕らは、死に別れた小林の生き返って来ることを恐れ始めねばならなくなるのである。僕が共産党を裏切りそれに対する人民の信頼を裏切ったという事実は未来にわたって消えないのである。それだから僕は、あるいは僕らは、作家としての新生の道を

第一義的生活と制作とより以外のところには置けないのである。もし僕らが、自ら呼んだ降伏の恥の社会的個々的要因の錯綜を文学的総合の中へ肉づけすることで、文学作品として打ち出した自己批判を通して日本の革命運動の伝統の革命的批判に加われたならば、僕らは、その時も過去は過去としてあるのではあるが、その消えぬ痣を頬に浮かべたまま人間および作家として第一義の道を進めるのである。(同前)

あらかじめいっておけば、わたしはこの中野の言葉と、この中野の言葉のもっている意味に気づいて、これを戦後の思想の文脈にもたらした吉本の「転向論」の中に、わたしの考える日本の戦後における戦後的思考の核心が顔をのぞかせていると考え、この文章を書いている。

ここで中野のいう「弱気」とは、何に対する弱気だろうか。

これに関する吉本の答えは、ここにあるのは、「転向作家が、批判に屈して、少しでも弱気をだしたが最後、はてしなく転落する以外ないという心理と論理」だ、というものである。彼はこの「弱気」を「批判者からの批判に対する屈服」に結びつける。しかし、これは、わたしが彼の「転向論」中で唯一、その判断に同意できない個所でもある。[*27]

わたしの考えはもう少しはっきりしている。

吉本の解釈は、結局、転向者が、自分の正しさに対する自信を失い、弱気になったら最後、批判者のつきつけてくる「正しさ」の前に無限に譲歩し、転落するしかない、というものだが、中野がいっているのは、自分の転向の余儀なさを「正しさ」と考えよ、その「正当性」に対する自信(=強気)を、失ってはいけない、ということではない。もしそうなら、その場合にはどんなに「強気」を通そうと、小林多喜二の死という厳然たる事実にはかないっこない。小林が生き返ってきたら、その小林の「死」の正当性の前では、転向者の「誤り」の正当性など、ひとたまりもないからだ。そんなことでどうして、「かかる第二義的種類の生活者」たることから、あの「第一義的な文学」をつくることができるだろうか。

そうではなく、中野は、こういっている。人があることを「誤り」と見る場合、そこには、彼にそう見させる「正しさ」が働いている。しかし、転向するとは、余儀なく、「正しさ」を捨てることだが、「余儀なく、『正しさ』を捨てる」とは、「正しさ」を捨てるというより、むしろ「正しさ」に捨てられるということなのだ。転向者とは、あらゆる「正しさ」に見放された存在にほかならない。その転向者にもし活路――第一義的な足場――があるとすれば、それは、自分が「正しさ」を捨てたことの余儀なさ、動かしようのなさ、にとどまること、彼が誤ったことの動かしようのなさを、足場にすること以外にない。この点で、もし、いったん弱気になったが最後、転向者は、どのような第一義の足場をも、失い、無限に転落する以外にないのである――。

中野は、「誤り」の本質がむしろあらゆる「正当性」から切り離されてあることにあるということを前提に、そのことの不可避性にとどまること、そのことへの確信、自分が正しさから放逐されてあることがある普遍性をもつこと、そのことへの確信、――自信を、転向者は失うべきではない、というのである。

しかし、自分が正しさから放逐されていることが、その動かしようのなさをテコにして、なぜ、普遍性をもつと、いえるのだろうか。

5　敗者の弁証法

わたしとしては、ここで、あの勉次の答えに、次のような敗者の弁証法ともいうべき考え方が顔をだしていることに、読者の注意を喚起しておきたい。

それはヘーゲルが、第一部にふれたあの「主人と奴隷の弁証法」において敗者に与えている立脚点にほかならない。勉次の答えは、中野がヘーゲルに学んだかと思われるほど、ヘーゲルにおけるこの転回点の取りだし方に生き写しなのである。

勉次は筆を折れ、といわれる。彼はその父の言い分には理がある、と感じる。彼は、「よくわかりますが、やはり書いて行きたいと思います」と答える。そのおりの、彼の答えに先立つ心境は、こう記されている。

勉次は決められなかった。ただ彼は、いま筆を捨てたらほんとうに最後だと思った。彼はその考えが論理的に説明されうると思ったが、自分で父に対してすることはできないと感じた。（「村の家」[*28]）

わたしの考えをいえば、中野の考えとヘーゲルの「主人と奴隷の弁証法」の考えは、ここで、最終の正解としての「死」が「死なないこと（＝死にたくないこと）」によって越えられている一点で、一致している。勉次は決められない。筆を捨てたら最後だ、と思う。彼はその考えが「論理的に説明されうる」と思う。その「論理的な説明」は、「村の家」に現れないが、それは、たぶん、第一部に述べた、ヤスパースが『責罪論』の核心部分に引いている、あのヘーゲルの主人と奴隷の弁証法の個所に、ほぼ完全に重なるものなのである。

父は、息子が治安維持法で逮捕された時には、当然、死んで帰ってくると思った、という。生きておめおめと帰ってきたいま、せめて「いままで書いたものを生かしたけれゃ筆ア捨ててしまえ」と諌める。ところで、それは、生きて帰ってきたからには、せめて、物書きとして、「死ね」、ということである。

これに対し、勉次は、「死ぬことを選んだら終りだ」と思う。それでは「誤り」であるものがたやすく「正しさ」であるものに変わってしまう。ここで彼を動かしているのは、そのような直観だが、ヘーゲルの論理は、その直観が、どのような生の底板にぶつかることで生まれているか、その転回のありかを、わたし達にあざやかに教えるのである。

ヘーゲルは、『精神現象学』で、相互承認の関係として成立する自己意識が、では、どのように意識のいわば自然状態の中から生み出されてくるのか、と問い、二つの自己意識が互いに相手に対峙する関係が成立するまでの過程を、説明模型を用い、二つの「われ」の死に物狂いの争闘から主人と奴隷の分化が生じるさまとして描いている。

彼は、人間の自己意識は、いわばまともな他者が自分を彼にとってまともな他者であると認めているという確信によって、自己意識として成立している、という。自分をまともな人間だと思えるためには、相手からそう思われている、という確信がなければならないが、その相手が手応えのない弱者では確信も弱いものとならざるをえない。確信が強固となるには、その相手が自分から見て、自分より勝るとも劣らない強固な存在でなければならないと、いうのである。

　さて、そのような自己意識同士の相互承認はどんなふうにして成立するだろうか。彼はそれを、いわば他者の承認なしに成立している「われ」同士の〝自然状態〟から出発して、そこから自立した自己意識同士の相互承認までの一連の過程として、思い描くことができるという。彼らは、まず自分を自分から見て尊敬できる存在とするため、自分を相手から見て尊敬できる存在としなければならないことに気づく。前者のためには、自分が生命をなげうっても自己意識確立をめざすことを自分に示さなければならず、後者のためには、それに加え、相手を「死へと追いやる」決意であることを相手に示さなければならない。この過程は両者のうちに同じく生じる。こうして、この過程は、両者の相互に生死をかけての争闘へと進む。その結果、一方が他方に勝ち、勝ったほうが主人となり、負けたほうが奴隷となるが、以後、奴隷はその敗北を生きることで、主人との関係を逆転し、自らが主人となって相手を奴隷とし、ここにはじまる弁証法的な関係のうちに、やがて二つの自己意識の同等の相互承認という均衡が成立する、というのが、ヘーゲルの描く、おおよその自己意識確立までの見取り図である。

　ところで、ヘーゲルは、両者の生死をかけての争闘における一方の敗北の時点で、面白いことをいう。彼は、この意識の争闘においては、敗北の意味の本質は、死ぬことではない、むしろ死なないことだと、あの勉次の答えにも似た、変わった論理を口にするのである。

（この自己意識同士の「自分の生命をかけ」、「他人を死へと追いやる」生きるか死ぬかの争闘は、当然、一方の死を帰結させようとする。しかし――引用者）死によるこの確証は、そこから生じてくるはずの真理をも、自己確信をも、打ちこわしてしまう。なぜなら、生命とは、意識を支える自然の土台であり、無限の否定力まではもたぬ独立の力であって、それの自然な否定形である死は、独立力なき否定であり、それによっては、求められた承認の意義が実現されることはありえないからである。死によって、むかいあう自己意識が生命を賭け、自他の生命をないがしろにしたことは確証されるが、たたかいの当事者がその確証を得るわけではない。当事者は自然の存在という外的な土台に根をおろした意識を――おのれ自身――破棄し、自立をめざす自己意識として相手と対峙することはなくなっている。（『精神現象学』[*29]）

この生死を賭けた戦いは、当然、一方の死で終ろうとするが、最後、死の瞬間になって、敗者は死にたくない、と思う。ところで、ヘーゲルは、ここに、自己意識が別のところからくる声を聞く、特別な場面があるという。この死にたくない、という意識に、ヘーゲルは、孫蔵とは違い、怯懦（いくじなさ）をではなく、意識を突き破って露頭する生命からの声、いわばその怯懦（いくじなさ）の人間にとっての意味を、見るのである。

（単なる——引用者）生死を賭けたたたかいは、無意味な否定であって、破棄しながらも、破棄したものを維持・保存し、破棄を超えて生きのびるという、意識の否定とは別ものなのである。

この行為の中で、生命が、純粋な自己意識と同じように自分にとって本質的なものであることが、自己意識にあきらかになる。（同前、傍点引用者）

ヘーゲルは、何をいっているのか。

彼によれば、生命として死ぬことは、いわばそこが行き止まりの「無意味な否定」である。これに対し、意識の否定は、そこで敗北した自分を「破棄しながらも」、その破棄した自分を「維持・保存し、破棄を超えて生きのびる」、それとは別種のあり方を意味している。彼がいうのは、意識にとってこの最後の最後になって彼の奥底から発せられる「死にたくない」という声は、いわば全霊的な声、意識にとっての他者の声であって、そこでこれまでの論理の軸は反転されうる、ということである。例をあげればこうなるだろう。それまで彼は、ある「正しさ」に立ってものごとに対してきた。そしてその「正しさ」はそれを全うするため、彼に死をもいとわない闘いを命じることになる。彼はそうする。しかし、その闘いの最後の最後、彼は、彼の意識を領する「正しさ」に対し、「死にたくない！」という生命の声がその底板を踏み破ってふきあがってくるのを聞く。そしてその声は、いわばこれまでの「正しさ」からのパースペクティブを「チャラ」にする。それはむしろ、その「死にたくない！」を光源に、逆にものごとを考えること、これまでの「正しさ」主導のパースペクティブを、反転することを、彼に促すのである。敗北の中には、そのつど、敗者にしかわからないことがある。人は負けようとする。その時、はじめて、なにごとかを知る。彼は死力をつくして闘う。そしてその結果、負ける。そして彼は殺されようとする。その時、彼に、死にたくないという気持が猛然と起こる。しかし、彼は、その怯懦（いくじなさ）によって、これまで進んできた道から逃げ出そうとしているのではない。そうではなく、その怯懦（いくじなさ）に忠実であること、それがいままできた道を、さらにいくことなのである。

「正しさから放逐される」ことの基底にあるのは、「誤り」の「動かしがたさ」だが、この「誤り」の「動かしがたさ」のうちには、あのヘーゲルがいう、「死にたくない！」という声のもつ反転の契機と同様の契機が、ひそめられている。誤りの動かしがたさが、ここであの「死にたくない！」という声のようなものとしてあること、それがあの「正しさから放逐されてあること」の普遍性の根拠なのである。

「村の家」の勉次が黴毒による発狂への恐怖にかられる時、そして「転向しようか。しよう……？」と身体を震わす時、彼は、いわば「生命が、純粋な自己意識と同じように自分にとって本質的なものであること」に、気づかされている。絶体絶命になり、何もかもを捨て、奴隷となってでも、死にたくない、と思う時、そう、世界は意味を、反転しているのである。

無力な者として、奴隷として生きようとする決意は、生を樹立する真剣味を帯びた行為である。この決意からは一切の価値評価を修正する人間の生まれ変わりが生ずる。（ヤスパース『責罪論』）

彼は〝転向〟する。しかし、自分の考えを変えたわけではない。彼は権力に屈服し、妻からも周囲からも驚きと軽蔑の視線を浴びる。しかし、この敗北の中で、がっくりと膝をつき、彼はまったく別種のもの、奴隷の普遍に、手を触れている。やはり書いていきたい、という勉次の「卑怯な」言葉は、その別種の感触に照応しつつ、書かれている。「やはり書いて行きたいと思います」と答える時、彼は、それまで行き止まりだと思われていた地点、彼自身そう思っていた地点を、通過駅に、変えているのである。

そこにあるのはどんな転回なのか。

中野は書く。

僕はある人々の前科者に対する態度を思い出している。盗みをした男に対して雇入れを拒むのが彼らの常である。俗人の仕方としてこれはうなずけないわけではない。しかし盗みをした男は、その自己批判を、何か変質者でない限り、再び盗みをしまいという戒律をつきぬけて、盗みそのものの社会的絶滅の方向へと進み得るのである。（「『文学者に就て』について」)

盗みをした男は、その後どうするのか。人は、彼が、自分を反省し、「再び盗みをしまい」と考える、と思うだろう。しかし、実際に盗みをやってみると、それがすべてではない。盗みをやるという経験は、違うように彼に働くこともあるのだ。その場合、彼は、盗んだ自分を反省しない。そうではなく、逆に、自分が盗んだという事実をテコに、なぜ自分が盗みをしなければならなかったか、ということをこそ反省する。そしてその反省は、「何か変質者でない」限り、彼を、この「再び盗みをしまいという戒律」をつきぬけて、その先、「盗みそのものの社会的絶滅の方向」へと進ませる契機とも、なりうるのである。

この「思考変換」は、彼に一つの論理と、そして視力を与える。

彼は誤った。どう考えても誤るしかなかった。しかしその誤りの彼の中での「動かしがたさ」が、事後の反省の存在理由を凌駕するなら、それは彼にその誤りを反省させるのではなく、彼をしてその誤りを不可避ならしめたものをこそ、反省させようとするだろう。その場合、彼は、自分の誤りを反省するのではなくて、逆にそれを反省することに耐え、その先、彼の誤りを不可避とした関係の構造をこそ、反省しようとするのである。

いわば、転向者は、「死にたくない」という声の、その「動かしがたさ」を契機に、眼差しの方向を反転させる。彼は、むしろ自分の「誤り」を足場に、自分を反省するのではなく、自分を誤らせたもの、世界の構造のほうを、認識しようとする。そして彼にとって、そのことは、彼の前におかれたいくつかの選択肢の一つというようなものではなく、彼が「第一義の道」を生きるただ一つの活路としてある。彼を転向へと向かわせた、たとえば「日本の革命運動の伝統」の問題点をしっかりと見据え、これに対する「革命的批判」の列に加わることが、転向者が――「消えぬ痣を頰に浮かべたまま」ではあれ、――死んだ小林多喜二となお肩を並べて「第一義の道」を進みうる唯一の方途だという中野の考えは、この視力の獲得、関係の意識の獲得の所産として、ここにやってきているのである。

それは言う。自分はたしかに転向した。しかし自分はやれるだけはやった。そして最後の最後、やむなく転向した。その自分の志操堅固さは、少なくとも革命運動の列に加わっている者の平均的なレベルには達していたと信じる。その自分が最後、ほかに方途なく転向せざるをえなかったということは、ごく少数のすぐれた者を除き、過半の人間にこの革命運動の完遂がムズカしいということである。それはこの転向に、それなりの根拠、「動かしがたさ」がある、ということを意味する。だからこのことは、誤解を恐れずに言えば、われわれの「革命運動の伝統」に、たとえば、冒険主義に過ぎ、多くの人間がついていけない、というような「問題点」が抱えられている、ということである。そしてそれは、むしろこの革命運動の進め方のほうに、革命的な変革を加える必要があること、変革すべきは、革命運動のほうなのだということを、遠く、指さしているはずである――。

こう見てくれれば、吉本がその戦争体験と敗戦体験を戦後の第一世代の考え方に抗する形で思想化するに際し、何を肝要な一点と見たうえで、自分の問題と同質なものを、敗戦に十年先立つ中野の転向体験に見ているかが、わかるだろう。

先に、自分の誤りに対する心理的なバリア、過去の誤りへの罪責感と呼ばれたものが、ここで、彼の目を過去に向けさせている。この心理的なバリアを客体化するだけの思想的な強度をもたなければ、敗戦を受けとめる思想は日本に現れないといわれた問題が、吉本の目を日本の近代の転向体験の核心に届けさせているのである。

「誤り」に立脚するという吉本の観点は、この中野の転向体験の核心をくぐって、はじめて戦後の思想にもたらされている。

戦争世代の問題は、実をいえばここにはじめて十全な形で思想化されている。

中野はいう。

どうすれば、「誤り」から「正しさ」は望見されるのか。

もしこの「誤り」の動かしがたさへの確信を失ったら、転向作家は、死んだ小林多喜二と向かいあうということは永遠にできなくなる。むしろ小林の生き返ってくるのを恐れはじめなくてはならなくなる。一義的な生活、制作は彼に一切、不可能ということになる。

中野もまた、完膚なきまでにノックアウトされている。そのことを契機に、彼は、ある「関係の意識」を手にしている。吉本の言葉を使えば、「誤り」の動かしがたさを足場に、既成の「正しさ」の軍門に降ることなく、これに耐えることで、中野は、「世界認識の方法」に、手をかけているのである。[*30]

わたしは、ここに示された吉本の思考を、日本の戦後が生んだ「戦後的思考」の原型と呼んでおきたい。

吉本の「転向（＝思考変換）」とそこに形成された戦後的思考は、何をわたし達に示唆しているだろうか。

「転向論」がわたしに教えてよこすのは、次のことである。

敗者の可能性は、勝者が勝つよりも深く負けうることのうちにある。それをささえているのは、ヘーゲルのいう、「惨めに敗れ、地を這い、生命のへりに手をつくこと」——、あの生命の声の、動かしがたさとの出会いである。

地に屈すること、ここに反転の地盤がある。

Ⅲ　戦争体験の世界性──『戦艦大和ノ最期』と「大衆の原像」

1　死者の進入角度

「誤り」の動かしがたさに立つとは、これを日本の戦後の文脈、そして世界史的な「戦後」の文脈の中におき直してみるなら、どういうことだろうか。

具体的に、それは、どういう考え方をとることを、意味しているのか。

わたしの考えをいえば、それは、戦前に足場をおくこと、戦後のいわば事後的な観点から戦前の誤りを裁いたり、意味づけたりするのではなく、逆に、戦前の経験に立脚して、その上に戦後の観点を作り出すこと、つまり、これまでのあり方を逆転することを、意味している。

戦前に足場をおくとは、前篇（第二篇）の言い方にならえば、「誤り」に立脚することだが、これをもう少し具体的にいえば、戦争への「抵抗」を足場に戦後的な価値を作るということこれまでの戦後的価値の基礎づけ方に対し、戦争への「没入」の経験を足場に、その上に戦後的な価値を作ろうという、もう一つのあり方をさしている。

わたしの考えでは、戦争世代は、自分の経験に忠実であろうとすれば、このようなあり方を作り出す以外に方法がなかった。にもかかわらず、彼らの多くは、このような方向に進みでず、戦前とは違う戦後的な価値を作ろうとする向きは、たとえば丸山真男のようなあり方に吸引されつつ、自分の戦時下の「没入」を否定する一方、戦後的な価値を戦争への抵抗（傍観）の姿勢の上に立たせようとし、これに対し、どちらかといえば保守的な戦前型の価値を守ろうとする向きだけが、戦争への「没入」の経験を重んじ、その「没入」の経験に意味を与えることになった。その理由は、前者についていえば、思想的に自分に忠実たろうとする「勇気」がなかったからであり、後者についていえば、現実を直視する「勇気」に欠けたからである。

前者は、戦時の抵抗者たる戦後の第一世代と自分の違いを、彼ら第一世代につきつけるというよりも、彼らに学びつつ、自分の戦争世代としての問題意識を先鋭化するという道をとった。例外は、不当なまでに厳しく戦後の第一世代を批判し、つねにこの第一世代的なものとの齟齬を頼りに自分の思想の足場を築いたと見える吉本隆明など、ごく少数にとどまる。

また後者は、自分たちが戦後的な本質にいかに深く冒されているかということの自覚に乏しかった。その場合、何が戦前と異なる——戦前の価値を裏切る——「軽佻浮薄」な戦後の価値の本質か、また、何がその戦後の価値とその「軽佻浮薄」な価値に深く「関与」してしまっている自分との関係の本質か、さらに、何がそういう自分がいま戦前の価値を称揚することにひそむ本当の困難さの本質か、そういう問題が、ここにはすぐに現れるが、そういう問いを深く考える人間は、この後者の範疇にあって、これもほとんどいなかった。例外は、そのことのもつ「ねじれ」の苦衷を、誰にも漏らさず、自分にとって背理的な戦後を、戦前の価値に自己同一化することなく戦後人として生きた三島由紀夫など、これもごく少数のケースにとどまる。

さて、わたしは、ここでは前著に少しふれた戦争世代の一人、吉田満の手になる『戦艦大和ノ最期』という叙事詩的作品と、前篇（第二篇）にふれた戦争世代の代表の一人、吉本隆明が戦後になって作り上げた「大衆の原像」という考え方を取りあげたい。後に第四部で考える三島由紀夫を除けば、彼らの世代にあって、先のいずれの勇気にも欠けなかった例として、わたしに当面思い浮かぶのは、この二人だというのが、その理由である。

ここに理念としての戦争世代の像を思い浮かべることができる。

彼は一つに、過去とのつながりという通時的な関係を見失わない勇気をもたなければならない。しかし同時に、過去と異質な、現在とのつながりという共時的な関係を見失わない勇気をも、彼は、もっておく必要がある。

アメリカの一九九五年の映画「アポロ13」に、事故を起こした宇宙船が地球に帰還する際の進入角度が問題になる、印象深い場面が出てくる。そこで、宇宙船の進入角度を維持することがいかに大切でかつ困難なことかを示すのに、一人の科学者が、サッカーボールと紙を例にとる。彼は、サッカーボールと一枚の紙を手に、ボールが地球だとすると、その角度は、そこに斜めに近づく紙一枚の幅もない、それほどそれは困難なことなのだと、記者にいうのである。それよりも進入角度が深ければ、成層圏との摩擦が大きすぎて帰還船は燃えつき、それよりも角度が浅ければ、帰還船は成層圏にはねとばされ、宇宙のかなたに跳んでいく。

戦争世代の人間にとって、二つの勇気を合せもつことの困難は、これと多少、似ている。一方の勇気が足りなければ、彼は地球を離れ、眩惑にみちた宇宙のかなたに飛んでいく。といって、他方の勇気が足りなければ、彼はいわば保守派の引力圏にとらわれ、地球に激突してしまう。そのいずれの場合も、乗員を生きて戦後社会に送り届けることはできなくなる。

ところで、戦争世代の思想の場合、なぜこの船の乗員を地球に生還させることは大切なのだろうか。

答えは一つ。そこに乗っているのが、戦争の死者たちだからである。

2　『戦艦大和ノ最期』と江藤淳の批判

戦争の「死者」をこの軽佻浮薄な戦後に「生還」させること。

吉田満の『戦艦大和ノ最期』の評価をめぐる戦後の一つの挿話は、そのことの意味のかけがえのなさを、わたし達に教える。

吉田は、一九二三年の生れで、敗戦を二十二歳で迎えている。典型的な戦争世代の一人として、戦後を生き、一九七九年、五十六歳で逝去している。彼は、二十歳の年、一九四三年に大学を繰り上げ卒業し、学徒出陣で海軍に入る。海軍少尉として、一九四四年末に「大和」の副電探士となるが、大和は一九四五年四月六日、天号作戦と呼ばれる作戦の主艦として九隻の随行艦とともに出撃し、翌日午後二時二十三分、九州南西方沖で敵機数百機とのほぼ二時間にわたる交戦の後、沈没している。当初から往路の燃料しか積み込まず、護衛の航空機もつけない決死行で、長官以下、第二艦隊司令部と作戦参加の全艦艦長のこぞっての抵抗をおしての、海軍のメンツのための「稚拙、無思慮ノ」特攻作戦だったが、そのことにより、ふだんわたし達が見聞する、飛行機による特攻作戦の出撃の後のドラマが、どのようなものでありうるかを、いわばスローモーションに引き伸ばされた海上の特攻作戦の時間の中で、残された人間に教えるものとなった。

この作戦では、伊藤整一司令長官が沈没寸前に特攻作戦の中止を指示、大和の総乗員三千三百三十二名のうち、二百数十名が随行艦に救出され、生還している。『戦艦大和ノ最期』は、その一人である吉田が、敗戦の年の秋、「ほとんど一日を以て」ノートに書いた叙事詩稿をもとに、後日、手を入れてなった。初版あとがきには、執筆の動機として、「敗戦という空白によって社会生活の出発点を奪われた私自身の、反省と潜心のために、戦争のもたらしたもっとも生ま生ましい体験を、ありのままに刻みつけてみること」

と記されている。

吉田の書いたノート稿は、小林秀雄の眼にふれ、小林が戦後に発刊をめざした雑誌『創元』の創刊号(一九四六年十二月刊)のために手を入れられるが、占領軍の検閲にひっかかり、結局この時は、活字にならない。その後、口語版に書き直され、「極めて不本意な形で」世に出たあと、占領終了後、一九五二年八月にはじめて意に適う形で刊行されている。いまわたし達が眼にするのは、この創元社版の『戦艦大和ノ最期』である。

先の口語版は、一九四九年に出ている。占領当局の意向に添うべく妥協を重ねた末の、著者にとっては「不本意な」テクストだったが、それでも、当時の読書界には、強度に反動的な書物と受けとめられた。

同じ創元社版（初版）のあとがきに、こうある。

前に発表された際、これは戦争肯定の文学であり、軍国精神鼓吹の小説であるとの批判が、かなり強く行われた。

この作品の中に、敵愾心とか、軍人魂とか、日本人の矜持とかを強調する表現が、少からず含まれていることは確かである。だが、前にも書いたように、この作品に私は、戦いの中の自分の姿をそのままに描こうとした。ともかくも第一線の兵科士官であった私が、この程度の血気に燃えていたからといって、別に不思議はない。（略）若者が、最後の人生に、何とか生甲斐を見出そうと苦しみ、そこに何ものかを肯定しようとあがくことこそ、むしろ自然ではなかろうか。（『戦艦大和ノ最期』初版あとがき」一九五二年）

『戦艦大和ノ最期』は、一九四五年三月二十九日の大和の出港から、四月七日の苛烈な戦闘、撃沈、海上漂流をへて随行艦への救出、四月八日の佐世保への生還と続く経緯を、無駄のない片仮名綴りの文語体で記している。一読、心を動かされざるを得ない、雄渾な叙事詩だが、これが占領期終了直後の日本で、「戦争肯定」の反動的な作品として批判されたというのは、そのことの当否とは別に、十分に想像できることであり、そのこととして、何ら意外とするに足りない。

問題は次のことにある。

それから十数年をへて、この作品は、再び脚光を浴び、吉田は四半世紀ぶりに、その延長上で、大和乗員だった戦友の面影を追った評伝をものする（一九七三年、七四年）[*31]。『戦艦大和ノ最期』は決定稿保存版として再刊され（一九七四年）、さらに数ヵ月後にはこれに先の評伝を加え、『鎮魂戦艦大和』が上梓されることになる（一九七四年）。

この一九七〇年代に入ってからの『戦艦大和ノ最期』の再評価に大いにあずかって力あったのは、当時雑誌『季刊芸術』の編集に編集同人として携わっていた江藤淳である。江藤は、吉田の右の評伝「臼淵大尉の場合」、「祖国と敵国の間」の二編を自分の編集する雑誌に載せたほか、『戦艦大和ノ最期』の再刊にも尽力し、『鎮魂戦艦大和』刊行の際には、序文も寄せている。

ところで、江藤は、一九七〇年代の後半以降、占領軍の検閲政策への関心を深め、一九七九年から八〇年にかけては、検閲文書の実地調査のため、米国ワシントンに赴くが、その研究滞在から帰ると、この作品を、これまでの評価から一転、占領政策によって〝洗脳〟されたテクストの一例と断じ、厳しい批判に転じるのである。

なぜそのようなことになるのか。

『戦艦大和ノ最期』は本来、一九四六年に『創元』創刊号に掲載されるはずのところ、占領軍当局の検閲により全文削除処分とされた後、ＧＨＱ検閲文書の中に繰り込まれ、米国に渡っていたが、江藤はこの全文削除の初出稿の現物を、米国滞在先で発見している。その江藤の一九七九年十月の渡米直前、吉田が急逝している。江藤は、その死を「生者と死者」と題する評論で扱い[*32]（一九七九年十一月）、また、米国での『戦艦大和ノ最期』初出稿の発見に際しても、一九八〇年二月、「死者との絆」と題し、『戦艦大和ノ最期』を論じた評論を発表しているが[*33]、そこでの江藤の吉田に対する評価は、十分に肯定的である。変化はもっぱら、帰国後の執筆になる一九八一年九月の「『戦艦大和ノ最期』初出の問題」で、突如として生じている。

そこで、江藤は、ほぼ以下のような意味のことを述べている。

アメリカで発見した『戦艦大和ノ最期』初出稿（以下、初出という）と、作者自身が占領下に不本意な書き換えを強いられて書いた口語版『小説軍艦大和』（以下、口語版という）、および現行のテクスト（講談社文庫版、以下、現行流布版という）の三種のテクストを比較すると、興味深いことがわかる。書かれた経緯は、もともと一日で書かれたノート稿があり、ついで初出、それが検閲で押収された後の筆写版、その後、「不本意な」口語版、そして創元社版、現行流布版の順に続くが、これらを仔細に検討すると、創元社版とそれに基づく現行流布版、つまりいまわれわれが眼にしているテクストは、今度新しく発見された敗戦直後の初出のテクストに似ているというよりは、むしろ占領軍に迎合することを余儀なくされた「不本意な」口語版のテクストに似ているといわざるを得ないからである。

このことは、吉田氏の戦後について、一つの可能性を示唆している。吉田氏は、占領軍の権力に直面しなければならなかった日々の重なりの中で、その圧力に負け、その検閲施策を「内面化」し、自分の内部への「戦後思想の流入」を、最後に、許しているのではないだろうか。

表向き、言論の自由を謳いつつなされた占領軍の見えない検閲政策とは、『戦艦大和ノ最期』の作者を無意識裡に「戦後化」するまでに、非人間的なものだったのではあるまいか。

つまり、江藤は、彼のいうところを信じれば、『戦艦大和ノ最期』初出の発見を機に、その現行流布版に対する評価が一転、否定的なものに変わったというのである。

江藤のいう吉田の占領政策的なもの（戦後思想的なもの）への敗北とは、次のようなことである。

彼は、この評論を『戦艦大和ノ最期』の異稿を学生に読ませ比較させた結果の感想文を手がかりに書いているが、そこに、こんな学生の感想文が引かれている。

現行版で作者はどのような虚構を加えたのだろうか。それは先にも述べたように、戦後作者が戦争というものを客観的に眺めてしまった結果生じた「戦争を二度と起してはならないという道徳感」ではないだろうか。現行版に心情の描写が多く、迫力を欠くのは、その道徳感による虚構のためではないか。（略）

現行版がより〝文学的〟だというのは、著者の本来の意図ではなく圧力によって〝文学的〟にさせられたのである。初出が検閲によって不許可になったために、事実に虚構を加えて人道的にすることによってやむを得ず出版されたのが決定版であるとも考えられるのである。（「『戦艦大和ノ最期』初出の問題」一九八一年）[*34]

江藤の推理とは、次のようなものである。

吉田はこれまで、ノート稿（①）を書き、小林秀雄にすすめられてこれに加筆してそれを『創元』初出形（②）とし、ついで検閲削除にあった後、回覧用の筆写本（③）を作り、さらに口語版（『小説軍艦大和』＝④）を試み、その後、創元社版（⑤）、決定稿の現行流布版（⑥、一九七四年）と、合計六つの『戦艦大和ノ最期』異稿を残している。ところでここには、大きくいって二つの流れがある。占領政策的なものに抗する動きと、それに応じる動きとである。六つの異稿を通じ、大きくいって二つに分かれる全編の掉尾部分が、その双方を象徴している。

その一つは、初出（②）のそれである。その掉尾は、

サハレ徳之島西方二〇浬ノ洋上、「大和」轟沈シテ巨體四裂ス　水深四三〇米
乗員三千餘名ヲ數ヘ、還レルモノ僅カ二百數十名
至烈ノ闘魂、至高ノ錬度、天下ニ恥ヂザル最期ナリ

と書かれている。ちなみに削除を決定する占領軍のＣＣＤ（民間検閲支隊）の担当官は報告書にこの最後の二行を引き、この作品が軍国色の強いものであることの傍証の一つ、としている。

六種の異稿中、ほかには、その押収後、作成されて知友の間を回覧された筆写本（③）が、この第一のグループに属している。筆写本は、「ＣＣＤの検閲を避け、親しい理解者のあいだ

で回覧されるために作成されたものであり」、「作者は、検閲官の眼も、その背後にひろがる占領軍の圧力をも顧慮する必要がなかった」。そこでは、「作者は高らかに『天下ニ恥ヂザル最期ナリ』と記すことができたのである」。

さて、もう一つは、創元社版⑤、現行流布版（＝決定稿⑥）に示されるそれである。そしてその掉尾は、

徳之島ノ北西二百浬ノ洋上、「大和」轟沈シテ巨体四裂ス　水深四百三十米

今ナオ埋没スル三千ノ骸《ムクロ》

彼ラ終焉ノ胸中果シテ如何

と書かれている。このうち、二行目の、戦友の死に触れた一行は新しい加筆である。これに、「彼ラ終焉ノ胸中果シテ如何」と死者の無念に思いをはせる最終行が続くが、その結果、先の掉尾、「天下ニ恥ヂザル最期ナリ」と比べると、「戦争を二度と起してはならない」という戦後的な「道徳感」をにじませたニュアンスが強くなっている。

掉尾の異稿としては、ほかに、もっと露骨に生還した書き手が、内地の山を見て「やっぱり生きるのもいい、なあ」と嘆息をあげる口語版（④）があるが、当然これもこの第二のグループに属している。そこでは、これら二つの掉尾個所の文言を部分的に含む初出の最終の六十六行がすべて自主的に削除されてしまっているので、これが占領政策に応じた動きであることが明

らかである。したがって、残る二つの刊本（創元社版⑤、決定稿⑥）に口語版（④）を加えた三種が、この後者のグループを構成している。

ところで、こう見てくると、この前者形から後者形への移行が、そのまま時間の経過をなぞるものとなっている。時を経過するにつれて、占領政策に抗する動きからそれに応ずるものへと移行していくが、これは偶然だろうか。そうは思われないのは、占領期が終わり、もはや占領軍の圧力を顧慮する必要なしに著者の意図通りに刊行された一九五二年の創元社版（⑤）と、それを踏襲する現行流布版（＝決定稿⑥）が、全体として、一九四六年に書かれ、削除を言い渡された初出の形（②）に復帰しているというより、むしろ、その後、占領軍への妥協の産物として「極めて不本意な形」で出た口語版（④）の流れの上に、立っているのではないかと疑われるからである。

現行流布版（⑥）は、全体として「文学的」であり、人道的側面が強まり、また米国に対して親和的な表現も散見されるが、これらは初出（②）に見られない性格であり、その変化の多くは、口語版（④）からはじまっている。考えてみれば口語版（④）はすでに占領下の自主規制を迫る「事後検閲」のもとで書かれていた。

ここで何が起こっているのか。

いうまでもなく、事後検閲とは自己検閲の別名にほかならない。それは検閲指針の内面化を強制し、たとえば「敵機動部隊」（初出）を「米機動部隊」（『小説軍艦大和』）と書き換えることを強制する。なかんずくそれは、作者が自主的に敵機の攻撃ぶりの「スポーツマンシップ」を讃え、作品の核心ともいうべき六十六行を自ら削除することを強制するのである。
このときおそらく吉田氏のなかで、なにかが崩壊したにちがいない。それはCCDの「厳重な譴責」によって崩壊したのではなく、それ以前に、発表を予期して筆写本を口語体の『小説軍艦大和』に改稿する過程で、崩壊したのである。換言すれば、吉田氏は、このときはじめて敗北したのである。
それと同時に、学生の指摘する「作者（へ）の戦後思想の流入」がはじまった。だが、このような敗北が吉田氏のみならず、いかに多くの人々の内部で起ったか。それをわれわれは、敗北とは名づけず、〝平和〟と〝民主主義〟の獲得と呼んだ。もしそうであるとすれば、この場合、〝平和〟と〝民主主義〟は作品の決定的な価値を犠牲にすることによって、はじめて「獲得」されたのである。（「『戦艦大和ノ最期』初出の問題」、傍点原文）
なるほど、吉田氏は、一九五二年の創元社版（⑤）あとがきに、これでようやく（口語版④の不本意な形から）「本来の形」に戻れたと書いている。しかし、口語体が文語体に戻ったという意味ではその通りだとしても、ここでもそれを字義通りには受けとることができない。これを「比較照合してみると、創元社版（⑤）の底本は初出（②）というよりむしろ『小説軍艦大和』（＝口語版④）であり、テクストはその口語体をそのまま文語体に改めた形跡を多くとどめている」。たしかに、口語版（④）で自主的に削除された最終の六十六行は創元社版

（⑤）にほぼ復活されている。しかし、あの初出（②）の掉尾に代わり、現行流布版（⑥）の掉尾が登場するのは、この創元社版（⑤）においてなのである。

もし初出（②）、あるいは筆写本（③）にこそ「本来の形」があると見るならば、これは断じて「本来の形」の復活ではあり得ない。ある大きな時代の圧力によって、作者の心を支えていたものが無残にへし折られたあとの、〝うなだれた形〟といわざるを得ないのである。（同前、傍点原文）

以上が江藤の推理だが（整理の便を考え、加藤が各異稿にそれぞれ番号を付した。以下同）、しかし、この江藤の「推理」には実は重大な障害がある。というのも、そこで吉田の「敗北」は、掉尾を例に、勇壮な「天下ニ恥ヂザル最期ナリ」から人道的な「彼ラ終焉ノ胸中果シテ如何」への変化として、説明されるが、一九四六年の江藤が米国で発見した初出形（②）以前に、一九四五年秋、「ほとんど一日を以て書かれた」（初版あとがき）ノート稿（①）があり、その掉尾の一行は、現行流布版（⑥）と同じ「彼ラ終焉ノ胸中果シテ如何」となっているからである。つまり最初に書かれたノート稿（①）に『戦艦大和ノ最期』の「本来の形」を見る立場に立てば、この江藤の推論は、成り立たなくなってしまうのである。

むろんそれでは困るため、江藤はこのノート稿（①）の最終行の〝重み〟を崩すべく、さまざまな理由を動員している。曰く、このノートの後半部では、前半部に比べ「消しや書き込みが多く、未定稿であることが一見して明らかである」。曰く、このノート稿（①）にはそもそも「問題の掉尾の部分」数行分が前後者いずれの形でも「欠けている」。曰く、このノート稿（①）の最終部分は、全体で「十七行分の罫がひいてあるノートの最後の頁の、最終行にいたるまでに記されている」ため、これだけで完結しているかわからない、その上、「コピーであるために、その間の事情を詳らかにすることができないが」、この最終部分の十六行がそれだけ他の頁とは違ったノートに天地を転倒して書かれていることから推測して、本来の結末部分が失われているとも考えられる。そして、これに続き江藤は、こう書くのである。

ここに示された結末が作者の意図通りの結末ではなかったことは、（この後書かれる——引用者）初出（②）でこのあとに十三行が付け加えられたことからも自明である。

しかし、ここまで書かれると、これはかなりはっきりした暴論だといわざるをえない。まず、吉田が既に死去し、ノート稿のコピーを特に吉田未亡人から送ってもらったという経緯を考えれば、これだけの批判に転じる以前に、オリジナルにあたるなり、関係者に事情を聞くなりの手間がさかれてしかるべきだったろう。その手間を惜しんでの結論としては、これは、強引にすぎる、ということがあるが、その上、そもそも、その推論自体が転倒した論理となっているからである。その後の初出（②）での加筆を理由に、当初書かれたもの（ノート稿①）が「作者の意図通りでなかった」とされるのであれば、その後訂正される初稿形のすべてが、その後の訂正によって、「作者の意図通り」ではなかったことになる。一九五二年の創元社版⑤あとがきの冒頭に、「この作品の初稿は、終戦の直後、ほとんど一日を以て書かれた」とあること、そのノート稿①がぼろぼろになるまで知友の間を回覧され、小林秀雄の手にも渡り、これをもとに初出②が書かれていること、さらに、このコピー稿の元となったノート稿①が吉田の死後も未亡人に大切に保管されていることからわかるように吉田自身の手許に三十年以上も取り置かれていたこと等を考えれば、このノート稿①の掉尾を勝手に「作者の意図通りの結末ではなかった」とするのは、無理である。つまり、ここに提出されている材料から判断する限り、わたし達は、最初に書かれたノート稿①こそ、『戦艦大和ノ最期』の原形だと考えるべきであり、したがって、創元社版⑤あとがきで作者がこれを「本来の形」と呼んでいることを、疑うべきではないのである。

しかし、そうだとすると、どういうことになるのだろうか。

江藤と彼の指導のもとで江藤同様の推論を示したとされる学生たちは、ともに、現行流布版⑥の『戦艦大和ノ最期』に不純なものがあると考えている。つまり、それは本来の形では「偉大な戦艦への深い哀惜の念」をうたいあげた叙事詩だった。占領軍の検閲官が、「多くの日本人が『事の是非を論ぜず』死地に身を投じたときに味わって来た盲目的緊張感の賛美」に貫かれた作品、「ここにこそ内側から見た日本軍国主義の精髄がある」と評さざるをえなかった「戦争への没入の経験」が、ここには一ミリも手加減されることなく、透徹した強度で描かれている。しかし、それにしてはその透徹の感じに合致しないものが、この現行流布版⑥にはある。というのも、この作品には、同時に、国家賛美、ナショナリスティックな心情になじまない、全く異質な要素が、歴然として認められるからである。

江藤が、現行の『戦艦大和ノ最期』に「本来の形」からの逸脱があるのではないかと考えているのは、この要素ゆえにほかならない。江藤は、その異質な要素をとらえ、これを、戦後思想への敗北の結果、『戦艦大和ノ最期』に「流入」したものと、解しているのである。

しかし、この江藤の推論には、そもそものはじめからボタンの掛け違いがある。江藤は、『戦艦大和ノ最期』という作品の本質を、最初から見誤っていたといわざるをえない。というのも、吉田の書いた『戦艦大和ノ最期』の本質は、それが、江藤と彼の学生が不純物と考える戦後的な価値をもう一つの中心としてもつ、いわば「戦争への没入の経験」の上に「戦後的価値」を築く――大和同様――真ん中でボキリと「へし折れ」た戦争文学たるところにあるからである。つまり、「天下ニ恥ヂザル最期ナリ」が（戦後思想の作者への流入によって）「彼ラ終焉ノ胸中果シテ如何」に変わったのではない。そうではなくて、最初から――敗戦の時点から――この二つがある。「天下ニ恥ヂザル最期ナリ」と「彼ラ終焉ノ胸中果シテ如何」が、ともにそのいずれか一つへの帰着に抵抗する形で拮抗していることが、この『戦艦大和ノ最期』が、戦争世代の声を伝える書である所以であり、また、日本の第二次世界大戦の戦争文学たりえている理由なのである。

吉田は敗戦からその死にいたるまで、この一点を一ミリも動いていない。念のためにつけ加えれば、米国へのすりよりと江藤が疑っている記述の変化も、その理由は別のところにある。

一つ、例をあげておこう。

江藤は、吉田が、口語版（④）以降、アメリカ軍を賞賛するような迎合的とも見えかねない件りを『戦艦大和ノ最期』に挿入し、現行流布版（⑥）にいたるまでそれを維持していることに、訝りの口吻をもらしている。

江藤が引いているのは、大和艦上から見られた米機を評する、こんな件りである。

戦闘終了マデ、体当リノ軽挙ニ出ズルモノ一機モナシ
正確、緻密、沈着ナル「ベスト・コース」ノ反覆ハ、一種ノ「スポーツマンシップ」ニモ似タル爽快味ヲ残ス
我ラノ窺イ知ラザル強サ、底知レヌ迫力ナリ

しかし、これを占領軍へのすりよりと見るとしたら、それは、短慮といわざるをえない。なぜなら、ここに吐露されているのは、戦場で実際に殺戮にかかわった人々がしばしば語る、前線兵士同士の奇妙な共感だからである。吉田はこのことを「多クノ生還者ガ一致シテ証言セル異常事象」として、『戦艦大和ノ最期』の最後近く、別の個所でも述べている。海上漂流の末、駆逐艦に救出されている間、その上空に「米水上偵察機一機」があり、「コトサラニ我ラガ頭上ヲ旋回」していた。停止中の駆逐艦を低空から襲うのは赤児の手を捻るようなものだが、上空に待機する米戦闘機、爆撃機の奇襲から「我ラ」を守る形になったまま、この「米

水上偵察機一機」は救助作業が終わるまで旋回を続けた。しかし、救助活動が終わると、一転、執拗な追尾攻撃に移ったところを見れば、その真意は明瞭である。すなわち、

我ラト米軍機トハ壮大ナル天空ト外洋ヲ舞台トシ、トモニ任務完遂ニ秘術ヲツクセシ仲間同志ナリ　窮地ニアル救助艦ニ必殺ノ打撃ヲ加ウルハ、彼ラガ戦士トシテノ本性ノ許サザルトコロナルベシ

前線で死に物狂いの戦いをする者同士を結びつけるのは、ある共感であると同時に、ある孤絶感だろう。戦場での白兵戦の経験などは、そこに立った者にしかわからない。そこでは人は銃後の人間とよりも敵前線兵士と近い位置にいる。戦争を知らない自分の同胞との間の断絶感が、彼ら「わかられない者」同士の連帯感の基礎をなす。吉田が生還し、戦争が終わった後、新たにこのような件りを『戦艦大和ノ最期』に書き込んでいるとすれば、その理由は江藤が考えているようなものではなく、むしろ戦後を生きる日々、日増しに深まる、戦場体験者、死の淵に立った者の、孤独だといわなければならないのである。

同じく白兵戦の経験をもつ山本七平は、この「共感」の存在にふれ、こう書いている。

私は、否、私だけでなく前線の兵士は、戦場の人間を二種類にわける。その一つは戦場を殺す場所だと考えている人である。三光作戦の藤田中将のように「戦争とは殲滅だ」とい

い、浅海特派員のように「戦場は百人斬り競争の場」だと書き、また本多（勝一――引用者）氏のように、それが、すなわち「殺人ゲーム」が戦場の事実だと主張する――この人びとは、いわば絶対安全の地帯から戦場を見ている人たちである。だがもう一つの人びとにとっては、戦場は殺す場所ではなく、殺される場所であり、殲滅する場所でなく殲滅される場所なのである。

その人びとはわれわれであり、前線の兵士たちである。彼らにとって戦場とは「殺される場所」以外の何ものでもない。そして何とかして殺されまいと、必死になってあがく場所なのである。ここに、前線の兵士に、敵味方を越えた不思議な共感がある。私たちがジャングルを出て、アメリカ軍に収容されたとき一番親切だったのは、昨日まで殺し合っていた最前線の兵士だった。これは非常に不思議ともいえる経験で、後々まで収容所で語り合ったものである。（『私の中の日本軍』一九七五年）

山本によれば、クリスマス休暇でこの最前線の兵士が後方の兵士と交代すると、後者による捕虜の取り扱いは、格段にぞんざいなものに変わったという。このような経験から、山本は、吉田の仕事に深い共感を隠していない。

江藤と吉田の『戦艦大和ノ最期』の間にあるのは、どのような落差だろうか。吉田がまだ占領政策のあわれな犠牲者に擬される以前、江藤は『戦艦大和ノ最期』について、こう語っていた。

『戦艦大和ノ最期』とは、何であるよりも先に死者へのレクイエムであり、鎮魂の賦である。それはいわば、忘却の淵から喚起された平家の亡霊が、武運つたなく敗れた合戦の場面を勇壮に再現してみせる能楽の舞台に似ている。つまり、それほど深く日本人の文化伝統のなかに息づき、繰り返して確かめられている死者との交感と鎮魂の祭儀のためにこそ、『戦艦大和ノ最期』は書かれたのである。

それはもとより、作者自身の再生のためにも必要な祭儀であった。人は、かりにそれが敗戦というような大事件のためとはいえ、人生を分断され、過去を奪われたまま生きつづけることはできない。吉田満氏にとって、この過去は、「徳之島西方二〇浬」の水底に眠る三千の戦友たちの面影とわかちがたく結びついていた。「深い哀惜の念」をもってその面影を作品のなかに定着し、そのことによって過去とのきずなを再確認すること。それをおいて吉田氏に再生の道はなかった。（「死者との絆」一九八〇年）

ここで江藤に『戦艦大和ノ最期』が不純物を混入させたものと受けとられていないのは、江藤の中で、吉田の戦艦大和への「深い哀惜の念」と吉田個人の「再生の道」が最終的に一つの統一をみるものと、観念されているからである。ここに「死者との交感」と呼ばれているものは、いわば天皇を頂点とする日本人の、「日本人」としての「生者と死者との結びつき」をさすが、江藤は、自分の考えるそれと吉田におけるそれとの間に、この時はまだ、亀裂を認めていない。

しかし、同じ「死者との交感」でも、江藤が念頭におくそれと、吉田のそれとの間には大きな違いがある。江藤の「死者との交感」とは、江藤という個人とある名前をもつ戦争の死者とのあいだの交感を意味しない。カール・シュミット風にいえば、それはわれわれの一員である江藤と、やはりわれわれの一員である死者との、日本人たることを媒介とした、日本人であることの賦活としての「交感」である。しかし、吉田のそれは、われわれの一員であることを否定しないが、しかしそれだけでは死ねない、といって死んだ、いわば「ねじれ」た死者たちが相手の「交感」なのである。

江藤の中でそれまでの『戦艦大和ノ最期』観が撤回されたことは、この亀裂が江藤に無視できないものとなったことを意味している。後述する「臼淵大尉の場合」の最初の題名は「進歩への願い」といった。それは『季刊芸術』編集部のわかりにくいという意見で撤回されているが、その編集部の意向に江藤の考えも入っていたことは想像に難くない。明敏な文芸批評家である江藤に、この『戦艦大和ノ最期』中に混入している奇妙な不協和音が、当初から、聞こえていなかったとは考えられない。江藤は最初、それを大したものではないと過小に解し、『戦艦大和ノ最期』に対してきた。その抑えられた不審が、『戦艦大和ノ最期』の初出の発見を契機に、いわばどっと噴き出し、あの「無残にへし折られたあとの、〝うなだれた形〟」という激しい形容を、もたらしているのである。

3　へし折られた形

しかし、なぜ『戦艦大和ノ最期』は、「ねじれ」、「へし折られ」ているのだろうか。

戦争文学としての『戦艦大和ノ最期』が、真っ二つに「へし折られて」いるのは、この壮大な鋼鉄艦の消滅の劇のただ中、その核心の位置に、ケシ粒ほどのものたちが発する声がおかれているからである。

江藤はこれらの声に関し、

学生は、現行流布版⑥に挿入されている『大和』乗組士官たちのエピソードに興味を示し、しばしば感動しているが、結局それを冗長と感じ、初出②をより〝真実〟に近い文章と判定しているのである。(「『戦艦大和ノ最期』初出の問題」)

とこれを歯牙にもかけない口吻をもらしているが、しかし、『戦艦大和ノ最期』全編の〝不協和音〟は、ここからくる。そして、この〝不協和音〟なしに、この作品の〝真実〟も、また「本来の形」も、ないといわなければならないのである。

この作の一つの中心がそれこそ全編を貫く崇高なものの喪失への深い哀悼(「天下ニ恥ヂザル最期ナリ」)にあるとすれば、もう一つの中心は、このケシ粒たちの声にある。ケシ粒たちの声とは、いうまでもなくあの、わたしが先に『敗戦後論』に引いた「臼淵大尉」の言葉に示される、自分たちの無意味な死をどのように考えればよいのか、という、戦争に自己を没入させて死んでいった者たちが特攻出撃に際して発した、最後の問いにほかならない。

江藤が「本来の形」という初出②にも、この二つの中心はありありと姿を見せている。

現行版（⑥）の四分の一の長さにすぎないそこにも、あの臼淵大尉の言葉は、「進歩ノナイ者ハ決シテ勝タナイ、負ケルコトガ最上ノ道ダ、ソレ以外ニドウシテ日本ガ救ハレルカ、今日覺メズシテイツ救ハレルカ、俺達ハソノ先導ダ」としっかりと書きこまれ、この低い一言で、優に全編の掉尾の一行、「至烈ノ闘魂、至高ノ錬度、天下ニ恥ヂザル最期ナリ」と、拮抗しているのである。

ここに顔を見せているのは、次のことである。『戦艦大和ノ最期』は、じつは最初から、この相反する二つの声の交差する、真ん中でボキリと「へし折れた」、「ねじれ」た戦記文学なのだ。その「へし折れ」は、日本人が経験したこの戦争の本質からきている。その〝不純〟、「へし折れ」は、江藤とその学生たちが考えたように、占領政策とそれへの敗北からくるのでなく、そもそも日本の戦争遂行そのものの中に淵源をもつ〝不純〟、そして「へし折れ」なのである。

『戦艦大和ノ最期』は、ノート稿（①）においてすでに二つに「へし折れ」、江藤の「本来の形」とみなす初出形（②）でもやはりしっかりと二つに「へし折れ」ている。そして、それがわたし達を深く動かす。二つに折れ、「ねじれ」ていること、それがこの叙事詩的作品の、「本来の形」なのである。

吉田は、彼の眼から見てのこの作品の特色を、こう書いている。

その第一は、ここに扱われた主題、古今東西に比類のない超弩級戦艦の演じた無残な苦闘が、はからずも日本民族の栄光と転落の象徴を形作っていることであろう。それは近代日本が明治以来の躍進の果てに到達した頂点の高さを示すとともに、みずからの手で歴史を打ち建てるのにいかに無力であるかを露呈するものでもあった。科学と技術の粋は非合理きわまる精神主義と同居し、最も崇高なるべきものは最も愚劣なるものの中に埋没することによって、ようやくその存在を許された。

巨艦の最期に殉じた戦士のなかのある人々は、この悲劇の象徴するものを直感していた。そこで一つの価値が崩壊したあとに、何が生まれてくるかをむなしく渇望しながら、その時代の日本人の典型にふさわしく、彼らは職責の完遂に精魂を傾けたのである。(『鎮魂戦艦大和』あとがき、一九七四年)

この「最も崇高なるべきもの」と「最も愚劣なるもの」の共存。一方が他方なしには存在しなかったこと。しかもこの二重の構造を垂直に貫いて、「古今東西に比類のない超弩級戦艦」の死と、ケシ粒ほどの存在たちの声が拮抗しあっていること。世界戦争の初原の戦記としての『戦艦大和ノ最期』の本質が、ここに顔を見せている。

そのうち、ケシ粒の声は、以下に示すような問いかけをもっている。

それがどのように吉田にとってかけがえのないものだったかは、彼が後に四半世紀の沈黙を破って再び書き物に手を染めた時、書かれているのが、この声をめぐる死んだ戦友臼淵磐の評伝であることによく表れている。評伝中のその個所は、『戦艦大和ノ最期』における状況を的確に要約しているが、そこに、ほぼ次のようなことが書かれている。

言葉の主、臼淵磐は、横浜一中四年から海軍兵学校に進んだ。文武両道型の二十一歳。周囲に一目置かせる威風を秘め、大和では若手士官の居室であるガンルームの長（ケップガン）を務めた。そして大和出撃後、彼は、「数ある江田島出身士官の中で、一人だけ別種の風格をもつ人間であることをみずから立証」することになる。

一九四五年四月、大和は片道の燃料だけ、護衛機ゼロという形で、いわば囮としての沖縄突入作戦に出動するが、出撃が決定的になると、青年士官の間で、自分たちの特攻死の意義づけをめぐり、はげしい論争がひき起こされる。

この部分、『戦艦大和ノ最期』現行流布版⑥から引いてみよう。彼らは口々にいう。

艦隊敗残ノ状スデニ蔽イ難ク、決定的敗北ハ単ナル時間ノ問題ナリ――何ノ故ノ敗戦ゾ　如何ナレバ日本ハ敗ルルカ

マタ第一線配置タル我ラガ命、旦夕ニ迫ル――何ノ故ノ死カ　何ヲアガナイ、如何ニ報イラルベキ死カ

兵学校出身ノ中尉、少尉、口ヲ揃エテ言ウ「国ノタメ、君ノタメニ死ヌ　ソレデイイジャナイカ　ソレ以上ニ何ガ必要ナノダ　モッテ瞑スベキジャナイカ」

学徒出身士官、色ヲナシテ反問ス「君国ノタメニ散ル　ソレハ分ル　ダガ一体ソレハ、ド

ウイウコトトツナガッテイルノダ　俺ノ死、俺ノ生命、マタ日本全体ノ敗北、ソレヲ更ニ一般的ナ、普遍的ナ、何カ価値トイウヨウナモノニ結ビ附ケタイノダ　コレラ一切ノコトハ、一体何ノタメニアルノダ」

「ソレハ理窟ダ　無用ナ、ムシロ有害ナ屁理窟ダ　貴様ハ特攻隊ノ菊水ノ「マーク」ヲ胸ニ附ケテ、天皇陛下万歳ト死ネテ、ソレデ嬉シクハナイノカ」

「ソレダケジャ嫌ダ　モット、何カガ必要ナノダ」

遂ニハ鉄拳ノ雨、乱闘ノ修羅場トナル（『戦艦大和ノ最期』）

以下、評伝よりの引用。

兵学校出身者は君国のため特攻の名誉のもとに散ることをもって瞑すべし、他の一切は無用と断じ、一方学徒出身の予備士官たちは、自分の死、日本の敗北が持つ意味を納得するため、より普遍的な裏付けを求めた。

戦勢は必敗への道を直進しつつあり、彼らが決行しようとする帝国海軍最後の艦隊出撃も、征途半ばでの挫折はのがれえぬ帰結であった。この段階まで追い詰められて、江田島と予備学生という対立が表面化したことが、重要なのではない。兵学校出には、青春のすべてを賭けた生甲斐に固執せずんばやまない執念があり、学徒出身者には、不本意な軍人としての死によって、人生の可能性が一切失われることを痛憤する、形を変えた執念があった。

(「臼淵大尉の場合」一九七三年)*35

このやりとりを、わたし達は、どのようなものとして受けとるのがよいのだろうか。わたしは、ここに、日本の文学その他、さまざまな言葉で書かれた情景の中でも余りわたし達の眼にふれない、戦前から戦後へと続く、日本社会の底にある二つの声が、滾りたつ相でぶつかっているのを感じる。

先に書いたように、この大和の特攻作戦は、いわば三千余名を乗せた、巨大な神風特攻機による、二時間を四十八時間に引き延ばされた、スローモーションの決死行という意味をもっている。わたし達は、白いマフラーを首に、手を振って離陸してゆく一人乗りの航空機による特攻の場面をしばしば古い映像などで見る。そして数時間後、片道の燃料だけを積んだその飛行機が、洋上の敵艦に突撃、爆破したと知らされる。しかし、その離陸から自爆までの数時間に、それを操縦した兵士が何を考えたか。この作戦開始以来数日がかりの決死行は、その引き延ばされた時間の中で、そういう声を、例外的に、わたし達に伝えているのである。

吉田は当時の大和に勤務する若手の士官に、この最終場面で、ある絶望と憤怒があったと記している。出撃前後、艦内にはもはや誰はばかることなく、「世界ノ三馬鹿、無用ノ長物ノ見本——万里ノ長城、ピラミッド、大和」、「少佐以上銃殺、海軍ヲ救ウノ道コノホカニナシ」なる声が跋扈していた。そしてその憤怒の先頭にはあの通常つねに寡黙冷静な臼淵がいた。臼淵の専門は砲術である。彼は、それまで何度となく具申されてきた旧套依然の砲術技術の改善策、勧告がなんら取りあげられず、技術的な観点を無視して精神論と訓練不足の叱咤で回答するだけに終始してきた幹部からの回覧書に、とうとう怒りを発し、一言、自署のもとに、「コノ大馬鹿野郎」と記し、以下、問題点を詳述、列挙する。その臼淵の意見書には、これに賛同するすべての中尉、少尉がこぞって署名を寄せる。それに対し、艦内幹部は、なすすべを知らず、ひたすらの沈黙で応えたという。

ふつう、銃後の日本の「内地」では、君国のために死ぬという考えと、より普遍的なものを求めるという考えは、それぞれ、典型としては、実際に日常的に死に近い場所に身をおく軍人と、軍人によって身の安全を保障された知識人とによって主張される。思想的にいえば、前者が国家主義、後者が国際主義の立場を示すが、この論戦が日本で最後までつきつめられることがほとんどないのは、その双方に、論理への徹底を妨げる要素が分有されているからである。つまり、軍人は、なんだかんだといってもいったん事あれば死ぬのは自分たちであると思っている。そしてその自負に見合う形で、知識人たちには、いざとなった場合に自分がどうするかという準備のないことを背景としたひけめ、〝受け太刀〟がつきまとっている。

このように考えれば、ここに現出しているのが、戦後に語りつがれた戦争の物語のなかにあって、また日本の社会のなかにあって、ともに、希有の場面であることが、わかるだろう。このやりとりが語っているのは、最後の最後、特攻作戦で死にゆく若い人間たちが何を考え、どんな問題にぶつかったか、ということ、軍人と知識人に代表される二つの論理が五分と五分で――それぞれが死を賭し、しかも組織の愚劣さ、必敗を共通の認識としつつ――四つに組む時、どんな論点を明らかにされるか、という問題にほかならないのである。

ところでここでの双方のやりとりは、なぜこのような形に進展しているのか。無意味に死ぬ。このことをどう受けとめればよいのか。一方が、「天皇陛下万歳でいいじゃないか」というのに、他方は、「それだけじゃ嫌だ」という。この時、実は、一つのダムが決壊している。というのも、そこに打ち消せないものとして底流しているのは、誰にも容喙させない強度で天皇に自分を捧げ尽くした当事者たちの口をついて出る、しかしこの無意味さは、けっして天皇への献身では満たせない、という声だからである。

彼らの乱闘は、このダムの決壊から生じている。ここで何かが破れている。では、この無意味な死は何によって補塡されるのか。吉田をとらえて放さない問いは、こう、問われている。乱闘の翌日、つまり死の前日、臼淵は夕暮れの洋上に眼鏡を向けたまま「低く囁くように」例の言葉を口にする。そして、それは「直ちに艦内に伝えられ、出動以来の死生論議の混迷を断ち切」ることになる。というのも、「特攻の死をいかに納得して受け入れるか」という、乱闘の原因となった問いかけへの答えとして、これ以上のものはないという了解が全員に生まれた。「これを論駁するに足る主張」は、この後、兵学校出身者、学徒出身者のいずれからも「出なかった」からである。

それを、現行流布版によって、改めて引いてみる。

進歩ノナイ者ハ決シテ勝タナイ　負ケテ目ザメルコトガ最上ノ道ダ

日本ハ進歩トイウコトヲ軽ンジ過ギタ　私的ナ潔癖ヤ徳義ニコダワッテ、本当ノ進歩ヲ忘レテイタ　敗レテ目覚メル、ソレ以外ニドウシテ日本ガ救ワレルカ　今目覚メズシテイツ救ワレルカ　俺タチハソノ先導ニナルノダ　日本ノ新生ニサキガケテ散ル　マサニ本望ジャナイカ

先の問いに対する答えとして、「これを論駁するに足る主張」が出なかったとは、この臼淵の答えが、学徒出身者のみならず、江田島兵学校出身者の「君国のため」をも、承服させるものだったということである。なぜ、この臼淵の答えは、そのようなものとなっているのか。

わたしの考えをいえば、この臼淵の提言は、「天皇（君国）のために」死ぬという江田島出身組の論理を否定するものとは受けとめられなかった。その事実は、この最後の場所にきて、彼らの双方に、ともに、天皇という存在が彼らの中の空虚、無意味さを満たすものとしてはもはや足りないと観念されていたことを、示している。なぜなら、そのことなしに、このようなことは起こりえない。臼淵の提言は、天皇による無意味の補塡（意味づけ）に対抗するのではない、天皇による無意味の補塡（意味づけ）では足りない、その不足を補うもの、その上に肩車するものと受けとられた時、そのことにより、はじめてそれは、江田島出身者をも納得させるものとなっているのである。

ここには、ある問題が顔を出している。その一つは、いったい臼淵の論理の何がここで、両者の究極的な対立を克服するカギとなっているのか、ということである。その要点が二つある。一つは、最後、彼らの膨大な無意味は天皇というダムをもってしても食いとめられなかっ

たということであり、そして、もう一つは、そのような場合、その先に現れる価値は、天皇に対抗するのではなく、天皇ではなしえない意味づけを、天皇の上に肩車し、そこに足りないものを補う形で後継するということである。むろんそのことは、その先に現れる価値が、天皇に代表される価値とまったく違い、また対立するものであることを妨げない。そうではなくて、最後、天皇のために死ぬことをめざしてきた人間に、天皇がその対象として不足なものとして現れるような場合には、その別の価値は、考え方としてはたとえ天皇を否定する価値観に立つものだとしても、それに対立するのではなく、それの上に、その不足分を補うものとして、現れるということである。

ここに、ある論理が生きられる場面と、それを事後に眺める場合とにおける論理の〝意味〟の違いがある。進歩とはここで、あの最も崇高なものが最も愚劣なものの中に埋没してしか存在できなかった構造を打破するものを〝意味〟している。臼淵の提言に意味を与えているのは、あの前夜の問いかけ、もし天皇が自分たちの死の無意味をみたすに足りないなら、その他にどんな価値が自分たちに意味をあたえるものとしてあるのか、という問いなのである。臼淵の答えはそれに「日本の新生」という言葉で答える。戦後に生き残る日本人という意味では、これを「戦後の日本人」といいかえてもいいだろう。ここでも大切なことは、この場合の「戦後の日本人」が、「天皇」では足りないものを満たすものとして、「もっと普遍的なもの」として、彼ら戦争の死者たちに摑まれているということなのである。

人は、そのような場所では、一歩一歩、階段を踏みしめるように「普遍」に近づく。それ以外の方法は、わたし達に与えられていない。そこを見ず、ここにいわれる「日本」また「戦後日本人」なる範疇を結局「天皇」に体現される国家秩序への回収形態にすぎないではないか、という人は、この「戦後」への価値の仮託は「天皇」への裏切りであって、ここで吉田は戦後思想に回収されてしまっているのではないか、と批判した江藤と、コインの表裏をなす、同じ誤りをおかしているのである。

そこで臼淵は、こういっている。

自分たちがぶつかっているのはどんな問題か。自分たちは国のために尽くそうとやってきたが、最後、ほとんど無意味な作戦のために死ななくてはならなくなって、ひとつの問題にぶつかった。それは、不思議な問題である。われわれは君国のために身を捧げてきた。そうである以上、最後にくるのは、こんな無意味な死でも、これを君国のための死と了解できるか、という問いであるはずだった。しかし、実際に死に際会してみると、問いは、その一つ手前の問い、君国のために死ぬことができるか、という形になっていた。本当に無意味な死に直面してみたら、この無意味を満たすのに、国では足りない、君では足りないという思いがわれわれを襲ったのである。そのことを認めよう。しかし、それと同時に、われわれにはもう一つの国との関係が見えてきた。つまり、ここでは国のためを超えることが国のためということだ。日本は進歩を軽んじすぎた。そういう日本ではこのように滅びざるをえないと、身をもってこの日本を否定すること、この日本の死を肯定することが、この日本のためなのだ。古い日本と新しい日本とが別にあり、そのうえで、新しい日本のために古い日本を否定するといっているのではない。古い日本を否定することが、（新しい日本のためではなく）この古い日本のためなのだ。古い日本の否定が古い日本のためになされることで、はじめて、その古い日本が新しい日本になる。そうでなくて、なぜこの古い日本が新しい日本になるだろう。古い日本が新しい日本にとって代わられ、これに否定されるのではなく、古い日本が自分を否定して、新しい日本に生まれ変わるのである。そう考えれば、われわれは、無意味に死ぬが、その無意味に死ぬことが、そのまま、新しい日本のただ一つのありうべき出発点であることがわかるだろう。銘記しよう。そもそもなぜわれわれがこのように苦しく考えなくてはならなかったかを。もし君国のために死ぬことがわれわれの絶望を受けとめ、この無意味な死に意味を賦与すると信じられれば、誰もこのような苦しみは味わわずにすんだ。迫る死の無意味さに、最後、天皇では足りない、と一言教えられ、では何があるのか、と問いかけられた。そこから出てきた、これはケシ粒のような起点なのだ。

江藤が、この臼淵の提言に、天皇を超え、民族を超える、ある普遍へと連なる――彼から見れば不純な――観点を直観したのは正しい。この提言は、それこそ戦後を戦前に基礎づけている。そのような意味で戦前の流れをボキリと二つに「へし折」っている。わたし達の戦後は、直接的には、この吉田の伝える臼淵の提言によって、はじめて、「戦争への没入の経験」がじつは否定されないでもよいこと、というより、否定されてはならないこと、そしてその上に、「戦後的価値」が築かれうること、というより、築かれなくてはいけないことを、教えられているのである。

それは、また、大和の青年士官たちにとって、自分たちの死が無意味なまま、戦後の人間にとって意味あるものとなりうる道のあることを示す、ただ一つの論理でもあった。

ここには、戦争の当事者の場所から見ての、あの死者の進入角度——共時的な関係を直視する勇気と通時的な関係を直視する勇気の共存——が、顔を見せている。

彼らは、共時的な世界では、もはや自分たちの死をささえるに足りるもののないことを知り、またそれを通時的な過去に探すこともできないことを知る。そこまで追いつめられて、はじめて、それを、勇気を鼓していわば——共時軸の周縁、自分の近親者と、また——遠い通時軸の未来に、求めようとしているのである。

4　戦争体験の思想的意味

戦後的な価値を、戦前の経験の上に築くこと。

これを戦後の場所から見るなら、それはどのような思想的意味をもつあり方なのだろうか。その手がかりを、戦争世代に属する吉本隆明が一九六三年に書いた、戦後の第一世代の代表者、丸山真男に対する批判に見ることができる。

吉本によれば、丸山の戦後の思想の基部の浅さは、それが丸山自身の戦争時の体験に根ざしていないこと、というより、丸山自身の戦争時の体験が、本来そこに含まれている他者との出会いという契機を繰り込むことができていないことを理由に、もたらされている。

そこで知識人の思想にとっての他者と考えられているのは、大衆である。そこから思想にとっての他者としての「大衆」の原像を繰り込むという、あの吉本の「大衆の原像」という考え方が出てくる。

まず、吉本は、丸山がその戦争体験によって他者としての大衆と出会うという貴重な体験をしているにもかかわらず、その経験の核心をとらえそこねているという。吉本によれば、丸山の思考法は、そのため、その大衆のとらえ方で、日本知識人の一般的な典型を示すことになる。その特色とは、日本的な存在様式のうちにある「大衆」が、そこで「それ自体として生きている」存在としてはとらえられず、理念的に「仮構」されてしまう、ということである。その結果、次のことが起こる。大衆はけっしてラディカリズムを回避しないし（戦争への没入がその例である）、といってまた、いったん事態が改まると支配者拒否の無為の生活に舞い戻ることを潔しとしないなどということもない（敗戦直後の対応がその例である）、やっかいな双面的存在だが、彼ら知識人の眼に、その同じものが、現実と違った、いわば理念の客体として現れる。彼らは、その大衆の日本的な存在の様式をつきつめないで、たとえば「民主主義」とか「市民主義」とかといった「温和なシンボル」を与えれば多くの大衆を組織化できると錯覚してしまうし、またその裏返しに、大衆とは革命意識に目覚めない何者かであるから、この存在をラディカルにするには思想を外部から注入しなければならないと錯覚してしまう。しかし、先の「温和なシンボル」についてくるのも、革命思想の「外部注入」に反応し、それで急進化するのも、大衆ではない。それは、知識人ないし知識人予備軍的周辺集団なのである。

こうした理念的な大衆観は、戦後の革新思想に通有のものだが、ここで吉本を離れ、これを思想的な問題として考えれば、このあり方が、あの戦後の革新と保守の半身性――自立のできなさ――をもたらしていることがわかる。つまり、このような革新思想では、いくら大衆に働きかけても、その一部を知識層予備軍に育てあげ、自分の周辺に引き寄せるだけで、残りの大部分は背後に残る。その残りの大半に立脚して保守思想が現れれば、ここには、両者が対立しつつも、共存し、棲み分ける、あの戦後の革新と保守の相互補完的な一対構造を帰着させずにはいない。ここに出現する保守思想もいわゆる日本的な庶民意識に立脚するばかりで、それを越え出る構造をもたず、普遍的な価値に立つ知識層に働きかけるすべがないことを考えれば、ここに姿を見せているのは、半身的存在同士によるあの――前著で見た――謝罪と失言の一対構造の原型ともいうべきものにほかならないのである。

では、この大衆観は、どこからきているのだろうか。

吉本は、この岐路を、戦後の自分の思想を構築するにあたって、自分の戦前の経験――「誤り」――に立脚するか、これを排するか、という点に見ることができると、考えている。

もし丸山にこの日本型知識人の通弊たる偏頗な大衆観からまぬかれる機会があったとすれば、丸山の戦争体験がそれにあたっていただろう。つまり、戦争体験がここで、あの世界戦争の総力戦という特質を背景に、特別な意味をもって浮上する。卓越した東京帝国大学法学部の学究であった丸山にとって、一等兵としてなんらの特権もなくいわば「裸で狼の群れの中に」投入される軍隊体験は、この他者たる大衆とのはじめての接触の機会を意味したはずである。また、この軍隊体験は、広範な、橋川いうところの「太平洋戦争」の総動員体制という経験、それまでのさまざまな文化的、社会的階層、平時における階級的な制度性がそこでいったん「チャラ」になる身体的な経験——世界戦争という経験——にもささえられていたはずである。丸山において「戦前の経験」とは、可能的に、このようなことを意味している。しかし、丸山は、少なくともこの点で、自分の軍隊体験をそのようなものとしては意味づけなかった。

たとえば、丸山は、日本の軍隊について、そこが一般社会の「社会的地位や家柄なんかちっとも物をいわず、華族の坊ちゃんが、土方の上等兵にビンタを喰っているというような疑似デモクラティック」の世界であることで「階級差からくる不満を麻酔させる」役割を果たしていたというような点を、よく洞察しえている。また、軍隊生活で「よかった」ことを個人的にいえば、「休暇の時に一緒に戦友とどうこうしたとか、演習の休憩の時に歌をうたった」とか、「実に些細なこと」が「あの砂漠のような生活の中で、オアシスのようによいものに感じ」られる、「それが堆積して大きな力になって独自に印象づけられて」いる、とも述べており、自分の軍隊経験にとってこうした自分自身のあり方と「大衆の存在様式」の接点が、どんなに大きな意味をもっているか、ということへの思想的な直観をも示している。しかし、たとえばこの発言に続き、でも、「よく考えてみると」、こうしたことは、「実にトリヴィアルなものに過ぎない」と語られるように、[*36]この種の体験が丸山において軍隊体験の核心としてとらえられ、思想化されることは、なかった。

このことは、ここでの文脈に重ねて受けとれば、何を意味しているだろうか。

こう考えてみよう。吉本は「戦争への没入の経験」の上にこそ戦後的価値は築かれうる、と考えたといってよいが、これに対し、丸山は、戦争中にあってもその戦争の帝国主義的で侵略的な性格をよく把握しており、国家の扇動にまどわされることはついぞなかった。その彼にとって戦前の経験に立つとは、「戦争への没入の経験」に立つことではむろんありえない。では、戦争を明察を携え、誤ることなく通過した人間には、戦争の体験を、そして敗戦の経験を、深く受けとることはできないのだろうか。ヤスパースを考えればわかるように、むろんそのようなことはない。この場合、彼が「戦前の経験に立つ」とは、「戦争への没入の経験」に立つということをではなく、この「大衆との端的な接触」の経験を思想化することをこそ、意味しているのである。

戦後の第一世代にとってはそうすることが、吉田や吉本など戦後の第二世代（戦争世代）が「戦争への没入の経験」に立脚することと同じ意味をもつことだった。「戦争への没入の経験」の思想的な意味とは、深く誤ること、自分のそれまでの「内省」的なあり方が壊れることにあるとされたが、吉本は、それをここで、さらに深化させ、その日本の戦後にとっての意味は、広く、知識人にとっての「大衆との端的な接触」ということの思想的可能性だと、再定義しているのである。

丸山の軍隊経験にこの「大衆との端的な接触」が欠けていたとはどういうことか。

吉本は、丸山の戦争体験を問題にした章の冒頭に、こんな田山花袋の短編の一節を引いている。「一兵卒」の主人公が、日露戦争時、満州の地で野戦病院をぬけだし、前線の原隊に戻ろうとして「脚気衝心」で倒れる。その末期の眼にこんな情景が見える。

「気の毒だナ。」

「本当に可哀さうです。何処の者でせう。」

兵士がかれの隠袋を探つた。軍隊手帖を引出すのが解る。かれの眼には其の兵士の黒く逞しい顔と軍隊手帖を読む為めに卓上の蠟燭に近く歩み寄つたさまが映つた。三河国渥美郡福江村加藤平作……と読む声が続いて聞えた。故郷のさまが今一度其の眼前に浮ぶ。母の顔、妻の顔、欅で囲んだ大きな家屋、裏から続いた滑かな磯、碧い海、馴染の漁夫の顔……。

（「一兵卒」）[*37]

吉本は、人が大衆であるとは、彼に戦争がこのような形で現れることだという。そして、丸山の戦後の述懐にふれ、こう述べる。この花袋の「一兵卒」に対し、

丸山真男「一等兵」が、敗戦の八月十五日の一日か二日あとに感じたのは「どうも悲しそうな顔をしなけりゃならないのは辛いね」という余裕であった。ここにあらわれた「一兵卒」体験のちがいを、時代のちがいに帰することはできない。それは生活によって大衆であったものと、思想によって知識人であったものとの抜きがたい断絶を象徴する。（略）戦争体験は、丸山にとって、おそらく、唯一の生活史上の波瀾であった。だが、（略）かれは、戦争体験をより多く思想的に生きたのである。丸山が敗戦時に「悲しそうな顔」を、こころ

からすることができなかったのは、「生活」によって大衆であった無数の「一兵卒」の血まみれた生活史を、「思想」によって拒否しえたからではない。また、自己の「生活史」に「思想」の根拠を求めたからでもない。それは、断絶と隔離の象徴である。もし、この断絶と隔離が、戦争期に、他の知識人からの優位性を意味するならば、その悲劇は、わたしたちの社会そのものが負っていると考えるほかないのである。(「丸山真男論」*38)

丸山は軍隊体験をもったが、その体験は、彼の知識人性を壊すにはいたらなかった。その結果、彼は、知識人として、自分の場所から、その軍隊体験を「意味づける」ことになる。丸山において、戦後の思想が、「戦争への傍観(抵抗)の経験」の上に築かれたことの意味とは、このようなものだと吉本はいう。しかし、丸山のようなすぐれた知識人にして、なぜこのようなことになるのか。その理由を個々の個人に求めるのは適切ではないだろう。「その悲劇は、わたしたちの社会そのものが負っていると考えるほかない」。吉本は、そこから再び、議論をあの「関係」の世界へと、反転させてゆく。

ところで、この吉本の指摘は、なぜ日本の戦後の第一世代に、ヤスパースがいなかったか、ここでの例でいえば、なぜ丸山がヤスパースのようでなかったか、という問いの答えを、日本の文脈にそって解明する説明になりえている。というのも、もし丸山が、この体験の思想化をテコに、自分は戦争に抵抗したが、しかしその自分の戦後の思想はむしろ自分の「戦前の経験」——軍隊経験——の上に築かれなくてはならないと考える、というところに抜けでていたら、それは、具体的に彼の軍隊経験における「大衆との端的な接触」の思想化という形をとり、そのことが、日本の文脈において、丸山が、ヤスパースのようであることの意味だったからである。

丸山とヤスパースの違いとは何か。

ヤスパースは、『責罪論』で、ニュルンベルク裁判が、戦勝国による敗戦国に対する裁きであること、かつまた法の制定以前への違法な遡及的適用となっているなど、多くの問題を含むにもかかわらず、なぜそこに大きな意味を認めうるか、という点について、一九四六年の時点で、次のように考えている。[*39] たしかにこの裁判には多くの問題がある。この裁判によって、上官の命令で、その時点では罪とは特定されていなかった犯罪を犯した兵士が、法を遡及的に適用され、処刑されることになるからだ。しかし、そうだとしても、このことには意味がある。なぜなら、このことによって、世界は、戦勝国と敗戦国を含め、全く新しい一歩を踏みだすことになるからだ。もし、今後、同じ事態が生じ、「人類に対する罪」、「平和に対する罪」に該当する犯罪行為を、ある兵士が上官から命じられたら、彼はいうだろう、ニュルンベルク裁判では、遡及的適用という強引な方法を駆使してまで、このように命令に服してあれこれの罪に該当する行為を犯した人間本人が、処刑された。上官の命令に従っただけだという抗弁は聞き入れられなかった。たとえ上官の命令であっても有無をいわせぬことが世界に言明され、その罪の償いが求められたのである。つまり、この命令にあなたも、国家も責任はもてない。わたしは処刑されたくない。したがって、命令に服するわけにはいかない、と。

ヤスパースは、この新しい罪の設定とその遡及的適用は、不法だが、国際法の適用の主体がいわば国家を越えた個人にあり、そこでの主人公が個人であることに前例を開くものだと、評価する。そしてそのことに、戦争裁判の人類の歴史にとっての新しい一歩を認める。このように、彼は、世界普遍性、世界市民性というカント以来の考え方を手放さない啓蒙派として、戦争下と戦後を一貫して生きた。その点では、丸山とほとんど変わらない。しかし、その同じヤスパースが、いわば吉本のいう「大衆」にも似た存在様式をとる、彼の同国人、「同輩」について、同じ本で、こう述べる。

われわれは、同じ家族に属する者の行為に対して、罪の分担といったものを感じる。このような罪の分担は客観的なものとしては考えられない。どんなものであれ、もし家族の行為に連帯責任を問われれば、断固としてこれを排撃するだろう。しかし、道徳上も法律上も責めを負わないとしても、「血がつながっている」という理由で、心が痛むという思いが生じることがある。そのことをわれわれは、どう考えたらよいのだろうか。

われわれは自分が個人であるのみならず、ドイツ人であることを意識している。われわれは、本来的なあり方をしている限り、各自がドイツ民族なのだ。おのれの属する民族に反抗的な絶望を感じて、「ドイツ、ドイツというが、この自分がドイツなのだ。」と心に言い聞かせたり、あるいは歓呼するばかりの一体感にひたって、「俺だってドイツなんだぞ。」と心に思ったりする刹那を生まれてから経験したことのない者があろうか。ドイツ的なものの具体的な姿はこれらの個人をおいてほかにはない。それゆえに叩き直しを要求し、生まれ変わりを要求し、有害なものを排除する場合にも、各個人に課せられる任務という形で民族に課せられるのである。(『責罪論』)

さて、注意しよう。ヤスパースはここで、ふつう革新派の知識人が絶対にいわないようなことを、彼の誠実さに動かされ、語っている。誰もう、このようなことは口が裂けてもいいたくない、というような時をめがけて、そのようなあり方からドイツで一番遠かった人間が、そこに、踏み入ろうとしているのである。彼はいう。

魂の奥底でものごとを集団的に感ずるということは止むを得ないことなのだから、私にとって、いやドイツ人の一人一人にとって、ドイツ的なあり方というものは、すでに厳然たる事実として存在するものではなく、これから実現されなければならない任務と感じられるのである。これは民族を絶対視することとは全く別物である。私はまず人間である。私は特殊的に見ればフリースラント人であり、大学教授であり、ドイツ人であり、(略)私と接触するに至ったあらゆる団体と繋がりをもっている。(略)しかしこの点ではドイツ的なありかたの現実の姿、すなわち大体において母国語を用いる生きかたが非常な持続力をもっているために、ドイツ人のすること、したことに対して私が責任の一部を感ずるのであるが、どういう風にそれを感ずるのであるかは、もはや理屈では捉えることができないばかりか、むし

ろ理屈の上からはこれに反駁することもできるのである。（同前、傍点引用者）

わたしは、ここを、読者には、こう読んでもらいたいと思う。

大衆、同輩、国民、どのような言葉でもよいが、ここでは、この「われわれ」に該当する概念が、「理屈では捉えることができないばかりか、むしろ理屈の上からはこれに反駁することもできる」ものとして、とらえられている。ヤスパースはここで、人はあることに、「理屈の上からはこれに反駁することもできる」にもかかわらず、責任を感じるということがありうる、「われわれ」という概念には、そのような「理屈」と背理する本質がある、といっているのである。なぜヤスパースは、敗戦に際して、いまこそ自分は、自分を「ドイツ人といいうる」と述べるのか。またそれまではドイツ人的なものに対し、異議を唱えていながら、敗戦を機に、「ドイツ人のしたこと」に「責任を感じる」と述べているのか。わたしの考えをいえば、ここでヤスパースは、彼としてははじめて、彼にとっての「ドイツ人たること」にぶつかっている。それが、敗戦経験が彼にとって、「大衆との端的な接触」の機会となっている、ということの意味なのである。

ヤスパースにあって丸山にないものは、自分はこの「同国人」という範疇に、敗戦に際して新たに付与されたある意味を見る、ともいうべきいわば思想としての「踏み込み」である。ここにあるのは、ヤスパースが断っているように、人がナショナルであるかそうでないか、というようなことと「全く別物」の問題なのだ。そこでは自分の思想へのあるかすかなあらがいに、どう耳をすませるかという小さなものへの感度と、それにどう形を与えるかという構想の明晰が問われている。敗戦をいわば先験的な「理屈」に解消されない「大衆」の像——「それ自体として生きている」大衆の像——との出会いの機会に変えることができたかどうか、それがここで、両者を分かつ岐路なのである。

　なぜ戦争体験を受けとめることが思想にとって大事か。

　吉本は、その大切なゆえんを、思想によるこの「大衆」の像との出会いに見ている。彼における「戦争への没入という経験」は、ここで、もう少し別のもの、「大衆との端的な接触」という経験に変換されている。戦前の経験に立つことが、なぜ大切か。そこに自分の思想の他者、思想を験す試金石があるからだというのが、吉本の摑んでいる答えなのである。

　それを繰り込むことはそれまでの彼の思想を壊す。思想は自分にとっての他者に出会い、そこで壊れる。吉本にとって、思想とは、一度壁にぶつかり、誤ることで、はじめて生れでるものを意味している。彼は、自分の戦前の経験の考察の果てに、敗戦を機に自分の思想の他者として、——あの関係の意識をもたらす契機として——「大衆」という存在にぶつかっているが、それが、まさしく同じく敗戦を機に、ヤスパースにとらえられている、あのヘーゲルの主人と奴隷の弁証法にふれていわれた、人間（思想）の「生まれ変わり」の意味に、ほかならない。

5　大衆の存在様式

吉本は、戦後、あの戦時下の皇国少年として感じた、もし「物理的特権をもとにして」しか戦争批判の明察が「ゆるされ」ないなら、自分は戦争への盲従のほうに加担する、とでもいうべき直覚を、次のような形で定式化している。

インターナショナリズムにどんな虚像ももたないことを代償としてわたしならば日本の大衆を絶対に敵としないという思想方法を編みだすだろうし、編みだそうとしてきた。井の中の蛙は、井の外に虚像をもつかぎりは、井の中にあるが、井の外に虚像をもたなければ、井の中にあること自体が、井の外とつながっている、という方法を択びたいとおもう。これは誤りであるかもしれぬ、おれは世界の現実を鶴見（俊輔——引用者）ほど知らぬのかも知れぬ、という疑念が萌さないではないが、その疑念よりも、井の中の蛙でしかありえない、大衆それ自体の思想と生活の重量のほうが、すこしく重く感ぜられる。生涯のうちに、じぶんの職場と家とをつなぐ生活圏を離れることも出来ないし、離れようともしないで、どんな支配にたいしても無関心に無自覚にゆれるように生活し、死ぬというところに、大衆の「ナショナリズム」の核があるとすれば、これこそが、どのような政治人よりも重たく存在しているものとして思想化するに値する。ここに「自立」主義の基盤がある。（「日本のナショナリズム」一九六四年）[*40]

吉本が戦争と敗戦の経験を通じて得た認識は、その言葉で、「世界認識の方法」と呼ばれている。その内容は、自分のいる場所がどのような世界であるかを知らない限り、どのように内省をつくし、内在的に考えていってもその考えはつねに「誤りうる」が、人は、その〝可誤性〟ともいうべきものを足場に、はじめて、あらゆる「正しさ」を吟味する、超越性を超えた原理を手にすることができる、というものである。ところで、彼は、その思想をさらに深め、ここに、いわばその「世界認識の方法」でとらえられた新しい思想の原理を、「日本の大衆を絶対に敵としないという思想方法」として、示そうとするのである。

閉ざされた場所で、内在的に考えられることは、「誤り」かもしれないが、そのようにして考えてゆかない限り、それを先験的に「誤り」と見る「正しさ」の閾は、越えられない。これがあの「世界認識の方法」をもたらす起点の認識である。その内在的な世界が、ここではいわば「誰でも」(anybody)が生きる世界ととらえ直され、その上で、「井の中」と語られている。「井の中」とは、いわば「誰とでも交換可能な」存在(anybody)が固有な「何者か」(somebody)へと出立していった後に残される、「誰でも」による関係の世界である。[*41]その関係の世界の外にはそれを閉ざされた内部と見せる別個の世界、歪みのない「大海」がある。「井の中の蛙大海を知らず」。どのような世界も、まず歪みをもつ関係の世界の構造として現れ、彼を拘束し、意味づけるが、その世界の外には、必ずそれらを浮かべたメタレベルの別個の世界がある。この下位に位置する、そのつど半端なものとして現れる生の世界は、いちようで、明察を可能とするが、生きられない、教科書のような「大海」から隔てられた、相対的な世界として現れてくるのである。

では、どうすれば、人は、井の中にいるまま、井の中にいることを通じて、この井の中から外に抜け出ていくことができるのか。

この問いには、彼の敗戦時の「誤り」から、どんな既成の「正しさ」の軍門にも降らないことによって辿られた、吉本の、「世界認識の方法」への歩跡がそのまましるされている。それへの答えとしてここに差しだされるのが、この先現れることになる「大衆の原像」という考え方である。

吉本が戦後、まず、自分の戦時期の経験の意味を明らかにしようとして企てたことは、戦時下に親炙してやまなかった高村光太郎について考えることだった。

しかし、この仕事は、一見したところ他の思想家の同時期の試みと変わらない戦後的考察の一つと見えながら、よく見ると、それとだいぶ対蹠的な性格をもっている。

彼の高村をめぐる著述は、まず、二篇の「高村光太郎ノート」[*42]（一九五五年）、ついでそれを収める形で共著で出された『文学者の戦争責任』（一九五六年）の形で現れ、その後、単行本『高村光太郎』（一九五七年）の刊行と続くが、そこでの高村は、一貫して、深い敬愛を捧げられながら、しかし、誤りに誤る、偉大な詩人として描かれている。

戦後知識人の出発がほぼ例外なく、戦争期に誤らなかった人の誤らなかったゆえんを説く、——どうすればこのように正しい観点を逆境の中にあっても保持できるか、という——「正しさ」向きの形をしていた中で、それは、戦争期にあって誤った人の誤ったゆえんを説く、——なぜ彼が誤ることになったかを追究する——、逆向きの仕事だったのである。

それは、全編にわたり、高村が戦争期におかした誤りを仮借なく追究しているが、けっして高村否定の書とはなっていない。

あるところで、吉本は、この本を書いたきっかけをこう語っている。

自分は少年時から高村の詩をこよなく崇敬し、読み続けてきた。その詩は「わたしを慰安し、わたしの同化を許した」。「ある瞬間には、詩を書いているじぶんは高村光太郎のような気がした」。

高村の書く「戦争詩もほとんどもらさずに読みあさった」。高村の書く戦争詩は「『道程』や、『智恵子抄』や『猛獣篇』の孤独な詩人の像とは、あまりそぐわないものであった」。しかし、ある時新聞に書いた文を読んで「不馴れな戦争政策の渦中に、意識的に腰をあげようとしている心事が手にとるようにわかり、感銘をうけた」。

しかし、敗戦の直後、「一億の号泣」と題する詩を読み、吉本は、その高村の「戦後の思想にはじめて異和感を感じ」る。戦後、この本を書いたのは、この異和感を出所として「戦後の世界のなかで、どうしても戦争期のじぶんの純体験の核が気がかりなまま残されていることに気づ」き、そのことを考えてみようと思ったからである。

> 戦前派の詩人ならば、胸に手をあてればだれもがおもいあたるはずだが、現実のうごきのはげしい動乱期には、個人の自我というものが、けし粒ほどにかるくおもわれてくる。
>
> そこに執着し、暗い内部的なたたかいをつづけることが、バカらしく、みじめな、無意味なことにおもわれてくる。外からよからぬ奴が足をひっぱってそうおもわせるばかりでなく

内部から心理的にそうおもわれて崩れてゆく。（略）

　高村が反抗をうしなって、日本の庶民的な意識へと屈服していったとき、おそらく、日本における近代的自我のもっともすぐれた典型がくずれさったのであり、おなじ内部のメカニズムによって日本における人道主義も、共産主義も、崩壊の端緒にたったのである。

　なぜ、日本でだけ、内部世界を確立し、たもちつず《ママ》けるために至難の持続力が必要とされるのであろうか。そして、戦争期に、近代的自我も、人道主義も、共産主義も、もろにくずれていったのは、なぜであろうか。高村の崩壊の過程に、ひとつの暗示がある。（「高村光太郎ノート——戦争期について」一九五五年）[*43]

これに関連し、吉本は、『高村光太郎』の「敗戦期」の章に、自分たちの世代的な成長と戦争の進展の関係を表にして示しているが、それは、次のようなものである。

昭和七年　上海事変　血盟団事件　五・一五事件（8歳）
昭和八年　神兵隊事件（9歳）
昭和十一年　二・二六事件（12歳）
昭和十二年　中日戦争（支那事変）（13歳）
昭和十三年　近衛、東亜新秩序宣言（14歳）
昭和十五年　新体制運動（16歳）

昭和十六年　太平洋戦争（17歳）
昭和二十年　敗戦（21歳）

一目でわかるように、その精神形成は前篇で述べた戦争世代の特質をはっきりと示し、大きな戦争のお椀の中にすっぽりと覆われている。そうしたなか、吉本にとって信頼するにたる近代的自我の像は、ほぼ高村光太郎一人によってもたらされた。吉本の眼に、軽井沢文化に代表されるハイカラな「近代」は、日本という後進国の土着性と一対になった底の浅い西欧摂取としか映っていない。それはあの「ゆるされる物質的特権をもととして」可能な「傍観とか逃避」を象徴している。これに対し、東京下町の職人的な彫刻師の倅に生れ、パリに赴き、ロダンに開眼し、貧困の中で日本人仲間を避けるようにして、暗い日本と西洋の落差を生き、帰国した後は西洋一辺倒の生活、さらに気のふれた智恵子夫人と世間体をまったく無視した単独者的な生活スタイルを貫いた高村は、このような腰の軽さを感じさせない、ほぼ唯一の骨太な近代的自我の、彼にとっての手本だった。

その、同時代にあってもっとも信頼にたる体現者の「近代」が、なぜよりにもよって、崩壊するのか。

吉本によれば、このことが暗示するのは、近代日本における自我の外来性である。外からこのアジア的な社会にもたらされた近代概念は、その結果、「主体性、自律性」といった近代意識の積極面と、「タイハイ面、ランジュク性」といったその消極面の両面を、いわば内的に連関しない、対立する二重性としてもたらすことになる。また、それを受けとる後発近代の意識に、「かならず、自己省察と内部的検討のおよばない空白の部分を、生活意識としてのこ」さざるをえない。そういう空白を「生活意識としてのこしておかなければ、日本の社会では、社会生活をいとなむことができない」からである。そして、この空白の部分と近代意識それ自身の関係も、内的に連関のない、併存する二重性にとどまる。

さて、そのため、社会に変化が生じ、そこに生きることが極度の緊張を要する「動乱期」がくると、その「激しい力」は、先の近代意識の二重性の相克を激化させ、また、近代意識と生活意識の関係それ自体にも、葛藤を生じさせる。つまり、「現実が要求する倫理性」の強化は、近代意識の積極面と合体する一方でその半身たる「近代のタイハイ面を否定する」ように働き、そのため、「生活意識としてのこされた内部の空白の部分」は、「日本的な庶民の生活倫理から侵されざるをえなくな」る。こうしてほんらい、主体性、自律性とタイハイ面、ランジュク性の連関する二重性としてある近代的自我は、それを外来性として受けとる社会で、脆弱な属性を受けとり、その〝歪み〟の結果として、瓦解を余儀なくされることになるのである。「いわば、内部が、思想的な側面と、生活意識の側面から挟撃されるというのが、動乱期の日本的自我につきまとう宿命に外ならなかった」。

吉本によれば、その高村の近代的自我の崩壊は、中日戦争の勃発を境にはじまる。その数ヵ月前、彼は左寄りの急進的ヒューマニズムの立場から、書は焚くべし、儒生の口は箝すべし。
つんぼのやうな万民の頭の上に
左まんじの旗は瞬刻にひるがへる。

（「堅氷いたる」一九三三年）

とナチスを批判する詩を発表するが、それが、九ヵ月後、中日戦争勃発後となると、戦場を「南に急ぐ」同胞の隊伍に日本国民が全生活を「一つにあざなわれ」、「今はただ澎湃たる熱気の列と化」す、という戦争肯定のモラルをうたう詩（「秋風賦」一九三三年）に変わっている。この変化はどこから生じているのか。

その兆候は、すでに、先のナチス批判の詩に予告されている。その後半部で、高村は、

漲る生きものは地上を蝕みつくした。
この球体を清浄にかへすため
ああもう一度氷河時代をよぼうとするか。
昼は小春日和　夜は酷寒。
今朝も見渡すかぎり民家の屋根は霜だ。
堅氷いたる。堅氷いたる。
いいいいいいいいい
むしろ氷河時代よこの世を襲へ。

どういふほんとの人間の種が、
どうしてそこに生き残るかを大地は見よう。

（同前、傍点引用者）

と書いている。高村の崩壊は、時代へのなし崩しの同化でも、時局への迎合でもなく、突如としての、「氷河時代がもう一度おそって、いかものを絶滅してしまえというような超越的な倫理感」の到来という形で起こっているのである。

吉本によれば、このような「超越的な倫理感」のふいの浮上は、「現実把握の機能が低下したとき高村をおとずれる、ほとんど体質的な意味をもった」、高村にとっての「思想的『故郷』」を意味していた。このような「超越的な倫理感」の突然の浮上は、倫理的な積極性がその対極のタイハイ性と一体となって近代性を形成している西欧的な近代的自我には見られない、「擬アジヤ的な思考」の特質だといってよい（フランス革命時の恐怖政治も「氷河の到来」による退廃分子の絶滅という形はとっていない）。吉本は、「その底をさぐるとどうしても」そこに、この「超越的な倫理感」の母胎として、先の「庶民の生活倫理」、つまり「庶民意識」を想定せざるをえない、という。高村の崩壊の底に、それをもたらすべく他からやってきているのは、「大衆」ともいうべき近代意識にとっての他者の像だと、彼は考えるのである。

なぜ日本の近代的な自我は、日本的な現実に相渉る限り、高村におけるように、その上部の倫理化された思想性と意識化されずに残る下部の庶民的な生活倫理とに挟撃される形で、崩壊するのか。そこに顔を出しているのは、近代的自我を含め、日本的な自我を通じてそこに観察される、「大衆の日本的な存在様式」である。[*44]

そこでは思想自身が外来性としてある。そこでこの「存在様式」は、これをいくら排除しようとしても、排除することによって自己を否定することになるていの、その思想にとっての他者である。だとすれば、そもそも、これを排除しようというのが、考え方として間違っている。むしろ、この「大衆の存在様式」を基礎に、その上に、どう近代的な自我、主体的な思想が構築できるか、と考えてゆくことが、高村の崩壊が教える、戦後のわれわれの課題になるだろう。吉本は、ほぼこのような思考のすじみちを辿って、「大衆」という問題を、見出しているのである。

先の吉本の丸山批判は、ここからくる。

吉本が批判するのは、丸山のこのような言い方である。

> 更にわれわれは、今次の戦争に於ける、中国や比律賓での日本軍の暴虐な振舞についても、その責任の所在はともかく、直接の下手人は一般兵隊であつたという痛ましい事実から目を蔽つてはならぬ。国内では「卑しい」人民であり、営内では二等兵でも一たび外地に赴けば、皇軍として究極的価値に連なる事によつて限りなき優越的地位に立つ。市民生活に於てまた軍隊生活に於て、圧迫を移譲すべき場所を持たない大衆が、一たび優越的地位に立つとき、己れにのしかかつていた全重量から一挙に解放されんとする爆発的な衝動に駆り立て

られたのは怪しむに足りない。彼らの蛮行はそうした乱舞の悲しい記念碑ではなかったか。
(「超国家主義の論理と心理」傍点原文)

ここに丸山のもう一つ「踏み込む」ことのできなかった折り返し地点が記されている。もし、丸山があの「戦友」とのつかの間の共感、「トリヴィアルな」ものの堆積を思想化し、大衆の日本的な存在様式として自分の思想に繰り込むことができていたら、ここに、「痛ましい」、あるいは「彼らの」といった表現は、またそれを自明化する関係構造は、現れなかっただろう。

この様式が「一般兵隊」だけにあり、丸山真男のような知識人に、あるいは一般に「生活史」としての知識人に、ないものだとかんがえるならば、単なる錯覚にすぎない。丸山はここですでに閉じ込められた日本型の知識人の存在様式から、兵士たちと大衆を眺め、分析するという牢固とした伝統で物を云ってしまっている。たとえば、花袋の『一兵卒』が描いた哀れな兵士は、そのまま残虐をなしうる存在である。丸山は無意識のうちに「市民生活に於てまた軍隊生活に於て、圧迫を移譲」できる優位な位置をふまえて、兵士たちを眺めている。わたしたちは、ここに丸山真男の思考の特質のひとつを見る。(「丸山真男論」)

丸山によって想定されている「知識人」は、ちょうどこのような形で想定される「大衆」のコインの裏側にあたっている。そこで「大衆」とは「日本型の知識人の存在様式」から観察され、分析されているにすぎず、これを壊す「大衆の日本的な存在様式」としてはとらえられていない。それは、日本的な「大衆と知識人の存在様式」という構造それ自体を壊す観点というより、その一要素なのであり、そうである限り、この「知識人」と「大衆」の相互補完の一対構造は、壊れないのである。

さて、ここまで見てくれば、『敗戦後論』にふれた、あの謝罪と失言の一対構造に代表される戦後の革新と保守の相互補完の一対構造の淵源が、この吉本いうところの、思想の他者としての「大衆の存在様式」にあることがわかる。

丸山に代表される戦後型の同伴者知識人は、この大衆の存在様式、庶民意識の層から、自分を断絶させ、隔離することで、知識人としての水準を維持した。一方、日本共産党系の何人かの詩人に代表される活動家知識人は、この大衆的存在様式、庶民意識の層に接触し、戦前の高村の轍を踏んで再びそこになし崩しに同化されることになったが、しかし、この両者は、ともにこの「大衆の存在様式」の他者性にぶつかっていない、同じコインの裏表である。

では、どうすればこの一対構造をコワすことができるのか。

わたしのかんがえでは、庶民的抵抗の要素は、そのままでは、どんなにはなばなしくても、現実を変革する力とはならない。

したがって、変革の課題は、あくまでも、庶民たることをやめて、人民たる過程のなかに

> 追求されなければならない。
>
> わたしたちは、いつ庶民であることをやめて人民でありうるか。
>
> わたしたちのかんがえでは、自己の内部の世界を現実とぶつけ、検討し、理論化してゆく過程によってである。この過程は、一見すると、庶民の生活意識から背離し、孤立してゆく過程である。
>
> だが、この過程には、逆過程がある。（「前世代の詩人たち」一九五五年[*45]、傍点引用者）

吉本の「大衆の原像」という考え方は、この「逆過程」の指摘の先にくる。丸山の考え方、また高村の考え方では、庶民であることをやめるには知識人へと上向する以外にない。それは、「庶民の生活意識から背離し、孤立してゆく過程」である。しかし吉本の考えではこのような意味での庶民と知識人とは、互いに相手なしではこの社会に存在できない相互補完的な一対の存在にすぎない。そこで人は庶民でなければ知識人であり、知識人でなければ庶民である。そしてこのような構造こそ、日本に近代的な自我が現実に相渉る形では存在できないことの、基底なのである。

吉本は、この庶民から知識人への上向過程に、「逆過程」を投げこむ。この逆過程により、知識人は知的に下向し、庶民ではなく、いわば、人民（後の「大衆」）になる。このことによって、彼は、先の知識人と庶民の一対構造をコワし、はじめてその「外」に出ることを得る。

吉本のいう「大衆の原像」とは、十年の考察の後、彼の口から語られる、その「逆過程」の論理にほかならない。[*46]

しかし、「大衆」という語が、このようなものとして思想化されるのに、人は、もう一つの他者の契機、つまり、「関係の意識」を、通過しなければならない。

6 「関係」という他者

前篇（第二篇）の考察を受けていえば、わたし達は、ここにいたる吉本のみちすじを、次のように語ることができるはずである。

まず、戦争期の自分への反省として、彼に、「どうしてもこれだけは駄目だったなあ」と戦後になって思えたことの一つは、その語るところによれば、「世界認識の方法についてなにも学んでいなかったこと」だった（「情況とはなにかⅥ――知識人・大衆・家」）。しかし、そもそもその「世界認識の方法」が自分に欠けているという認識は、どのように彼にやってきているのか。

吉本にとって戦前の自分は、東京裁判で多くの日本軍のアジアでの「乱殺と麻薬攻勢」の事実を知らされた後は、「ひとつも取柄がない」ものとして現れた。しかし、なぜ間違ったのか。どうであれば間違わなかったのか。その後の彼の思想の進みゆきを考えれば、彼に、その問いの答え、彼が生きたような戦前の条件のもとでの「間違わない」ケースは、これという形では現れなかったと推定される。[*47] たしかに、認識としては間違わず、この戦争の性格を正しく認識しえたケースがなかったわけでない。丸山の場合がその一例である。しかしそれは、見てきたように、社会の現実と相渉らず、戦争の現実を回避、傍観した「断絶と隔離」の結果と受けとめられる。それはいわば問いに答えることをオリた正しさにすぎないものととらえられる。吉本は、これでは答えにならないと、その先に進む。

　こうして、彼の前には、二つの選択肢が現れる。「物質的特権」あるいは「断絶と隔離」をもととして許される傍観と明察と、何の「物質的特権」ももたないで日本の現実と相渉ることの不可避の帰結としての盲目（戦争政策への盲従）と。

　自分はこのいずれをとるべきなのか。

　彼は、このうち、後者を選ぶが、しかし、そこに安住することを、敗戦後の衝撃は彼に、許さない。

　転回点は、ここにあった。

　つまり、「関係の意識」は、この場所で彼をとらえた。そして、彼に、次のように考えさせたと、思われる。

　自分は前者と後者といずれを選ぶかといわれれば、後者を選ぶ、しかし、その後者に身を置くことをどうしても容認できない。では、どう考えるべきか。

　この問いそれ自身を問題にするほかない。

　そもそも、なぜ、問いは自分にこのような二者択一の形で現れるのか。問いをこのように整理し、自分の前にさしだしている「もの」は何なのか、と。

　つまり、ここで問題は、自分の前にさしだされた二者択一のいずれをとるか、ということから、そのように問いを自分にさしだしている構造は何か、というものに、一段階、差し戻されるのである。

　彼は、問題がこのような、そのいずれをも選べない二者択一で突きつけられることのアポリアを、これを一つ手前の問いに変換することで、克服している。

　わたしの考えをいえば、吉本が敗戦後ほどなく手を染めている「マチウ書試論」（一九五四～五五年）は、これを思想的に読めば、この「関係の意識」の獲得の劇を、もう一度自分の中で〝検算〟しようとした、ひそかな極私的な試みである。これは、三章構成のうち、最後の章が一九五四～五五年に書かれ、ほぼ十年後、単行本収録まで未発表のままにおかれた、古代キリスト教の党派闘争の本質をニーチェと聖書研究の新成果に立脚して考察する非常にわかりにくい論考だが、吉本はここで、ただ一つの問いを追尋している。

　なぜ「内省」ではだめなのか。

　つまり、彼は、あの敗戦の時点で、——後年における彼自身の言い方にもかかわらず[*48]——それまでの「内省」（文学的発想）の方法を手放しているのではない。彼は、戦後も、なおしつこく、なぜ「内省」ではダメなのか、と考えている。彼の「思考変換」は、「内省」の果て、誤りに気づき、そこから道をもとに戻って、「関係」へ道を取り直すという形で生じているのではない。「マチウ書試論」は古代キリスト教の信従、憎悪、嫉妬といった共同性の心性を第一章と第二章で底を這うような執拗さで追う。そこでたどられているのは、いわば「内省」の運命といったものである。信従、憎悪、共同性といった「内省」の方法を、それだけ、拡大した場合、人はどんな問題にぶつかるか。そんな壮大な思考実験のあげく、その終点で、たぶんあの「関係の絶対性」という概念は、そのような彼に、「内省」だけでは欠けてしまう究極の項として、摑みだされているのである。[*49]

どんなにすべてをかけて内省しても、それが結局間違いだということがありうる。

どんなに主観的に誠実であろうとしても、それは、結果的にとんでもない不誠実だということがありうる。

どんなに死者を悲しんでも、それが残された者を、分裂させるばかりだということがありうる。

「何かが起こった」。彼はそれまで考えていた〝世界〟とは違う形で、この自分の生きている、関係を本質とする、「世界という認識」を、はじめて得ている。

こう考えてみよう。

ここにあの敗戦時にはじまった彼の「思考変換（＝転向）」の過程の完了点は、しるされているのだと。

彼は自分の敗戦時の経験をつうじ、世界戦争の全体性とまたこれまでにない性格に根ざす、世界の変質に気づかせられている。それが、「関係の絶対性」の啓示として彼にやってきているものの内実である。彼は、彼もまた、自分の「正しさ」、「真情」、「観念の絶対性」というようなものをささえていたいちような世界は、もうない、あるのは「関係」だ、と考えている。

マチウの作者は、律法学者とパリサイ派への攻撃という形で、現実の秩序のなかで生きねばならない人間が、どんな相対性と絶対性との矛盾のなかで生きつづけているか、について語る。思想などは、決して人間の生の意味づけを保証しやしないと言っているのだ。(「マチウ書試論」)[*50]

「内省(内在)」の姿勢で、「すべてをあげ」、どこまでも考えていく。

すると、「関係」が脱落する。

それは、なぜだろうか。

こうして吉本は、「彼の世界」から、いわば「彼のいる世界」へと、眼差しを反転している。

一九四七年、吉本よりも一年年長の吉田満は、「大きな、簡単にそう妥協を許さないようなでかいもの」を求め、カトリックに入信している。[*51] そしてほぼ同じ頃、吉本も、「精神の混迷状態のさなか」、「富士見坂の教会」などに出入りしている。しかし、吉本の目に、教会の人間は、まったく間違っているとしか思えない、彼は、教会での話を聞きながら、「綺麗事じゃないか、新約書なんて、そんなものじゃないよ、という抗議を、こころのなかで何度もあげ」る。[*52] 彼は、吉田とほぼ同じ場所から戦後の仕事にむけ、出立するが、吉田のように入信する代わりに、その入信という行為、あることへの信従との葛藤を成り立たせている関係性のほうへと眼を転じ、その「思考変換」をへて、あの「関係の意識」に立つ「世界認識の方法」の獲得という課題へと、抜けでているのである。

そこから前章の冒頭に引いた「井の中」の定式化に示される「大衆の原像」の地点までを、

吉本は、こう歩いている。

丸山のように知識人と庶民（大衆）をとらえる考え方では、結局のところ、ルカーチ流の組織論に〝同伴〟する以外にない。

ところで、このルカーチ流の組織論の創始者は、レーニンとトロツキーだが、彼らはともに、知識人と大衆の関係に関し、知識人が介在して外部から階級意識を注入しなければ大衆はめざめないという牢固とした考えをもっていた。しかし、それは間違っている。というのも、

大衆がその存在様式の原像から、知識人の政治集団のほうへ知的に上昇してゆく過程は、レーニンやトロツキーの考察とはちがって、じつはたんなる自然過程にしかすぎない。したがって（これは、彼らがいうような――引用者、以下同）「倫理的威容」の問題ではない。もしすべての現実的な条件がととのっていると仮定すれば、大衆から知識人への上昇過程は、どんな有意義性ももたない自然過程（だから）である。なによりもレーニンが知識人の政治的集団としての前衛を障害の条件のないところであらわれる幻想的な自然集団とかんがえずに、ひとつの有意義集団としてかんがえ、大衆にたいする政治的な啓蒙と宣伝と組織づけの機能を本質であるかのように提出したとき、おそらくはロシアの座礁とロシアを模倣した「社会主義」国家の座礁が根拠をもったのである。

もし、知識人の政治的集団を有意義集団として設定したいとすれば、その思想的課題は、かれらとは逆に大衆の存在様式の原像をたえず自己の中に繰込んでゆくことにもとめるほか

ない。それは啓蒙とか外部からのイデオロギーの注入とはまったく逆に、大衆の存在の原像を自らのなかに繰込むという課題にほかならない。（「情況とはなにかⅠ——知識人と大衆」一九六六年[*53]）

かつて、吉本は自分における敗戦の誤りが二度と繰り返されないためには、日本において支配の秩序の様式を決定するものであるこの「大衆の存在様式」をコワす以外にない、と考えたのだった。そしてその原型たる知識人と大衆のこの一対構造をコワすために考えられたのが、「庶民が人民に変わる」という、あの課題だった。

どうすれば庶民は人民になれるのか。答えは「自己の内部の世界を現実とぶつけ、検討し、理論化してゆく過程によって」である。それは一見、「庶民の生活意識から背離し、孤立してゆく過程」に見える。しかし「この過程には、逆過程がある」——。かつてそう語られたものが、いま、こういわれる。

いい直してみよう。

人が知的に上向するのは一つの自然過程である。それに身をゆだねている限り、この社会には庶民と知識人しかいないことになる。また、同じ自然過程の構成要素である限りにおいて、庶民と知識人の存在の意味は等価である。もし、ここで、知識人であることに「意義（＝倫理的威容）」を与えようとするなら、この存在をこの自然過程の所産である二者の一対構造をコワすものとして、意義づける以外にない。すると、その場合の思想的な課題は、こうなるはずである。彼らの「自己の内部の世界を現実とぶつけ、検討し、理論化してゆく過程」に、「逆過程」をもちこむこと。つまり、知的に上向しつつ、たえず彼らがそこから背離してゆく「大衆の存在様式の原像」をそこに「繰込」むことで、その過程に還相の逆過程を内在させること、と。

さて、ここまで戦争世代のぶつかった問題を見てくるなら、わたし達には、ある時間の流れが、感じられるのではないだろうか。

コトバは古いが、そこでいわれていることはいまも生きている。あの『戦艦大和ノ最期』において学徒出身士官と兵学校出身士官の対立として現れ、また、戦後は革新と保守の相互補完的「分裂」を通じ、謝罪と失言の一対構造として現れてきたものの根源が、知識人と庶民（大衆）の相互補完的な一対の構造として、ここにとらえられている。

それを打破するためのカギが、戦争期の反省から、「大衆」という思想概念、「関係の意識」という契機の関与をへて、「庶民から人民へ」の過程と逆の過程をテコに示され、いま、「『大衆の原像』をたえず自分の思想過程に繰り込むこと」という文言に、定式化されているのである。

7 「後進性」の問題へ

しかし、わたし達は、同時に、次のことに注意を向けなければならない。吉本の考えは深化されるにしたがい、拡大されてもいる。その起点は日本の敗戦によって明らかになった自分の

「誤り」だったが、しかし、いま、それは、戦後日本の枠を離れ、いわば世界普遍的な問題として、とらえられようとしているのである。

戦争のさなか、一人の皇国少年として、彼は誤った。彼は、内省の果て、「死」をさえかけて日本の戦争遂行の意味を信じたが、戦後、東京裁判で日本軍と戦争権力の行った「乱殺と麻薬攻勢」が明らかにされた時には、「ほとんど青春前期をささえた戦争のモラルには、ひとつも取柄がない」と認めざるをえなかった。しかし、その誤りにじっと身をひそめ、さらに「内省」してみれば、それは、単に、「彼」が愚かだったからではない。問題は、「彼のいる世界」にもある。それは、この日本の社会が、教科書に書かれているようないちような近代社会ではないということ、そこで「内省」を深めるだけでは「誤り」を生じさせる空間だということ、教科書に書かれているようないちような世界は、むしろ教科書の中にしかないこと、そういうことをも、語っているのである。彼は、こうして自分のぶつかった問題を「関係」の世界にさし戻す。その思考の変換を、彼は、日本の問題が日本の問題のままで——井の中にありながら——世界に普遍的な問題として現れることの原理を明らかにする形で、行おうとするのである。

彼は書いている。

知識人あるいは、知識人の政治的な集団としての前衛は、幻想として情況の世界水準をどこまでも上昇してゆくことができる存在である。たとえ未明の後進社会にあっても、知識人あるいは前衛は世界認識としては現存する世界のもっとも高度な水準にまで必然的に到達すべき宿命を、いいかえれば必然的な自然過程をもっている。それとともに、後進社会であればあるほど社会の構成を生活の水準によってとらえるという基盤を喪失するという宿命を、いいかえれば必然的な自然過程をもっている。このような矛盾が、知識人あるいは政治的前衛がもっている本質的な存在様式である。わたしのかんがえでは、これが大衆と知識人あるいはその政治的集団である前衛にあたえうるゆいいつの普遍的な存在規定である。(同前)

ここに語られていることが、吉本にとっては自分の戦争の体験と戦後の日本の体験だけを手がかりに考えられたことであることに注意しよう。そして、適切な言い方がなくて困るが、そこから得られた吉本の「世界認識」が、彼が「大海」と呼んだどのような「インターナショナル」な観点からなされた認識よりも〝はるかに透徹したもの〟だったことを、驚きとともに、認めよう。彼は、たとえば、フランスでサルトルが共産主義思想に別格の地位を与え、ハンガリー動乱で苦渋の色を見せ、さらにパリの五月革命に姿を現わし、毛沢東の文化大革命に接近して世界の先端的な思想的課題がどこにあるかを示していた時、すでに、問題の所在がそのようなところにあるのではないことを見抜いていた。そのようなヨーロッパの知識人の誰の流儀とも重ならない形で、彼は、一九六〇年代にはすでに、ロシア型共産主義にはまったく脈のないことを明言していたし、一九六〇年代末には現実の動きよりも二十年早く、一九八九年の事態を見通していた。スターリニズムの時期も、フルシチョフの平和共存論の時期も、ゴルバチヨフのペレストロイカの時期も、一貫して彼はこの彼の観点を保ち続けた。彼は、日本の戦争と敗戦の体験にどこまでも最初の足場を置きつづけることで、世界の戦後の構造を先駆的に把握することが可能であることを身をもって示す。その孤立した思考の妥当性について、さまざまな立場からどのような疑問が投げかけられうるとしても、たとえば一九四五年からの二十年間に彼が示した、ロシア型共産主義についての評価が、世界的に一頭図抜けた、追走者を許さない、他に類を見ないものだったことは、まず、彼の対立者であろうと認めないわけにいかないことだろうと思われるのである。

なぜそういうことが可能だったか。つまり、なぜそのようなことが、日本の戦後の知識人によってなされえたのか。

日本が戦後ぶつかることになった問題には、それを正当に受けとるなら、その底に、ある世界普遍性ともいうべきものの先取りがあった。その可能性が、戦後にあって、「戦争への没入の経験」に立たなければ戦後的な価値は築きえないと洞察した吉本の思想に、顔を見せているのである。

その可能性とは、一言でいえば、広く、「後進性」という名で呼びうる問題である。

吉本の考えのみちすじはこう辿られる。

戦時にあって、自分の前に結局ありうべき二者択一があのようにそのいずれにも脈がないという形でしかありえなかったのはなぜか。それを「関係」の世界において規定していた条件として、日本の社会の「後進性」を考えることができる。つまりそれを、日本が遅れ、歪んだ社会だったからだという形でひとまず受けとめることができる。しかし、ある社会が「遅れ」、「歪んで」いるとはどういうことか。一人の個人が「情況の世界水準をどこまでも上昇してゆく」ことはどこの社会にあっても可能である。彼にはその結果、自分を巻き込んでいる戦争がどのような侵略的性格をもつか、またそれがいかに敗戦を運命づけられているかの洞察も、可能となる。そしてそれは、彼のいる社会がどういう社会であるかにかかわらない。違いは次の点にある。もし彼のいる社会が、「遅れ」、「歪み」、後進性を強くもつなら、その程度に応じて、つまり「後進社会であればあるほど」、彼の思考において、「社会の構成を生活の水準によってとらえるという基盤」が奪われるということが起こる。いわゆる「先進社会」においては、人は生活の水準と同じレベルで、そういう明察をもちうるが、「後進社会」で「ふだんの生活」とこの「明察」は、その「後進性」の程度が強ければ強いほど、分断され、連関のない二重性として現れざるをえないのである。つまり、「後進性」とは、本来、この二つを分断させ、連関のない二重性として提出させるズレの強度の謂である。あの戦争の折り、二者択一があのような形で現れざるをえなかったことの背後には、こうした日本社会の後進性の問題があった。それを繰り込み、それに抗する思想の方法を用意できなかったことが、高村をはじめとした近代日本の知識人における敗北の意味なのだ。

しかし、この問題がこうして「後進性」の問題として現れていることのうちに、一つのことが示唆されている。というのも、「後進性」とは、このように考えられるなら、もはや日本に固有の問題ではない。考えてもみよう。いまでは欧米を除くすべての国々で、近代原理は、よそからくる外来思想を意味している。この問題は、近代原理を外からくるものとして受けとめなければならない「後進国」一般に、共通する課題なのである。近代原理がジェヌイン（真正）なものとして現れる（とされる）場所は枠としていえばそれを生みだしたヨーロッパ以外にない。それ以外の大半の国で、むしろ近代原理は、二重基準の問題であり、このことは、世界の大多数の国で、この「後進性」の問題がそれぞれ、そのつど、自分の問題として現れているということを、意味しているのである。

しかし、もう少し考えてみよう。そもそもなぜ人は、「世界認識の方法」などを必要とするのだろうか。吉本のこの考え方はこれまで長い間、いわばロシア型のマルクス主義理解にいう、唯物論的な一望のもとでの無謬の世界認識の一変形というように理解されてきた。[*54] しかしそうだとすれば、そのような鳥瞰的かつ世界制覇的な世界認識というとらえ方自体が、理解としてロシアの後進性を語っている。思想を人を殴る道具にしようという考え方自体が、後進性の産物なのだ。「世界の認識」とは、そもそもけっしてそのような〝暴力的〟なものではありえない。では、人はいつ、どのような理由で、自分の中に「世界認識」への必要をもつことになるのか。

吉本が「世界認識の方法」が自分に必要だと感じたのは、けっして、今度は二度と誤るまいと、どこかにあるはずの無謬の方法を手に入れようとしてのことではなかった。そうではなく、ある状況の中で、自分の内省力のすべてを駆使し、考えつくしたけれども、それを後から見たら、自分は完全に間違っていた、ということがわかり、さらにそのことの理由を考えていったら、自分にそのようなあり方しか許されなかったのは、自分の生きる世界の構造にある落差、ズレのせいだと、わかったからだった。彼は、そうであればこそ、この関係のズレを繰込まない思想は、必ず誤る、と考えたのである。

そうだとすれば、最初にあるのは、むしろズレではないだろうか。

ここで「後進性」という問題は、世界普遍的な問題と化している。という意味は、その普遍性は、そのような課題を背負った非西欧地域が、いまや世界の大半、人口でいえばその圧倒的多数の部分を占めているという理由に基づいているのではないということだ。そうではなく、それは、いま、それぞれの後進国に目に見える形で現れている問題が、特殊な「後進国」ではなく、むしろ「後進性」の問題として、現在の世界それ自体に後進国と先進国とにかかわらず普遍的なものとなっているという、全く別の理由によるのである。そこにはヨーロッパとそれ以外の区別はない。あるのは、自分のいる社会を教科書通りに見る「先進性」の眼差しと、それを落差(関係)の問題と見る「後進性」の眼差しという、世界に対する、相対する、二つの見方である。

吉本は、丸山の西欧観についてこう述べている。

丸山が、日本の近代政治や思想にたいして批判を加えるとき、日本的な思考方法や社会構成(の難点――引用者)は、「人格的・肉感的」な社会構成が「抽象的」な制度または国家として成立せずに、途中であいまいな中和がおこるという点に帰せられる。このとき丸山が、理想として描いている「近代化」された政治や思想のイメージは、このような抽象過程が極限におしすすめられたものをさしている。（略）しかし、わたしたちがここでチェックしなければならないのは、丸山が描いているようなイメージとしての「西欧」近代の文物などは、どこにも「実在」していないという点にかかっている。

わたしは、丸山以上に西欧を熟知している、と云おうとしているのではない。が、近代主義的に描かれた西欧像は、それ自体が虚像でしかないことを指摘するために、わたしたちは西欧にたいする知識を必要とはしないのである。それは、ただ、あるがままの現実社会の運動と、抽出された像の運動とのちがいをわきまえていさえすれば容易に理解しうるものである。（「丸山真男論」）

吉本の「後進社会」という観点は、このズレ、落差の眼差しを手がかりに、これまで特殊「後進国」の問題だと考えられたものを、いわば世界普遍的なレベル、「後進性」の問題へと転換することで得られる。

しかし、いうまでもなく、ここで問題なのは丸山個人の西欧観ではない。丸山は単に当時の西欧の知見を最高度に体得して自分の考えを語っているにすぎない。この丸山の見方の背後にあるのは、西欧の現代の知見の蓄積であり、もしここにある生硬な誤りがあるというなら、誤っているのは、何より戦後の欧米の知識人自身といわなければならないのである。

そして、このような目で西欧の戦後の思潮を望見するなら、そこで実現されたことの意味が見えてくる。西欧の戦後の思想は、一言でいって、自己批判の目が彼らに宿るようになったという命題として括ることができるが、彼らが、自分の社会とその抽出された像とのズレに気づくまでに、レヴィ＝ストロースの『野生の思考』からエドワード・サイードの『オリエンタリズム』にいたる数十年間の自己批判ないし他者による批判を要したところに、その錯誤の深さが、顔を覗かせている。ヨーロッパ自身の歴史をその生活史から見直す歴史学の登場、あるいは、ポストコロニアリズムと呼ばれる風潮、クレオールというあり方への注目など、欧米の最近の動きが示しているのは、わたしにいわせるなら、彼らにようやく、自分の社会を「後進性」の視点から見るだけの成熟が宿るようになったという、画期的な変化なのである。

たとえばあるフランスの歴史家が、十九世紀の自国の歴史を無名の人々の生活史の観点から書き直すとして、彼が行っているのは、自分の国がいわゆるヨーロッパ近代と語られる理念存在とどれだけ違うか、というその「後進性」の発見である。またあるヨーロッパの思想家が、西欧近代の哲学の展開を外部の眼から考古学的に劈開するとして、そこで行われていることは、ヨーロッパの近代理念のヨーロッパの思考自体における、いわば「外在性＝外来性」の発見なのにほかならない。

そして、このことが語っているのは、次のことではないだろうか。

どのようなあり方も真正（ジェヌイン）なものとしての権利を失い、一個の外在性となる、そのような場所こそが、いま、言葉の正確な意味で世界普遍的な場所である。なぜなら、人が自分であるとは必ずしも彼が自分にとって真正（ジェヌイン）な存在であることを意味しない。彼は、真正（ジェヌイン）でないものとして自分をとらえ、引き受けることができる。そしてそのようなあり方に道が開かれたことが、後進性という見方が権利をもったことの意味である。したがって、そのような場所では、人は自分であることをやめずに、自分にとって異質な存在となる。そのような存在として、彼は、そこで互いに他と対話し、その対話を通じて、新しい自己と新しい関係を作る。ところでそのようなあり方なしに、いま、普遍性という概念を考えることが、できるだろうか。

イスラム圏生れのヨーロッパ知識人フェティ・ベンスラマが、インド生れのイギリス人小説家サルマン・ラシュディの『悪魔の詩』をめぐる、二つの世界の衝突のもつ意味について論じて、一つの著作を著わし、こう述べている。[*55]この問題を「解決」する観点には四つの立場がある。ヨーロッパの表現の自由という至上価値からイスラムの蛮行を非難する立場、イスラムのコーランという至上価値からヨーロッパの独善を非難する立場、ヨーロッパにあって、右のヨーロッパ中心の考えに異議申し立てする立場、イスラムにあって、右のイスラム中心の立場に異議申し立てする立場。しかし、この後者の二組の対位によってでなければ、もうこの問題は解けない、と。

ヨーロッパ中心の考え方に異議をもつヨーロッパと、イスラム中心の考え方に異議をもつイスラムの間での対話。

自分を真正（ジェヌイン）のものとみなす限り、戸口は閉ざされている。自分の真正（ジェヌイン）さへの抵抗が普遍性の基礎であることのうちに、いまの世界のあり方が、顔を見せているのである。[*56]

ベンスラマは、それに応じて、イスラム世界の将来を左右するイスラム世界内部におけるあり方を次の四つに分けている。すなわち、過去の再現を求める人々(＝保守主義)、過去に回帰しようとする人々(＝原理主義)、過去を清算しようとする人々(＝近代主義)、そして、過去との関係を新しく創出しようとする人々(＝現代派)、と。イスラム諸社会の将来は、この四つのあり方相互のあいだの対決如何にかかっている、と彼はいうが、このうち、可能性があるのは、ここにあげられた四つ目のあり方、「過去との関係を新しく創出すること」だというのが、彼の考えである。

戦争世代の一人として、吉本の取りだす思想の可能性を、「誤り」に立つ「正しさ」の更新と要約することができる。それは、文字通り、戦後の文脈でいえば、戦前という「過去との関係を新しく創出すること」である。その課題は、のちに「大衆の原像」と変換されて、いわば現在との関係の新しい創出へと展開されるが、その展開点には、この世界普遍性の基礎への眼差しがある。

考えてみるなら、世界戦争は、近代の宗主たるヨーロッパ人の認知に先がけて、ヨーロッパを含む、ヨーロッパが作った「近代」の壊れをこそ、決定的にしている。そして、その世界戦争の新しい性格に直面したのは、あの戦争終結時、勝った側ではなく、むしろ負けた側だった。勝った側はいわば近代的でもありうる世界戦争に勝利したが、負けた側は、近代の壊れとしての戦争に、いち早く、直面している。負ける者が、勝つ者よりも深く負けうる、ということがここには起こっているのである。

吉本の先駆性を、世界に先駆けたこの「後進性」の視点の獲得という形で説明するなら、このことが語っているのは、日本が戦争と敗戦を通じ、戦後ぶつかることになった、あの「ねじれ」の経験がもつ、世界普遍的な可能性である。そこで日本人がぶつかったことは、吉本において明確に捕捉されたように、どんなに自分の「思考、判断、感情のすべてをあげて内省し分析しつくし」ても、間違う時は間違い、しかもその誤りは、その内省のうちにある限りは、誤りとわからないという、内省の限界、内省の「壊れ」の経験だった。それはまた戦争文学としての『戦艦大和ノ最期』が最後にとらえた信仰対象の瓦解、天皇の「壊れ」の経験であり、さらに、自分たちが自分たちであることが、ついこれまでの「同輩」たる戦争の死者を裏切ることであるという、共同体の「壊れ」の経験だった。そして、この敗戦経験をへて、戦後期に日本人がぶつかったことは、武力を否定する憲法を武力を背景に定められ、しかしそれを自分たちの信奉すべき理念として〝受け入れる〟という、理念の「壊れ」を生身で生きる事態だったのである。それは、総じて、近代的な擬制のもとにとにかくも統一された像としてわたし達の前にあらわれていた世界が、甕のように壊れ、全的なズレと落差の相として現れる経験にほかならない。そこで「ねじれ」とは、この近代的世界像の擬制の神話が、戦艦大和のように真ん中でボキリと折れる経験、その「近代」の壊れた世界像の中を生きる経験を、意味している。

戦後、いま世界に行き渡った近代的な理念を考えるとは、それを外来のものとして受け入れる人間にとって、自分を育ててきたもう一つの価値との二重基準の問題を考えるということである。そして、近代的な理念が二重性を作り、二重基準の問題として現れ、また、生きることがズレと落差を作り、ズレと落差の相として現れるそのような事態を、いち早く、回避できない形でもたらしたのが、ユダヤ人絶滅の企てを含む、世界戦争の経験であり、それに続く、枢軸国の敗戦という経験だった。

しかし、銘記しよう。この「後進性」の問題がいま、普遍性をもつのは、ここにいわれる内省、人々との繋がり、理念がもはや無効になったという理由によるのではない。そういうものが近代の擬制として、破産したことが誰の眼にも明らかになったこと、そのことに、「後進性」の普遍的な意味の足場があるのではない。そうではなく、この「後進性」が普遍的なのは、この近代の「壊れ」ともいうべきものがわたし達を、その破綻を通じ、それらの修復、あるいはその修復を通じての更新（それらに代わるものの創出）へと、促しているからである。敗戦が明らかにした、あるいはもたらした、それらの「壊れ」は、こうした現在明らかになりつつある事態のいわば先駆けであり、また、ここに述べる意味で未来に向けての契機であることで、わたし達の世界に、いま、普遍的なのである。

『戦艦大和ノ最期』がわたし達を動かすのも、それと違う理由によるのではない。それは、戦記物としてコワれているが、あの平家物語とは違う、「へし折れた」叙事詩であることによって、誰にも開かれた、第二次世界大戦の普遍的な戦争文学となっている。

真っ二つにボキリと折れた経験を生きること、そこに戦後的思考の本質がある。

第三部　戦後——私利私欲をめぐって

Ⅳ　市民と公民のあいだ――アーレント・ヘーゲル・マルクス

1　非近代について

国家をどのように考えればよいのか。

佐伯啓思がある本の中で、わたしが国家の問題に直面するのを回避していると、書いている。[*1]

本来なら、わたしの前著『敗戦後論』のめざしていることは、国家の現存を明るみに出すことだったのに、それを明示化するのを避けているのは、保守派と受けとられるのを怖がるわたしの左翼性のせいだというのである。

しかしわたしは、「国家」の問題に直面するのを避けているのではない。『敗戦後論』に書いたことは、わたしにとって、自分の構成する政治的共同体へのわたしなりのコミットメントだった。佐伯が「国家」と呼んでいるものとは、わたしの用語に直せば、自分が構成員として所属している政治的共同体のことなのである。

戦後の思想を動かすことになったさまざまな概念には、いまやこれまでの文脈に背負わされた数多くの先入主と局地的な了解がつきまとっている。その先入主と既存の了解から離れようとすると、それに従い、わたし達には、新しい概念語が必要となる。『敗戦後論』で戦前の日本の「国家」としての行為にたいし、謝罪とか哀悼とかということを述べた時にも、さまざまな人が、なぜ引き受けなくともよいものまで引き受けようとするのか、それではナショナリズムの再興になるではないかと、強い批判を寄せてきた。その時も、わたしは、国家観、市民観といったものがこれら、この場合は主に革新陣営に属する人々と、だいぶ違っているらしいという感じを、受けた。とりたててこれに反論しなかったのは、そこに顔を出しているのが、彼らの近代観のひ弱さで、それはいろいろな形で保守陣営の思想家などの口にしていることであり、ことさらわたしが、いうに及ばないだろうと考えたからである。

しかしこの保守陣営の考え方がこの点に関し、問題がないかというと、そういうわけでもない。いまでは、保守思想といえども外国の風潮に合致し、時代の文脈の中で揺れ動いている点では、革新思想と変わらないからだ。欧米の論が近代的原理の壊れを指摘し、ポストモダンを唱えた時期には、日本でも多くの知識人とその予備軍がこれを追った。しかし気がついたらわたし達は、何の規範も力をもたないプラスチックのような社会、有機的な味わいを失った単子（モナド）の集合体であるような無機的社会のただなかにいる。欧米の論がこれに対し、今度は共同体主義（コミュニタリアニズム）という形で有機的な要素への見直しをはじめると、またこれに続く動きが日本に起こり、新しい保守思想を生む。佐伯の観点にもこの動きへの呼応が感じられる。

　これらの議論のゆくすえとはどのようなものだろう。国家、市民、社会、これらの概念を、いま何を手がかりに吟味すればよいのか。わたしは、日本の戦後の経験は、本当をいえば、近代の起点に立ち返っての考察をわたし達に要請していると思う。そうでなければ、わたし達にいったい何が起こっているのか、もうわからないほど、わたし達の理解はわたし達の経験から遠ざかってしまっている。たとえば、佐伯とわたしの間にあるのは、国家観の違いだが、それはより踏み込んでいえば、近代観の違いということであり、考えてみれば、その同じ違いが、わたしとこれまで見てきた同時代の革新派、ポストモダン派の思想家の了解の前提を、隔てているものでもある。わたし達は、近代に対するわたし達自身の理解によって、わたし達のあの近代の「壊れ」の経験から隔てられているのである。

　ここにある近代の問題とはどういうものだろう。戦後の革新陣営の近代観のひ弱さは、一言でいえば、そこで「市民」が、国家の子供のように思いみなされていることに現れている。彼らにとっての「市民」は、国家と対立するが、その対立はいつも反抗という形を原型にする。それは、ちょうど、ツルゲーネフの『父と子』において、「子」が「父」に反抗するような対立である。しかし、近代国家とその構成員との関係は、その本来の姿からいえば、けっしてこのようなものではない。マルクス主義の席捲によって一時生き埋めにされた近代前期の政治思想によれば、市民は、国家の子供ではなく構成員であり、構成員として、国家に対し、「主体でありかつ臣民」であるような存在だった。近代国家は、市民（シティズン citizen 公民）が作る。人民（ピープル）が自分たちを抑圧する身分制社会を壊し、それまでの絶対王制の王国を打破して、新しい政治的共同体として近代国家を創設し、そこで公民となっている。つまり市民は、自分たちを権利づけるため、自分で、近代国家を作るのであり、だから、「父と子」の関係ではないが、あえていうとしても、そこでは市民が国家の父、なのである。ここにあるのは、構成されたものと構成したものとの関係であり、そこに権力関係があるとしても、そのことの基底は、この構成関係なのである。

　湾岸戦争が終わった時、わたしはあるところにこう書いた。

> 　湾岸戦争をへて、この往復書簡を含むさまざまなことを契機にぼくの中で最終的に消えたのは、この国とぼくを隔ててきた冷戦の壁です。
>
> 　ぼくはもう「国」、「国家」を悪とは考えない。
>
> 　これがぼくの中で、あのソ連の政変に接した時、「逆戻り」不可能なものとして確認された一点にほかなりませんでした。
>
> 　こういう言い方が、世の心ある人々の顰蹙を買うものであることをぼくはよく承知しています。むろん、これは「国家」を善と考えるということではありません。「国家」を悪と考える考え方は、「国家」を善と考える考え方のコインの裏側であるにすぎない。いいたいのはそういうことですが、ぼくはこれを「弁明」にするつもりはない。こう言うことでほんと

うをいえば、ぼくは世の心ある人々の顰蹙を「買って」みたいのです。(『世紀末のランニングパス』一九九二年)*2

わたしは、『敗戦後論』で、「国家」の問題に直面するのを避けたのではなく、逆に避けることを、やめているのだが、もしこの態度変更に一つの要素が働いているとしたら、それこそ、わたしの中の近代の感覚だと、わたしとしては、いいたいのである。

ここにあるのは、どのような近代観の違いだろうか。

佐伯は、その本で、次のようなエピソードを紹介し、彼自身の国家観を披瀝している。彼が『敗戦後論』を大学の少人数のゼミで取り上げたところ、一人の女子学生が、「こんな議論は全く意味があるとは思えない。一体、なぜいま頃、こんな議論をくどくどとしているのだろうか。わたしは戦争のこともよく知らないし、アジアに謝罪しろと言われても、戦没者に哀悼の意を捧げよと言われてもできるわけがない。こんなテーマで本を書くことはもはや無意味である」と発言した。

佐伯は、この発言にふれ、この女子学生の反問はそれ自体としてたわいのないものだが、ここには自分を立ちどまらせるものがあると考える。この発言自体はいわば国家に支えられた、現在の憲法のありようの所産であり、彼女の発言は、そのことの単に無垢な表出にすぎない。そしてしかし、ここにはもはや憲法と理念的なつながりを全くもたない感性が現れている。そしてそのことは、いったいどうすれば、戦後の一連の議論をこの空虚に架橋できるかと考えさせる。

彼はいう。「一体、このような議論に、われわれはどのように反論できるのだろうか」。

佐伯は、頭で考えれば、ここに顔を出しているのがそれこそ「国家というテーマ」であると考える。そしてこのことは、加藤が、なぜかそのことを明示はしないのだが、ある意味では、「通常言われる保守主義者などよりはるかに」「強度に」「国家というものを引き受けようとしている、と言ってもよい」ことを、いわば逆から照らし出してもいるという。

> さもなければ、彼は、なぜ、われわれの知らない世代が引き起こしあるいは巻き込まれたあの戦争を「義のない」戦争だと断定できるのか。なぜ、彼に、あの戦争が侵略戦争だったと言う権利があるのか。なぜ、一国の政治家（つまり「治者」）でもないのに、アジアに謝罪すべきだ、靖国に哀悼を表すべきだ、と言う権利があるのか。
> 答えはただひとつ、彼は彼なりに「国家」を引き受けているからである。国家の世代を越えた連続性、個人の意志を越えた国家の意志、そのようなものとしての国家の実在を信じているからであり、そしてこれは明らかに日本という国家の自己同一性を信じているということにほかならない。（『現代日本のイデオロギー』一九九八年）

ところで、この文は、「しかし」という逆接の明示もなくこう続く。〔しかし〕、
わたしは、このような形で国家を引き受けようとは思わない。わたしは、ある意味で、あ

の女子学生にある種の共感を覚えるのである。わたしは、なぜわれわれが、あの世代の人たちの戦争を断罪する権利があるのか、が気になる。あの戦争に「義」があったかなかったかという問いそのものが無意味なように見える。わたしの前に提示されているのは、さまざまな残虐やら非道やら、ささやかな美談やらを取り混ぜたあの戦争という事実だけであり、わたしが関心を持つのは、なぜどのような経過をたどって日本が戦争にはいっていったかを理解することだけである。このような理解だけがわたしにとっては日本を引き受けるということだ。それは歴史的想像力の問題であり、このように国家を引き受けることで初めてわたしは、いま自分のいる位置がわかってくるのである。(同前)

このような文章を読んでわたしにくるのは、自分の近代観がどんなにもう戦後の日本一般のそれからかけ離れてしまっているか、といった、ある懸隔の感覚である。日本の戦後にあっては、国家を悪と見る革新派と国家を善と見る保守派の間に、奇妙な共通項があるが、それが近代の感覚の弱さであることを、こうした文章は、わたしにありありと感じさせる。

つまり、わたしはこの戦後にあっては、かなり「強度」の、孤立した、「近代主義者」である。佐伯が「国家主義者」だというのは、わたしの理解でいうと、「近代主義者」ということなのである。

わたしと佐伯が違うのは、佐伯のこの本に示されているのが、わたしの考えとはだいぶ異なる、保守主義的な主張だからではない。国家主義を含むいわゆる日本のタカ派の強度の保守的な主張もまた、立派な近代の産物にほかならない。わたしは、わたしの認識とはだいぶ違うものの、佐伯が、自然的共同体の色あいをもたないわたしの政治的共同体へのコミットメントを、保守的な立場から、危ういものだと批判することについては、観点の違い、立場の違いとして、これを受け入れる。もっとも、わたしの戦争の死者への哀悼の主張は、佐伯の要約にある「靖国に哀悼を表すべきだ」ではなく、「靖国にではなく戦争の死者に、哀悼を表すべきだ」という、「靖国」の論理の根絶をめざすその反対物だから、このような大切な点に関わる佐伯の理解の杜撰さはいただけない。しかしそのことは、ここで措く。

　問題は、後段の言明にある。

　わたしに理解不可能なのは、この本の別の個所、また別の著作では、明らかに保守的な言説を著し、伝統と慣習と共同体の大切さをいい、また、「祖国のために死ねるか」というような議論までもちだす佐伯が、一方、ここでこのように、過去の日本が国家として行なったことについて、自分は是非の判断を下すつもりはない、と述べ、「なぜわれわれが、あの世代の人たちの戦争を断罪する権利があるのか」などと書いてしまうことである。この言明は、自分は、ただ「どのような経過をたどって日本が戦争にはいっていったかを理解することだけ」に関心をもつ、「このような理解だけ」が自分にとって国家を「引き受ける」ことだ、と続く。また、自分は、「ある意味で、あの女子学生にある種の共感を覚える」のだという、これも「ある意味で」「ある種の」驚くべき述懐を伴う。

佐伯の中で、この二つはどのようにつながっているのか。

世代的な問題をいう、たとえば戦後に生まれた人間が生まれる前の国家の行為について自分の問題として関わろうとするのは、過剰だ、という種類の言明なら、わたしは先に、たとえば川村湊のそれなど、すでに出会っている。一言でいえば、なぜわざわざ経験してもいない戦争の問題などを云々するのか、関係ないではないかという、それこそ戦後日本的な、素朴な疑問である。[*3] しかし、佐伯は、これまでさまざまなところで政治的な主張を行ない、現実にコミットし、その主張の延長で、いままた、『新しい歴史教科書をつくる会』の準備する中学校教科書「公民」の執筆者に名を連ね、[*4] この種の問題に関与しようとする知識人である。そういう公共的な存在が、「価値観抜きの理解」だけにより、自分は「国家の引き受け」を行なうのだという非近代的な考えを語り、そのことの懸隔に気づかない。数年前、自分は戦後生まれだから戦争責任はないと言明した国会議員（高市早苗）がいたが、この佐伯の発言は、こうした政治の初歩も解さない政治家の発言と同じ程度に、「非」政治的であり、また「非」近代的である。[*5]

しかし、そのつもりで眺めてみれば、この種の感覚のズレはいまさら驚くべきことでもないのかもしれない。いまの日本では、わたしのこの「強度の近代主義」のほうが少数派であり、保守と革新とを問わず、わたしの批判者たちとわたしの間には、だいぶ前から、近代観、国家観、またコミットメントの意味に関し、大きな理解の違いのあることが、明らかだったからである。

違いは、近代の起点に何を見るか、にかかわっている。

　先に『敗戦後論』について佐伯に似た場所からわたしの「過剰な潔癖感」に疑問を呈した川村湊が、別の場所で、わたしのこの「モラリッシュ」な議論は、「加藤典洋がそれまでに語っていた『自己中心主義』の擁護とは背馳する考え方ではないだろうか」と述べている。[*6]川村にとっては、ここにいう「自己中心主義」とわたしの「『モラリッシュ』な」歴史への関与は、「連関しない二重性」として、むしろ対立する二つのものと、見えているのである。わたしとしては、何を読んできたのかと、川村を譴責したいが、わたしは、これまでさまざまな場所で、公共性が大事だと述べ、同時に、私利私欲、自己中心性を足場にしなければならないといってきた。自己か他者か、という高橋哲哉との論争で「自己」からはじめることを主張したのもこの考えからであり、[*7]自分は人のように簡単には福沢諭吉の「脱亜論」を否定しない、と述べたのも同じ考えからである。[*8]しかし、このわたしの私利私欲を否定するなという主張は、何も公共性が必要だというもう一つの主張と「背馳する」のではない。その逆である。彼我の違いは、最終的に、私利私欲をどう考えるかという、あの近代の起点の理解の如何に集約されている。

　彼らの考えでは、公共性とは私利私欲を排したところに成り立つものの謂である。これに対し、わたしの近代理解に立てば、「公共性」はほんらい、この「私利私欲」に基づく。わたしは、この趣旨を、阪神大震災の時に「ボランティアと私利私欲」という一対の論の形で発表して以来、[*9]何度も繰り返してきたが、この理解の懸隔はいっこうに縮まる気配を見せていない。[*10]しかし、わたしの考えでは、公共性は私利私欲の上にこそ築かれなければならない。これこそ、近代が、その起点でぶつかった最大の課題の一つである。そして、それは同時に、日本の戦後がその「ねじれ」をへてさしだしている、あの世界普遍性の問題、近代の「壊れ」の修復という問題からくる、わたし達の課題でもあるのである。

2　佐伯啓思の「市民とは何か」

日本の戦後は、この観点を繰り込むことをしないで半世紀を過ごしてきた。[*11] この観点の欠落は、戦後民主主義の一大課題だったその市民観に、よく現れている。

佐伯も、そのことにふれて一冊の本を書き、彼の観点から、日本の戦後革新派の市民理解の不十分さを指摘している（『「市民」とは誰か』一九九七年）。[*12] わたしから見れば、佐伯の市民論も、その批判の対象と同じ欠落を共有しているが、そこで、彼は、戦後の革新陣営の提示してきた「市民」像について、ほぼ、次のような意味のことを述べている。

戦後日本の革新派知識人の提示してきた「市民」像の最大の特徴は、「市民」を、後発近代化国として出発した日本社会にあって、個人の自由、人権思想、民主主義など、西欧に生まれた近代原理に立脚させたうえで、国家の官僚権力に対抗する近代化の担い手として描きだしたことである。

たとえば、一九六〇年代、久野収は、市民を、「職業人（専門人）と生活人の両面」における自覚を通じ、「政治権力」に対抗する勢力として示している（「市民主義の成立」一九六〇年）。また、その市民概念に理論的な柱を提供した松下圭一は、「市民とは私的、公的な自治活動をなしうる自発的人間型である」と定義し、これを「政治理念としての普遍性」として語っている（「〈市民〉的人間型の現代的可能性」一九六六年）。さらに、羽仁五郎は、ベストセラーとなった『都市の論理』の中で、「王権や絶対権力に抵抗する都市市民」というヨーロッパ近世の市民像を、日本の現代に「平行移動」させ、「独占資本の支配を受けて苦しんでいる都市市民」、独占資本、国家に対抗する都市市民という構図を描いてみせた（一九六七年）。

そこに通底するのは、階級闘争による国家の死滅を説くマルクスの思想に影響を受けた反国家的な観点、そして、合理的な社会関係と志向を説くマックス・ウェーバーの近代化論に影響を受けた、近代化を当為とする観点である。

そこでの「市民」を、一方で、「国民」とは違い、国家への帰属を拒否し、その支配から自立した存在、他方で、「庶民」とは違い、近代的な社会関係を作る自覚的な担い手としての存在と、位置づけておくことができる。

こうしたあり方は、日本が国際社会の中で先進国の先端部分にまでのぼりつめ、少なくとも外見的には前近代性を脱したと見える近年でも、原理的に変わっていない。

たとえば、坂本義和は、一九九七年に発表された論文で、「市民社会」を定義して、「人間の尊厳と平等な権利との相互承認に立脚する社会関係がつくる公共空間と、その不断の歴史形成過程」と述べている（「相対化の時代」『世界』一九九七年一月号）。ところでこの定義は、「市民社会（civil society）」といえば、公民（citizen）の「公共性」に対し、むしろ「ブルジョワジーが中心になってつくりだした自由な市場経済の社会」を意味することになっているヨーロッパ政治思想史におけるシヴィル・ソサイエティ（＝〈市民社会〉）の概念とは、大きく違っている。その違いは、短い時間の幅でいえば、一九九〇年前後の東欧市民革命を受けた近年の欧米の市民社会論の動向を反映しているが、それと同時に、もう少し長い時間の幅でいえば、一九五〇年代以来の日本の戦後型「市民」観を踏襲したものと受けとめられる。

なお、ここで、佐伯の文脈から離れ、断りを入れておけば、従来のヨーロッパの政治思想史において、シヴィル・ソサイエティ、つまり〈市民社会〉といえば、私的原理に立脚するいわば「民間の社会」、「世間」としての社会を意味する。これに対し、ここでの坂本の用例もその一例だが、戦後の日本で「市民社会」と語られる場合には、公的な関心に立つ「公民」ともいうべき「市民」（公共的市民）の作る社会を指す場合がほとんどである。これは、ヨーロッパ政治思想史における概念とは別物の「市民社会」、あえていえばソサイエティ・オブ・シティズンズにほかならない。[*13]ここでは、この両者を区別するため、シヴィル・ソサイエティの概念をさすものを、角括弧でくくり、〈市民社会〉で示し、そうでない場合はそれを、市民社会ないし「市民社会」と表記する。したがって、ここで〈市民社会〉と表記すれば、利己的な人間としてのブルジョアが経済活動をもっぱらとする近代の世俗空間のことである。その場合、それは、上位の政治的空間、公共的な空間、政治的国家等々と対語の関係にある。この〈市民社会〉はまた、中世の世俗世界（俗界）と神聖世界（天界）、地上と天界の二元論にいう世俗世界性をひきつぐ意味も担っている。これに対し、坂本の「市民社会」概念からはこのような含意は消えている。彼は、〈市民社会〉から、いわば本来の世俗性、地上性ともいうべき本質を抜取り、それをなかば公共的な空間として描いているのである[*14]。

なぜ彼がいまそういう転義を企てているのか、という理由ははっきりしている。ヨーロッパの政治思想史の概念には市民の生活する空間としての〈市民社会〉とその上にそびえる公共空間としての国家という近代の骨格が前提されているが、近代確立以降、現代にいたる趨勢は、この上位の公的空間が、いわば基部をなす私的利害という〈市民社会〉の原理に、侵食されていく一方の過程としてあった（たとえば近年の官僚汚職は、これまで国家をささえてきた官僚の公共心がこの世俗的な〈市民社会〉の原理に席捲されたことの一例である）。二十世紀は、しかしながらかろうじて、この動きに抗し、この上位の公的空間が、国民国家、冷戦の二大イデオロギー（自由・民主主義と共産主義）という二種の絶対値をもつことで、下位の私的経済的空間を制御する「絶対化の時代」に踏みとどまっていた。しかし、それも、一九九〇年前後の冷戦終了を機に、「国家」も「イデオロギー」もともに相対化され、これに対し「市場」の力が影響力を増す、完全な「相対化の時代」に変わりつつある。坂本は、この趨勢に対し、「国家」の相対化現象と同時進行した東欧革命などで新しく社会の担い手として浮上した観のある「市民」の力を、「市場」の力と並ぶこの動向の推進力の一翼と考える。そして、この相対化の時代のリヴァイアサンと化しつつある「市場」の浸透力を、いまや「国家」と「イデオロギー」に代わり制御できる唯一の対抗勢力として、「市民」を新しく定義できると考えているのである。

しかし、このような坂本の企てを、佐伯は、相変わらず戦後的な革新派流の反国家、反市場の観念性を継承したその延命版にすぎないという。そして問う。そのような「市民」は、実在するのだろうか。また、これはもっと大事なことだが、そのような「市民社会 society of citizens」は、存在するのだろうか、と。

坂本は、（佐伯の要約によれば）彼らはいわば「国民国家」の枠を越える「地球市民」として、「国内・民際のNGO組織に限らず、都市に限らず農村を含めて、地域、職場、被災地などで自立的で自発的（ボランタリー）に行動する個人や、また行動はしていないが、そうした活動に共感をいだいて広い裾野を形成している市民」の形で実在しているという。この市民達は、「国家」と「市場」という無視しえない現実に対する批判勢力として、来世紀にむけ、その力を増そうとしている。

しかし、わたしの感想をさしはさめば、この点に関しては、やはり、これを坂本の戦後民主主義者的な理想像の提示にすぎないと批判する、佐伯のほうに分がある。佐伯の観点には、ヨーロッパ的な〈市民社会〉の原理と、戦後日本的な坂本の「市民社会」の原理への鋭敏な差異の感覚こそ見当たらないものの、少なくとも、ヨーロッパ的な市民像と戦後日本的な市民像の違いに対する鋭敏な感覚がある。坂本は、東欧革命などにおける市民勢力の勃興が「国家」と「イデオロギー」の相対化の動因の一つであるかに語るが、それが、この両者の相対化の指標、つまり帰結でないという保証があるだろうか。これらの動きの主因は、疑いもなく「市場」の力の制覇だが、これまで国民国家とイデオロギーをすべて「相対化」してきた「市場」の力――あの私的利害の力、私利私欲の力――が、この坂本の「市民」だけを無傷のままにそっとしておいてくれるとは思われない。そもそもなぜこの公共的な「市民」像で、これまでさまざまなイデオロギーをなぎ倒してきた「市場」の世俗化、平坦化、均質化の力に抗せると、いうのか。佐伯の観点からは、そういう反問が生まれうるが、坂本の論理は、その問いに答えないのである。[*15]

さて、佐伯は、このように戦後民主主義の市民概念の弱さを概観した後、これに代わる、日本に今後ありうべき別個の市民概念を次のように構想している。

ポイントは、この「市場」原理が他のすべてを駆逐した後に現れる野放図な〈市民社会〉を、何によって、どう克服するかである。この課題に対し、坂本が利己心に染まらない「市民」の公共性で応じようとするところ、佐伯は、いわば伝統の力・共同体の力と、市場の力・軽やかな市民の力の「重層性」で、答えようとするのである。

佐伯が他の著作で語っていることも念頭に、要約してみよう。佐伯はまず、戦後の民主主義が処方箋を誤った所以を、次のように説く。戦後民主主義を動かしていたのは、「近代の資本主義が、外部からこの共同体をうち破る、そうして、ここに共同体から解放された自由な個人のつながりをつくりだす」とでもいった、「共同体からの解放が市民社会を作る」という、抜き難い「近代的な」思い込みだった。しかし、実際に起こったことは、近代の資本主義によって共同体が解体された後に、その共同体から放り出された「個」が、市民社会を作る精神性、自立性を獲得するのとは逆に、堅固な価値観、モラル、公共性をはぎとられたアモルフな存在と化し、個的「大衆」となって、高度な大衆社会を作り出したということだった。一九九七年の神戸での少年殺人事件は、この前近代の共同体的基盤の消失と、それに代わる近代社会の創出の失敗の結果招来された、現代日本の社会崩壊を、象徴している。左翼性に偏向した反国家の立場に立つ戦後民主主義による近代性の導入と共同体批判の主張には、大きな盲点があったというほかかない。

佐伯は、こうして、この戦後日本のそれとは異質な、左翼的な視線には見えにくかったヨーロッパ社会に培われたもう一つの「市民」像を、次のような脈絡の上に、描くことになる。まず彼は、国家に対抗する市民という像がいかにヨーロッパにおける市民概念と異質のものであるかを、古典古代のギリシャの例をあげ、次のようにいう。

ヨーロッパにおける市民概念の基礎をなすのは古代ギリシャのポリスにおける市民である。しかし、そこで市民とは、誰もが自由にそこに参加できる開かれた民主的な組織の構成員ではない。それは、まず「家」を単位とした「政治的共同体」の上に立つ、「戦士の共同体」にほかならない。つまり、市民とは、祖国の共同防衛と国政への参加がそこでの権利であり義務でもある、一つの排他的な特権集団である。

少なくともトゥーキュディデスに従えば、重要なのは、「市民」が民主制を行ったという点にあるのではなく、「市民」はその勇気と名誉によって称賛されたということである。市民の民主制が重要なのではなく、ポリスのために戦うというような公共的なことがらに身を挺することが「市民」の属性だということだ。(名高い戦没者追悼演説で知られる——引用者）ペリクレスは、子供を戦いでなくした親たちにいう。「己が子の生命を公に捧げないで平等や権利は主張できない」と。（『「市民」とは誰か――戦後民主主義を問いなおす』一九九七年）

佐伯によれば、たしかに人的な要素に重心をおくこの古代ギリシャのポリス（都市国家）と、その重心が土地に変わるゲルマン的な原理に立つ中世世界の都市の成員の間に、歴史的な連続性を認めることはできないが、それにしても、そこには、古代から中世へ、両者を流れる共通の「市民精神」を取りだすことができるという。彼は、「市民」が必ずしも共同体的なものの否定の上に立つものではなく、「どちらにおいても」、「時には排他的な、団結心の強い、特権的な意識をもった集団だった」ことを強調して、こう書く。

この団結が、「市民の公共精神の源泉であり、愛郷心（パトリオティズム）の機動力」でもあった。この団結心は、「排他主義」とも結びついており、都市の市民団は「高い誇り」と「強い特権的な意識」をともなっていた。したがって、「都市は自由人たちの『社会（アソシエーション）』であり、農村は『共同体（コミュニティ）』であるというような、現代風な理解は正しくない。都市こそは共同体なのであった」。

そして彼は、この中世都市の「市民精神が、何かそれとは全く別の近代的市民精神なるものにおきかえられたとは思われない」といい、ほんらいあるべき市民像を、戦後民主主義的な市民観から奪回すべく、いわば、近代のヨーロッパにおける「市民」像を、このギリシャの「戦士の共同体」、中世都市の共同体的な市民像の延長に、考えていくのである。その結果、彼の取りだす新しい市民像が、古代的な色合いに染めあげられることになることは容易に予想できる。

第一に、それは、共同体と違背しない。第二に、その底に脈々と波打っているのは勇気、誇り、名誉といった古代的な徳であり、また、祖国への愛である。

佐伯はいう。

考えてみれば、日本と同じ第二次世界大戦の敗戦国である旧西ドイツの戦後制定の基本法でも、国民の兵役義務は否定されていないし、イタリアの共和国憲法も、「祖国の防衛は市民の神聖な義務である」と謳い、さらに日本に戦争放棄の憲法を押しつけた米国の憲法などは、国家の安全保障のために「人民の武器携帯の権利」は不可侵であるとまで述べている。戦後日本が一時範を仰いだスイスの共和国精神を例にとっても、その連邦憲法は「いずれのスイス人も防衛義務を負う」と述べている。それは、それらの国における「市民」が「国家防衛」と違背していないということである。

われわれは、「市民」といえば、個人の自由や民主主義を大事にすると考えている。だから、「市民」の観念は、「国家」の観念とは対立する、ということになる。（略）

むろん、これは近代的市民観であり、ヨーロッパにもこの考え方は存在する。しかし、それにもかかわらず、個人の自由や平等や博愛は、せいぜい西洋人にとっては「市民」観念の表層の半分にしかすぎない。いったん、緊急の事態となれば、「祖国のために死ぬ」という観念がさしたるためらいもなく発動されるのだ。ここに「市民」観念の隠された半分がある。（同前）

この「隠された半分」として、彼がとりだすものが、あの古代のギリシャから中世都市の市民団をへて近代へとつながる「市民精神」、つまり、共同体的な団結と特権を主体としたもう一つの市民像、国家をささえる市民像である。

この古代的な美徳をもった市民、それを「市民的＝シヴィック」と呼んでおきたい。これに対して、近代的な市民、私的な権利から出発し、自由や民主主義、そして博愛、平和といったものに価値をおく市民を「市民的＝シヴィル」と呼んでおきたい。（同前）

「シヴィル」も「シヴィック」もともにラテン語の「キヴィタス（都市、都市民）」から発するが、佐伯は、そのうち、「シヴィル」を、国家や軍事などと対抗させられた「市民」を指すものとし、これに対し、「シヴィック」を、日本語でいう「公民」に近い概念として使うという。彼の用法によれば、「シヴィル」が、「私的権利や私的関心などから出発した近代的な『市民』、むしろ『私民』とでもいうべきものを指す」のに対して、「シヴィック」は、「共同体の公的関心や共同利益というディメンションから出発する『公民』を指す」。

こうして、佐伯は、先に概観した戦後民主主義的な「市民」に、いわばこの「シヴィル」と「シヴィック」の重層性を対置する。彼によれば、少なくとも日本における戦後的な近代市民観とは、そこに「シヴィック」という意味での「市民性」が認められない以上、「シヴィル」でしかないそれである。しかしヨーロッパに生きる市民観では、この「市民的＝シヴィル」と「市民的＝シヴィック」が「重なり合い、コインの表裏を形づく」って「重層」しており、そこでとりわけ大事なのが、「市民意識（シヴィル・マインド）」に対する、「市民精神（シヴィック・スピリット）」という「隠された半面」である。

ところで、この佐伯の対案は、戦後民主主義的な「市民」概念の批判、また、それによってもたらされたと彼の考える、「私民の群れからなる、規範のない」現在の日本の高度大衆社会を蘇生させるための提言として、先の戦後民主主義批判の延長でこれを聞く限り、驚くほど微温的なものである。ここには、一方で「祖国のために死ねるか」というような問いを読者にさしむけながら、他方で、自分としては過去の国家的行為に対する是非の判断は差し控えたい、と述べるような、先に見たのと同じ、「竜頭蛇尾」的感触が認められる。名誉と誇り、社会の伝統、慣習といったものを特に戦後の日本社会は、なおざりにしすぎてきた。また、戦後の革新派はその公共空間の構築をいいながら、余りに不毛な左翼的反国家の心情に流されすぎた。だから、近代的な私的利害と古代的な徳をともに兼ね備えた市民という考え方を導入することで、この欠落部分を充塡しなければならない、佐伯の提言はこう要約できる。わたしとしても、これに、特に反対すべきいわれはないが、しかし、この主張に、やはりある空転の感じは否めないのである。

その空振りの感じがどこからくるか、その出所も、はっきりしている。

一つに、佐伯のいう「市民精神（シヴィック・スピリット）」とは彼自身認める通り、ヨーロッパにおける過去からの文化的社会的な重層の産物である。つまり、これはそのようなものとして理解はできる。しかし、ヨーロッパの土壌からはぎとって、もってくるというわけにはいかない。西洋に学び、「導入」できるものがあるとしたら、それは、文化ではない、論理、考え方、社会構成の原理であり、また、たとえそれを導入できても、社会それ自身は、われわれがそれを自分で作るしかないのである。

しかし、ほんとうの問題は次のことにある。佐伯は、たとえば坂本の反国家、反市場の公民的な「市民社会」を批判する。そしてそれに対し、それだけではダメだ、それに伝統的な要素を加え、これと二本立てにしなければ、というのだが、本来、彼の戦後民主主義的な「市民」概念への批判は、それがまず近代的概念として、おかしい、というものだったはずである。彼は、本当なら、この戦後民主主義的な「市民」に対し、別個の近代的「市民」観を提示すべきところ、この当初の形から一歩後退し、苦しげな二本立ての形で対案を提出するにとどまっているのである。

なぜこのようなことになるのだろうか。

そこにあの私利私欲という観点の欠如が顔を見せている。

わたしの考えをいえば、そもそもヨーロッパ政治思想史にいう〈市民社会〉、civil society

の原理と、あの坂本の「市民社会」、society of citizens の原理は、対立している。〈市民社会〉がいわば私利私欲の世界であるのに対し、坂本の「市民社会」とは、その本質を公共性におく社会だからである。両者を隔てているのは、私利私欲と公共性という対位なのである。

だから、ここにあるのは次のような問いである。

では、この私利私欲の世界である〈市民社会〉を母体に、公共的な市民像を構想することは可能か。

また、この私利私欲の世界を排する形で、またそれに抵抗する形で、それとして公共的な「市民社会」を構想することは可能か。

佐伯は、本当はこの問いに答えなければならないはずなのに、あの私利私欲を当初から否定すべきものと見る彼の近代観に災いされて、そこに問いのあることを見ていないのである。

しかし、ここにこそ西欧の近代がわたし達にさしだしている起点の問題がある。そして日本の戦後が近代の「壊れ」をいち早く生きることで独自にぶつかっているのも、この問題なのである。

わたしの観点を示せば、このうちの第二の問い、「私利私欲の世界を排する形で、またそれに抵抗する形で、それとして公共的な『市民社会』を構想することは可能か」の答えは、否である。私利私欲を否定したところに構想される公共性は、どのようなものであれ、最後には、この私利私欲に、底板を踏み抜かれざるをえない。では、どう考えればよいか。こうしてわたし達の前に、このうちの最初の問い、「私利私欲の世界である〈市民社会〉を母体に、公共的な市民像を構想することは可能か」という問いが、課題として、もたらされる。これは、これまで述べてきた言い方に重ねていうなら、「悪」を母体に、そこから「善」を作ることは可能か、という問いである。

　ところで、この問いをわたし達はどう考えればよいのか。

「悪」から「善」を作ることは、ここでも、可能なのではないだろうか。

そうわたし達は、考えてみるべきなのではないだろうか。

そう考えないと、わたし達がぶつかった近代の「壊れ」としての敗戦後の課題は、答えられないのではないだろうか。

　私利私欲は悪だ、という考えは、本来、その起点からヨーロッパ近代の政治思想にあったものではない。その起点の姿というものをここに仮に想定するなら、ヨーロッパの近代思想では、公共性が私利私欲の上に立たなければならないのである。ヨーロッパ近代の考え方と日本戦後の考え方の違いは、その点にかかわる。大枠でいえば、ヨーロッパ近代の市民概念が〈市民社会〉の私利私欲に基礎づけられるべきものとされているのに対し、戦後民主主義の市民概念では、〈市民社会〉の上部構造である「個人」は称揚しても、下部構造たる「私利私欲」は肯定できないというのが、ここでの両者の分岐点である。ここに仮構される原型的なヨーロッパの近代思想は、国家を敵対視せず、これに対し、戦後日本の民主主義思想は国家を敵対視するが、それは、たんに左翼性による歪曲、ないし移入思想の弱さを語るのではなく、むしろその市民概念としての論理の弱さを語っているのである。

先の第一の問いの答えの正否はいま措くが、この問いに応じない限り、あの「戦後民主主義」批判としての市民論が、成立しないことは、ここに述べたことから、明白である。

なぜこのような点に、佐伯の批判は踏み込めないのだろうか。理由ははっきりしている。佐伯の考える公共性が、彼のいう（「古代的」な）公共性の上に立ち、私利私欲を敵視する点で、坂本と同じ轍を踏んでいるからである。先の引用個所で佐伯は、「市民」を「シヴィル」と「シヴィック」とに分け、そのうち「シヴィル」を、「私的な権利から出発し」、「自由や民主主義、そして博愛、平和といったものに価値をおく」ところの市民、これに対し、「シヴィック」を、「古代的な美徳をもった市民」と、分割している。しかし、すぐにわかるように、ここにはヨーロッパ思想史の概念から見ての論理的な混乱が見られる。そこでは、「シヴィル」は「私的な権利」に根拠をおく「市民」を指し、これに対し、「シヴィック」ではない「ポリティック」が（佐伯の分割ではシヴィルに割りふられる）「自由や民主主義、そして博愛、平和」といった公共的理念（公的なもの＝レス・プブリカ）に価値をおく「公民」をさしている。佐伯は日本における用法の混乱を理由に、このシヴィルとシヴィックにそれぞれ市民と公民の訳語をあてることをしないと述べているが[*16]、それ以前に、ヨーロッパ政治思想史の概念と佐伯のそれとでは、その分割線が違っており、佐伯のいう「シヴィル」の中にヨーロッパ政治思想史にいう近代的な「市民」と「公民」が――「私的な権利から出発し、自由や民主主義、そして博愛、平和といったものに価値をおく市民」（＝シヴィル）として――ともに入ってしまっていることが、彼の概念構成の混乱の原因なのである。論理構成として、彼は、「シヴィル」を「私的な権利に立つ市民」、「ポリティック」を「自由や民主主義、そして博愛、平和といったものに価値をおく公民」と概念規定し、もしそうしたければ、これに加えて、「勇気、誇り、名誉」といった「古代的な美徳」を、この「自由、民主主義、博愛、平和」という近代の公共的理念の古代版としてあげ、この公共的な古代的徳と近代的理念の双方を含む公民概念として、「ポリティック」に代え、「シヴィック」の名を与えればよかったはずである。

しかし、佐伯はそうできない。なぜそうできないか。最終的な理由は、つまり彼が、「市民＝シヴィル」を単に私的な利益に立つ存在としては、価値づけられないからである。彼もまた、私利私欲にいわば公共性に対する（近代の基礎としての）意味のあることを、見ていない。ここで、公共性が私利私欲とどのような関係におかれているかを見れば、坂本の市民観と佐伯の市民観は、私利私欲を否定することの上に公共性を見ている点、見事な一致を見せているのである。

しかし、なぜこのようにいわば〝近代の起点〟にある問題が、多くの社会科学の専門家の眼に、見えにくいものとしてあるのだろうか。とりわけ公共性と私的なものとに関し、そうであるのは、どういうわけなのか。

3　アーレントの公的領域と私的領域

右の問いに関し、わたしに有力な理由と考えられるのは、ハンナ・アーレントの公共性という概念のあり方である。

よく知られているように、公共性という概念は、アーレントを一つの源として現代の政治の世界に再び復権されている。佐伯が具体的に引照しているかどうかは知らず、ここに紹介した佐伯の「市民」観にも、そのアーレントの観点は影を落としている。その佐伯に批判されている公共的に見られた坂本の市民観にも、そういうなら、アーレントの観点は生きているといってよい。というのも、私利私欲に根ざさず、むしろこれと厳しく対立する形で――だから近代の正統的なあり方に反旗をひるがえす形で――、いわば古代的な公共性を現代によみがえらせているのは、このアーレントの公共性の概念だからである。[*17]

ここに、簡単に公共性という考え方をめぐる西欧における流れを見ておこう。

これもよく知られているように、公共性（public sphere）の基礎概念である「公的 publicなもの」は、古代ギリシャに端を発するレス・プブリカ（res publica）という語からきている。共和国を意味するリパブリック（republic）とは、この「公的なもの」であり、つまり、古代ギリシャで「公的なもの」といえば、「ポリスに関わること」、政治的共同体に関わることをさしていた。

アーレントの公共性概念も、この古典古代から取りだされている。彼女は、彼女としてこの問題に取りくんだ著作、『人間の条件』の第二章「公的領域と私的領域」に、ほぼ次のように書いている。

ポリス（都市国家）とは、いうまでもなく都市の建築物をではなく人的結合をさしていた。ギリシャ思想では、政治的結合体を作る人間の能力が、とりわけ、家庭、家族を中心とする自然的な結合と、正面から対立する形で最重要なものとして取りだされた。

人為的な政治的共同体であるポリス（都市国家）の創設に先立って、ギリシャでは、部族や種族のような血縁にもとづいて組織された自然的共同体はすべて最小単位まで解体された。そこでその前ポリス的な自然的共同体的なあり方は、その段階の最小単位、つまり「家（家族）」の中に残ることになった。だから古代ギリシャ世界は、「家（オイコス）」と「都市国家（ポリス）」という全く異なる二つの世界からできあがっている。

前者（家）の原理は各個人の生命の維持、種の保存であり、男が生命の維持を、女が種の保存をつかさどった。そこは人がそこで生まれ、死んでいく生と死の場所、うしろ暗い場所であり、そこで、家長の権限は絶対で、たとえばアテナイでは捨て子を行なうのも自由だった。これに対し、後者、都市の政治空間は、アリストテレスが政治的生活と名づけたものが行なわれる場所、それぞれの家の家長（代表）が同じ資格で、言葉と活動を駆使し、自らの政治的共同体を運営、維持する空間だった。アリストテレスは、この政治的生活の二大要素として活動（プラクシス）と言論（レクシス）をあげている。この都市の公的空間では、そのため、人々の共通のことがらが執り行なわれ、論議される。勇気が称揚され、名誉が与えられるのもその空間であり、人の生きる意味は、それに参与することとされた。アリストテレスが人間を「政治（ポリス）的な動物」と定義したのはそういう意味だった。

公共的なものとは、何よりその政治空間（ポリス）での生活の構成因をさす。その根本観念は政治である。

ギリシャ思想においては、ポリス（都市 polis）は明るさ（言葉）の源であり、暗さ（生と死）の源であるオイコス（家 oikos）と対立的に存在する。前者ポリスから、ポリティクス（政治）が生まれ、後者オイコスからエコノミー（家政＝経済）が生まれる。
ところで、アーレントは、問題は、「政治（ポリティクス）」という時、それが何をさすのか、いまのわたし達にはもう判然としなくなっていることだ、という。

政治的であるということは、ポリスで生活するということであり、ポリスで生活するということは、すべてが力と暴力によらず、言葉と説得によって決定されるという意味であった。ギリシア人の自己理解では、暴力によって人を強制すること、つまり説得するのではなく命令することは、人を扱う前政治的方法であり、ポリスの外部の生活に固有のものであった。すなわちそれは、家長が絶対的な専制的権力によって支配する家庭（オイコス）や家族の生活に固有のものであり、その専制政治がしばしば家族の組織に似ているアジアの野蛮な帝国の生活に固有のものであった。（『人間の条件』一九五八年）[*18]

ギリシャにおける「公的領域と私的領域」の区別とは、この「ポリスの領域」と「家の領域」の区別であり、それはまた「共通世界に係わる活動力」と「生命の維持に係わる活動力」の区別を意味した。そういうことは古代ギリシャにおいては「自明の公理」だった。失われたのは、その自明の感覚である。

なぜそのようになるのか。アーレントの考えをいえば、近代に入ると、新たに、この「公的publicなもの」と「私的privateなもの」の他に「社会的socialなもの」が人間の共通世界に現れるようになる。そして、この「社会的なもの」がやがて、両者に浸透し、これを蚕食して、この両者の区別の感覚、またこの両者の空間自体を駆逐するようになるからである。その結果、いま、わたし達が、「人間の集合体や政治的共同体」ということで意味しているのは、かつての公的な共通世界のことではない。それは「巨大な民族大の家政によって日々の問題を解決するある種の家族にすぎない」集合のようなものとなっているのである。[*19]

佐伯の「国家」観に見られるのも、この混乱だといってよい。古代ギリシャの公共観では、都市国家に基礎をおく人的結合としての政治的共同体と家に基礎をおき生と死をつかさどる自然的共同体とは対極的な原理であり、これがまじりあうことはないが、佐伯のいう「国家」とは、彼の「シヴィル（市民）」が私的な権利から自由、平等、博愛という公共的価値までを含むヌエ的な概念であったのと同じく、人的結合としての政治的共同体であると同時に、生と死をつかさどる自然的共同体でもあるような折衷的概念となっている。

アーレントが公共性を「復権」させたとは、まず、この折衷的理解から政治的共同体の公共性を救い出したという意味である。彼女はいわば国家という概念、政治という概念を、もう一度、世界戦争をへた戦後世界の中で、更新しているのである。たとえばわたし達は、「政治経済（ポリティカル・エコノミー）」という用語を平気で使うが、これが形容矛盾だとはもう感じない、とアーレントはいう。しかし、古代の思想にとってこういう言葉はありえない。というのも「『経済的』なもの、すなわち個体の生命と種の生存に係わるものはすべて、定義上、非政治的な家族問題」だからである。

わたしは先に、前著『敗戦後論』に収録した「語り口の問題」と題する論考で、公共性に対し、共同性という概念を提示し、公共性の集団の単位をなすのが「個（個人）」であるのに対して、共同性の集団の単位をなすのは「私（私性）」だと述べたが、大枠として、それをここでのポリス（都市）とオイコス（家）に対応させておくことができる。[*20] 血族、あるいは種族的な自然の結合によって生まれる自然的共同体と、独立した人格の人的な結合である政治的共同体は、ここでまったく異質な領域を意味している。後者の政治的共同体とは、人為的な、古代にあってはギリシャにだけ生まれた特異な明るみ――「現れ」の空間――であり、これを前者と区別するなら、それは「共同体」というより、カントの用語例にならえば「公共体」ともいうべき、新しい集合体にほかならない。

アーレントによれば、家の自然的共同体（共同体）は個体の維持と種の保存という自然の「必要 necessity」から生まれる。しかし、ポリスの政治的共同体（公共体）は公共空間を創出する「自由 freedom」の領域であり、そこで両者は、前者の克服が後者をもたらす、という関係、家族内における生命の必要を克服することがポリスの自由のための条件をなす、という関係のうちにあるとされるのである。

ところで、「公的なもの」がその原理を政治におくのに対し、「社会的なもの」はその原理をいわば経済におく。そのようなものとして、この二つは、古代以来のあの公的領域と私的領域の流れのうちにおかれる。そこで、アーレントの狙いは、明らかに「社会的なもの」に対する批判にある。彼女の動機は、この「社会的なもの」をいかに打破できるか、ということであり、「社会的なもの」を打破するには、「社会的なもの」の勃興以来見失われた古代以来の「公共的なもの」の感覚の回復によるしかない、ということが、ここで、彼女の公共性論の第一の眼目となっているのである。

さて、そこから、アーレントの名高い公的領域と私的領域の定義がやってくる。彼女によれば、「公的」であるとは、何より、「現れ」のもとにあること、個人の活動と言葉が、万人によって見られ、聞かれるものとしてあるということである。

考えられたことは、発語されなければならない。しかし、発語が発語となるためには、そこにこれを聞く耳と読む眼のある空間があり、それへの反対と賛成がこれに返ってくるのでないといけない。また、その発語とそれへの反応が同じ資格と自由と創意によって行われる了解が、この発語を基礎づけ、促しているのでなければならない。

こう書いてくると、アーレントのこの古代的公共性の呼びだしが、なぜ復権という意味をもったかがよくわかる。つまり、これは、二十世紀初頭における「社会的なもの」の席巻に対する、全体主義の制覇と没落を経過したうえでの「公的なもの」による逆襲なのである。

このことを言うには少し説明が必要だが、十九世紀後半から末期にかけて、この「社会的なもの」の席巻が猖獗をきわめると、これに対する「私的なもの」による抵抗が奇妙なかたちでヨーロッパの知性の先端に現れる。若き日のポール・ヴァレリーが「テスト氏との一夜」と題する小品を書き、その後、毎朝、発表するつもりのない断片を二十年間、書き続け、しかも文学的な沈黙の時期を過ごすのだが、その小品「テスト氏との一夜」で、主人公の青年を魅了する謎の知性の人「テスト氏」は、こういう。この世に知られる「偉人」たちとは、すべて人間的な弱点をもった人々のことである。というのも、彼らは自分の考えを外に漏らした。自分でものごとを考え抜き、そこで得られた発見を、自分のうちにとどめる強さを持つことのできなかった人々だからである、それで彼らは世に知られることになった、そしていま現に偉人として遇されている、と。つまりは彼らは孤独に耐えられなかったのだ。そうテスト氏は、主人公に語る。

このヴァレリーのテスト氏は、誰もが達することのできないほどの思考の高みに達している。しかし、そのことを誰にも語らない。そして市井のなかに埋もれて生活している。その水晶のように堅固な精神のあり方、純粋思考の硬度が、主人公を魅了する。これは、そうした物語なのだが、十九世紀の末期近く、このヴァレリーの純粋思考とは、「自意識」といういわば「私的なもの」の究極態による絶望的なまでに徹底した「社会的なもの」への抵抗を意味している。そこで「自意識」とは「社会的なもの」の制覇の中に現れた、「社会化されえないもの」の最後の砦と考えられている。ヴァレリーは一九一七年、沈黙を破ると一躍名声をかちえ、一九二八年にはヨーロッパ知的協力機構会議の議長を務め、フランス第一の知性と称される。しかし、そのヴァレリー流の抵抗は、この「社会的なもの」の制覇が全体主義という姿で人々を襲い、最終的にナチズムのユダヤ人絶滅政策という形をとったとき、これに、よく抵抗しえただろうか。そこには「社会的なもの」における同様に、「公共的なもの」への関心が払底している。つまり、唐突なようだが、ここにアーレントを登場させれば、「公共的なもの」への関心が消えたことが、近代の果て、「社会的なもの」の跳梁を許したのではないか、という思いが、彼女に世界戦争後の公共性論を、構想させているのである。

これが、西欧でいえば、第二次世界大戦以前の最高の知性の一人ポール・ヴァレリーのこの「自意識」の核を破るため、日本でいえば、やはり戦前の日本の最高の知性の一人小林秀雄の「自意識」の核を破るため、アーレントのこの政治思想がわたし達の前に現れなくてはならなかった、ということの意味だろうと、わたしは思う。わたし達は、戦後の人間として生きるため、たしかに一度は、アーレントのこうした言説に助けられる必要があったのである。

『テスト氏』の中核をなすヴァレリーの「テスト氏との一夜」は、語り手の青年が自意識の怪物ともいうべき無名の哲人テスト氏と邂逅した時のさまを語る短編（一八九六年）だが、小林訳（一九三二年）で、こう書かれている。

そこで僕は、最も強い脳髄の持主とか、最も鋭敏な発明家とか、思想を最も正確に認識する者は、無名の人々であり、もの惜しみをする人々であり、自己を主張せず死んだ人々でなければならぬと想像した。これらの人達が居るといふそのことが、僕に、所謂偉人なるものが、やゝ脆弱な出来であるといふ事を明かしてくれたのであつた。（「テスト氏との一夜」*21）

（テスト氏のように無名のままに消える——引用者）彼等こそ、生活が透き通つて了つて、姿も見えぬ、世の孤独な先覚者達であつた。特殊な機会とか業績とかを無闇に人手に渡すことを潔しとしない彼等こそ、（略）己れの身を他の数々の品物と較べて別誂への品と考へる事を拒んだ人達ではなからうか。

以上の様な考へが、僕の脳裡に浮かんだのは、一八九三年の十月のこと、思索が、たゞ思索するのを楽しんでゐる様な、悠々自適の時であつた。（同前）

アーレントがこのヴァレリー（＝小林）のようなあり方の、どこに激しく苛立ったのかは、明らかだろう。彼女は、孤独へのひきこもりを、それがどのようなものであれ、強く批判する。彼女からすれば、十九世紀の末に青年ヴァレリーをとらえた、「見られ、聞かれるものから生まれる」名声、名誉といったものへの軽蔑の念は、そこに公的なものへの感覚が見事に欠落している点、そもそも、この「社会的なもの」と同じ、その裏返しの反動的感情にすぎないのである。

彼女の理解では、「公的」という観念は、「世界そのものを意味している」。「なぜなら、世界とは、私たちすべての者に共通するもの（common）であり、私たちが私的に所有している場所とは異なるから」である。そこで名声、名誉が、もしいまの目に世俗世界における人気取りのように見えるとしたら、これをそのように見る視覚がそもそも「社会的」なのである。公的なものは、ほんらい、人間を分離し、つなぐ、政治的な共通世界（＝ポリス的なもの）の核心にある価値であり、その「リアリティにくらべ」れば、「内奥の生活の最も大きな力、たとえば、魂の情熱、精神の思想、感覚の喜びのようなものでさえ（略）不確かで、影のような存在にすぎない」。ここにいう共通世界とは、自然とか地球ということではない。人々が人為的に作ったものからなり、そこに生きる人々の間に進行するできごとをさす。それは、ちょうど人々を分離しつつ結合させているテーブルのようなものである。立食パーティの場面を思い浮かべてみよう。そこで人はてんでにしゃべっている。しかしそこにテーブルが持ちこまれると、そこに光の当たる場所が出現し、共通の話題が生まれ、共通の議論が形成され、空間は変質する。人は、テーブルにひきつけられ、その議論で結びつく。それは、

本質的には、ちょうど、テーブルがその周りに坐っている人びとの真中（ビトウィーン）に位置しているように、事物の世界がそれを共有している人びとの真中にあるということを意味する。つまり、世界は、すべての介在者（イン・ビトウィーン）と同じように、人びとを結びつけると同時に人びとを分離させている。（『人間の条件』）

そして、そこでの原理は、人間の「共通の本性」というものではない。それに対立する原理、いわば人間の複数性である。

共通世界の条件のもとで、リアリティを保証するのは、それを構成する人びとすべての

「共通の本性(common nature)」ではなく、立場の相違やそれに伴う多様な見方があっても、にもかかわらず、すべての人がいつも同一の対象に関心をもっているという事実なのである。(同前)

この「共通世界」――公的なるもの――は、「それがただ一つの側面のもとで見られ、たった一つの遠近法において現れる時」、つまり「社会的なもの」に覆われる時、消滅する。ところで、これに対し、――あのヴァレリーの「テスト氏」にいう――「私的」であることの定義とは、まず「公的ではないもの」だと、アーレントはいう。「私的 private」とは「欠如している deprivative」という観念をうちに含むが、それは何より、「公的なもの」がない状態、その文字通りの欠如態なのである。

彼女は書いている。

完全に私的な生活を送るということは、なによりもまず、真に人間的な生活に不可欠な物が「奪われている」deprived ということを意味する。すなわち、他人によって見られ聞かれることから生じるリアリティを奪われていること、物の共通世界の介在によって他人と結びつき分離されていることから生じる他人との「客観的」関係を奪われていること、さらに、生命そのものよりも永続的なものを達成する可能性を奪われていること、などを意味する。私生活に欠けているのは他人である。逆に、他人の眼から見る限り、私的な人間は眼に見えず、したがって存在しないかのようである。私的な人間がなすことはすべて、他人にとっては、意味も重要性もない。そして私的な人間に重大なことも、他人の関心にはとまらない。（同前）

つまり、「私的であること」とは、先に見てきた各人の「他人を見聞き」し、「他人に見聞きされる」公共空間での経験が奪われていること、その人が、「自分の主観的なただ一つの経験」のうちに閉じ込められていることをさす。そこで「奪われ」、「欠如」しているのは、「公的なもの」のうちにあるあの「複数性」という本質である。ヴァレリーの「自意識」とたとえばナチスの「社会思想」は、その「複数性」に開かれていない点、同根である。それらは、ともに「公的なもの」を欠かしているというのが、アーレントの公共性論の力点なのである。

しかし、結論を先にいえば、わたしはこのアーレントの公共性論に、どうしても反対せざるをえない。一言でいえば、アーレントは、彼女のいう「社会的なもの」に席捲された二十世紀世界に、古代に淵源をもつ「公的なもの」をよみがえらせることで、「社会的なもの」への抵抗が「自意識」への立てこもりだけではどうすることもできないことを、明らかにした。また、このような「公的なもの」、また「私的なもの」のとらえ方の中に、アーレントのユダヤ人としての戦争期の体験が色濃く現れていることも容易に理解できる。いってみれば、ヨーロッパにおいても、日本においても、この「自意識」の探求、「私」への問いが、結局、それだけでは二十世紀の生の経験に向きあえないことを明らかにしたのが、ヨーロッパにおけるユダヤ人絶滅政策であり、日本における、というよりたまたま日本人が一方の当事者となった、原爆投下の問題だった。彼女はいわば、ヴァレリー的、小林的な近代の知性に対し、はじめてそれだけでは足りない所以を明らかにする別個の視点、「政治という問題」を提示しているのだが、しかし、そこには、それだけをとればやはり佐伯の場合と同様、〝近代の起点〟への眼差しが、脱落している。アーレントには古代と現代がある。しかし、近代が抜けているのである。

4　近代とは何か

アーレントに欠けているものを、まずアーレントに沿って追ってみよう。

アーレントの考えに立つ限り、公的なものと私的なもの、公共性と私性は、対立したままである。わたしの考えでは、そこにアーレントの公共性が古代的な規矩を越えられない所以、近代的な公共性と違う点がある。

ではなぜこの古代的な公共性は、私的なものと対立するのだろうか。アーレントの定義には現れないが、むろん、「公的なもの」が都市空間という下部構造をもつように、これに対する「私的なもの」にも古代世界における下部構造がある。あの「都市」に対する「家」がそれであり、両者の対立は、この都市の原理と家の原理の対立に基底をもっている。

そこで、古代的な共通世界は、いわばその下部に家という異質空間をかかえ、先の話でいうなら、基底を自然的共同体にささえられた上部としての政治的共同体という構成となっている。その家の内部では家長《ドミヌス》が絶対の権力者であり、それはいわばギリシャ世界の内部の異郷、非ポリス空間を意味した。なぜ古代民主政と当時の哲学者たちが、奴隷制を疑問としなかったかも、この奴隷制が家庭奴隷であって、家（オイコス）の内で行なわれていたことだったことを考えると、了解できる。家は異質な空間で、家長が捨て子の自由さえもつそこに自由を奪われた奴隷がいたとしても、何の不思議もない。また、奴隷は、ほぼ戦争の結果捕虜となり、殺されるよりも奴隷になるほうを選んだ「脱落者」からなっていた。つまり、古代の公共空間は、その下部構造と有機的な連関をもたない、互いに排除しあう世界としてあった。それが、そこで公的なものと私的なものとがいわば固定的な対置関係にとどまっていたことの理由である。この点で、家を下部において家長を構成員の単位とするこの古代的な公共空間（＝戦士の共同体）と、個人が市民として単位となるいまに続く近代的な公共空間の間には、飛び越えることのできない、一つの断絶があったのである。

しかしアーレントの公共性論に顕著なのは、そこでこの公的領域における古代性と近代性の断絶に、ほとんど注意が与えられていないことといわなければならない。そこには公共性が古代的なそれから近代的なそれへと再編成、再構築されるという観点は、見られない。なぜアーレントにそのことが見えていないか、あるいは見えてはいるが、彼女としてそれを肯んじえなかったか、ということも、『人間の条件』の論理構成を見るとある程度、わかる。そもそもアーレントがこの著作で、一章を設け、私的領域と公的領域についての考察を行なっているのは、ここにいうギリシャの「公共的」なる概念がいかに時代をふるにつれ、「社会的」なる別個の概念に侵食、駆逐されていくかを跡づけるためだった。

いってみれば、佐伯に例を見るような理解こそ、アーレントがいましめたものだが、しかし、佐伯のような見方を生む要因も、アーレントから、きているといえるのである。

その古代的な公共性の中世における拡散の過程を彼女はこう述べている。

アリストテレスは人間を定義するに際し、労働でも制作でもない活動にその本質を認め、人間を「政治（ポリス）的動物」と呼んだ。しかしこの「政治的」は十三世紀、トマス・アクィナスの時に、「社会的」へと拡散をはじめる。聖トマスは「人間は本性上政治的 politicus、すなわち社会的 socialis である」と書く。ここで「政治的」と「社会的」との違いは、前者が「他者の絶えざる存在に完全に依存する」人間の活動行為を意味するのに対し、後者が単なる人間の共生状態を意味している点にある。アーレントによれば、古代の公共性の考え方をささえているのは、人間の複数性（公的領域の原理）と人間の共通の本性（私的領域）からなる二元論だが、両者の差異の感覚が、時代をふるにつれ、徐々に弱まっていくのである。政治的生活をささえる名誉や勇気といった古代的な徳（公的なもの）は、こうして自然の必要、生命の維持という「家」の原理と相互浸透していく。「政治」、「公的なもの」は、この「社会的なもの」が徐々に「都市」の原理を凌駕するようになるにつれ、見えにくいものとなっていくだろう。この意味での「政治（ポリティクス）」に代わり、いわば、「経済＝家政（エコノミー）」が、人間生活の多くの部分を覆うようになるのである。[*22]

中世になると、古代的な徳はキリスト教にとって代わられ、それは「家」に基礎をおく世俗的生活に対し、精神生活（天界への信）によって人々を結合することとなるが、もはやそこで人々をつなぐのは現世の「公的なもの」（＝不死性）ではなく、来世の「宗教的なもの」（＝永遠性）である。

中世の市民団に歴史的断絶にもかかわらず古代からの「市民精神（シヴィック・スピリット）」が認められるという佐伯とは違い、アーレントは、すでに中世の都市空間をすら「家」の原理が席捲していることを強調する。都市内にはたしかに職業組合、同業団体、商業会社が生まれる。しかしそこに貫徹しているのは、その名称コンフレリ、コンパニイが「兄弟（同じ家に属する）」、また「同じパンを食べる」ことを意味することに示されるように、ポリスに立脚する「公民」的な精神というよりは、もはや「家（オイコス）」の身分制に立つ自然的な共同体なのである。

アーレントは、こう述べている。

したがって、中世の政治思想がもっぱら世俗的領域に係わりをもち、家族内部の保護された生活とポリスの容赦なく身を曝される生活との深淵に気がつかず、したがって、最も基本的な政治的態度の一つである勇気という徳については、なにも知らなかったということは驚くにあたらない。むしろ驚くべきなのは、政治にふたたび古い尊厳を回復するために異常な努力を払う過程で、この深淵を認め、これを渡るのに必要な勇気のようなものを理解した唯一の古典後の政治理論家が、マキャヴェリであったということである。（同前）

さらに、近代にいたり、産業化が起こり、私的利害を第一義とする市民社会が生まれる。アーレントはこれを、先の生命の維持を最高の目標とする「家」の原理の「公的なもの」への侵食がいよいよ拡大深化し、前者が後者を席捲する過程として描く。

しかし、ここに起こっているのは、どういうことだろう。アーレントはふれていないが、そこでは、中世を通じて基盤を拡大してきた商業と家内工業の強力化を背景に、いまや、オイコスの領域で人を動かす原理が、これまでの、人が生きていくための「必要」から、いわばもっと上向しようという「欲望」へと転轍されようとしているのではないだろうか。いわば私利私欲というものがはじめて人間の共通の本性の主力となって人を動かすということが、起こっているのであり、それが、中世社会を内側から壊し、別個の社会に変えようとしている。右の引用でいえばマキャヴェリの登場が意味しているのはこの私利私欲の到来にほかならないのである。

ハーバーマスは、その『公共性の構造転換』の中で、近代初期の家庭内工業がどのように家の構造に変化をもたらしたかについて、手短かながら印象的なデッサンを試みている。木靴職人の家は、商業化の進行にともない、遠隔地との取引きが可能になると、生産量がふえ、家の中に仕事場の部分と、商取引きのための他との応接部分をもつようになる。そしてそれに伴い、これまでの家族の会食、だんらんの場が、それを目的とする「親密な空間」へと変質し、ここに、いわゆる「家庭」なる親密な空間がはじめて生じるという。[*23]

この、それまでの家（オイコス）の、仕事場と、応接間と、居間への分裂は、古代以来の私的領域の内部からの崩壊と、また古代的な意味でのオイコスの原理の終焉を物語る挿話だが、さて、この変化の動因を、わたし達は何に求めるべきだろうか。

わたしは、その中世世界の崩壊と近代世界の到来の第一原因が、あの個人を単位とする新しいオイコス（＝家政、エコノミー）の原理、私利私欲だと思う。人が一人では生きられない環境の中では、家は、そこで人々が身体を寄せ合い、ともに生きるための「必要」を満たす座となる。しかし、そのような生の「必要」が満たされ、むしろ「欲望」が人を動かすようになると、オイコスの原理の主体は、これまでの家（＝家長）から、個人（＝私）に変わるのである。

この新しい「家」の原理、エコノミー、市場経済の原理の制覇の中で、新たに「社会的 social なもの」が生まれ、それまでの公的領域を蚕食し、それに伴い、それまでの私的領域も変質を余儀なくされ、「親密 intimate なもの」を生み出すと、アーレントはいうが、ここに起こっていることは、たぶん、次のような、私利私欲を動因とする、一連の変化なのである。

こう考えてみよう。そもそも、なぜ、近代に入り、「社会的なもの」が生まれてくるのだろうか。わたしの考えでは、近代をもたらしている第一原因は、私利私欲の出現である。その時点で、古代的な公共性は、もはやその基盤を失い、没落しはじめている。そして、その没落を受けて、近代の起点の課題は、私利私欲の上にどのように（新しい）公共性を打ち立てることができるかというものとなり、それが、近代初期の政治思想家たちをもっとも深いモチーフとなってつき動かす。しかし、近代前期の政治思想は、その課題に答えることに失敗する。そしてその失敗のなかから、いまや野に解き放たれ、公共的なものの破壊者と化した私利私欲を制御する原理として、「社会的なもの」が、世界にはっきりとした姿を現しはじめるのである。

それは、人間の共通の本性に立ち、貧しき者を助けよ、といい、私利私欲をいさめる。それは、こうして、ある時は革命の恐怖政治を伴う形で、この私利私欲の野放図な動きを抑止することに成功する。しかし、この「社会的なもの」が、当初の敵たる私利私欲を抑止し、撲滅すると、——いまや公共的なものの退場した——世界に、この「社会的なもの」を制御するものはどこにもないことが明らかになる。「社会的なもの」はこうして近代後期の僭主となる。そして、そうなると、今度は、その僭主化した「社会的なもの」への抵抗の砦として、いわば「社会化されえないもの」としての「親密なもの」が、「私」の意識の内部空間として、人々の手につかまれるようになる。それは、極端な場合、あのヴァレリー流の「自意識」の実験室という文学的表象をもつまでになるだろう。つまり、近代に入ってからの、古代的な「公共的なもの」の没落、「社会的なもの」の勃興、「親密なもの」の発生は、そもそものところ、すべて私利私欲の力に促されてもたらされるのである。

ここで先の話に合流するが、世界戦争は、この「社会的なもの」の制覇の完成態として、ファシズムと共産主義という二つの全体主義を生み、また、それへの抵抗として「親密なもの」への立てこもりが無効であることを宣告するものとして、アーレントの前に現れている。では、この「社会的なもの」にどう抗するか。アーレントは、戦争をへて、戦後の思索の果てに、古代以来の公共性をもってこれに答える。

アーレントは、私利私欲を否定する。というより、私利私欲にそもそも評価の対象としての権利をすら与えようとしない。私利私欲とは彼女にとっては、もっとも否定すべき人間の共通の本性——人を動物としてのヒトとさせているもの——の近代における核心部分である。彼女にとって、「私的なもの」とは、近代以降はもっぱら、「親密なもの」によって代表されるが、彼女の独自性は、他の思想家が一定の評価を与えるその私性（プライヴェートネス）を、一顧だにすることなく、完全に否定する、という形で現れる。それは、私利私欲という意味でも、私性という意味でも、彼女の考える人間の複数性を基盤とする公共性の反対価値なのである。

では、このようなアーレントの見方のどこに問題があるのか。

ここには、一つの流れが古代から現代へと続いている。一貫しているのは、アーレントの、生命にこだわり、低徊する存在への嫌悪感ともいうべきものである。

彼女は書いている。

> 社会が勃興し、家族と家計の活動力が公的領域に入り込んでから、ある抗しがたい傾向が成長してきた。それは、政治的なるものと私的なるものの古い領域はもとより、それ以後に樹立された親密さの領域をも貪り食う傾向であって、それはこの社会という新しい領域の顕著な特徴の一つとなった。この傾向は絶えず成長し、この成長自体、同じように絶えず加速

されている。このことは、少なくとも三世紀にわたって見ることができる。ところで、この傾向がこのように力強いのは、さまざまな形で社会を通して公的領域に流れ込んでくるのがほかならぬ生命過程そのものだからである。家族の私的領域というのは、生命の必要物、つまり、個体の生存と同時に種の継続にも必要なものが保護され、保証されている領域にほかならなかった。(同前)

「社会的なもの」の勃興の基底にアーレントは、「家」の「生命過程」の力を見る。しかし、「社会」を「絶えず成長し、この成長自体、同じように絶えず加速されている」というあり方で押し立てている力が、市場経済であり、産業化であることを考えあわせるなら、アーレントの見方はこの動きの一面しかとらえていない。産業革命以来、二十世紀も終わろうという現在にいたるまで、この動きを基礎づけてきたのは、先にふれたように、けっして「個体の生存と種の継続」のための「必要物」を獲得しようという動物一般の「生命過程」だけではない。そこにあるのは、個人の、少しでも楽をしたいとか、おいしいものを食べたいとか、贅沢をしたいとかというような「欲望」、私利私欲であり、それが、「市場」の力の基底だったのである。しかしアーレントはなぜか、このことを見ない。彼女は、この移行それ自体を、「公的なもの」から見て単に唾棄すべき生命の領域のできごとと見る。

親密なるものの発見以前には、私生活の特徴の一つは、この領域に住む人間は、真の人類としてではなく、動物の種たるヒトの一員として存在するという点にあった。正確にいえば、これこそ古代人がこの領域にたいし大いなる侮蔑の念を抱いていたそもそもの理由であった。(同前)

古代ギリシャのポリスにおける家族内奴隷の供給源は、主に戦争による捕虜である。捕虜は、殺されるか奴隷になるかを選ばせられ、殺されたくない、生き恥をさらしても殺されないほうを選ぶという者が奴隷とされたという。古代ギリシャにおける奴隷への「侮蔑の念」は、ここから考える時十分に納得される。これは佐伯の引いている文だが、名高い戦没者追悼演説でアテナイの指導者ペリクレスは、「矜持ある者は臆して生き恥をさらすより、母国に力を尽くし、希望にもえつつ卒然として斃れるを好もしいとする」と述べている(『トゥーキュディデース』)。アーレントは、ほぼ同じ思いを、この生命を惜しむ存在、生命を越える価値にむけての「決意」をもたない存在に、向けていたと思われるのである。

アーレント研究者川崎修は、こう書いている。

アレントが主権の概念の排除に徹底して固執できた背景には、たとえばホッブズに代表されるような近代的社会契約説が前提とする人間像と、アレントの「社会契約」が前提とする人間像とが全く異なるということがある。前者が前提とするのは、多かれ少なかれエゴイズムの化身としての人間であって(ホッブズはその極限的形態である)、主権者の強制力なしには、約束を守る能力も意志も十分にはないような、自己の生命や利益を守る以外には他者との共同での生活そのものになんの意味も見いださないような人間である。ところがアレントが前提とするのは、共同の生活へと「決意した」人間であり、そうであるがゆえに彼は約束を守る能力と意志を持っているのである。つまり、彼は「政治社会」の成立以前にすでに公的事柄をみずから担おうと決意し、そのための最低限の能力を身につけている人間なのである。

実は、この対立は、「公的」を「私的」から導出することを課題とする近代の政治哲学にたいする、アレントの根本的な反対の一つの現われである。彼女においては、公的なるものである権力は、公的人間たらんと決意した人々によってのみ産み出せるのである。アレントにおける公的人間のメルクマール、その唯一の資格要件は、公的生活への「決意」である。
（『アレント——公共性の復権』一九九八年[*24]、傍点引用者）

なぜアーレントが、「『公的』を『私的』から導出することを課題とする近代の政治哲学」に「根本的な反対」をかかげるか、その理由は、わたしの察するところ、次のようなものである。彼女はこの『人間の条件』の冒頭で、人間の基本的な活動力を、労働 labor、仕事＝制作 work、活動 action に分け、それぞれを、「人間の肉体の生物学的過程に対応する活動力」（労働）、「人間存在の非自然性に対応する活動力」（仕事）、「物あるいは事柄の介入なしに直接人と人との間で行なわれる唯一の活動力」（活動）と呼んでいる。簡単にいえば、生命維持のための「労働」とは奴隷の労働を、非自然性への働きかけである「仕事」とは職人あるいは芸術家の仕事を一例とする活動力であり、これに対し、人と人の間で行われる「活動」が、ほんらいあるべき政治的人間、ここにいう「公的空間」での活動力をさしている。

彼女によれば、ここでこの「活動」が他の二つよりも上位におかれるのは、それが、それのみが、「複数性 plurality」という人間の条件に対応するものだからである。

労働は「地球上に生き」ることに係わり、仕事は「世界に住む」ことに係わるが、活動は、この「地球上に生き世界に住む」のが「一人の人間 man ではなく、複数の人間 men であるという事実」、つまり「複数性という人間の条件」に係わっている。

　たしかに人間の条件のすべての側面が多少とも政治に係わってはいる。しかしこの複数性こそ、全政治生活の条件であり、その必要条件であるばかりか、最大の条件である。（略）もし、人間というものが、同じモデルを際限なく繰り返してできる再生産物にすぎず、その本性と本質はすべて同一で、他の物の本性や本質と同じように予見可能なものであるとするなら、その場合、活動は不必要な贅沢であり、行動《ビヘイヴィア》の一般法則を破る気まぐれな介入にすぎないことになるだろう。複数性が人間活動の条件であるのは、私たちが人間として同じだという意味が、だれ一人として、過去に生きた他人、現に生きている他人、将来生きるであろう他人とけっして同じではない、ということのうちにあるからである。（『人間の条件』）

彼女はこうして、先に引いたように、この「世界」の共通性、公共性をささえる基底を、「それを構成する人びとすべての『共通の本性(common nature)』ではなく、立場の相違やそれに伴う多様な見方があっても、にもかかわらず、すべての人が同一の対象に関心をもっているという事実」のほうに認める。そこで「複数性」は、構成者の「共通の本性」によってではなく、「われわれはみんな同じだ、でもみんな違うという仕方で、同じなのだ」という差異としての同一ともいうべき基礎に支えられる。つまり、彼女は、人間の「共通の本性」を一貫して公的世界の対立物とみなすが、ここで、人間の「共通の本性」と呼ばれるものとは何か。それこそ、死に瀕して死にたくないと思う生命の本能であり、私利私欲であり、すなわち、人が敗れ、誤り、いわば落ちるところまで落ちた場所で出会う、あの可敗性、可誤性の可能性の基底ともいうべき底板なのである。彼女は、これを否定し、その対極に、人間の「複数性」をおく。しかし、彼女の「複数性」は、この近代にあって、古代の公共性における複数性ほどに堅固な基盤をもつだろうか。そもそも、この現代の「複数性」と古代ギリシャのそれ、いまの人間の「共通の本性」と古代のオイコスの原理としてのそれは、同じものだろうか。アーレントはそこに差異を見ない。しかし、近代は、このアーレントの考えに、すでに別の考え方を対置しているのではないだろうか。

ヘーゲルの「主人と奴隷の弁証法」が語るのは、まさしく、この生命の維持を侮蔑する高潔な存在が、やがてはその侮蔑をつうじて主人の位置から没落し、逆に「臆して生き恥をさらし」し、人間以下の境遇に落ちた奴隷がその死への恐怖と労働をテコに、自立した存在へと変わる話である。ヘーゲルは、近代が古代の底板を踏み破っているところを、語っているのではないだろうか。

アーレントは、人間の活動力を、労働と仕事と活動に分ける。また、人間の生活領域を公的領域と私的領域に分ける。そして、そこで最も価値のあるものを、活動、また公的領域であるといい、それを労働、私的領域といった価値ないものとの対比におく。しかし、この古代に範をとった二つの関係は、対立の関係におかれ、その関係を自ら壊すことができなかったばかりに、没落した。そして、これを没落させたものこそ、あの「近代」というものだったのである。

古代ギリシャの美徳は、死をも恐れない勇気として、公的なものへの犠牲的態度として、ずいぶん長く生き続けた。しかしそれが奴隷制の上に立つ公共性であることも誰もが知るところである。では、この古代の民主政と美徳と奴隷制はどのような関係にあるのか。古代の美徳としての勇気と近代の美徳としての勇気とは、どこが同じでどこが違うのか。

この問いに、第二部にとりあげた、あのヘーゲルの「主人と奴隷の弁証法」は、十分に答えているといわなければならない。

徳とは何か。それをささえているのは各人の自己意識である。自己意識同士の生きるか死ぬかの争闘は、必ず最後で一方の死にいたろうとする。しかし、そこに「死」として現れてくる底板は、実は、最終のゴールではない。なぜなら死とは、生命の消滅だが、生命とは自己意識を騎士として乗せている馬のような「土台」にすぎず、それを打ち倒すものである「死」だけでは、それに支えられる自己意識の全体を打破したことにならないからである。しかし、繰り返せば、この戦いの最終局面で、自己意識に一つのことが明らかになると、ヘーゲルはいう。すなわち、自己意識は、「死にたくない」という生命からの声を聞く。それが自分の底板を下方から突き破って噴出するのを見る。自己意識は、「死にたくない」と醜く「臆する」自分をまのあたりにし、その時自分にそう感じさせている存在が自分の下部にあり、自分の足場になっていることの意味を、はじめて、知るのである。再度引けば、

　(単なる——引用者)生死を賭けたたたかいは、無意味な否定であって、破棄しながらも、破棄したものを維持・保存し、破棄を超えて生きのびるという、意識の否定とは別ものなのである。
　この経験のなかで、生命が、純粋な自己意識と同じように自分にとって本質的なものであることが、自己意識にあきらかになる。(ヘーゲル『精神現象学』[*25]、傍点引用者)

この最初の経験の結果、「われ」という単純な統一体は打ち壊されると、ヘーゲルはいう。そしてそこに登場してくるのが、「純粋な自己意識」と「純粋に自立はせず他と関係する意識——物の形をとって存在する意識——」、主人と奴隷の一対である。

そのいずれもが意識にとっては本質的である。が、さしあたりこの二つは上下関係のもと

に対立していて、統一へと還っていく道筋はまだ示されてはいないから、二つの対立する意識形態として存在せざるをえない。一方が自主性を本質とする自立した意識であり、他方が生命——他にたいする存在——を本質とする従属した意識である。前者が「主人」であり、後者が「奴隷」である。（同前）

こう見てくれば、「都市国家（ポリス）」と「家（オイコス）」の対置が、ここに改めて、「主人」と「奴隷」の関係として描きだされていることがわかる。アーレントは、「自主性を本質とする自立した意識」（主人）の立場から、この死ぬ勇気のない「生命を本質とする従属した意識」（奴隷）を侮蔑し、最初から公的な生活への「決意」をした人間にしか公共性は担えないと考えていることになるが、ここでヘーゲルは、そうである限り、「主人」（自立した意識）は没落せざるをえない、それは、従属者となり、死への恐怖におびえつつ「労働」に従事する「奴隷」に敗れ、やがては彼自身が奴隷に転落せざるをえなくなると、いっているのである。

ヘーゲルはいう。

なぜこの死をかけた争闘で、一方が勝ち、他方が負けたのか。苦痛にたえ、死ぬことをおそれずに自分の自立性をつらぬき通した方が、勝ち、そのつどの欲望に負け、死ぬことをおそれた側が、負けて奴隷となったのである。

ここで勇気、あの古代的な徳は、はっきりと勝者の側にある。勝者は死をおそれなかったから勝った。そして何より敗者は死ぬ勇気がないばかりに、生きながらえて勝者のもとで奴隷となったのである。

しかし、とヘーゲルは続ける。

主人はその後、奴隷を介在させることで自分の欲望を自由に満たすようになる。そのことで自然との関係を奪われ、自分に働きかけてくる他者を失い、自分の自立性を弱めていく。他方、奴隷は、主人に隷属することで他との相互関係を日々生き、死への恐怖におびえる中で、欲望からの離脱を果たし、苦痛にみちた労働により自然に働きかけつつ、物を形成し、自然への依存を脱し、自分の中に自立性を作り出してゆく。こうして、従属関係をつうじ、「非本質的な意識」こそが「主人の自己確信を客観的に示す真理」となり、「独立自存の意識の真理は奴隷の意識であることになる」。主人にはない死への恐怖をつうじ、「奴隷は主観的にも客観的にも自主・自立の経験にさらされる」。「一見他律的にしか見えない労働のなかでこそ、意識は、自分の力で自分を再発見するという主体的な力を発揮」するため、最後、奴隷は、「恐怖と従属の二要素と、加えて、物の形成というもう一つの要素」により、「自己へと還」り、主人との関係をついには逆転するにいたるのである——。

ここで、あの「ポリス」と「オイコス」という古代ギリシャの徳を支えていた二重構造の土台、また、「公的領域」と「私的領域」の二分、さらに、「労働」、「仕事」、「活動」の三分割とそれに示唆を受けたアーレントの人間の条件の構造は、底板を踏み抜かれているのではないだろうか。

ヘーゲルは、「隠して生き恥をさらすな」という古代ギリシャの徳に対し、「生き恥」をさらし、死の恐怖におびえ、労働することで、自力で獲得される別種の徳のありうることを証した。そして、古代ギリシャの構造は早晩、奴隷の力により崩れ去る運命にあることを示した。また、人が「活動」の領域で全てを奪われ、自尊心の最後のかけらを失っても、そのことを足場に、「労働labor」と「仕事work」をつうじ、自然と世界に関与し、やがて、人の複数性の共通世界での「活動action」へと抜け出ていくこと、人間とはそういう存在であること、アーレントの人間の条件の三分割を、成層圏を貫通していくチャレンジャーのように、「突き抜ける」のが人間の「活動力activities」＝「人間の条件」の本質であることを、すでにアーレント以前に、語っているのである。

古代と中世の秩序は、ここで、はっきりと近代の前に崩壊せざるをえない所以を明らかにしている。ヘーゲルは、生命活動とそれに発する私利私欲こそ、「近代」の起点だといっているのである。

ヘーゲルが体現する「近代」の場所から見れば、古代ギリシャの限界は、殺されそうになって、何とか生き延びようと思う、その「臆した」気持に、「自分にとって本質的なもの」を見るという契機がなかったこと、ということになる。「死にたくない」という臆した気持は、生命活動の次元にある人間の「共通の本性」である。アーレントにおいて「複数性」は「共通の本性」に対立する。そして「複数性」が枢要な人間の活動の条件であるのは、「私たちが人間として同じだという意味」が、誰一人として、過去、現在、将来にありうる他人と「けっして同じではない、ということのうちにある」からだとされる。しかしその「私たち」が「けっして同じではない」ことを意味あらしめているものは何だろうか。「私たち」は、過去、現在、将来の他人と「けっして同じではない」がまた、過去、現在、将来の「人間でないもの」、たとえば家で飼っている複数の過去、現在、将来の猫とも「けっして同じではない」。しかし、その「同じでなさ」は違う。過去、現在、将来の他人との「同じでなさ」を意味あらしめているのは、わたし達とその「他人」が同じ「人類」に属し、「共通の本性」をもっていることであり、「共通の本性」をもつことの有無が、その「同じでなさ」の意味を与えもすれば、奪いもしているのである。つまり、さまざまな他者の中に生きることが人が生きるということの最大の意味だというあの彼女の「複数性」の観点は、けっして彼女が考えたように、単に「一人一人が違う」という仕方でわたし達がもっている同じさ」――差異としての同一――に、基づいているのではない。わたし達は一人一人違う、にもかかわらず共通の本性をもっている、そのことが、「複数性」の基礎なのだ。さまざまな他者の中に生きるには、関心の共通がなければならない。この差異としての同一という彼女の言い方は、同語反復なのである。[*26]「複数性」は、「共通の本性」と対立しない。それは、生命維持の「共通の本性」と対立しつつ、しかしその上に築かれており、むしろそのことが、公共性が私利私欲という誰にもある「本性」と対立しつつ、しかしその上に築かれうることの基礎なのである。

5　マルクスの「ユダヤ人問題によせて」

さて、この近代の起点がわたし達にさしだしているのは、どのような形をした課題なのだろうか。

政治学者の福田歓一は、この論の冒頭にふれた「シヴィル」と「シヴィック」の違いに関し、いわゆる私的利益に立つ「市民」と公共的な関心に立つ「公民」の区別が、いつどのように現れるか、という問題について、次のような指摘を行なっている。

福田によれば、「シヴィル」がいまのように「私的なもの」を指すようになるのは、そう昔のことではない。この場合の「シヴィル（私的）」の対語は、「シヴィック」ではなく「ポリティック（公的）」だが、この二つの語はそれぞれ、ギリシャ語のポリスとそのラテン語であるキヴィタスからきており、じつは、ほんらい、同じ意味だったという。たとえば『社会契約論』（一七六二年）で、ルソーは、「シヴィルという言葉をポリティックと何ら違う意味では使っていない」[27]。つまり「シヴィル」は、もとは政治的、公共的な意味あいだったのである。

しかし、その語がある時を境に、私的なものをさす語になる。

福田は、その変化が現れた最初の理論的な用例のケースとして、モンテスキューの『法の精神』の場合をあげている。モンテスキューはそこで、古代ギリシャ・ローマの奴隷制のあり方をオリエントの専制政治における奴隷制と区別して、オリエントでは「公民全部が政治的な奴隷であった」が、ギリシャ・ローマでは家族内の「私的な奴隷支配」であったと述べ、ギリシャ・ローマのそれを「シヴィルな奴隷制 esclavage civil（＝私的奴隷制）」、オリエントのそれを「ポリティックな奴隷制 esclavage politique（＝公的奴隷制）」と呼んだ。これがヨーロッパでシヴィルという語が、「私的なもの」を指した最初の例である。

ところで、事実の世界では、その意味変化はいつ起こっているのか。シヴィルとポリティックがそれぞれ「私的なもの」と「公的なもの」に分かれていく起点は、フランス革命にある。

事実の世界では、これは皮肉なことにフランス革命から、つまりあの「人権宣言」がhomme（人間――引用者、以下同）とcitoyen（公民）の諸権利であった事実から、分離が始まる。もちろんそこではcitoyenは公民であって、（従来の）ルソーの用法と変わっていない。しかし、まさに同じ語源から出たcivilがナポレオン法典code civilに用いられることによって、civilという言葉は決定的に権力外の、民事的な領域に局限されるのであり、同じ言葉が真っ二つに分けられるのである。そしてこのシヴィルという言葉の新しい用法はまさに「人権宣言」におけるcitoyenに対するhommeの領域を指すものとなり、皮肉にもルソーがcitoyenと区別すべきだといったブルジョアを意味するものとなるのである。（『日本における政治学史研究』一九八六年）

シヴィルという言葉は、ある時まで古代の語感と意味をもっていた。もしくは古代ギリシャ・ローマの政治思想の文脈を背景に使われていた。しかし、それがフランス革命からナポレオン法典制定へと続く一連の動きの中で、「私的なもの」に変わる。わたしは、そこに「公的なもの」と「私的なもの」の近代における新しい布置の起点を見ておきたい。そこで「私的なもの」は、基部に古代ギリシャ・ローマからの意味（＝「共通の本性」）を継承しながらその上層に、近代になって現れた、あの「プライヴェートな（＝親密な＝私的な）」という新しい意味を、つけ加えている。福田は、その二つのものの関係の変動の起点が、フランス革命、より厳密にいえば「人と市民の諸権利の宣言」、つまり一七八九年の「人権宣言」だというのである。

では、そこでこの変動はどのような現れを見せているか。そして近代の思想は、これにどう答えることで、ここに現れた問題に対処しているのか。

この問題の現れ方と、それへの回答に、わたしの考える近代の本質は、姿を見せている。

それを、こういえる。

市民と国家の関係でいえば、市民は国家より大きい。

しかし人間と市民の関係でいえば、人間は市民より大きい。

ところで人間とは何か。

その本質は私性にある。

総じていえば、私的なものは公的なものより、大きい。

しかし、だから、この理由から、公的なものは、私的なものをこれ以上さかのぼれない前提とみなし、その上に、自分を築くのである。

わたしが念頭におくのは、マルクスが若い時代に示している一つの観点である。

マルクスは、二十五歳で書いた「ユダヤ人問題によせて」の中で、「人権宣言」にふれ、こう問いをおき、問題の核心を取りだしている。

人間の権利〔droits de l'homme〕すなわち人権は、そのものとしては、公民の権利〔droits du citoyen〕すなわち公民権から区別される。公民〔citoyen〕から区別された人間〔homme〕とは誰なのか？ 市民社会（civil society）の成員にほかならない。なぜ市民社会の成員は「人間」、単なる人間と呼ばれ、なぜ彼の権利は人権と呼ばれるのであろうか？ どこからこの事実をわれわれは説明するのか？ 市民社会に対する政治的国家の関係からであり、政治的解放の本質からである。（「ユダヤ人問題によせて」一八四四年[*28]、傍点原文、マルクスの引用に関しては以下同）

以下、混乱を避けるために、用語を統一する。先に断った通り、公共的な存在としての市民をさすシトワイヤンが「公民」であり、それは、私的利益に立つ〈市民社会 civil society〉の成員、ないしブルジョアとしての市民とは違う存在である。

さて、公的なものと私的なものとは、この「人間および公民の権利宣言」における「公民」と「人間」として、はじめて新しい布置のもとにおかれ、近代の問題となって現れる。そこでは「公的なもの」も「私的なもの」もそれを担う単位としてはもはやともに〝個人〟である。「私的なもの」の担い手はいまや「家」ではなく、「私的存在としての個人＝私」としての「〈市民社会〉の成員」となっている。ここで両者の対立は、「都市国家（ポリス）」対「家（オイコス）」からいわば「社会化された個人」対「私的な個人」に変質しており、その新しい布置関係がここでは「公民」対「人間」として現れている。その起点をとらえ、マルクスは、なぜここで権利宣言されるのが革命を担った「公民」ではなく、私的な存在たる市民社会の成員であり、かつまたその権利がなぜ「人間」の名で宣揚されなければならないのかと、考えてみればもっともな問いを、わたし達にむけ、さしだしているのである。

彼はいう。

何よりまずわれわれは、次の事実を確認しよう。すなわち、いわゆる人権、つまり公民の権利（droits du citoyen）から区別された人間の権利（droits de l'homme）は、市民社会の成員の権利、つまり利己的人間の権利、人間および共同体から切り離された人間の権利にほかならないということである。（同前）

ここで「人間および公民の権利」とされているものは、フランス革命におけるもっともラディカルな憲法である一七九三年の憲法によれば、「平等、自由、安全、所有権」である。では「自由」は、実際にどの点に存するのか。第六条に「自由は、他人の権利を害しないことはすべてなしうるという、人間の権能」とある。しかしここに保障されているのは「孤立して自分の中に閉じこもっているモナド（単子）としての人間の自由」にすぎない。

次に所有権、「私的所有という人権」は、どう記載されているか。第十六条を読めば、それは、「任意に、他人と関わりなしに、社会から独立に、自分の資産を享受したり処分したりする権利、つまり利己の権利である」。

では残りの「平等」は、そして「安全」はどうか。

いわゆる人権のどれ一つとして、利己的な人間、市民社会の成員としての人間、すなわち、自分自身にだけ閉じこもり、私利と私意とに閉じこもって、共同体から分離された個人であるような人間を越え出るものではない。人間は人権において類的存在とみなされたどころか、むしろ類的生活そのものである社会が、諸個人にとって外的な枠として、彼らの本来の自立性の制限として現れるのである。（同前）

こうして、自由、所有権、平等、安全についてそれぞれ問題点を浮かびあがらせた上で、マルクスは、次のように問う。

とするなら、なぜ、公民として生命を省みずに革命を成就させたその直後、利己主義が犯罪として罰せられなくてはならないようなそのようなおりもおり、この政治的な公民たちが、革命にも参加せず、自分のことしか考えていない利己的な人間の権利を守ると、宣言しなくてはならないのか。また現に宣言しているのか（「一七九一年の宣言」そして「一七九三年の人間……の権利宣言」）。これは、一つの謎ではないだろうか。

さらに、公民的性格、政治的共同体が、政治的解放者によって、これらのいわゆる人権の保持のための手段にまで格下げされ、したがって公民（citoyen）は利己的な人間（homme）の下僕であると宣言され、人間が共同的存在としてふるまう領域が、部分的存在としてふるまう領域の下に引きおとされ、結局のところ、公民（citoyen）としての人間ではなく、ブルジョア（bourgeois）としての人間が、本来のそして真の人間だと受けとられたことを見るとき、あの事実はますます謎を深める。（同前）

ここで立ちどまり、よく見ていただきたい。マルクスが提示しているのは、なぜ革命の担い手達が、むしろ革命時にはお荷物だったようなこうした無関心な市民社会の成員の権利を、「人間」の名において宣揚するのか、という問いである。

彼は、なぜ、公的なものが、政治的革命を成就したその困難のさなか、よりにもよって私的なものを擁護しようとするのか、と訊いているのである。

なぜ人権宣言は、自己犠牲の精神に富む公民たちに担われながら、利己的人間の権利を樹立しているのか。

しかし、この謎は簡単に解ける。

そう述べ、マルクスは、透徹した答えを提示している。これをわたしなりにいえば、次のようになる。

なぜ彼らは、彼ら自身世のため人のため連帯し、活動する政治的公民でありながら、私利私欲に立つ利己的人間の権利を宣揚しようとするのか。それは彼らの公民としての政治的な解放が、それ以前の古い身分制社会の解体だからである。それ以前にこの市民社会の前身たる私的領域を満たしていたのは、「領主権、身分、職業団体、同業組合」といった特権をもった、いわば共同体的な諸要素だった。それらがそれぞれに生け簀を作って、公共的な政治体から人民を特殊な権益の小共同体に分断していた。それら共同的な団体と制度は、個々人をその分断された区域に帰属させ、労働とか財産とかが個々人に立脚し、国家における公共的な社会的要素にまで高まるのを妨げていたのである。公民による政治的解放は、これらの古い市民社会の共同性を解体した。つまり、それを「一方では諸個人に、他方ではこれらの個人の生活内容、市民的状況を形づくる物質的および精神的諸要素にうち砕いた」。あの「利己的な人間」は、その解体の結果現れた、むしろ来るべき公共性の足場、また座であり、単位なのである。

封建制の身分社会の共同体の軛を脱し、国家の次元に公共的な領域を創出することは、同時に古い市民社会の領域で、それまで利己的な精神をしばりつけていた前近代的な絆をふりほどくことを意味した。「政治的解放は、同時に政治からの市民社会の解放」だった。だから、この政治的な解放が実現したいわば新しい「公共的な」政治的国家の構成は、この「私利私欲」の人間を基礎に、なされなくてはならない。それが、政治的解放が、一見自分の敵とすら見える利己的な人間の権利の宣揚を、自分たちの獲得物として、自分たちの戦いの起点におく理由なのである。

封建社会は、その基礎へ、つまり人間へ、解消された。ただしそれは、実際にその基礎をなしていたような人間、利己的な人間への解消であった。

市民社会の成員であるこのような人間が、いまや政治的国家の土台であり前提である。(同前)

では政治的国家、公的なものは、この私的な要素にどのように対すべきか。

利己的な人間は、社会の解体から生じた受動的な、ただ目の前にあるというだけの結果であり、直接的確実性の対象であり、その理由から、自然的な対象である。政治的革命は、市民生活をその構成部分に解体しはするが、これらの構成部分そのものを革命的に変革し批判することはしない。政治的革命は市民社会、すなわち欲求と労働と私的利益と私的権利の世界に対し、自分の存立の基礎に対するように、つまり何かそれ以上基礎づけられない前提、したがって自分の自然的土台に対するように、ふるまうのである。(同前)

「公的なもの」が「私的なもの」に対し――「すなわち欲求と労働と私的利益と私的権利の世界」に対し――「自分の存立の基礎」に対するように、つまり「何かそれ以上基礎づけられない前提」、したがって「自分の自然的土台」に対するように、ふるまう、ということ。

そのようなふるまいこそが、この一七八九年の人権宣言を作り出している、とマルクスはいう。彼は、人権宣言が利己的人間の権利を擁護するのは正しい、というのである。

結局のところ、市民社会の成員としての人間が、リアルな人間、公民とは区別された人間とみなされるのは、政治的人間がただ抽象された人為的につくられた人間にすぎず、寓意的で精神的な人格としての人間であるのに対し、彼が、感性的、個体的、直接的な生存における人間だからである。アクチュアルな人間は利己的な個人の姿ではじめて認められ、真実の(true)人間は抽象的な公民〔citoyen〕の姿においてはじめて認められるのである。(同前)

「人間」か、「市民」か。

この問いに対し、アーレントは、ここにいわれる「人間」はヒトにすぎず、「市民(=公民、政治的動物)」となって彼ははじめて人間となる、両者は対立する、と考えるのだが、マルクスは、「市民(=公民)」は、この共通の本性に立つ利己的存在(=人間)を否定しない、「市民」は、この「人間」を自分が公共的存在であることの「それ以上基礎づけられない前提」、つまりその上に自分が築かれているところの起点とみなすのだと、いうのである。

このマルクスの若年の見解が、いま世のマルクス読みの中にどのように受けとめられているのかは、知らない。たとえば、近年のフランスにおける人権をめぐる論議がこの二つの概念をめぐるものであることを紹介した文章の中で、海老坂武は、このマルクスの文章にふれ、あたかもマルクスがそこで「政治的解放者（公民）」の立場に立ち、「人権」が「利己的人間の権利」にしかなっていないことを、批判しているかに書いている。[*29] わたしの見るかぎりでも、マルクスのこの力点を正当に受けとめたマルクス受容の例は極めて少ない。[*30] しかし、この力点を、マルクスは、それに先立つ草稿「ヘーゲル国法論批判」における、ヘーゲルが政治的国家のほうから市民社会を規定していることの批判、そのヘーゲルの観点の転倒の核心として、述べている。[*31] 彼は、この利己的人間と公民の逆説的関係を明確にするため、さらに一歩を進め、この「ユダヤ人問題によせて」の第一編を書いているのである。

ところで、ここからわたし達は、何を受けとるのがよいのだろうか。ヘーゲル、マルクスは、彼ら以前の政治思想に何をつけ加え、何を変改させているのか。

人間は変わる。かつて奴隷であった存在も、死の恐怖をくぐり、従属関係のうちにひれふし、労働を繰り返すうちに、自立した存在になる。生命への固執という生命次元の活動が、これらの契機を跳躍板にして、彼をそこから離脱させる、という一点が、彼らをそれ以前の思想から、隔てているのである。

先に川崎修が述べていたように、十七世紀を生きたホッブズにとっては、「主権者の強制力なしには、約束を守る能力も意志も十分にないような、自己の生命や利益を守る以外には他者との共同での生活そのものになんの意味も見いださないような人間」——エゴイズムとしての人間——は、死ぬまでそのような存在として変わらない存在と考えられていたのだった。だからこそ、ホッブズは、彼の自然法を人間が守れるとは考えず、それに反した場合は厳しくこれを罰する強力な公権力を構想している。そもそも彼のいう「性悪説」が、この静的な、動かない人間観の別名なのである。

しかし、そういうなら、アーレントの人間観も、この点ではホッブズのそれに変わらない。川崎は、両者の人間像の違いを、ホッブズが「エゴイズムとしての人間」を前提とするのに対し、アーレントが「共同の生活へと決意した人間」を前提としていると述べる。しかしそれは、「『政治社会』の成立以前にすでに公的事柄をみずから担おうと決意」する人間にほかならない。「活動」はアーレントの思想の中で、最も高い人間的な価値を担うものと考えられているが、ただ人間を変えるものとは、みなされていない。アーレントにおいても、人間は、変わらないものなのである。

しかし、ホッブズのエゴイズムとしての人間も公共性を担う人間となりえ、アーレントの「決意」性に立つ人間も、エゴイズムとしての人間へと没落しうる、それが、人間の人間たる所以なのではないだろうか。誤りうること、敗北に意味があること、そこに人間の本質は顔を見せているのではないだろうか。ヘーゲルがあのように書き、奴隷と主人の間に逆転がありうることが明らかにされたところに、近代の起点は刻印されているのである。

だから、マルクスは、この論をしめくくるに際し、このようなルソーの『社会契約論』の一節を、引く。

> 一つの人民に制度を与えようとあえて企てるような人は、いわば人間性を変える力をもつ

と確信でき、それ自体で一つの完全で孤立した全体であるところの各個人を、より大きな全体の部分に変え、その個人がいわばその生命と存在とをその全体から受けとるようにすることができ、身体的で独立的な存在の代りに、部分的で精神的な存在をおくことができるという確信をもつ人であるべきだ。人間から彼の固有の力を取り去って、彼にとってこれまで縁のなかった力、他の人たちの助けを受けなければ使えないところの力を彼に与えなければならないのである。(『社会契約論』第二篇)

人は、変わる。そういうことがなければ、公的なものが私的なものの上に築かれることは、ありえない。[*32]

ルソーの引用に続け、マルクスはこの論を、こうしめくくっている。

あらゆる解放は、人間の世界を、諸関係を、人間そのものへ復帰させることである。

政治的解放は人間を、一方では市民社会の成員、利己的な独立した個人へ、他方では公民、精神的人格へと還元することである。

現実の個体的な人間が、抽象的な公民を自分のなかに取り戻し、個体的な人間でありながら、その経験的生活、その個人的労働、その個人的諸関係のなかで、類的存在となったとき、つまり人間が彼の「固有の力」〔forces propres〕を社会的な力（social forces）として認識し組織し、したがって社会的な力をもはや政治的な力（political force）というかた

ちで自分から分離しないとき、そのときはじめて、人間の解放は完遂されたことになるのである。(同前)

ここに語られているいくつかの概念、とりわけ「固有の力」と区別され、また「政治的な力」と区別される「社会的な力」というような概念に、いま触れることは不要だろう。ただ、ここまでの材料から、一つのことはいえるはずである。マルクスは、ヘーゲルの〈市民社会〉の止揚という課題から、人間の変改という問題にぶつかっているのではない。逆にその課題がここでは、この人間の変改という近代の起点から見られ、吟味されている。はじめに人間の変改という視点がある。それが彼を動かしているのである。

V　私利私欲と公的なもの——ルソーからドストエフスキーへ

1　擬制の終焉

一九六〇年、吉本隆明は、安保闘争に際し、丸山真男が書いた「八・一五と五・一六」という論文にふれ、次のように述べている。

丸山は、戦前に天皇制のもとで統一されていた「臣民」としての大衆が、戦後、二つの方向に分岐したと書いている。一つの方向は「私的に」特化していく方向であり、もう一つの方向は、「アクティブな革新運動」を担っていく方向である。このうち、後者には、滅私奉公と公益優先的な意識が残存している。一方、前者、第一の方向の「民」は、政治的無関心のほうへ流れてゆき、「支配者による第二の方向の『封じ込め』に間接的に力をかすことになった」。丸山は、安保闘争は、この二つの大衆が相互交通を深化する機会だったと評価している。

ところで、この吉本に要約された丸山の分析を、ここでの文脈に移せば、丸山は、戦後の大衆が「私的な」傾向と「公共的な」傾向とに二分されたと観察したうえ、安保闘争を、その二つの流れが合流する機会だったと捉えている。吉本は、この丸山の理解に典型的な戦後型「擬制的民主主義」の思考法が現れていると述べ、これを批判して、こう書いている。

戦後一五年は、たしかにブルジョア民主を大衆のなかに成熟させる過程であった。敗戦の闇市的混乱と自然権的灰燼のなかから、全体社会よりも部分社会の利益を重しとし、部分社会よりも「私」的利害の方を重しとする意識は必然的に根づいていった。ことに、戦前・戦中の思想的体験から自由であった戦後世代において、この過程は戦後資本主義の成熟と見あって肉化される基盤をもった。丸山はこの私的利害を優先する意識を、政治的無関心派として否定的評価をあたえているが、じつはまったく逆であり、これが戦後「民主」（ブルジョア民主）の基底をなしているのである。この基底に良き徴候をみとめるほかに、大戦争後の日本の社会にみとめるべき進歩は存在しはしない。ここでは、組織に対する物神感覚もなければ、国家権力にたいする集中意識もない。（略）（これが――引用者）私的生活の基底から安保を主導する全学連派を支持する声なき声の部分をなしたのである。（略）この声なき声は、戦争期に一人の兵士として戦争を体験し、あるいは庶民として戦争の苦労を体験した年長の世代の、全学連は生ぬるいという声なき声と合して安保闘争をささえる基底をなしたのである。（「擬制の終焉」一九六〇年）[*33]

吉本は、「このような『私』的利害の優先原理の浸透」を、自分は「真性の『民主』（ブルジョア民主）」と考える、丸山の革新運動をささえる公共的な「民主」は、「擬制『民主』であるとかんがえざるをえない」と書く。彼は、その後、坂本義和の公共的「市民社会論」の担い手に育っていく公共的市民よりも、むしろ「私的利害」に没頭する「私民」を、「真性の民主主義」の担い手とみなすと、いうのである。

なかでわたし達が、立ちどまってよいのは、この「私的利害」に専心する戦後的な大衆の声が、「戦争期に一人の兵士として戦争を体験し、あるいは庶民として戦争の苦労を体験した年長の世代」つまり戦争世代の声と——両側から——「合して」、全学連主導の安保闘争をささえたのだという、吉本の指摘だろう。マルクスが一八四八年に洞察した公的なものと私的なものをめぐる人間観が、ここでは、日本の戦争体験と結びつく形で、一つの主張を生んでいる。誤りをもたらし、敗戦で終わることになった日本の戦争体験が、一人の戦後日本人にこのような「マルクス理解」を呼びだしているのである。

公共性を構築するうえに、なぜ私利私欲を否定すべきでないのか。

この問いが、戦後的価値を築くうえに、なぜ戦前の経験、戦争への没入の経験（＝誤り）を否定すべきではないのか、という問いと同型であることに、注意しよう。

それは、単に日本の戦後の近代の「壊れ」によって突然生みだされているのではない。

それは、近代の起点に、一度一つの難題として現れ、その後地底に伏流しながら近代を導いてきた流れの、ひさかたぶりの露頭なのである。

2　最初の問題

公共性を私利私欲の上に築こうとした最初の試みは、ルソーの『社会契約論』(一七六二年)に見られる。

人間の本質を私利私欲に見た最初の政治思想家は、ルソーより百年早い時代に生きたイングランドのホッブズだろうが(『リヴァイアサン』一六五一年)、彼は、人間のこの本質を固定的に捉え、何ごとによっても変わらないものと見たから、その考えは、このエゴイスティックな人間たちが殺し合いをしないためには、信頼のためのシステム作りと、コモンウェルス(国家)というリヴァイアサンが必要だという形になった。

彼は、人間は私利私欲の塊りだからこそ、たとえそうだとしてもこれを抑止してやっていけるような別種の「公的なもの」が必要だと考える。そこで、「公的なもの」とは私利私欲の対極のしくみ、存在を意味していた。

また、ホッブズに続いて現れたジョン・ロックでは、逆にこの私利私欲はそもそも公共性と対立しないものと捉えられた(『統治二論』一六八九年)。それは、所有権としてそれ自体、「公的なもの」の中に位置づけられる。彼は、個人が所有してもよい限度は、ものが腐らないで役に立つ程度だというが、この中庸をもった理解の中に、私利私欲の私利私欲たるゆえんである身勝手さ、いわば「公的なもの」との対立の契機は影をひそめている。

私利私欲が「公的なもの」と対立するものと捉えられ、しかも、「公的なもの」が、にもかかわらずこの私利私欲に基礎づけられなくてはこの世界に成立不可能だという命題がはじめて現れるのは、こうして、『社会契約論』を書くルソーにおいてなのである。

福田歓一は、この時、すでに時代は「ロックの時代ではなく、社会契約説は時代の認識としてはむしろ古びた理論」だったといっている（『ルソー』）[*34]。また、同じく福田によれば、社会契約説は擬制の理論にほかならないが、ルソー自身は擬制の理論をひどく忌み嫌うたちの人間でもあった。ではそのようなルソーが、ロックから七十年もたってから、なぜ社会契約説を取りあげているのか。わたしの考えでは、彼をそう促しているのが、それまで誰にも現れなかった、このモチーフなのである。

ルソーのこのモチーフは、よく読めば『社会契約論』に明らかだが、とりわけその草稿である「ジュネーブ草稿」の冒頭部分が、その原形をよく伝えている。彼はそこに、およそこんな意味のことを書いている。

統治や市民法についての著作はこれまでも多く、そこに自分のつけ足すようなことはないが、ただその基本になる社会体（corps social）について書かれたものはない。わたしがここで試みるのはこの社会体の本質を規定することである。この社会体をどう動かすかということではない。それがどう設立されることになるか。そもそもなぜ社会が作られるのか、そこを自分はしっかりと説明してみたいのだ。

そこでのルソーの考察はこんなすじみちを辿る。愛他心の基底にあるのは自己愛であり、その欲望がもたらす対立なしに人間の結合つまり社会の設立は、ありえない。

彼はいう。「まず、どうして政治制度が必要となる」のだろうか。人間は、当初は自分の必要とするところと自分のできるところが「よく釣り合って」いた。しかしそのうち、必要(besoins)を欲望(desirs)が凌駕するようになる。それにつれ、自分のできるところより、自分の欲するところが大きくなり、それはまず、彼に他者との協同を必要とさせるが、次には(この欲望にはキリがなく、度を越すため)、彼を他者に対し、対立させることになる。「このようなものが、一般社会の最初の絆なのである。すなわち、例の〔人類に〕普遍的な愛他心の基礎なのである」。

それは人々にとって「結合の因であるのと同程度に闘争の因」であり、彼らのあいだに「協調と合致をもたらすのと同じくらいに競争と嫉妬をもたらす」。しかしこのことはこの欲望が社会の絆の根本原因であることを否定するものではない。もし、人間にそのような邪悪の種がなく、人間が「遠いむかしの無垢に結びついたまま」だったら、われわれは「われわれの能力の進歩にとって本質的な欠陥」をもつことになったろう。つまり、「全体を構成する諸部分間の紐帯の欠如」がその「欠陥」であって、その場合には、

われわれは、ところどころで接触するが、どこにおいても結合するまでにはいたらなかったであろう。一人一人が、他人のなかにあって孤立したままであり、自分のことしか考えなかったであろう。われわれの悟性は発達しえなかったであろう。われわれは、何も感じないで生き、生きたとは言えないままに死んでいったであろう。(「社会契約論(ジュネーブ草

稿）」第一篇第二章）[*35]

ホッブズが利己的な人間を人間の原型にすえて政治組織の構成を問題にしたという時、それは、政治思想におけるコペルニクス的転回を意味した。それは天動説から地動説への反転に似て、政治の担い手がアリストテレスのいう政治（ポリス）的動物（ゾーン・ポリティコン）からその反対物に転倒したことにほかならない。アリストテレスの人間観は、人間は孤立した状態では生きられず、自分の能力、資質も発達させられない、ポリスの一員として他の動物にはない言語を駆使した活動を行なうことではじめて、自分の可能性を実現できる、というものだが、ホッブズでは人間とは、徹底して反共同体的、反社会的な、私利私欲性にその本質をおく存在とされているからである。

ここに、前篇（第四篇）にのべた、近代をそれ以前から区別する、「私的なもの」の原理の動態における「必要」から「欲望」へという動因の転轍があることはいうまでもない。公共性と「私的なもの」の原型は古代ギリシャのポリス（都市）とオイコス（家）のうちにあるが、両者の違いを端的に示すのは、前者が、地面にプラスアルファを積み上げるような動きであるのに対し、後者が、いわば地面にできた穴ぼこのマイナスアルファを埋める動きだということである。

前者ポリス的動物としての人間では、価値の創造としての自由（フリーダム）が問題になるが、後者オイコス的動物としての人間では、問題となるのは生命の維持であり、自由という概念も、そこではある拘束からの解放、軛からの解放（リベレイション＝自由）を意味するにとどまる。

古代、中世でこのオイコスの領域を動かす動因は、生命の維持という「必要」――マイナスアルファを埋める動き――だった。そしてその単位は、家（オイコス）であり、またオイコス的な自然的共同体だった。しかし下部構造の変化にともない、そのオイコス的世界の動態が、必要から欲望に変わるにつれ、オイコス的世界の単位が家から個人に変わる。これまでオイコス的な原理は、生命維持のための必要という形をとり、人をいわば動物として結びつけるものだったが、いまやそれは放恣な欲望（私利私欲）という形をとり、人を利己的動物として対立させるものへと変わるのである。

長年の内乱をまのあたりにしてきたホッブズには、もし政治組織の意義と必要性が示されるとしたら、その場合には（恐怖とともに）人間の私利私欲こそが足場にならなければならないことがよく見えていた。しかし、ホッブズの論理では、人間とは固定的に私利私欲に立つ存在であるため、私利私欲の底に、最低限の理性を想定せずには、人間が政治組織の創設に同意するというみちすじは描けない。その結果として、ホッブズの利己的人間は、自分はもしあなたも公権力に権利を譲渡するなら、それを条件に自分も同じことをしてもいい、というくらいには最低の理性をもつ存在として想定される。「自分にしてほしくないことを、相手にもするな」という自然法を権利として認め、自分にそれを守れそうにないからそれを守らせるために公権力の拘束力が必要だと考える程度には、利己的ではない存在として定位されるのである。

しかしこのホッブズの論理では、彼の利己的人間以上に利己的であるような存在に対しては、そのリヴァイアサン（国家）も、無力なのではないだろうか。そしてそうであれば、彼のモチーフは彼の論理では、途中までしか貫徹されていないことになるのではないだろうか。ルソーはそこにホッブズの不徹底を見る。なぜ社会を作ることが、そして政治組織を作ることが、人間にとって不可避の必然なのか。それが中途半端な利己性によるのでは、その必然の理由として弱いと、彼には受けとられる。いまや公共性を古典古代のような勇気、自己犠牲といった徳に基礎づけることはできない。そうだとすればそれは何に基礎づけられなくてはならないか。近代における公共性をめぐる課題は、新しい基礎である人間の私利私欲の上に、それをどう再構築できるか、という一個の難問となって彼の前に現れるのである。

「ジュネーブ草稿」で、ルソーのモチーフは、『百科全書』の先行者であるディドロの、この点における中途半端な考えに対する批判の形で姿を見せている。

『百科全書』における「自然法」の項で、ディドロは、ホッブズにおける先に見た私利私欲性の限界に注目し、これを、ホッブズの利己的人間はたしかに利己的な心情告白を行なうが、しかしそんな私利私欲の塊であるような人間でさえ、最低の理性はもっている、という形で受けとる。そして、その最低の理性こそが、自然法の基礎なのだと説く（『百科全書』「自然法」第三項）[*36]。

ディドロの考えるホッブズの利己的人間は、こういう。

「私は、人類のなかに恐怖と混乱を引き起こしているように思う。だが、自分が不幸になるか、他人を不幸にするか、そのどちらかにならざるをえないし、私にとって、自分ほどかわいい者はほかにいない」、しかしそんな自分を非難しないでいただきたい。誰だって心の中ではそう思っているだろう。「おお、人間たちよ。（略）もしそのことでとがめを受けず、そのことが秘密のままにしておかれることが確かな場合、死のまぎわに、人類の大部分を犠牲にしても、自分の生命を救おうとしない者が、あなた方の中に、いるだろうか」と。

しかし、ディドロによれば、ホッブズの利己的人間はそれに続けてこういう。しかし私は公平で誠実だ、自分がそうなのだから他人が自分に同じことをしても自分はそれを受け入れる、理性はそう命ずる、「自分が払いたくない犠牲を他人に求めるほど自分は不公正ではない」、と。

ディドロでは、人間はどんなに利己的でも、巣窟における盗賊同士がそうであるように、最低の理性はもつ、とされるのである。

しかしルソーは、このディドロの考えに対して、賢者（ディドロ）はこのようにいって、独立的な人間を抑えこもうとするが、わたしの「独立人」ならそんな言い草に説得されたりはしないだろうと、こう反駁する。ホッブズの利己的人間はたしかにそういって引きさがるかもしれない。しかし、

彼（ルソーの「独立人」――引用者）はさらに次のようにつけ加えることができよう。
「私が、自分の利益を他人の利益と折り合うように努めたところで、それはむなしいこと

だ。あなたが、社会の法の利益について私に語ることのすべてでは、私がそれを他人に対して細心に遵守する一方、他の人々もこぞってそれを私に対して遵守することが確かな場合には、適切でありえよう。だが、あなたは、その点について私にどんな確約を与えてくれるのか。それもなくて、私より強い者が私に加えようとしている悪のすべてに、自分の身をさらしながら、しかも私がその償いをあえて弱者に求めないでいるという状況、これより悪い状況がありえようか。すべての不正な企てに対する保証を、私に与えてくれ。そうでなければ、そのような企てを私のほうで断念すればよい、などと期待しないでくれ。自然の法が私に課している義務を放棄することによって、私は同時に権利をも失ってしまうのだとか、私が暴力を用いるなら、それは他人が私に行使しようとしているすべての暴力を承認することになるのだとか、いくら私に言ってもむだである。私としては、自分が抑制することで、どうして暴力から免れる保証が得られるのかが、まったくわからないわけだから、なおさら、あなたの言う通りの状況を喜んで受け入れる。そのうえ、強者を自分の味方にして、弱者からの横領品を強者と分かち合うことが、私の仕事となるだろう。このほうが、私の利益にとっても、また安全にとっても、正義よりは役に立つだろう」。（同前）

この「独立人」の言葉の輝きに注意してもらいたい。なぜこの独立人の言葉には力があるのか。ルソーは、独立の自然状態を考えるなら、理性のおかげで各自が自分の利益のために公共の福祉に協力するようになる、と考えるのは間違いだという。個人の特殊な利益は、一般的な福祉と調和するどころか相互に排除しあうからである。とするなら、理性が私利私欲をコントロールするという考えを捨て、これを逆転し、私利私欲によるこの個人の特殊な利益のぶつかり合いが、その経験を通じて、そこから新しく理性、公共性を作り上げると考えるより仕方がない。彼の「独立人」の論の力は、公共性と私的なものをめぐるこのコペルニクス的転回にも似た「発想の逆転」の、いわば踏み切りの力なのである。

中世から近代への移行は、ふつう一般に、自然的共同体、身分社会からの「独立した個人」の解放というようにいわれる。そしてそれは、啓蒙の思想の善導によって意識を高めた市民がこれを自覚的に遂行するというように理解され、語られている。この見方に対し、前篇（第四篇）に触れた佐伯啓思のように、身分社会の「自然」性を近代の「意識」の上位においてこれに反駁する反近代論も現れることになるが、[*37] こう見てくれば明らかなように、両者の観点は同一であり、ともに間違った（つまり転倒した）前提に立っている。

ルソーの言葉を見ればわかるように、人がここで中世的な共同体や過去の身分秩序から離脱しているのは、自然法などの啓蒙思想の影響で意識的にそうしなければならないと考えているからではなく、過去の家ないし家的な共同体への帰属意識が、新しく彼を動かしはじめている私利私欲にそれこそ自然に解体されているからである。ここで中世的な秩序を解体し、近代をもたらしているのは、理性ではなく私利私欲なので、この同じ私利私欲が、かつての理性、自然法、公共性（ポリス的原理）の基礎をも、溶解させようとしている。ルソーは、この危機に際し、いわばこれら後者の系列にあたる概念を、もう一度私利私欲の上に基礎づけ、再定義しようと企てているのである。

3　社会契約——約束と法

そのために、ルソーの作る、あるいは鍛え直す概念が、社会契約（contrat social, pacte social）であり、また、一般意志（volonte générale）だということはよく知られている。一般意志という概念がはじめて現れるのは、前記のディドロの「自然法」の記述においてだが、ルソーは、同じ草稿に、そのディドロの一般意志についてこう書いている。ここでも、哲学者と呼ばれているのは先の賢者、ディドロである。

哲学者は私にいうであろう。「個人が、どこまで人間であり、市民であり、臣民であり、父であり、子であるべきかを、また、生きながらえ、そして死ぬべき、適当な時期はいつなのかを知るために、問いかけなければならないのは、一般意志についてである」と。「なるほど、私が問い合わせることのできる規則が、たしかにそこにあるということは、よくわかる」と、わが独立人は言うだろう、「だが、なぜこの規則に従わなければならないのか、その理由が私にはまだわからない。何が正義かを、私に教えてくれることが問題なのではない。正しく振舞うことで私にどんな利益があるのかを、私に示してくれることが問題なのだ」と。じっさい、一般意志とは、各個人のなかにあって、情念の抑制のうちに推論する悟性の純粋な作用であり、この推論の主題が、人間は同胞に何を要求しうるか、また同胞は何を要求する権利を持つかにかかわっているということについては、〔哲学者のいうとおり――引用者〕異論はまったく出てこないだろう。しかし、このように自己自身から離れることのできる人間が、どこにいるのか。また、自己保存への配慮が、自然の第一の掟であるとすれば、このように人類全般のことを考え、自分の個人的な人格とどんな関係があるのかわからないような義務を、自分自身に課するよう強制することができるものなのか、前述の〔独立人の〕反論は、いつまでも残るのではないか。そこで個人の利益が、どうして一般意志に従うことを要求するのかが、依然として不明のままではないか。（同前）

一般意志とはディドロによれば特殊意志（volonté particulière）の反対で、「各個人の中にありながら悟性の働きで公共的なことを考える」意志をさしている。これに対し、特殊意志とは、いわゆる個人の個別の利害関心のことである。ディドロは、「特殊意志にしか耳を傾けない者は、人類の敵だ」という。そして公共性は各個人の中のこの一般意志の上に立脚すると考える。しかし、ではそんなものは関係ない、と考える人間が、それにもかかわらず一般意志に拘束される根拠とは、その場合、何だということになるのか。そのことが示されなければ、それは絵に描いた餅のようなもので、ほとんど利己的な人間に働きかけない、したがって一般的でない、一般意志になるほかないのではないだろうか。

ルソーは、いわば人類は知恵の木の実を食べてしまったのだという。そして人間は悪に染まったのだという。しかし、だからこそ、われわれは、「われわれには徳も幸福もない、神は人類の堕落に備える方策もなしにわれわれを見捨てたのだ」などと考えたら、もう終わりになるほかない、と考える。ではどうすればよいか。

彼はいう、「悪そのもののなかから、それを直すべき薬をとりだすよう努力しよう」。そうすれば、人々は、最終的には、「彼がそうあろうと望んでいた残忍な盗賊から、十分な秩序を持つ社会のもっとも堅固な支え手へと変身するであろう」。

ルソーは、ディドロ流の静的な一般意志を否定する。そして、これとはまったく違う一般意志の考え方を作り上げる。彼は、あの中野重治にも似て、「弱気を出したが最後」われわれは神の到来を恐れなければならなくなる、という地点で反転し、そこから、「それ以外に方法がない」ということの動かしがたさを足場に、「悪そのもののなかから、それを直すべき薬をとりだすよう努力しよう」と、呼びかけるのである。

ルソーのいう一般意志とは何だろうか。

ディドロの一般意志がいわば各人に分与された人類の公共の利益に基づく意志で、人間の本性として自然法の基礎をなすと考えられるのに対し、ルソーでは、それは、一社会の公的で共同の利益に基づく意志である点、それに近いものの、自然法の基礎と考えられているわけではない点がディドロとはっきりと違っている。ルソーにおいては、人間の本性は、公共心ではなく私利私欲にある（彼はそれを「自己保存と自己への配慮」と呼んでいる）。そのため、この公的な意志自体が、この人間の本性に基づき、人為的に創出されなければ存在しえない。ルソーにあって、この一般意志を作りだすとされるものが、人々の行なう社会契約である。ディドロでは一般意志がその社会契約を可能とする基礎づけとされるのだが、ルソーでは、逆に一般意志を作りだすのが社会契約である。いわば社会的な意味で無から有を作りだすものが、ここにルソーによってとらえられた社会契約という考え方なのである。

彼の考えはほぼ次のようなすじみちを辿る。

まず個人がそれぞれに対立する自然状態から社会の形成にむかう契機は、このように想定される。人間の本性の第一の法は、自己保存に留意することであり、第一の配慮は自己についてなすべき配慮である。さて、当初、人々は自然状態の中で、そこそこにやっていくであろう。しかしやがて各人がその自己保存のために払っている努力がそれを妨げる障害に凌駕される時点がくる。人類がそういう時点に到達したと考えてみる。その時、人間の力には限りがある以上、人は生存様式を変え、協力するということを行なわない限り、滅亡するしかない。力の集合によってその総和を増やすことだけが、この破滅を逃れる道である。

しかし、ここに難題がある。それぞれの人間が自分の力を自分のためにとっておかなくてはならない。それでいて、それを減らすことなく、——つまり私利私欲を否定することなく——、それを力の総和にむけて与えること——公共性を作り上げること——、そういうほぼ不可能な算術が、ここに求められるからである。彼は、この課題に答えるのが、社会契約だという。

この難点は、私の主題に置き直すと、次の言葉で言いあらわすことができる。「各構成員の身体と財産とを、共同の力のすべてを挙げて防衛し保護する結社形態を発見すること。そして、この結社形態は、それを通して各人がすべての人と結びつきながら、しかも自分自身にしか服従せず、以前と同じように自由なままでいられる形態であること」。これこそが根本的な問題であり、社会契約がそれに解決を与える。(『社会契約論』第一篇第六章[*38])

大事なのは、ここで社会契約が、私利私欲を否定することなく、「悪から薬をとりだす」ように、むしろそれに基づいてそこから公共性を作りだすカギとして、摑まれていることである。

彼は、この条件が少しでも損なわれたら、この結社行為の核心が消えてしまうので(つまり一般意志が私利私欲という人間の本性に基づかないものとなってしまうので)、もし一つの社会があるとしたら、その始原にこういう合意があったと、フィクショナルに想定してみることが可能だという(『社会契約論』およびジュネーブ草稿)。それ以外の仕方では、公共性は私利私欲の否定という形でしか摑まれない。そしてそうである限り、そういう弱い公共性に立脚する社会は、早晩、私利私欲の力で解体されて消えるだろうからである。

さて、わたしはここで読者に、これが一個の魔法に似た定式であることに、気をつけてもらいたいと思う。ふつうはそんなことあるわけないじゃないか、というようなことが、この秘術によれば可能だ、というようにして、ここに彼の社会契約というアイディアは、手にされているのである。

だから、彼は、ここでのポイントは、「各構成員が自己をそのあらゆる権利とともに共同体全体に完全に譲渡する」ことで、なぜかといえば、そうすれば、「各人はいっさいを譲り渡すので万人にとって条件は平等となり、条件が平等になると、誰も他人の負担のほうを重くすることに関心を抱かなくなる」からだとか、あるいは、

要するに、各人はすべての人に自己を譲り渡すから、特定の誰にも自己を譲り渡さないことになる。また自分に対する権利を構成員に譲る場合、同じ権利を構成員から受け取らないことはないので、各人は喪失したすべてのものと等価のものを得、さらに、自分のもっているものを保存するための力を、これにプラスして手に入れる。（『社会契約論』第一篇第六章）

のであるとか、また、

そこでもし社会契約から本質的でないものを取り除くなら、次の言葉に帰着する。「われわれの誰もが自分の身体とあらゆる力を共同にして、一般意志の最高の指揮のもとにおく。そうしてわれわれは、政治体をなすかぎり、各構成員を全体の不可分の部分として受け入れ

る」。（同前）

のであるとか、たしかにこの社会契約という妙薬の効用について、一見すると詭弁に似た、アクロバットめいた言い方を連ねるのだが、わたし達は、同時代人のヴォルテールのようにこれを、「こんなことは全部でたらめだ」と冷たく見捨ててはならないのである。*39 こんな苦しげな言い方で、ルソーが、私利私欲の上に公共性を築くことが、こう考えれば可能になるのだ、といおうとしていると受けとれば、少なくとも彼のいおうとするところは、きわめて明瞭だからである。

なぜこんな無から有を生むような魔法が可能なのだろうか。ここで、ルソーがこの社会契約から一般意志へといたる「悪から薬をとりだす」アイディアの核心を、近代が新しく作った「法」という考え方から得ていることは、疑いない。

彼は『社会契約論』では、それを簡潔に、

どのような人間も仲間にたいして自然的な権威をもつわけでなく、力もどんな権利を生みだすわけでもない以上、人間のあいだの正当なすべての権威の基礎としては、約束（convention 合意）だけが残る。（同第一篇第四章）

と述べている。よく読めばそこに必要なことはいいつくされているのだが、それより七年前に『百科全書』のために書かれた『政治経済論』では、ここのところは、次のように詳説されている。まず、先行する問いの難題たる所以が強調される。

> 相互の必要によって大社会のなかで結合している人々を、市民諸社会によってより緊密に結合するようにかりたてる動機がなんであるかを探求せよ。そうすれば、それは全員の保護によって、各成員の財産、生命および自由を保障すること以外の動機ではありえないことがわかるだろう。ところで、いかにすれば人々を強制して、他人の自由を侵害することなしに一人の自由が守られるといったあり方を彼らにとらせることができるのであろうか。また、公共の必要を満たすにあたって、それへの拠出を強要される人々の私有財産を変化させずにすますことが、どうすれば可能なのであろうか。これらすべてのことをどのように詭弁で粉飾しうるとしても、たしかなことは、もし人が私の意志を束縛しうるなら、私はもはや自由ではないし、まただれか他の人が私の財産に手をふれることができるなら、わたしはもはやその主人ではない、ということである。(『政治経済論』一七五五年)[*40]

この難題は、しかし、法という考え方によって乗り越えられる、と彼はいう。

この乗り越えがたく思われたに違いない困難は、人間のあらゆる制度のうちの最高の制度によって、あるいはむしろこの地上で神の不変の訓えをまねるように人間に教えた天上の霊感によって、第一の困難とともに取り除かれた。人間を自由にするために服従させ、その全成員に対し強制を加えることも相談することもなしに、彼ら全員の財産や労力や生命さえをも国家のために使用し、彼ら自身の同意によって彼らを束縛し、彼らの拒否にもかかわらず彼らの同意を主張し、彼らが欲しなかったことを行なったときには彼らが自分自身で罰するように強制する——このような手段を、人はいかなる驚くべきわざによって見出すことができたのであろうか。また人々が服従しながら、しかも誰も命令するものがなく、仕えてはいるが主人をもたないようなこと、要するに外見上は拘束のもとにおかれてはいるが、誰も自分の自由のうちで他人の自由を害しうるものしか失わないので、じっさいにはそれだけいっそう自由であるというようなことは、どうして可能なのであろうか。これらの奇跡は、法の所産である。(同前)

ここにいわれる法とは何だろうか。掟と法の違いは、一言でいえば、その権威が、その約束に拘束されるメンバーの、上方からくるか、下方からくるかという一点である。自然的な共同体の掟は、成員がそこにくる前からあり、その共同体のメンバーになる者は、それに従うことを条件にしなければならない。したがってその共同体のメンバーに生まれ落ちた者にとってその掟は変更不可能な存在であり、絶対であり、そこで権威は上からくる。

近代以前の統治者は、多かれ少なかれ、法というものをこの掟のような存在として運用してきた。王が臣民に下付する掟ないし法は、王によって権威づけられ、臣民を拘束する。ロックが反駁したフィルマーの王権神授説は、王が自分の統治を神からの委託であるとして権威づける、この法の権威が上からくるあり方を正当化しようとしたイデオロギーである。しかし、イギリスの十七世紀の「戦争と革命」の経験（ハンナ・アーレント）は、彼らに、王権との闘争を通じて、一つのことを教えることになる。

それは、もし人民が自分の上に権威ある者をおかずに自らの統治を可能にしようとすれば、その場合には、ちょうどバスケットボールのゴールネットのように、自分達の上方に、自分達を拘束する法を、しかし、下からささえる形で、自分達の力で作る以外にない、ということである。

それは、これだけ考えるときわめて理不尽なことのように見える。なにしろ、人々が集まって、自分達がそれに服従するルールを自分達で作り、一度作ったら、いくら自分達に都合が悪くても、よほどのことがなければそれを変えない、というのである。なぜ、自分から進んで自分を束縛するような真似をするのか。しかし、この疑問はすぐにとける。それ以外に、自分の上に権威者を戴かずにすむ方法はない。もし人民主権ということを構想するなら、それを実現する、これが唯一の方法であり、またこのことが法という考え方が近代における「奇跡」である理由なのである。

これまで法はつねに上方の権威から降ろされてくるルールだった。ルールという言葉には規則のほかに支配という意味がある。そしてこれに対する抵抗は、この法に従わないこと、またこれを覆すことでしかなかった。しかし、それではこの法の権威の体現者をすげかえることはできるが、つねに誰かを戴いていなければならないというこの構造は変わらない。自分達が約束する、そのことからその約束の権威はくる。権威は下方からきて下方から法をささえる。こうしたあり方だけが、いわば上位者をすえずにすむ、自分達による、自分達のための、自分達の統治を、可能にするだろう。このような法をめぐる「発想の逆転」は、たしかに十六世紀から十七世紀にかけての王権との闘争の経験が生んだ、「奇跡のような」発明だったのである。

では、なぜ約束はいったんすると、たとえ自分達が行なった約束でも、その約束に定めた手続きをふまなければ反故にできないのだろうか。

人と人の関係には、人を越える契機があるからである。もう少しいえば、人を人にしているのは、人と人の関係であり、人が人であるということが、その他者との関係に先行されているため、その関係の成果である「約束」は、いったんなされると、その人を拘束するのである。人はいわば関係の網の目の中でその人となっており、その関係の根源にあるのが、一つの約束なのだ。近代における法は、その「約束（＝契約）」の主体を、人間が神から奪回したものなのである。

よくいわれることではあるが、サブジェクト（subject）、シュジェ（sujet）という言葉が、主体と同時に臣下という意味をもつのは、この近代的な意味での「法」の本質をよく示している。人々は「法」を作るが、それに自ら服するためにそうする。彼らは、自ら以外の存在に服さないため、自分の服するルールを自分達で作り、自らその臣下となるのである。

ここで前著『敗戦後論』に引照するなら、その法の作成の感覚こそが、そのうち「敗戦後論」の憲法をめぐる個所で述べた「法の感覚」にほかならない。ルソーが、法においてはそれに服従することのなかに自由があるという言い方をするのは、このことをさしている。自由をさしだすことが自由の放棄にならずに自由の獲得になる。この逆説の骨格を、ルソーは、法という考え方から受けとり、いわば、その法の尊厳の根源を一般意志と呼び、これを、先の人々の自由意志の譲渡先として、仮構しているのである。

だから、そこで一般意志というのは、たとえていえば、手紙の宛先としての、受け取り人のいない私書箱のようなものである。つまり、ディドロにおける場合のように、一般意志というものが先にあって、それにむかって人々が手紙（自由意志）を届けるのではない。人々が手紙を届けること、その自由意志の譲渡行為が、一般意志というものの座を作りだしている。その合意という行為が、無から有を生むように、その合意の結集点に、手紙の送り主たちがそこで「主体」でもあれば「臣下」でもあるような、受け取り人のいない私書箱を、浮かびあがらせているのである。

社会契約とは、こう考えてくれば、法の考え方を、社会の設立に応用したものであることがわかる。ここにはむろん、社会というものが自然に存在するのではなくて人為的に作られたものだという考え方が前提されている。社会契約説は、人間の自然状態というものからはじめるが、実をいえば自然状態なる考えがかつてはなかった。アーレントはこれを、「革命と戦争を経験した十七世紀」の導入した「前政治的状態の仮説」だというが（『革命について』[*41]）、それは、そうであると同時に、社会が人為的な組織形態だという考えが広まったことの一帰結でもある。社会が人為的に作りだされなくてはならないという感覚が、いわば人間の本性の更新の感覚に促されて現れてくると、その結果として、人々の中に、「社会以前」のフィクションとして、「自然状態」という考え方がやってくるのである。

しかしここでもルソーは、一つの画期をなしている。

十七世紀を通じて続けられた戦争と革命は、それまでの中世世界を攪拌し、人の生きる世界を初期化以前のフロッピーディスクのような「前政治的状態」まで還元した、といってよい。それは、人々がある空間内（フロッピーディスク）に政治組織を作るとして、その政治組織というデータの「書き込み」に先立って、それを「初期化」しなければならないことを教えることになる。国家を作るためにはまず、社会を作らなければならない。先にふれた『社会契約論』の第一稿であるジュネーブ草稿の第一篇冒頭の「社会体」の設立の問題という言葉は、ルソーのこの発見の力点を伝えている。社会契約とは、国家設立とは明らかに峻別される、それに先立つ、それよりも広義な意味をもつ、いわばフロッピーディスクの初期化の行為なのにほかならない。ルソーは、はじめてここで、国家（政治組織）の前段階の契機としての社会を、発見しているのである。

4　一般意志と共同意志

さて、書き込み以前に初期化の行為があるというこの発見は、一般意志に関し、次のことを語っている。ルソーの一般意志はそのフロッピーディスクの初期化から作られる。ということはつまり、それは、フロッピーディスクへの書き込みにほかならない国家設立における公的な意志とは同じものではない。ルソーの一般意志というと、ルソーがこれを多義的に使っていることもあり、しばしば国家の公的な共同意志と見る場合が多いが、ルソーのモチーフにそってこれを受けとれば、それは後者（国家設立時における公的な意志）とは違う含意のうちに、その本質をもっていると考えられるのである。

グロティウスを批判して、ルソーはいっている。

グロティウスは言う、人民はみずからを国王に与えることができる、と。それゆえ、グロティウスに従うなら、人民は、国王に自分を与えるまえに人民であるわけだ。この贈与そのものが市民としての行為なのであり、それは公共の議決を前提としている。だから、人民が国王を選ぶ行為を調べるまえに、人民が人民になる行為を調べるのがよかろう。なぜなら、後者の行為は必然的に前者の行為に先立つものであって、社会の真の基礎だからである。

（『社会契約論』第一篇第五章）

ここにいう「人民が人民になる行為」が、社会契約にあたっている。ルソーは社会契約は全員一致の合意だという。という意味は、社会があれば、そこには必ずや全員一致の合意があるということである。一般意志は、その全員一致を基礎とする。ところで、この言い方から、一般意志はしばしば全体主義的な意味あいに受けとられるが、そのことがまったくの誤解であり、ルソーのそれが、全体主義的な意味あいを原理的にもたないことは、次のように考えれば、了解されると思う。

社会契約とは、どのような約束行為か。その方法は、単純化していえば、誰かが、自分はこれこれの諸条項を最低合意事項として、協同の結社を作りたいと発言し、その後、立ち上がって、これに賛成の人は、「この指とまれ」と提案することである。

そこでは、賛成の人だけがその指に「とまり」、その結社行為に参加する。反対の人はそれに加わらない。そしてその社会契約は、当然参加者だけで発足する。それが一般意志が「全員一致である」とルソーのいう意味である。その原理は、各人の合意によってメンバーが形成されるあり方だということである。それは、はじめにメンバーが別の原理で確定されており、その後、そのメンバー全員に「全員一致の同意」を作ろうとするものである全体主義的な合意とは、まったく無縁であるばかりか、それと対立する考え方なのである。

なぜルソーが一般意志などという曲芸的観念を彼の社会思想の根幹に据えているのか、ということについても、さまざまな評価があるが、これも、彼がそれを必要としているモチーフをしっかりとおさえれば、そこにあいまいなものはほとんどない。

先の合意で、それに加わらなかった人は、もしその合意発効の後もその社会にとどまるなら、「外国人」とみなされる。しかしその認定は、彼が希望すれば自由にこの政治体を離れることができ、そこにとどまるのが彼の自由意志による場合に限られている。[*42]

ルソーはいう。

全員一致の同意を必要とする法は、その本性からいって、ただ一つしかない。それは社会契約である。なぜなら、社会的結合（association civile）は、あらゆるもののなかでもっとも自発的な行為だからである。（略）

だから、たとえば社会契約を結ぶときに反対者がいても、彼らの反対は契約を無効にするものではなく、それはただ、彼らがその契約に含まれることを妨げるだけである。彼らは市民の中の外国人である。（同第四篇第二章）

さて、この原初の契約を除けば、最多数者の意志が、つねに他の人々を拘束することになる。しかし、この多数決の原理にも、少数者の意見への抑圧といった意味は本来、含まれていない。このことを知ることは、一般意志という概念の理解を深める上で、意味がある。それは次の理由による。

ルソーは、ある法が人民の集会に提案され、投票を求められる時、そこで人民に問われているのは、「あなたはこの提案を承認するか拒絶するか」ということではない、という。彼らは自分の意見を聞かれているのではない。彼らは、「この提案が人民の意志たる一般意志に合致していると、あなたは思うかどうか」ということ、つまり、一般意志の如何に関する彼らの意見を、聞かれているのである。彼らのうちなる一般意志に照らして、彼らがその提案に賛成か反対かを問われているとは、そういうことだと、ルソーはいう。一般意志を決めるのは人民であり、人民はそれを、その投票の結果、票数の計算によって知ることになる。一般意志とは、そう考えるのだと、ルソーはいうのである。

たとえばXという案とYという案が投票にかけられる。そして投票の結果、X案が過半数を占める。ルソーによれば、その場合には、X案が人民の一般意志である。それだったら、投票次第で一般意志が変わることになってしまうではないか、とわたし達は思うが、その通り、一般意志とは投票によって変わる。ルソーの考えをいえば、投票とは一般意志の確認行為であり、一般意志の力点は、それが人民の投票以外のものによってはけっして侵されえない点にあるのである。

だからそれは単に人民のより多い部分、過半数がよしとするものが他を制圧するということでもなければ、過半数を制する意見が一般意志になるということでもない。一般意志とは、原初にあって、いわば投票により、想起されるものと考えられているのである。

たとえば、ある提案Zが国民投票の三分の二の賛成なしには可決されない場合を想定してみよう。その場合には、それが「三分の二」であるところに一般意志が生きている。さて、国民投票の結果、この提案Zが規定の数（この場合三分の二）以上を得票し、可決される。この場合、ルソーの考えでは、提案Zがその国民の一般意志である。そしてこの時、国民の意志の過半数をさして仮りに国民の共同意志と呼ぶことにすれば、このこと、提案Zが国民の一般意志だということは、この提案Zが国民の共同意志だということ、つまり国民の過半数が個人的にそれを支持しているという事実とは、違うことなのである。

ここには二つの含意がある。

はじめに断っておけば、ルソーの『社会契約論』に共同意志（volonté commune）という言葉は存在しない。しかしその代わりに彼は全体意志（volonté de tous）という言葉を使って、全体意志と一般意志とは違うのだといっている。彼によれば、「一般意志は共同の利益だけを考慮する」。これに対し、全体意志は「私的な利益にかかわるものであり、特殊意志の総和にすぎない」。ここで仮りに共同意志と呼ぶのは、この「特殊意志の（特定の提案に関する）総和」をさしている。全体意志が一般意志に対し、「特殊意志の総和」であるのに比して、共同意志は、特定の主題に関する一般意志に対し、特定の主題に関する特殊意志の一定量の総和をさすのである。別にいえば、ルソーの考えでは、提案Zの可否をめぐる投票において、問われているのは、あなたは一般意志はこの提案を支持すると思うかどうか、についてであって、あなたはこの提案を支持するかどうか、ではなかった。ちょうどそのケースについて、ここでは、前者の場合の投票結果が一般意志であるのに対し、後者の場合の投票結果を、共同意志と呼んでおきたいのである。

この場合、一般意志と共同意志の違いの第一は、一般意志が、共同意志と違い、一定のルールによって表明されるものであり（この例の場合、国民投票の三分の二の得票というルール）、そのことについては全員が承認しているということである。つまり、共同意志はたんにある提案Zに対する構成員の一定数の賛成によって表明されるにすぎないが、一般意志のほうでは、その表明方法にまつわるルール（この場合、三分の二の得票があればこれに全員が従うというルール）に関し、「全員一致の承認」が前提されている。一般意志の不動の部分、つまり全員一致の部分とは、これをさしている。

また、第二に、一般意志は、先に述べたように「共同の利益だけを考慮する」（各人が「一般意志〔＝共同の利益〕はこの提案を可とするか非とするか」を判断し、投票する）。これは自分の「私的な利益を考慮」してなされる（各人が共同の利益〔＝公共的な観点〕を度外視して「自分はこの提案を可とするか非とするか」を判断し、投票する）投票によって表明される共同意志と、この「共同の利益」の観点の有無によって、区別される。

さて、この一般意志と「総和としての共同意志」ともいうべき全体意志の関係について、ルソーはこう述べる。「これらの特殊意志から過不足分を除去すると、それは相殺され、差の総計が残るが、そこに得られるのが一般意志である」、と（同第二篇第三章）。この彼の説明は飛躍があるため、わかりにくいが、しかし、ここでも彼は、あいまいなことをいっているのではないので、そこにいわれているのは、わたしの言い方でいえば、次のことである。

すなわち、特殊意志（各人の意志）はそれぞれに違うとわたし達はいう。しかしそれは、その場合、何が何に対して違うのだろうか。

二つの考え方が可能である。

一つは、ここに三十人のメンバーからなる社会があるとして、三十の特殊意志が互いに他と二十九通りずつ違う、という、〈30×29×28×……2×1〉通りの違いをここから取りだす、取りだし方である。そしてもう一つは、そこにフィクションを投じる、次のような取りだし方である。

社会契約においては、各人は特殊意志の対立に苦しみ、これを打開するため、起死回生の挽回策として、各人がすべての権利をいったん無に譲渡することで、その譲渡先としてその無の位置に一般意志を仮構した。この動きを映したフィルムを逆回ししてみよう。そうすれば、各人の特殊意志の違いを、先のようにそれぞれの特殊意志同士の違いとしてではなく、それぞれの三十の特殊意志とこの一般意志Xの間の三十通りの差としても取りだすことができるはずである。

両者の違いは、インターネットを例にとるとわかりやすい。もし、プロバイダーのメインホスト・コンピュータがなければ、三十のコンピュータが互いに交信するのに膨大な網の目（ウェブ）が必要となるが、真中に交差点としてのメイン・ポストがあると、この場合、三十のコンピュータとこのメイン・ポスト間の三十のラインですむ。ルソーは、この第二の取りだし方を用い、全体意志は三十の特殊意志の総和だが、一般意志はこの（一般意志と）三十の特殊意志の対立部分の相殺の差の総和だと、いっているのである。

彼は、『社会契約論』の本文では、この個所に注記して、「各人の利益はおのおの違った原則の上に立っている。二つの特殊利益の一致は、第三者の利益に対する反対によって形成される」というある侯爵の言葉を引いている。そして、「ここに彼は、あらゆる人の利益の一致は、各人の間ごとに利益の一致が生じることに対する反対によって形成される、とつけ加えてもよかっただろう」と述べている。このフィルムの逆回しの計算法は一見すると詭弁めいて見える。しかし、よく考えてみれば、彼は、いわばメイン・コンピュータ方式は、立食パーティ式の各人間の——中央のテーブルを介さない——直接交信方式に対する「反対によって形成される」と述べているのであり、このアイディアは、前篇（第四篇）のアーレントの公的領域のテーブルの比喩と考えあわせても、きわめて論理的である。[43]

さて、共同意志とはある問題について意志を同じくする特殊意志の一定部分の和の意味である。これをもう一度先の話に適用してみる。

そうすると、この場合の国民の一般意志とは、提案Zに関し、国民投票で三分の二以上が獲得された場合における、提案Zにあたるもののことである。しかし、同じ理由から、たとえばこの提案の投票結果が過半数を越えても三分の二に達しなければ、これは一般意志とはならない。共同意志が過半数に達して、しかも一般意志ではない、という事態がここに生まれている。

するとどういうことになるのだろうか。そこで問われた提案Zが、たとえば日本国憲法の第九条の廃棄だとしてみる。その場合の日本国民の一般意志は、その提案の拒否、第九条の維持である。そしてその場合、過半数の共同意志を仮りに一般意志に対置して、日本国民の共同意志と呼べば、日本国民の一般意志は第九条維持だが、共同意志は第九条廃棄だということになる。[44]

わたし達はふだん「国民の意志」というと、この共同意志のことを頭においている。そのため一般意志として考えられているのは、一般的な共同意志（volonté particulières en général）のこと、つまり成員の大半が個人的な資格である問題について考えていることの総和なのだが、ルソーの一般意志（volonté générale）は、これとは別物なのである。

共同意志はある問題に関してXとYに分かれる。しかし一般意志の要諦は、それが個別の問題に関して意見を二分することなしに、XかYかのいずれかを決定する考え方だ、ということにある。一般意志は、共同意志の対立自体をささえる、それより一歩手前にある合意であり、それより高次の、いわば一つの社会に合意が成立するための調停の可能性の根拠なのである。

共同意志でものごとが考えられた場合、XとYのうち、Xが多数意見として採用になった場合には、Yは少数意見というものになり、この採用されなかった少数意見に対し、少数意見の尊重ということがいわれるが、一般意志からはこの少数意見の尊重という考え方は出てこない。この一般意志の考え方では、そもそも少数意見というものが存在しない。ルソーのいうように、「したがって、私の意見と反対の意見が（投票で）勝つ場合には、それは、私が思い違いをしていたこと、私が一般意志だと思っていたものがじつはそうではなかったということを、証明しているに過ぎない」。だから「私の個人的な意見が一般意志に投票で打ち勝つ」ということもありえない。万が一、そんなことがあった場合、――各人が私的利益を優先して投票し、それが規定の得票を得るような場合――、その場合には「私は自分が望んでいたのとは別のことをしたことになる」。ルソーの社会契約論では、そのような場合、「私は自由ではなかったことになる」と、考えるのである。

ここまで、だいぶくわしくルソーの社会契約、一般意志の考え方を見てきた。ここに述べたことは、前著『敗戦後論』でわたしが行なった提案の背景説明のつもりである。

わたしはそこで、憲法第九条に関し、これを保持するか廃棄するか、あるいは非武装主義強化の方向で改定するか現状維持のままとするか、という形での「選び直し」の提案を行なった。そしてその理由を、憲法の内容としての第九条と、憲法が自分達に法として生きている法の感覚と二つのうち、後者がより大切だから、と述べた。この提案については、俗にいう「出来レース」のように、第九条を「選ぶ」ための形式的な「選び直し」の提案であると受けとる評者もいたが、論理的に考えればわかるように、再び「選ぶ」ということのうちには、それが否決される可能性が当然含まれている。またわたしが憲法改正によって憲法第九条の廃棄に道を開こうとしていると受けとった評者もいたが、これもわたしの意図を受けとめていない。わたしがいったのは、（わたしは個人的信条としては憲法の第九条に高い意味を認める者だが、それでも）、たとえ第九条がその結果、廃棄されるようになったとしても、現状のまま憲法の問題を不問にふしてこれを維持するより、この憲法に関し、もう一度、それをいまのままで保持するか、別の形で保持するかが結果的にわかる形で国民が意志を表明し、憲法をわがものにすることのほうが、自分達にとって、重要だと考える、ということである。ここでは、憲法第九条の保持とその廃棄の如何が、ではなく、憲法第九条の保持の如何と憲法に関する「法の感覚」の回復の如何ということが、秤にかけられている。そのうえでわたしは、前者よりも後者のほうが大事だ、と述べたのだが、それが十分に理解されなかったのは、ここにいう法の感覚、また一般意志と共同意志の違いということの意味が、十分に了解されていなかったからだろう。

ここでわたしの考えを記せば、そこにいう「法の感覚」とは、先に述べた、自分たちが自分たちの服する法を自分たちで作ることのうちにある、法に対する「主体＝臣下」の感覚にほかならない。わたしは、わたし達がそれを保持することの大切さに較べれば、第九条の内容の大切さは、これに及ばない、この内容については、もしこれを大切だと思うなら、これを再び憲法とする（自分達の一般意志とする）運動を行なえばよいのだから、いまはまず死にかかっているこの法の感覚（一般意志の土台）を回復することが急務だと、述べたのである。いってみれば、憲法に関し、日本国民の一般意志が長い間呼びだされていない現状を、わたし達はもっと深刻に考えるべきではないかと、訴えたのである。

補足するなら、しかし、わたしの提案のこの二つの選択肢は、対立していない。『敗戦後論』に書いたように、もし国民投票の結果、第九条が廃棄され、しかもわたしが第九条の憲法への維持を大切と考えるなら、わたしは、その後、これをわたしの主張として訴え、なんらかの同趣旨の運動に参加するだろう。そしてその運動は、当然、新たな憲法改正の要求の形をとることになる。それは一般意志の書き換えの要求である。つまり、憲法の改正とは一般意志の書き換えのことだが、わたしは、その場合、自分の公共的な意志が一般意志となることを、運動を通じて、追求することになるのである。

こう考えてくればわかるだろう。一般意志とは一つの社会が一つの社会であるための原初のルールにほかならない。それは、この社会の成員の間に何か大きな対立が生じた時、その対立を、それが調停可能であるものとして受けとる場合の、社会的な基底である。憲法に関し、たとえば第九条の規定の保持と改正をめぐり対立が生じるのは、ともに憲法を遵守するという一致があるからである。他方の論者が憲法そのものを認めていなければ、憲法の規定に関する対立は生じない。しかし、その一致の土台をなす憲法を自分達が作ったという感覚が、枯渇しつつある、あるいはもとから明確なものとして存在していないのではないか、というのがわたしの主張の出発点だった。この「一致の土台」の確認を、また、国民という枠組みの強化と受けとる評者もいたが、それはむしろ、「国民」という枠組みの客観化、それの相対化のために必須なのである。

たしかにルソーはこれを国民単位で考えている。しかしむろん、その考えは国民国家の範囲にとどまらない射程をもつ。ルソーの考えに立てば、いまではたとえば二酸化炭素の排出量の問題一つをとってもこれが国民国家間の利害の対立を引き起こす問題となっている。彼は、社会契約を論じるにあたって、「各個人が自然状態にとどまろうとして用いる力よりも、それにさからって自然状態のなかでの人間の自己保存を妨げる障害のほうが優勢となる時点まで、人類が到達した、と想定してみよう」（同第一篇第六章）と書いている。いまはまさしく国際社会がその「自然状態」のなかでこうした時点にある。これは、ルソーの説が国際社会規模で考えられる条件がようやくいまにして整いつつあるということなのである。また、そうはいわず、これを日本国の範囲で考えても、日本社会を日本社会にしている原基として憲法に体現された一般意志を呼びだすことは、そこにかつて天皇が位置し、その後、その場所が空位のままになっている経緯を考えれば、けっして小さなことではないことがわかる。それを行使することは、わたし達が与えられたものを自分達のものとするうえで、必須なのである。

5 ルソーの三叉路

ところで、この企てはどうなるか。結論をいえば、あの、私利私欲の上に公共性を打ちたてようというルソーの『社会契約論』における試みは、同書において頓挫している。そのモチーフを色濃くにじませたあのジュネーブ草稿の冒頭部分が消え、その痕跡をとどめているとはいえ、それをはるかに後退させた現在のテクストに変わるのは、わたしの考えでは、その企ての頓挫からなる不可避の帰結にほかならない。

私利私欲の上に公共性を築くという課題が答えられるには、ここまで見てきたことから明らかなように、「私利私欲」の人間が「彼がそうあろうと望んでいた残忍な盗賊から、十分な秩序をもつ社会のもっとも堅固な支え手へと変身する」ことが不可欠である。彼は、そのようなことが生じる根拠をそこに示さなければならない。しかし、『社会契約論』は、これに答えられない。そのため、ルソーは、その回答不能を理由に、別個の回答に緊急避難し、その別の答えで、この要請に応えようとしているのである。

この「変身」の根拠を彼が示せない理由から見ていこう。

その理由ははっきりしている。このルソーの社会思想のうちに、前篇（第四篇）にふれた人間の変化の契機は、繰り込まれていない。そこに人間の変化の契機が探される場合、あの私利私欲という起点自身に、それが見てとられるほかにないのだが、ルソーは、この私利私欲を、起点とはみなすものの、ヘーゲルとは違い、人間の本性というよりは、単なる物欲と見たうえで、そうするからである。

ジュネーブ草稿の先に引いた冒頭部分にも、すでにその見方は顔を見せていた。彼は彼の「独立人」をして、「私にとって、自分ほどかわいい者はほかにいない」と賢者にいわせた後で、こう一つの疑念を記している。

たしかにこの「独立人」の抗弁には理がある。しかし、「道徳を助けるために宗教を導入し、人々の社会を結びつけるために神の意志を直接介入させようとしないなら、上述の論旨に対して、どんな確固とした答えを出せるだろうか」（傍点引用者）。

この独立人が、彼の私利私欲から出発してたとえ社会契約を行なったとしても、それは彼がそうすることを自分の利益になると考えたからである。では、どうすれば、この自己利益追求から出発して、この独立人が、やがて自らその公共的な意志を獲得し、「社会のもっとも堅固な支え手へと変身」してゆくようになるのか。その先の過程を保障するのは、どのような私利私欲の人間の中にある動因なのか。

ルソーの課題は当然、こういう問いに出迎えられることになるはずだが、しかし、彼の社会思想にそのことの答えは用意されていない。彼の企ての頓挫は、『社会契約論』の中途に現れる「立法者」と最後に出てくる「市民宗教」への、いわば前記の問いに対応した「介入要請」に示されることになる。彼は、私利私欲に立つ人間が変わらない限り、公共性の定立は不可能だと考えるが、その「変化」の根拠を私利私欲の中に見出せないため、私利私欲の人間を変える契機を、外部からの「導き」——それへの介入要請——に求めざるをえなくなっているのである。

彼はこうして、『社会契約論』では、肝心な場所にきて、一方で「人々の社会を結びつけるために」神に代わる「立法者」なる存在を呼びだし（第二篇第七章）、また他方、「道徳を助けるため」に、「宗教を導入」している（第四篇第八章）。『社会契約論』中、「立法者」が出てくる章でいわれることは、そのため、人間を変えさせる契機として「立法者」のような存在が必要だという主張を骨子とする。そこでルソーは、こういっている。

社会契約によって政治組織を作るに際し、「それぞれの国民に適した最良の社会規範を発見するためには、すぐれた知性が必要で」ある。その知性は卓越した資質の持ち主でなければならない。「人間に法を与えるためには神々が必要」だからである。いったん制度ができれば、以後の首長はこの制度自身が作り上げることができる。しかし最初の制度を作り上げるのは、それとは別の存在、その外部に立つ存在である。

実は、前篇（第四篇）に見た「ユダヤ人問題によせて」においてマルクスの引いた個所はこの後にくる。

ルソーはいう。その「一つの人民に制度を与えようとあえて企てるほどの人」は、「人間を変えることができるという確信」をもっていなければならない。「それだけで一つの完全で孤立した全体を成している各個人」、つまり私利私欲に立つ人間を、「この個人にある意味で生命と存在を与えるいっそう大きな全体の一部」に変え、「人間の本質を強化するためにこれを変質させ」、つまり、公共的な存在に変えなければならない。[*45]

ルソーの社会思想を彼以前の思想から隔てているのは、ここで彼が、人間を変わりうる存在と見て、その上に彼の思想を築いている点である。それは、具体的には、私利私欲の人間——「残忍な盗賊」たろうとする人間——が、やがては公共的な人間——「十分な秩序をもつ社会のもっとも堅固な支え手」——へと「変身するであろう」というジュネーブ草稿第一篇第二章の結語によく表わされている。マルクスは、その変身が、あの「私利私欲の人間」から「他人の援助がなければ使用できない力」をもった人間、つまりアリストテレスのいう政治的（ポリス的）人間に等しい公共的存在への生まれ変わりであることを見て、そこに、彼の類的存在としての人間を重ね合わせ、「ユダヤ人問題によせて」第一篇の最後に、これを引いているのである。

しかし、ルソーは、この私利私欲の人間がどうあれば社会契約以降の社会への働きかけの中で、公共的人間へと生まれ変わるのか、その根拠を取り出せない。あの「立法者」と「市民宗教」への緊急避難（介入要請）はそこからくるが、そこで彼の当初のモチーフは、すでに転倒しているのである。

たとえば、彼は、立法者に残された「一般民衆」への働きかけの手段は、「暴力を用いることなしに誘導し、説き伏せなくとも納得させるような、特別の秩序に属する権威」以外にないだろうと述べるが、そこに含意されているのは、この後に出てくる市民宗教である。「市民宗教」の必要を述べた章は、いまわたし達の読む『社会契約論』では、末尾におかれているが、訳書の訳注（作田啓一）によれば、『社会契約論』刊行一年前の段階の原稿には含まれておらず、初稿にあたるジュネーブ草稿では、この「立法者について」の章に、そのまま連続して書きつがれているという。この二つの章は、『社会契約論』の中でいかにも異色なくだりだが、ルソー自身にとってもここに自説のアポリアのあることが自覚されていたことが、これらの動きから、よくわかる。[46]

さて、彼が当初のモチーフを貫徹できないのは、なぜか。

彼は私利私欲を浅く見ている。そして人と人の関係を、究極的には対立のない形が望ましいとでもいうような、牧歌的な相で理解している。彼は、たとえば『学問・芸術論』でも、「力ある学問、文学、芸術」は人の「根源的自由の感情」を開示するのではなく、「押し殺す」と述べているが、そのような彼のスタティックな人間観、自然観、人間の欲望に対する洞察の欠如は、この『社会契約論』において致命的な蹉跌となっている。ヘーゲルが、あの主人と奴隷の弁証法でとらえるような動的な人間把握は、ルソーにはない。その平板な人間観が、人間の変わる力を人間自身の中から取りだすこと、人間の変化の起因として私利私欲（＝欲望）をとらえることを、ルソーに不可能にさせているのである。[47]

彼は、自然状態から社会契約にいたる過程の考察では人間の本性を私利私欲におくが、にもかかわらず奴隷制度に関する章（『社会契約論』第一篇第四章）にくると、もう人間同士が私利私欲に立って互いに対立しあうというホッブズの自然状態の像から、わずかながら後退している。彼においては、戦争が起こるのは、人と人の私利私欲のぶつかりあいのせいではない。「人間同士は生来の敵ではない」。戦争を起こすのは、物と物の関係であって、人と人の関係ではない。戦争において個人は、「人間としてではなく、市民としてでさえなく、ただ兵士としてまったく偶然に敵となるにすぎない」ので、彼によれば、それが人と人がぶつかりあう場合のほぼ唯一の事由であり、その他の対立は、「単なる人間関係」からではなく、「物をめぐる関係」から生じている。

そこでは私利私欲のぶつかりあいの原型は、国と国の対立に見られている。人間の私利私欲はその対立の図式の中で、「物欲」のような形に矮小化され、より高度な自己中心性ともいうべきものは、国家に帰せられている。私利私欲と公共性の座としての主体は、ルソーにおいて、こうして、人間から国家へと「転倒」してゆく。

もし、ルソーが、この私利私欲としての人間に、マルクスのように、というより、何よりまずヘーゲルのように、人間の社会性の基礎を見出していれば、彼は、人間の私利私欲というものがすでに単なる動物の欲望とは違っていることに気づいたことだろう。そして、それが単なる動物の欲望ではなく、自己の欲望、そして個人の私利私欲としてあることのうちに、すでに、相手からの承認を媒介として相互主観性ともいうべきものを織り込んでおり、そこに他者との関係が前提として繰り入れられている以上、これに徹することでここから他者への道、つまり公共性へといたる道のありうることに、思いいたったはずである。

しかし現行の『社会契約論』にあって、この人と人との対立関係は、国と国との関係、一般意志と一般意志の関係に移譲されている。ルソーの『社会契約論』のあの「結果」を「原因」にする転倒は、淵源を辿れば、「人間と国家」、「構成員と一般意志」の関係の転倒から、やってくるのである。

さて、その結果どういうことになるのか。

ここで、私利私欲は、公共性へと育て上げられるべきあの公共的人間にとっての「それ以上基礎づけられない前提」(マルクス)としての位置を失っている。つまり、公共性は、近代にあって自分をその上に実現すべき「自然的土台」を失う。そしてこのことが、あのアーレントのいう「社会的なもの」の近代における制覇の基礎要件となる。このルソーの挫折により、私利私欲は当初の近代の起点としての性格を失い、ホッブズにおいてそうだったように、何らかの形でコントロールすべきものに変わる。しかし、宗教をはじめとする中世的秩序を崩した動因の中核こそ、この私利私欲(個人の欲望)なのだから、いまや、そのうえに公共性が築かれないというのであれば、それをコントロールするものは近代にあって存在しない。あの「社会的なもの」――オイコスの原理――は、前篇(第四篇)に述べたように、この私利私欲の跋扈への脅威に基づく、それが野放しになったことに対する反動として、いまはなき公的領域に入り込んでくる。ポリスの原理が後退した後、そこを満たすのは、オイコスの領域をはみ出したオイコスの原理、エコノミー（家政）の裏面としての、マイナスアルファを埋めようという、「貧者への同情」の思想である。さらに、やがて肥大化したこの「社会的なもの」の制覇ということが起こると、それへの反動として、「親密なもの」が生れてくる。

こうしてルソーの社会思想にあって、「私的なもの」は、私利私欲が物欲に矮小化され、公共性の足場となるべき位置から後退するにつれ、収縮し、「親密なもの」へと変質するようになる。アーレントは、近代にあって「親密なもの」としての私性に最初に本格的な考察の光を向けたのは、ルソーだったといっている（『人間の条件』）。*48『社会契約論』は、その挫折によって、やがて五年後から本格化する『告白』の執筆に道を開く。そしてそこからはじまる、いわゆる「私」をめぐる物語、「私的なもの＝プライヴェートなもの」の登場を、準備することになるのである。

ルソーは書いている。一般意志を主権者と呼ぶなら、わたし達はこの公共の人格のほかに、「これを構成している私人たち」のことも考慮しなければならない。「後者（＝私人）の生命と自由」とは、「本来前者（＝公共の人格）とは独立のもの」だからだ。では、主権者の主権の限界はどこに定められるか。それは、つまり、「各人が全員に対し、全員が各人に対し、お互いのどの点までを」約束できるかを、問うことである。

そこから次のことがわかる。すなわち、主権がいかに絶対的であり、神聖であり、侵すべからざるものであろうとも、一般的な約束の限界を越えることはなく、また越えることができないということ、そして、あらゆる人はだれでも、これらの約束によって、自分の財産と自由のうち、自分に残されている部分を、十分に使うことができる、ということである。

(『社会契約論』第二篇第四章、傍点引用者)


ここで、ルソーの私的なものと公的なものが、あの自己保存の欲求(=私利私欲)と結社の必要(=公共性)とをどう折り合わせるか、また前者の上に後者をどう築き上げるか、「悪から薬をどう取りだすか」といった、「ジュネーブ草稿」冒頭部におけるダイナミックな関係をもはや失っていることを見届けておこう。私利私欲がまずあり、そこから「独立人」が、公的なものを称揚する「賢者」に鋭い反問を浴びせかけるという、あの緊迫した両者の関係は、もうここにはない。むしろここに先在しているのは一般意志という「公的な人格」であり、「私利私欲」は影をひそめ、逆に「私的なもの(=親密なもの)」がこの「公的なもの」の「限界」から帰納され、輪郭づけられ、「自分に残されている部分」を使う〃権利を認められている〃のである。

こうして、以後、この私利私欲の上に公共性を築くというモチーフは、ルソーから消える。それは、前篇(第四篇)に見たように、私利私欲に立つ人間の、自己意識確立への動きという、いわば欲望の深化にともなう媒介項を得て、ヘーゲルの社会思想、マルクスの政治思想へと引き継がれてゆくだろう。何がルソーに足りなかったのか。彼のこの点に関する限界は明らかである。彼は私利私欲を結局物欲——物と物の関係で現れる虫けらめいた恣欲のようなもの

――と考えてしまい、それ自身の中に、自分を革新していく動因のあることを見なかった。ヘーゲルはそれを自己意識の自由という形で取りだし、マルクスはそれを、利己的な存在である人間の世界を「人間そのものへ復帰させる」、「社会的な力」と呼んで、ルソーの挫折地点から次の歩みをはじめてゆくのである。

ルソーの社会思想は、その限界を露わにして、ここに取り残される。しかし、それは、そこから近代後期の動きがはじまる近代の意味深い屈折点でもある。ルソーの挫折は、いってみればこの後に、近代の要素としての三つの流れに道を開くのである。

一つは、いま述べた、私利私欲の観点を深め、ヘーゲルの自己意識の自由をへて、これをあのマルクスの「これ以上基礎づけられない前提」にまで公共性の基礎として鍛えあげてゆくいわば哲学の流れ。

もう一つは、私利私欲の上に公共性を築く企ての挫折として生まれ、その後、ルソーの弟子を自称するロベスピエールによって実現されることになる、「立法者」と「市民宗教」を受けつぐ「社会的なもの」の流れ。

そして三つ目は、私利私欲の挫折の後の「私的なもの」を社会から「自分に残されている部分」と見て、これに権利を与える、「親密なもの」の流れ。

「社会的なもの」が、私利私欲の上に公共性を築くという、近代の最大の課題に応えることへの失敗から現れているとは、こういう意味である。たとえばわたし達は、アンジェイ・ワイダが映画として作った、ダントンとロベスピエールの対立劇（『ダントン』）のうちに、私利私欲の徒ダントンと、廉潔の士ロベスピエールという対位を認めるが、その革命の過程での後者による前者の粛清と、そのことによるフランス革命の成立（と恐怖政治の開始）の劇に、ルソーにおける「私利私欲」の挫折と「社会的なもの」の確立の帰結をありありと見る。[*49] また、それが現在わたし達の理解する「私的なもの」、つまり「親密なもの＝プライヴェートなもの」の出現と連動していることも、ここからわかる。この『告白』にはじまった流れは、その後、ドイツのロマン派という文学運動にひきつがれ、やがて、小林秀雄がその名高い私小説論の冒頭で述べるように、フランスのロマン派の小説からフローベールをへて、ヴァレリーのあの『テスト氏』の自意識の砦までゆくことになる。ルソーの挫折において近代は、一度、いわばボキリと真っ二つに「へし折れて」いるのである。

しかし、ここに次のような問いが残る。

中世世界の宗教に立脚した秩序を、あの私利私欲の力が破壊したのはなぜだったろう。それは、その私利私欲がどのような神学思想にも、またいわば正統の文学にもおさまらない、ルソーの草稿の「独立人」の言葉に輝きを与えるような野放図な欲望だったからである。ヘーゲルは、その野放図な欲望のうちにひそむ人間にとっての意味を、自己意識という観念を媒介に、そこから取りだす。それは、ルソーが考えたような単なる物欲でも、形而下的な欲望でも、虫けらめいた恣欲でもない、そこに他者との関係を織り込んだ、人間の間主観的位相でとらえた私利私欲である。そして、このヘーゲルへと続く第一の哲学の道のほかには、あのルソーを『社会契約論』へと動かした私利私欲が生きのびる道は残されていない。しかしそれでは、ルソーの考えた野放図な欲望、「単なる物欲、形而下的な欲望、虫けらめいた恣欲」としての私利私欲、いわばヘーゲルに哲学的に受けつがれた部分の残滓たるあの虫けらめいた原初の私利私欲は、どこにゆくのか。

それが否定され、打捨てられたならば、それは、また、それを打捨てたものに、復讐するのではないだろうか。そしてかつて堅固な中世世界を打破したように、新たに現れる近代の哲学思想と社会思想と文学思想のトリアーデの世界を、打ち壊すのではないだろうか。

というより、「社会的なもの」の制覇の究極態としてアーレントにとらえられたあの世界戦争が、すでにこの近代の転回点で取り残されたものの、復讐の機会だったとも考えられる。前に述べたことを繰り返せば、アーレントは明らかにそこにファシズムと共産主義という二つの全体主義の同根性を見、これに古代以来の公共性の復権で答えようとしたが、日本の戦後は、その近代の「壊れ」を、私利私欲の跳梁という形で表現し、これに別の答えのありうることを示唆しているのである。

この虫けらめいた恣欲としての私利私欲は、ルソーの挫折の後、どこにゆくのか。文学はこの後、彼の『告白』の延長上に「親密なもの＝私なるもの」を母体に近代文学を花開かせ、やがてそのラディカルにとぎすまされた形として、「自意識」の文学が、「社会的なもの」への反抗となってそこで主流を占めるようになる。しかし、この流れの中で姿を消したかに見えた虫けらめいた恣欲、あの原初の私利私欲は、ルソーから百年後、辺境の地で、別種の小説家、ドストエフスキーの『地下室の手記』という作品によって、再び文学のうちに声をあげるのである。

6 ドストエフスキーの『地下室の手記』

わたしの考えをいえばこうなる。

ドストエフスキーは、『地下室の手記』で、ルソーの私利私欲から考えていくというモチーフを、いわばルソーの挫折がその後作り出す流れに抗して、甦らせている。

それは一つには、ルソーの『社会契約論』のその後の受けとられ方を通じて、その延長上に形成されてくる理性的社会観への激しい反発という形をとり、もう一つには、ルソーの『告白』を源流としてその後現れる、右に述べた社会的なものと私的なもの（＝「親密なもの」）という対項関係に基づく近代文学の流れへの骨太な抵抗という形をとっている。

ここにいう理性的社会観というものが、あのフランス革命のロベスピエールに代表される「社会的なもの」と、その後の自己意識の自由から発するヘーゲル、マルクスの哲学思想の拡散した果ての通俗型としての「社会主義」の奇妙な合体であることに注意しよう。そう考えてみれば、この『地下室の手記』の主人公の攻撃対象のうちには、あのルソーの挫折から生みだされた三つの道、ヘーゲル、マルクスの哲学思想（の拡散形）と、ロベスピエールの「社会的なもの」と、『告白』から続く「親密なもの」に立つ文学思想と、三つのものが含まれていることがわかる。なぜ、あのヘーゲルの主人と奴隷の弁証法、マルクスの「ユダヤ人問題によせて」における私利私欲への着目といった、前篇（第四篇）に見たルソー以後の近代の起点ともいうべきダイナミックな認識が、その後、彼らの継承者の中で拡散していくのか、そしてその結果、それら自体が、なぜそれこそ「社会的なもの」を助けるその御用哲学となり下がってゆくのか、というその理由も、そこにははっきりと示されているといえなくもない。たとえ確固とした起点からはじまっても、その起点の力が見失われれば、どのような可能性ある哲学思想も拡散と転倒の運命をたどるしかない。ヘーゲル、マルクスの思想にとっての起点とは、あの「共通の本性」の意味の発見であり、「それ以上基礎づけられない前提」としての私利私欲の発見だった、そのことを、この二つの哲学思想のその後のこうした転変と拡散は、教えているのである。

この作品は、もうだいぶ古くから、ドストエフスキーの後期作品の世界の扉を開くカギとして受けとられてきている。『罪と罰』から『カラマーゾフの兄弟』にいたる彼の代表的作品は、すべてこの作以降の十七年間に書かれている。この作品を機に、彼は、少し変わったところのあるロシアの小説家からキリストという名の魂の問題を正面から見すえた、いわば世界の近代文学総体の更新者へと位置を移行する。しかし、その転機は彼の中からくるだけではない。この時、直接に彼をこの作品の執筆へとかりたてているのは、それが書かれる前年に刊行された社会主義者チェルヌイシェフスキーの小説、『何をなすべきか』だからである。ドストエフスキーは、この小説にあの『社会契約論』以後、フランス革命をへて強化される「公共的な理性」の問題、別にいえばヘーゲルをへて通俗化され、公共性に馴致された「私利私欲（エゴイズム）」の問題を見、そこに我慢できないものを感じればこそ、この奇妙な「公共性」への反発の物語を書こうと思い立っているのである。

ここで簡単に、当時のロシアの時代背景と、この「社会主義者」の小説を、ざっとひとあたり見ておこう。十九世紀初頭、一八一二年の対ナポレオン戦争の勝利をへて、帝政ロシアは本格的に西欧に遭遇している。ナポレオンの襲来がいわばロシアにおける黒船の到来だった。その後、この戦争に従軍し、ロシアの立ち遅れを痛感した青年貴族士官を中心に革命団体デカブリストが結成される。彼らによる反乱をはじめとして、西欧を手本にさまざまな近代化に向けて、動乱が続く。ドストエフスキーはそのような時期、一八二一年にモスクワに生まれ、これらの動きに対するニコライ一世治世下の時代閉塞状況の下で西欧のロマン主義文学の洗礼を受けて成長する。彼の十代から二十代にかけての時期は、一八四〇年代ロシアのスラブ派と西欧派の対立にすっぽりと覆われている。彼はこの時期をプーシキンやシラー、またゴーゴリに熱中して過ごす。その後、彼は、一八四六年に『貧しき人々』を書いて劇的なデビューを果たすが、それから一転して、散々の酷評をあび、やがて急進的な社会主義思想に接近してゆく。そのあげく、この青年作家が一八四九年に前年のフランスの二月革命に脅威を感じた帝政政府のでっち上げたペトラシェフスキー事件に連座し、死刑判決を受け、処刑寸前に皇帝によって特赦されるという茶番劇をへて、シベリア流刑の当事者となる経緯は、読者によく知られている通りである。

それからの十年間、四年間の流刑を含んで、彼はシベリア滞在を余儀なくされる。その間、ロシアは一八五六年のクリミア戦争での屈辱的敗退をへて大きく政情を変える。西欧との国力の違いは、相手が兵站の手足として鉄道を使っている時、こちらが馬車でそれを行なっているというほどに絶望的な差として現れている。遅まきながらロシアの立ち遅れを思い知ったアレクサンドル二世は、一転、急激な西欧化をめざすことになる。ドストエフスキーが許されてペテルブルクに帰参し、再び執筆活動をはじめるのは、一八五九年であり、そのような時期にあたっている。皇帝は大改革を呼号し、一八六一年には農奴解放令を発令する。しかし、そのような性急で表面的な上からの改革が成功するはずもなく、それは掛け声倒れに終わり、一年間で二千件以上という失望した農民の反乱が国内にみちる。そして一八六三年、そんな彼の前に現れるのが、この農民大衆反乱を理論的支柱として指導し、逮捕されたチェルヌイシェフスキーの手になる小説、『何をなすべきか』なのである。

この小説は、刊行されるや、当時の若い男女の心をつかむ。十数年前、ペトラシェフスキー事件に連座し、自分の社会主義思想について沈思を重ねてきたドストエフスキーは、これを読んで、黙っていられないものを感じたと思われる。

この小説は、簡単に紹介すれば、こんなあらすじをもつ。[*50] ヒロインのヴェーラはペテルブルクの中産階級に育つが、父親の上役の息子と結婚させようとする両親とぶつかる。これを医学生のロプーホフが助け、彼女をモラル的に堕落した「地下室」の生活から救い出す。ロプーホフは婦人以外には道を譲らないという原則を生活上に貫いている純粋な正義漢である。二人は結婚し、自由と独立の精神に基づいた生活をはじめる。ヴェーラは未来の事業をめざし働く人間が利益を平等に分配する自主管理型の裁縫店を作るが、やがて、ロプーホフの友人のキルサーノフを知り、彼を愛しはじめる。ロプーホフはそのことを知り、自殺を装って姿を消し、アメリカに渡って奴隷解放運動に参加する。ヴェーラは絶望し、店を閉じようとするが、革命家ラフメートフに励まされ、キルサーノフと結婚する。何年か後、帰国したロプーホフは、彼も没落商人の娘と結婚しており、旧友と再会の喜びを分かち合い、両家庭は隣り合わせで住む。ヴェーラは医学の勉強をはじめる。彼らの前には人類が理想社会の構築をめざす明るい「水晶宮」の未来が開かれようとする——。

チェルヌイシェフスキーはこれを反乱指導で逮捕された獄中で書く。小説が圧倒的な支持で若者に受け入れられている間も獄中にいる。この小説で主人公のヒロイン、ヴェーラは、自分の気持をつらぬき、さまざまな困難を乗り越え、最後、「明るい未来」に手をかけるあるべき人間像として示される。『地下室の手記』に現れ、次作『罪と罰』にも余韻を残す「水晶宮」とは、直接には一八五一年のロンドンでの第一回万国博覧会に現れたガラス張りの公共建築物をさすが、広くは、作中、『何をなすべきか』で言及されるフーリエのいわゆるファランステール（未来理想社会モデル）に代表される「社会主義的未来社会」をさしている。チェルヌイシェフスキーは本来、小説家というよりも思想家、批評家であり、それまでにフォイエルバッハなどの影響下にさまざまな経済学、哲学の論考を書き、ヘーゲルなどにも言及していた。すでにあのマルクスの「ユダヤ人問題によせて」は一八四四年に書かれ、その四年後にはマルクス、エンゲルスの手で「共産主義者宣言」（「共産党宣言」）も世に出ている。この小説は、ルソーからヘーゲル、マルクスへといたるあの流れを受けて、ここにあるが、そこであの「私利私欲」は、いまや「公共性」へと苦もなく育つ優等生的な存在へと馴致され、通俗化されている。チェルヌイシェフスキーはいう。「私利私欲」は、正当に扱われるなら最後、「合理的な解決」を見出し、公共性に立脚した「明るい未来」に結びつくだろう。そこにあのルソーをして「立法者」と「市民宗教」に介入要請させた私利私欲の野放図さは影をひそめている。ドストエフスキーは、そこにいわばルソーの挫折以後の「私利私欲」と「公共性」の二つながらの浅さ、虚偽の象徴を、見るのである。

『地下室の手記』は二部からなるが、第一部で語り手は、いまの世の中に迎えられ、瀰漫している、合理的なエゴイズムといった考え方を槍玉にあげる。彼は、エゴイズムに立とうと、問題なく理性的、公共的な考えに従って社会を構築できるといった〝浅瀬を渡る〟この理性中心の考え方が、いかに底の割れた正義観、人間観にすぎないか、そのゆえんを口角泡をとばして力説し、最後、こういう。「どんな人の思い出のなかにも、だれかれなしには打ちあけられず、ほんとうの親友にしか打ちあけられないことがあるものである。また、親友にも打ちあけることができず、自分自身にだけ、それもこっそりとしか明かせないようなこともある。さらに、最後に、もうひとつ、自分にさえ打ちあけるのを恐れるようなこともあり、しかも、そういうことは、どんなにきちんとした人の心にも、かなりの量、積りたまっているものなのだ」と。

その第一部の冒頭ほどないところには、現在四十歳の元下級官吏の「ぼく」が、「いっぱし人並みの人間が、もっとも好んで話題にできることといったら、何だろうか」と問い、答え——自分自身のこと。

では、ぼくも自分自身のことを話すとしようか。(『地下室の手記』[*51])

とひとりごちるくだりがある。『社会契約論』刊行の二年後に書きだされるルソーの『告白』冒頭が、これのほぼ祖型をなす、

わたしはかつて例のなかった、そして今後も模倣するものはないと思う、仕事をくわだてる。自分とおなじ人間仲間に、ひとりの人間をその自然のままの真実において見せてやりたい。そして、その人間というのは、わたしである。(『告白』[*52])

という文面になっていることを思い起こせば、『社会契約論』から『地下室の手記』までのおよそ百年の意味は、そのままこの「打ち明け話」の位相の違いのうちにあることがわかる。『地下室の手記』は「誰にもいえないこと」の地下にある「自分にすら打ち明けることのできにくいこと」を語る。それは、このルソーの「私」をさらに地下へと降りつく場所にいる「地下人」たる私の物語であり、しかし、そこでは、その地下人が、地上の『社会契約論』の延長上に現れた社会主義的思考への反駁を、声を大にして企てるのである。

チェルヌイシェフスキーの「公共的思考」がルソーの『社会契約論』を通過したものである

ことは、それが「合理的エゴイズム」の形で現れているところにその刻印を見せている。「いわゆる直情型の人間とか活動家といった手合い」という、『地下室の手記』の書き手が繰り返す呼称は、『何をなすべきか』のロプーホフに代表される主観的に純粋な正義漢の一類型を揶揄的に表現したものだが、しかしこうした公的な理性信仰が、ヴェーラのキルサーノフへの恋慕という「エゴイズム」の物語を含まずにいないところに、これが『社会契約論』に続くフランス革命、ヘーゲル、マルクス以後の存在であるゆえんがよく現れているのである。

しかし、そこでの恋愛、欲望の形は、物語の推移が示すように、いずれ理性と公共性と和解し、これに馴致される予定調和的なものでしかない。それは私利私欲と同根の恣意性を垣間見せるが、たんなるつじつま合わせのように、登場はするものの人を動かさず、逆に理性に動かされ、理性との結婚へと進む。これに対し、ドストエフスキーの『地下室の手記』のぼくは、私利私欲がそんなものであるものか！　と彼のいう「いわゆる直情型の人間とか活動家といった手合い」の調子のよさを口をきわめて罵るが、こういえばわかるだろう、彼は、作中、ルソーをも罵倒するとはいえ、それでも、あのジュネーブ草稿冒頭の「独立人」の、一回り螺旋を地下にくだった場所にいる、正統の嫡子なのである。

彼は、いう。

しかし、こんなことはすべてきれいごとの空想にすぎない。ああ、教えてくれ、だれが最初にあんなことを言いだしたのだ？　人間が汚らわしい行為をするのは、ただただ自分の真の利益を知らないからだなどと、だれが最初にふれまわりだしたのだ？　もし人間を啓蒙して、正しい真の利益に目を開いてやれば、汚らわしい行為など即座にやめて、善良で高潔な存在になるに違いない。なぜなら、啓蒙されて自分の真の利益を自覚したものは、かならずや善のなかに自分の利益を見出すだろうし、また人間だれしも、みすみす自分の利益に反する行為をするはずもないから、当然の帰結として、いわば必然的に善を行うようになる、だと？　ああ、子供だましはよしてくれ！　無邪気な赤ん坊もいいところだ！（『地下室の手記』）

ルソーの「独立人」が執拗に食い下がったあのディドロの賢者の説く予定調和的な一般意志は、いま、ヘーゲルをへて、エゴイズムを繰り込んだより高次のいわば合理的エゴイズム（これはヘーゲルの理解としてはむろん浅いものだ）の段階へと螺旋を一つ、上っている。ドストエフスキーの地下室の住人は、これに対し、螺旋を一つ下り、今度はこの予定調和的な「合理的エゴイズム」に執拗に食い下がる百年後のルソーの「独立人」として、ここに声をあげるのである。

ヘーゲルをへて、かつての私利私欲の場所を占めているのは、いま、累乗化された自己意識としての「自意識」である。

利益！　だいたい利益とは何だ？　人間の利益とはそもそも何であるかを、正確無比に定義できる自信が、諸君にあるとでもいうのか？　いや、それより、もしひょっとして、人間の利益はある場合には、人間が自分に有利なことではなく、不利なことを望む点にこそありうるし、むしろそれが当然だということになったら、どうなるのだ？　もしそうだとしたら、いや、もしそういう場合しかありえないとしたら、すべての法則はたちまち無にひとしくなってしまうだろう。（同前）

ドストエフスキーの「私的なもの＝自意識」はすでに物欲としての私利私欲からは離脱している。しかしそれは、あの「親密なもの」のほうに向かうのでないことは無論として、ヘーゲルにおけるように自己意識の自由の方向へと深化してゆくのでもない。それはむしろ逆の基底に向かう。彼によれば、その基底にあるのは、あの欲望の何物にもとらわれない恣意性、原初の私利私欲の本質としての虫けらめいた恣欲の「可誤性」（「戦後後論」）だからである。

もう少し引いてみよう。

諸君はなんだか、「人間がやがてはその（理性と科学の指示どおりに行動する——引用者）習性を獲得するときがきて、そうなれば古い悪癖のあれこれは完全に消滅し、健全な理性と科学が人間の本性を完全に改造し、正しい方向にむけるものと、心から信じきっておられる」。そうすれば「わざわざ好きこのんで誤りを犯すようなこと」もなくなり、自分の正常な利益に反した意志をもつ気になど、なろうったってなれはしないというわけだ。

そのときこそ――いや、これも諸君の説なのだが――やはり数学的な正確さで計算され、完璧に整備された新しい経済関係がはじまり、およそ問題などというものは、一瞬のうちに消滅してしまう。というのも、いっさいの問題について、ちゃんとその回答が用意されているからである。そのときにこそ、例の水晶宮が建つわけだ。（同前）

しかし、そんなのは全部嘘だ、と彼はいう。なぜなら、彼によれば、人間の利益とは、動物のそれとは違う、もっと複雑な出来のものだからである。

だいたいが例の賢者どもは、人間に必要なのは何やら正常で、しかも道徳的な恣欲であるなどという結論を、どこから引張りだしてきたのだろう？ 人間に必要なのはつねに合理的で有利な恣欲であるなどと、どうしてそんな想像しかできないのだ？ 人間に必要なのは――ただひとつ、自分独自の恣欲である。たとえこの独自性がいかに高価につこうと、どんな結果をもたらそうと知ったことではない。だいたいが恣欲なんて、そんなわけのわからない代物なのだ……（同前、傍点原文）

彼は、この理性と科学の支配する二二が四の自然法則に対して、最後に人に残るのは「自分のために愚にもつかぬことまで望めるという権利、自分のためには賢明なことしか望んではならないという義務にしばられずにすむ権利」だという。なぜならこの「愚にもつかぬこと、気まぐれ以外の何物でもないこと」が、「ぼくらの個と個性とをぼくらに残しておいてくれる」最後の自由の根拠なのかもしれないからだ。

ここで、読者に注意してもらいたい。彼は、「二二が四」に立つ底の浅い利益観をあざわらう。しかし、利益などつまらないというのではない。彼は、そうではなく、利益などつまらないといえることが、最後の人間の利益だというのである。

しかし、諸君、恣欲というやつは、きわめてしばしば、というより、たいていの場合、まったくかたくなに理性とはくいちがうものだ。そして……そして……実をいうと、そこがまた有益であり、ときには讃《ほ》むべきことでさえあるのだ。(同前)

利益などつまらないといえることとは、別にいえば人間が自意識の生き物だということである。彼は、自意識は理性にアカンベエするという。しかし彼は、自意識が私利私欲にアカンベエするのだ、とはいわない。いいだろうか、ドストエフスキーは、ヴァレリー、小林のようではない。自意識は彼にとって、人間の私利私欲の最後の砦なのである。

7　原初的な公共性の輝きについて

ところで、ドストエフスキーがヴァレリー、小林秀雄のようではないとは、またこれとは違うことをも語っている。というのも、彼が、チェルヌイシェフスキーの小説とそれがあのように若い人々に受け入れられることに、なぜああまで腹を立てているかといえば、その理由は、当然、『地下室の手記』の主人公のそれとは、違うからである。

そのことは、次のようなことにわたし達の目を向けさせる。あのルソーの挫折は、私利私欲の輝きを人々の目から隠した。それ以後、『社会契約論』の草稿の冒頭に現れた、あのルソーの「独立人」の言葉の輝きは、影をひそめる。それがおよそ百年をへて、この『地下室の手記』の「地下人」の公共人への罵詈雑言として、いまわたし達の前にあるものだが、ルソーの挫折が隠しているのは、この私利私欲の輝きだけではなかったのではないだろうか。それは、私的なものの根源としての私利私欲の輝きを隠すとともに、「社会的なもの」に場所を譲ることで、そこから、いわば「公的なもの」の原初の輝きともいうべきものをも、隠したのではなかっただろうか。

ドストエフスキーは『地下室の手記』の主人公に、私利私欲の場所から、世の合理的エゴイスト達のその「エゴイズム（私利私欲）」の浅さを罵倒させる。しかし彼はなぜそうさせるのか。そこに虚偽があるからである。では何が世の合理的エゴイスト達、世の公共人達の虚偽なのか。ドストエフスキーによれば、そこで合理的エゴイスト達に「エゴイズム（私利私欲）」とみなされているものが、まったく私利私欲とは似ても似つかないものだというのがその虚偽の一つである。しかしそれだけではない。彼はもう一つのものにも目を向けている。というより、そのもう一つのものが、彼に、この虚偽を我慢できないものと考えさせている。もう一つのものとは、一言で、キリストとして彼の小説に現れるもののことだが、しかし、ここではそれを、先の合理的エゴイスト達の場合と同様、世の公共人達に「公的なもの（＝社会的なもの）」とみなされているものが、彼にとって「公的なもの」を意味するものと、まったく似ても似つかないものであることへの怒りだといっておいて、よいだろう。世の公共人達は、そこに世界のめざすべき理想があるというが、ドストエフスキーにいわせれば、そのような「社会的なもの」の制覇は、彼にとっての「公的なもの」の臨在とは似て非なるものなのである。

では、そこに想定されているのはどのような「公的なもの」だろう。

それは、世にいう「公的なもの」と、「公的なもの」として、どう違うのか。

ルソーに高い敬意を払い続けたことで知られる十八世紀のドイツ語圏の哲学者カントは、『社会契約論』から二十二年後の一七八四年、「啓蒙とは何か」と題する一文に、このように書く。

啓蒙とは、人間が自分の未成年状態から抜けでることである、ところでこの状態は、人間がみずから招いたものであるから、彼自身にその責めがある。未成年とは、他人の指導がなければ、自分自身の悟性を使用し得ない状態である。ところでかかる未成年状態にとどまっているのは彼自身に責めがある、というのは、この状態にある原因は、悟性が欠けているためではなくて、むしろ他人の指導がなくても自分自身の悟性を敢えて使用しようとする決意と勇気を欠くところにあるからである。それだから「敢えて賢こかれ！（Sapere aude)」、

「自分自身の悟性を使用する勇気をもて！」――これがすなわち啓蒙の標語である。（「啓蒙とは何か」一七八四年、傍点原文）[*53]

ここにいう「自分自身の悟性を使用する勇気」とは、何か。カントは、それは、自分の中にある普遍的なものである「悟性」と「理性」を、普遍的なままに、つまり「公的に」使用する勇気だという。しかしなぜ、この「悟性」と「理性」を「公的に」使用することに、「勇気」がいるのだろうか。それはその「悟性」、「理性」が、その持ち主の住む「社会」に属しておらず、いわば「社会」に逆らってでなくては「使用」されえないものだからである。つまりカントの考える「公的なもの」は、ある社会の中で「公的なもの」と見なされていながら、その実「社会的なもの（＝公共的なもの）」を、それは「私的なもの」にすぎない、と判定する。それは、いわゆる「公的なもの（＝社会的なもの）」を、そのようなものは実は「私的なもの」にすぎないと断罪するような、「中途半端でない公的なもの」、究極の「公共性」なのである。

カントはいう。この理性の公的な使用が可能であるにはどのような自由がなければならないか。

この問いに対して私は答える、――自分の理性を公的に使用することは、いつでも自由でなければならない、これに反して自分の理性を私的に使用することは、時として著しく制限されてよい、そうしたからとて啓蒙の進歩はかくべつ妨げられるものでない、と。（同前、

傍点原文）

理性の「私的な使用」とは何か。

ここで私が理性の公的使用というのは、或る人が学者として、一般の読者全体の前で彼自身の理性を使用することを指している。また私が理性の私的使用というのはこうである、——公民として或る地位もしくは公職に任じられている人は、その立場においてのみ彼自身の理性を使用することが許される、このような使用の仕方が、すなわち理性の私的使用なのである。（同前、傍点原文）

ところで、ここでカントの理性の「公的使用」と「私的使用」を区別しているものは何だろうか。一番見やすい違いをいえば、カントは、理性を束縛する公共性は、できるだけ広いものでなければならないといっている。ある国家で公的と認められていることとは、それを越えた次元から見ればもはや公的ではない、その国にしか関わらないという意味では、それは「私的な」ことである。そのことを敷衍すればこうなるだろう。「公的なもの」という観念は、最終的に、時間軸においても、空間軸においても、すべての限定を超越する本性をもつ。たとえばカントは、ある政治的な共同体で全員一致のもとにあることが決められたとしても、その決定事項がまだ存在しないメンバーに対する不正を含むような場合には、不正だということになるという。また、同じくある政治的な共同体の成員が全員一致であることを決めても、それがより高次の共同体（たとえば人類の共同体）に対する不正を意味するような場合には、それは不正となる。「公的なもの」とは、その本性上、一定の時空に停止し、そこでUターンする場合には、「私的なもの」に転落せざるをえない概念なのである。

しかし、これをまた、次のように受けとることもできる。なぜ「公民として或る地位もしくは公職に任ぜられている人」が「その立場においてのみ」行う「彼自身の理性の使用」が、理性の「私的使用」といわれるのか。そこでは、彼は、自分の「私的な部分」を抑圧して、あるいは排除して、自分の「公的な部分」だけで理性を使用しようとしている。彼にとっての「公的な部分」とは「私的な部分」を排除して成立する彼の一部にすぎない。そのような彼の中の一部にすぎない、他を排除してなる「公的な部分」とは、先に見た「公的なもの」の本性上、実は「公的なもの」とはいえず、「私的なもの」にすぎないからである、と。

そうこのカントの命題をいいかえてみれば、それがそのまま、あのドストエフスキーの「地下人」の主張に重なるものであることが、わかる。チェルヌイシェフスキーに代表される「社会的なもの」は、あの「私的なもの」を馴致可能なものとして浅く見積もることで、この「社会的なもの」の局部性が露頭することを事前に予防している。しかし、その「社会的なもの（＝公共的なもの）」は、ここにあの原初の「私利私欲」をもってくれば、とたんにそれとは対立せざるをえなくなるのではないだろうか。なぜロプーホフは妻のヴェーラがキルサーノフに恋するとヴェーラの恋心に道を譲り、自分は自殺を装って姿を消すのか。それは安易な解決ではないのか。そこには本当なら、ヴェーラの恋心（＝私利私欲）とロプーホフの嫉妬心（＝私利私欲）がぶつかり合い、互いが自分の私利私欲と向き合い、その自己省察と葛藤をへて、二人が最後、ある着地点を見出すというプロセスが不可避なはずである。ドストエフスキーは、この種のお行儀のよいエゴイズムの劇に立脚する「理性の公的使用」を、カントと同じく、そんなものは、単なる「理性の社会的使用（＝私的使用）」にすぎない、それは「公的」でも何でもない、という。考えてみれば、この原初的な公共性ともいうべきものの感覚のないところに、あの原初的な私利私欲の感覚は宿らない。ルソーの挫折をはさみ、いわば垂直に、カントとドストエフスキーは向かい合う。ただ、ドストエフスキーは、それを、カントとは違う仕方で、カントとは違う「公的なもの＝普遍的なもの」に訴える形で、この小説に描く。彼は、カントなら「世界普遍性」と呼ぶところのものを、「キリスト」と呼ぶのである。

8　リーザとは誰か

『地下室の手記』はその後半で、一つの展開を見せる。その部分をなすのは、語り手が前半、手記の冒頭近く、「自分にさえ打ちあけるのを恐れる」と述べる、十五年前のある一つのエピソードである。

第一部の終わり、語り手は、いまでもそのことを思い出すと身の縮む思いのする、「わが人生最悪の時」の経験を話そうとする。ところで最悪の経験とは何か。それについて、彼は、それは、「壁」にふれることだと語る。自分はこれまで恥ずかしい真似をしては幾多の屈辱をなめてきたが、そういう経験を重ねるうちに、ついには「この苦痛が、ある種の恥ずべき、呪わしい甘美さ」に変わり、最後に「ほんものの快楽」に変わることを知った。その快楽はどこからくるのか。

説明しよう。この場合、快楽はほかでもない、自分の屈辱をあまりにも鮮明に意識するところからきていた。つまり、次のような実感から生まれていたのである——とうとうおれも最後の壁につき当ったな、くそおもしろくもない話だが、かといって、ほかにどうしようもない、(略)たとえば、こういう強度の自意識の結果は、次のようなことにもなる。もし当人がほんとうに自分を卑劣漢だと感じているのなら、卑劣漢たることもまた正しい、それが卑劣漢にとってはせめてもの気休めになる、というわけだ。(『地下室の手記』)

それが「壁」である。世の人間は、二二が四の自然法則を壁だと思っていて、それは科学的に不可能ですよ、などといわれるとそこで「挫折」してしまう。しかしそのようなものは「壁」でもなんでもない。そういう彼にとっての「壁」、「とうとうおれも最後の壁につき当ったな」という最悪のどんづまりの経験を彼は話そうとする。口八丁手八丁で、どんな正義もどんな美も自分は泥で塗りこめてやるぞ、自分は絶対そんな美辞麗句にダマされないぞ、という人間にとっての「壁」が、どんなものか。あの頑強なルソーの「独立人」の末裔を最後に「黙らせるもの」——あのカントの原初的な公共性にあたるもの——が、自分にとって何でありうるか。いわば、この自意識の究極の「ひねくれ」の対極が何であるかを、ここでドストエフスキーは語ろうとするのである。

その十五年前の話はこんなあらすじをもつ。二十四歳のぼくは、だれからも忌みきらわれ、自分でもほぼ誰をも軽蔑している小官吏だが、人恋しくなり、学校時代の旧友を訪問したことがきっかけで、当時ひどくきらっていた俗っぽい女たらし男の送別会に出ることになる。ぼくは、またそこで旧友一同とぶつかり、顰蹙をかい、つまはじきされる。そのあげく、ぼくは、旧友達を追って入った娼館で一人の売れ残りの娼婦を指名し、うさばらしにその娼婦と寝る。そしてひょんなことから、会話するが、気持がむしゃくしゃしていることから、つい意地悪な気持になり、娼婦という存在がいかに惨めな運命をたどるか、いかにその行為が人の道をはずれたことかを力説し、気がつくと、彼女の心を粉々にしている。彼女は絶望するが、ぼくの手を強く握る。ぼくはつい、おさまりがつかず、アドレスを渡し、「訪ねてきてくれ」などといってしまう。いってすぐから後悔がはじまる。そして、その後、まさか本当に訪ねてこないだろうな、とそのことだけが気がかりのまま、数日を過ごす。

しかし、三日後、彼女、リーザはやってくる。ぼくにはちょうどぼくとは対極的な人間である、自分に疑いを一度も感じたことのないその名もアポロンという尊大な召使いがいて、なぜ主人の自分がおどおどして召使いのアポロンがいばっているのか、日頃からしゃくにさわっている。その日も、いやがらせに頭を下げない限り給金の七ルーブリを渡さないといって、アポロンを怒鳴りつけ、ヒステリーを起こし、傲岸な召使いとつばぜり合いをするが、すると、そこにリーザがくる。ぼくは最悪のめぐり合わせにすっかり動転し、どぎまぎし、いっそのこと高圧的に出てやろうと、先日のやりとりの「真実」をぶちまける。自分は少しも君に同情なんかしたのじゃないのさ。友達とぶつかってつまはじきされたので、もっと弱いやつをいじめてやろうと思って君をつかまえただけなんだ。

彼は続ける。名高い、よく引かれる、わたしも引いたことのあるあの文句(「戦後後論」)は、ここで、彼の口から吐かれる。

ぼくはきみが憎らしくてならなかった。それもあのとき、きみに嘘をついたからなんだ。ただ言葉をもてあそび、空想にうつつを抜かしていただけで、本心では、いいかい、きみの破滅を望んでいたからなんだ、そうなんだよ！　ぼくに必要なのは安らかな境地なんだ。そうとも、人から邪魔されずにいられるためなら、ぼくはいますぐ全世界を一カペーカで売りとばしたっていいと思っている。世界が破滅するのと、このぼくが茶を飲めなくなるのと、どっちを取るかって？　聞かしてやろうか、世界なんか破滅したって、ぼくがいつも茶を飲めれば、それでいいのさ。きみには、こいつがわかっていたのかい、どうだい？　まあいい、ぼくにはわかっていたんだ、ぼくがならず者で、卑劣漢で、利己主義者で、なまけ者だってことがね。この三日間、ぼくはきみがやって来るのじゃないかと、恐怖にふるえていたものさ。(同前)

彼は彼女を傷つける言葉を吐き続ける。そしていい終える。「さあ、これ以上きみに何の用があるんだ？　なんだってきみは、これだけ言って聞かせたのに、まだぼくの前に突立って、ぼくを苦しめる気なんだい、なぜ帰らないんだ？」

しかし、「このとき、ふいに奇妙なことが起」る。「ところで、事実はほかでもない、ぼくによって辱しめられ、踏みつけにされていたリーザ」が、実は、彼の想像していたより、「ずっと多く」を、理解していた。

彼女はこの長広舌から、心から愛している女性がいつも真先に理解することを、つまり、ぼく自身が不幸なのだということを理解したのだ。

彼女の顔に表われていた恐怖と屈辱は、まず悲しげな驚愕の念にとってかわられた。ぼくが自分で自分を卑劣漢、ならず者と呼び、ぽろぽろと涙をこぼしはじめたとき（ぼくはこの長ぜりふを泣く泣くしゃべっていたのだった）、彼女の顔は何かけいれんのようなものにはげしく引きゆがんだ。彼女は立ちあがって、ぼくを押しとどめたいらしかった。そして、ぼくがしゃべり終ったとき、彼女が注意を向けたのは、〈どうしてここにいるんだ、どうして帰らないんだ！〉というぼくの叫びではなくて、ぼく自身、このいっさいを口にすることがさぞかし辛かったろうということだった。（同前）

彼女は何か抑えきれない衝動にかられたようにふいに椅子から飛び上がり、それでもなお、気後れしたまま手を差しのべる。ぼくはすっかり動転し、次の瞬間には二人して抱きあい、声をあげて泣きだす。彼は、「ぼくはならしてもらえないんだよ……ぼくにはなれないんだよ……善良な人間には！」といってしゃくりあげるが、十五分もしてヒステリーの発作がおさまると、「しだいに、遠まわしに、思うともなく、けれど逆らいがたい力に引きずられるようにして」、思う、「こうなったいまとなっては、頭をあげて、リーザの目をまともにのぞきこむのは、なんともばつの悪いことだな」と。どうも「いまや役どころが完全に入れかわったな」などという考えも、この生まれついての自意識家の頭には、浮かぶのである。

その後、また顔から火の出るような恥知らずをやった後、彼女がまだ帰らないことに彼はいらいらしはじめる。彼女はとうとう立ち上がり、帰ろうとする。その時、つい彼は立ち上がり、彼女に五ルーブリ札をつかませる。

ぼくはいまも、嘘をついて、ぼくがこんなことをしたのは、もののはずみで、すっかりうろたえて、前後もわからぬまま、ついしてしまったことだと書いてやりたくなったほどだ。けれど、ぼくは嘘はつきたくない。だから率直に言うが、ぼくが彼女の手をこじあけて、握らせたのは……憎悪から出たことだったのである。（同前）

彼はすぐに後悔にかられ、リーザを呼ぶ。下で扉の閉まるばたんという音がする。彼は物思いに沈んで部屋に戻る。それからふいに身体をびくりとさせる。机の上にもみくちゃのままの五ルーブリ札がある。彼女は、手に握らされるやすぐにそれを投げ返していたのだ。彼は狂気のようになって服を着替え、部屋を飛びだし、外に出る。「ぼくが通りへとび出したときには、彼女はまだ二百歩と行っていなかった」。二百歩先には十字路がある。彼は後を追う。

静かだった。雪が降りしきり、ほとんど垂直に落ちかかる雪が、歩道や人気のない車道にクッションを敷きつめていた。通行人は一人も見えず、なんの物音も聞えなかった。用もない街燈がものうげにまたたいていた。ぼくは十字路まで、二百歩ほど走って、そこで立ちどまった。(同前)

しかし彼は彼女を見失う。彼女はいない。そして「それ以後、ぼくは一度もリーザに会っていないし、彼女の噂も耳にしない」。手記もまた、ここで終わっている。

これはどういう話なのか。

ここで語り手は自分がいかに「ならず者で、卑劣漢で、利己主義者で、なまけ者」にすぎないかをリーザに力説する。そして、さあ、なぜ帰らないんだ、もう出ていけよ！　というが、彼女は、そういう語り手の言葉を別なふうに聞いたと、書かれている。

彼女は、この人はこんなにも不幸なのだ、この人がこんなことをいうからには、さぞかし辛かったろう、と思ったと、書かれるのである。

さて、この語り手とリーザのやりとりから、わたし達はある既視感を、――これをどこかで以前目にしたという感じを——、受けとるのではないだろうか。この二人の対話が次作『罪と罰』のラスコーリニコフと娼婦ソーニャの対話の「粗描」になっていると、たとえば小林秀雄は指摘しているが（『地下室の手記』と『永遠の夫』）、しかしそれ以上に、ここには、このやりとりと生き写しのシーンをもつ作品がある。いうまでもなく、ドストエフスキーの最後の作品『カラマーゾフの兄弟』の大審問官の章における、あの大審問官とイエスの対話の場面である。

大審問官の章については前著の「戦後後論」にふれているから、ここで詳細は繰り返さない。ただ、そこでの大審問官とイエスの対話が、大審問官が——ここでの語り手のように——さんざんイエスを罵倒し、わしはおまえの愛など欲しくない、明日はおまえをやきころしてくれる、というと、最後、イエスが——ここでのリーザのように——「この人はこんなにも不幸なのだ、この人がこんなことをいうからには、さぞかし辛かったろう」というかのように、ふっと牢の格子ごしに顔を近づけ、「九十年の星霜を経た血の気のない唇を静かに接吻」するシーンで終わっていたことを、思い出してもらえばよい。

大審問官はぎくりとして、牢をあけ、「さ、出て行け、そして、もう来るな」といってイエスを放す。[*54]

この、「わしはおまえの愛などほしくもないわ」とうそぶく大審問官に、イエスが接吻し、大審問官が驚愕してイエスを放す場面は、ドストエフスキーの作品世界におけるキリスト的なものの臨在を象徴する個所だが、そのような要素がはじめて彼の作品世界に現れるのが、このシーンであり、またそのことが、この『地下室の手記』という作品が、彼の作品歴において画期をなす作品となっていることの意味なのである。

そう考えたうえで、先の最後のシーンを読めば、ドストエフスキーの意図ははっきりしている。ぼくがリーザを追いかけて外に出ると、「彼女はまだ二百歩と行っていな」い。してみれば彼にはリーザの後ろ姿がまだ見えているのである。それで彼は追いかける。二百歩の先は十字路になっている。しかしそこで、リーザは消える。周りには誰もいない。雪が上方から「垂直に落ちかか」っていたと、語り手は書いている。わたしの考えは単純である。「通行人は一人も見えず、なんの物音も聞えなかった」。リーザは、空に消えている。彼女は、ドストエフスキーの小説のあの自意識の「最後の壁」まで降りつく力でかろうじてそこに呼びこむことのできた、彼における「中途半端でない公的なもの」――あの「天上のもの」――、キリスト的なものの、彼の小説における、最初の現れなのである。

このドストエフスキーの作品は、もしここに、ディドロ流の底の浅い理性への信従にどこまでも納得しない、ひねくれた自意識の持ち主がいて、それがいくところまでいったら、何に出会わずにはいないかを、逆説的に語っている。この主人公は自分を「人を愛せない」、「善良な人間にならせてもらえない」存在だと感じる。何かが彼の中にあって、彼が「公共的な人間」になろうとすると、その足をひきとどめるのだ。しかし、その力が、彼の前にリーザを呼びだす。ここに語られるのは、原初的な私利私欲、どこまでも虫けらのような恣欲たろうとする意志が、その下方からの意欲、下方への意欲によって、カントの原初的な公共性――天上のもの

——を知るという、私利私欲と公共性をめぐる物語である。わたし達はいま多くの中途半端な「公的なもの（＝社会的なもの）」に囲まれているが、そのような「中途半端な公共性」を打ち破る力が、ほんとうは何であるかを、この逆説の物語はわたし達に教えているのである。

9　ラスコーリニコフと「立法者」からの回復

しかし、わたし達はこんな問いが兆すのを聞くのではないだろうか。

私利私欲が大切だということはわかった。しかし、いったい誰がいま、私利私欲からはじめるだろうか。わたし達は、いまでは、私利私欲を否定する「社会的なもの」の教えに諭され、その「社会的なもの」の道を進むことで、人生に乗り出す。そして、世の中を生きることで、そこに何かが欠けていることに気づき、そのことを契機に、いわば「社会的なもの」から私利私欲へと帰ってくるのだ。そうだとしたら、この問いは、こう反転させられなければならないだろう。人はいまでは、必ずいったん「社会的なもの」にからめとられる。そして、そのことを通じ、そのことにより、私利私欲のもつ意味に気づく。したがって問いはこうなる。いまや最初にいるのは、「社会的なもの」に染まった人間である。彼は、どこからはじめることができるのか。誤った人間は、誤った場所から、どのようにはじめるのか、と。

『地下室の手記』に続くドストエフスキーの作品は、この問いを扱う。そこで彼の主題は、自分は「人を愛せない、しかしこの場所にとどまるしかない」という前作の場所から、一歩を進め、はっきり、「人はどうすれば人を愛することができるか」というものになる。しかし、ここまで見てきたところと重ねれば、その小説『罪と罰』の主人公であるラスコーリニコフのような人間が、どうすれば人を愛するようになるのか、と尋ねるこの問いは、ある意味では前作以上に、私利私欲の上に公共性を築くことが可能か、というルソーの原初の問いを、ひきとったものである。『地下室の手記』はルソーの挫折によって人の目から隠されることになった私利私欲の場所からの出発を描くが、この『罪と罰』が扱うのは、ルソーが挫折した場所、あの彼自身が「社会的なもの」に反転してしまった場所からの出発、いわば「社会的なもの」からの、〝私利私欲という起点〟に向かっての、回復の劇だからである。

この小説は、『地下室の手記』の翌年から書きだされ、一年後に完成を見ているが、そこには、ドストエフスキーのあの社会主義者としての経験が、影をおとしている。そこで彼は、私利私欲の立場から「社会的なもの」を糾弾するのではなく、その「社会的なもの」に心を摑まれ、本来の私利私欲から隔てられた人間が、どのように自分への「愛」、そして他人への「愛」を再び回復できるか、という逆の過程を描く。彼はチェルヌイシェフスキーの社会主義小説の浅さを痛罵するが、では、それが浅くない形なら、社会主義思想にとらえられた人間の劇はどうなるか。そういういわば「社会的なもの」のほうから帰ってくる難問を、自ら掲げた上で、自らそれに答えようとするのである。

そのようなつもりでこれを見れば、この小説が、ルソーの社会思想の挫折を克明になぞった形に構築されていることがはっきりとわかる。殺人をおかした後にラスコーリニコフが友人のラズミーヒンと会うと、翻訳のアルバイトの話になる。その時、「ルソーの『告白録』の第二部」が後に予定される仕事として挙げられるが、それとて、必ずしも偶然ではないのである（第二部第二章）。

カギは、『社会契約論』が最後に躓いたあの政治的共同体への「起動」を最初に与える存在、ルソーによって介入要請された「立法者」という存在である。一般に「天才」は自分の理想のためであれば犯罪（殺人）を犯しても許される、というものとして受けとられているラスコーリニコフの社会理論は、ここで彼が「天才」の名で呼んでいるものが実は「建国者」、つまりルソーの『社会契約論』にいう「立法者」にほかならないことに思い至れば、ほぼルソーの社会理論、立法者の理論と生写しなのである。

思いだしてみよう。なぜルソーの『社会契約論』は、社会理論として、最後の「立法者」と「市民宗教」の部分で破綻していたのだろうか。それが、彼のジュネーブ草稿の発端におかれた、私利私欲の上にこそ公共性を築くという課題の、放棄宣言となっていたからである。彼は、人間は禁断の木の実を食べたが、この移行は不可逆なのだから、これを「人類の堕落」だと見るのではなく、この「悪そのもののなかから、それを直すべき薬をとりだ」す以外にないと考えた。そして、社会契約を構想し、一般意志という概念を定立した。もし、このような社会と政治組織が設立されれば、そこで人々は、「彼がそうあろうと望んでいた残忍な盗賊から、十分な秩序をもつ社会のもっとも堅固な支え手へと変身する」だろう。彼はそう考えた。しかし、いったい誰が、この社会に最初の始動を与えるのか。ルソーは、人間の私利私欲が社会契約の基底をなすとは考えたが、何が私利私欲の人間をその後、新しい人間へと変えてゆくかという次の過程を構想する段になって、答えにつまり、その転轍の場所で、「立法者」にいわば介入要請を行っているのである。

しかし、ここに外から「立法者」をもってくれば、本来の「私利私欲」という足場を失って、すべてはたちまち転倒するだろう。「立法者」とは、法の外側に立つもの、法にとらわれない者、法に先行する者であって、彼が独裁者でないことを保証するのは、そこでは、彼自身のほかにない。そこからあのルソーの忠実な生徒、ロベスピエールまでは、ほんの一歩だからである[*55]。

ルソーは、どういっていただろうか。

> 立法者はあらゆる点で国家のなかの異常な人間である。彼はその天才によって異常でなければならないが、その職務によってもやはりそうなのである。（略）共和国をつくるというこの職務は、つくられた国家組織のなかには入っていない。（略）
>
> リュクルゴスは、その祖国に法を与えるにあたって、まず王位を捨てた。法の制定を外国人にゆだねるのが、大部分のギリシアの都市の慣習であった。（『社会契約論』第二篇第七章「立法者について」）

ところで、ここに引かれたスパルタの建国者＝立法者「リュクルゴス」は、ラスコーリニコフの社会理論にも登場してくる。ラスコーリニコフは、予審検事ポルフィーリイに尋ねられ、彼の論文「犯罪について」に展開された自分の思想を、こう要約する。その理論が、あのポリスとオイコスの対位とほぼ見あう構造をもっているのは、偶然ではない。

　それはつまり、人間は自然の法則によって二つの層に大別されるということです。つまり低い層（凡人）と、これは自分と同じような子供を生むことだけをしごとにしているいわば材料であり、それから本来の人間、つまり自分の環境の中で新しい言葉を発言する天分か才能をもっている人々です。（略）第一の層、つまり生殖材料は、一般的に言うと、保守的で、行儀がよく、言われるままに生活し、服従するのが好きな人々です。（略）第二の層は、みな法律をおかしています。（『罪と罰』[*56]、傍点原文）

彼によれば、この〈非凡人〉からなる第二の層の人間は、自分の思想の実行が要求する場合には、ある障害を、ふみこえる権利をもっている。彼が念頭においているのは、いわゆる天才というより、ルソーが立法者について書いた時に念頭においていたのと同じ意味での「天才」をもった「異常な人間」、古代ギリシャのスパルタの建国者「リュクルゴス（リキュルゴス）」、また「マホメット」、「ナポレオン」などに代表される「立法者」である。ラスコーリニコフはいう、「つまり、例えば、法律の制定者や人類の組織者であっても、つまり古代の偉人からリキュルゴス、ソロン、マホメット、ナポレオン等々にいたるまで、新しい法律を定めて、そのこと自体によって、社会が神聖なものとあがめ、父祖代々伝えられてきた古い法律を破棄し、しかも血が彼らのしごとを助けることができると見れば（往々にして古い法律のためにまったく罪のない血が、勇敢に流されたものですが）、むろん流血をも辞さなかった」非凡人たちであっても、この観点から見て、犯罪者でなかった例はない、と。もし彼らと同様、〈非凡人〉の一人が、人類の理想の国——新しいイスラエルという名の水晶宮——を作り上げようと考え、その第一歩にこのような「障害」のあるのを認めた場合、彼は、それを除去することを、必ずや「自分の良心に許す」だろう……。

こう見てくれば、はっきりするが、ラスコーリニコフは、私利私欲からはじめるルソーの課題が挫折した場合、その転倒が、私利私欲のみならず、最初にめざされた「公共的なもの」をも損なわざるをえない所以を体現する者として、その「公共的なもの」が転倒して「社会的なもの」とならずにはいないことを体現する者として、ここに呼びだされている。私利私欲から公共性へという順序が逆になった場合、何がおこるのか。その場合には、私利私欲が破棄されるだけではない。それと同時に、目的としての公共性が、あのカントの原初の公共性から「中途半端な公共性」へと転倒、下落せざるをえないのであり、チェルヌイシェフスキーの小説、またルソーの『社会契約論』の帰結は、ここで殺人を犯すラスコーリニコフと同様の転倒の例として、わたし達の前にさしだされているのである。

しかしここから、こういう問いが生まれる。

では、もはやそこから出発する以外ないとしたら、その場合、彼はどのようにあの私利私欲から公共性へという最初の順序を、回復できるのか。自分の欲求からはじめて公共性へ、というモチーフの挫折を受けた、反転した観念的理想主義の社会思想の場所から、逆に人を愛することへ、自分を愛することへ、というみちすじは、どう辿られるのか。

『罪と罰』でドストエフスキーは、私利私欲についてではなく、愛について書く。彼は、『地下室の手記』の一歩先の場所で、自己への愛とそれに立つ他者への愛、人と人の関係が、いかに可能になるかということの起点を、問おうとするのである。

さて、わたし達の近代をめぐる考察もこのあたりがひとまずの終点となる。

この問いの答えは、ラスコーリニコフとソーニャの出会い、ラスコーリニコフの自白、そして流刑へと続くわたし達のよく知る経緯をたどり、示されている。

いうべきことは、ただ一つである。

この出会いと自白と流刑を通じて、ラスコーリニコフは、最後まで、この自分の思想を否定していない。最後、彼はソーニャの足元にひざまずく。しかし彼は、それまで自分を動かしてきた思想を「悔悟」し、「捨てて」いるのではない。

自首し、シベリアに流刑された後、その流刑の地で、彼は恥じる。しかし彼を恥じさせるのは、「獄中生活の恐ろしさでも、労働でも、食事でも、剃られた頭でも、ぼろぼろの服でも」ない。「おお！　こんな苦痛や苛責が彼に何であったろう！」彼は、自らの理性に立てば無意味としかいいようのないものの軍門に降ること、そのことに「自尊心」を「はげしく傷つけられ」るのである。

> 彼が病気になったのも、傷つけられた自尊心のせいであった。ああ、自分で自分を罰することができたら、彼はどれほど幸福だったろう！（略）彼が恥じたのは、つまり、彼、ラスコーリニコフが、ある一つの愚かな運命の判決によって、愚かにも、耳も目もふさぎ、無意味に身を亡ぼしてしまい、そしていくらかでも安らぎを得ようと思えば、この判決の《無意味なばからしさ》のまえにおとなしく屈服しなければならぬ、ということであった。（同前）

地獄のような苦しみから解放され、「獄に入れられて、自由になっ」た身で（傍点原文）、かつての行為を吟味してみると、彼にはそれがソーニャに説得され、自首しようと決めた日にそう思ったほど「愚劣で醜悪であるとは、どうしても思え」ない。彼は思う。「おお、五コペイカ程度の値打ちしかない否定論者や賢者どもよ、なぜきさまらは中途半端なところに立ちどまっているのだ！」。自分の行為が法律的に犯罪だとしてもおれはこれを罪だなどとは思ってやしない。おれの良心は平静だ。「もちろん、刑法上の犯罪が行われた。もちろん、法律の文字が破られ、血が流された。じゃ法律の文字の破損料としておれの首をとるがいい……それでいいじゃないか！」。自分が間違っていたのはただ一点、世の「立法者」たる「権力を継承によらず自分の力で奪い取った多くの人類の恩人たち」が、「自分の最初の一歩に堪えた」のに、それに「おれは堪えられなかった」ということだ。「だから、おれには自分にこの一歩を許す権利がなかったのだ」。

彼はこの考えを変えない。しかし、それまでしばしば邪険に対していたりもしていた、流刑地についてきたソーニャが、軽い病気になり、姿を見せない日が数日続いた後で、ある日、突然、彼は、ソーニャの前に身を投げだす。

どうしてそうなったか、彼は自分でもわからなかったが、不意に何ものかにつかまれて、彼女の足もとへ突きとばされたような気がした。彼は泣きながら、彼女の膝を抱きしめていた。最初の瞬間、彼女はびっくりしてしまって、顔が真っ蒼になった。彼女はぱっと立ち上がって、ぶるぶるふるえながら、彼を見つめた。だがすぐに、一瞬にして、彼女はすべてをさとった。彼女の両眼にははかりしれぬ幸福が輝きはじめた。彼が愛していることを、無限に彼女を愛していることを、そして、ついに、そのときが来たことを、彼女はさとった、もう疑う余地はなかった……（同前）

ここで何が起こっているのか。それまでの自分の行為に対する悔悟が起こっているのではない。彼はぼろきれのように、「不意に何ものかにつかまれて、彼女の足もとへ突きとばされ」ている。ここを、たとえば作田啓一は、「ラスコーリニコフにおいては回心と同時に彼女への愛の自覚が起こる」と書いている（『ドストエフスキーの世界』[*57]）。けれどもわたしにはこの言い方はわからない。このように書かれた「回心」と「愛の自覚」ということが、わからない。宗教上の「回心」というものがあって、それと別に「人を愛することができる」ということがあるのだとは思われない。彼はここではじめて人を愛することができるようになっている。それ以上のことは、何もない。それだけのことが、この彼の「立法者」の思想の上に、一滴の血のように、付加されているのではないだろうか。

わたしが思いだすのは、『戦艦大和ノ最期』における臼淵大尉の言葉が、兵学校出身の士官たちに、自分達の論理を否定するものとしてではなく、それに肩車するものとして現れたという、以前に見た事実である。

中身は違う。でも関係が似ている。

彼は反省しない。彼は誤りから出ない。その上に愛がくる。

じゃあ、ラスコーリニコフが無辜の人間二人を殺したことの道徳的な罪はどうなるのだ、という声が、あがるかもしれない。この問いは社会の契約に立った公共性の問いである。しかし、『罪と罰』の本来のロシア語の題は、「罪と罰」ではなく「犯罪と刑罰」である。しかし、これを「罪と罰」と訳した日本人は別に誤っているわけでもない。違いは何か。違いは、それが「罪」ではなくて「犯罪」であること、「罰」ではなくて「刑罰」であること、そこにあるのが、それが「犯罪と刑罰」の世界である場合、あのカントの「公的なもの」ではなくて「社会的なもの」、——「中途半端な公的なもの」にほかならない、ということである。その違いはこうわたし達に問う。愛がなくてなぜ「犯罪」は「罪」に変わるか。道徳、また公共性を右のように考えている限り、けっして私利私欲の上に——自意識の悪無限の上に、——公共性が築かれることはないだろう。転倒した観念的な理想主義の先に、その順序を覆して再び公共性が築かれることはないだろう。関係の始点には、自分の欲求、そして他者への愛という、あの奇妙な働きこそがある。それがなければ、そもそも人間が自分から動くということが、ありえないのだ。ルソーは、私利私欲をたんに物欲と見なしたが、そもそも私利私欲の中には自分を越えるもの、私利私欲自身を越えるものがある。そして自分の中にあって自分を越えるものとは、これをヘーゲルの思想に重ねていうなら、自己意識というよりも、自己意識が殺されそうになって自分の底にあることに気づく、あの「死にたくない！」という声を発する人間の共通の本性であり、その私利私欲の底にある私利私欲を越える原理をこそ、わたし達は愛と呼ぶのである。

ここで、ドストエフスキーは、「公共的なもの」をたんに人と人の関係から帰結しうるものと考えている限り、それは、けっして人と人の関係を生み出さないと、いっている。それは、人の関係から作られるのではなく、人の関係を作るのだが、その力の根源とは、愛だというのが、ドストエフスキーの答えにほかならない。彼は、愛は、その原因を人間の中にはもたないという。ラスコーリニコフは理由もなくぼろきれのようにソーニャの足もとに投げ出される。しかし、それをこういってもよいだろう。その最後の場所には一つの声の出る場所がある。わたし達は、それがどこからくるかは知らないが、少なくとも、それを聞く。それは生命の声である。人は公共性への回路をその内部の根源にもっている。わたし達はそれを、ドストエフスキーにならい、浅く受けとられてはならないという自戒をこめて、私利私欲と呼んでいるのである。

第四部　戦前と戦後をつなぐもの

Ⅵ　天皇と戦争の死者——昭和天皇VS三島由紀夫

1　思想的な負荷について

戦前と戦後の問題を、「誤り」と「私利私欲」という二つの、わたし達のいわゆる戦後的基準から見ての〝悪〟を手がかりに、見てきた。戦後的思考という思考の磁場が、わたし達の戦後に存在する。そこから見れば、日本の戦前の経験、戦後の経験のうち、何が可能性の核心として取り出されるか。これがここまでの記述をささえてきたわたしの問題関心である。

「君は悪から善を作るべきだ／それ以外に方法がないのだから」

というのは、これまでもたびたび言及してきた前著『敗戦後論』の冒頭におかれた題辞だが、ここに横たわる「悪から善を作る」ことの、「それ以外に方法がない」ことの動かしがたさを、世界史的な広がりの中に明らかにすることが、ここでわたしの行おうとしてきたことである。

さて、この戦前と戦後を、ひとつながりのわたし達の経験の時空と見るなら、ここからは、どんな思想的な視界がのぞめるか。ここまで書いてきて、わたしにも、なぜ自分の書くものがこれだけ多くの論者からの批判を呼び起こすのか、そのわけがわかってきつつある。わたしと批判者の観点の違いの根源と思われるものにふれつつ、最後に、この問題について、考えてみたい。

わたしがこの間、『敗戦後論』から本書へと書きついできたことに対し、繰り返し現れた批判の一つは、次のようなものである。

なぜいまや冷戦後が問題となるような時代にあって、国単位の考え方をしなければならないのか。国民国家の限界とその均質的な拘束性こそが問題となってきているような段階で、そのような問題意識をもたないわけでもないだろうに、なぜ、国としての責任とか、謝罪主体の構築だとか、人格分裂の克服だとか、昔ながらの戦後の枠組みに固執し、かつナショナルな枠組みをもつ「後退した問題設定」へと、舞い戻るのか。

それは、旧套なナショナルなものへの回帰を意味するのではないのか。

しかし、わたしにいわせれば、それははっきりとした理由のあることである。これも誤解を呼ぶ言い方かもしれないが、わたしの気持のままをいえば、国がこれまで、やるべきことをやってくれていれば、わたしもこんないわば「思想的なハンディ」を、負わずにすんだのである。

それはこういうことである。

戦後の日本国は、やるべきことをやっていない。つまり、国民国家として他の国民国家に対して行なった侵略行為について、国民国家として、まだ相手を十分納得させるだけの政治的道義的な——時には法的なものも残っているかもしれない——負債の返済を、終えていない。

これは、相手のあることだから、自分でその返済は終わったと主張してもムダである。相手が返済が終わったと了解することが、そこで返済が終わったということの十分条件なのである。

そのような意味での返済の未了は、わたし達に意識されている。一例をあげれば、日本政府は、ことある毎に韓国、中国をはじめとするアジア関係諸国に謝罪を行なっている。しかし、相手国の住民は、自分達が謝罪をなされた、あるいは、日本は十分に反省の気持を伝えてきたから、信頼を回復してもよいだろうとは、受けとっていない。それぞれの事例について、個別の事情はあるとしても、このような不信感を表明しているのが、必ずしも第二次世界大戦で日本の侵略行為の対象となったアジア諸国の一部ではなく、その多くの国の住人であることを考えれば、やはり日本という国は、自分の責任において、半世紀をへてなお、第二次世界大戦で侵略した国々にここにいう〝負債〟の支払いを終えていないと考えるべきである。

すると、どういうことになるだろうか。

そういう国の一員として、わたしの考えることにそのことは、影響を及ぼさずにはいない。具体的にいおう。そのような状態のまま、もし、いまや国民国家の時代ではない、とか、国民国家の暴力性を理由に、国民国家的な発想からわれわれは自由になるべきだ、などとわたしがいうとしたら、そのわたしの言明は、少しおかしなことになる。いや、そもそも国家の一員として考えるという発想がすでにナショナルな枠にとらわれている、われわれは個人として、あるいは個人以前の「主体ならざる主体」（?）として考えるのだ、といったとしても、その言明もまた、わたし達の存在の関係性の中で、おかしなものとならざるをえない。日本の国内では、それは先進的な考えだとして受けとられるかもしれない。しかし、国民国家たる日本に国民国家として甚大な被害を蒙った相手国の住民は、おいおい、ちょっと待ってくれ、というだろう。では国民国家として国民国家たるわれわれにあなたがたが犯した侵略行為のツケはどうなるのか。いったい誰がその負債を支払うのか。そして彼らはいうだろう。あなたがたが脱国民国家的思考の大切さを云々するのはよい、しかしそれは、国民国家としての日本の弁済が、すべて済んでからにするのがよいだろう、と。

わたしの考えでは、わたし達が戦後の日本人であることとは、こうして、国がそのなすべきことをやっていないことの負債を、思想の負荷として背負うということである。

むろんそのことは、わたし達がいつもそのような「ナショナルな枠」で考えなければならないということではない。ましてわたし達が個人として、あるいは誰でもないものとして考えるということができないとか、そうすることが責められるべきことだということを、そのことが意味しているのではない。わたし達はいつ、どんな場合にも、どんなふうにも考えることができる。そもそも考えるとはそういう無責任の力――白紙還元の力――をもつことである。しかし、そのうえでいえば、考えるということは、たとえそのように考えるとしても、そこに一つの負荷がかかっていることを忘れないことであり、またその負荷を引き受けることでもある。

ものごとを考えることとは、自分の中に他者を繰り込むことであり、そこで考えられることは、その自分の中の他者を通じて、自分に向けていい聞かせられる。そして、それは自分にいい聞かせられることを通じて、他者へとむかう。そこでは自分の納得と他者への説得が相互交通の流れの中にある。そして他者の納得は、その相互性の果てに、一つの了解として、結像を夢見られるものの謂にほかならないのである。

では、ここで国が行うべきことの核心にあるのは、どういう行為だろうか。

それをふつうわたし達は、たとえば相手の納得するような正式な謝罪を行い、十分な反省の気持を伝え、必要な場合には積極的に弁償に応じる、という形で考えている。しかしそのことで、ある国に対し、日本が国民国家として行なった侵略行為の法的政治的道義的な負債を、「完済する」ということが念頭におかれているのでないことは、すぐにわかる。たとえば無辜の家族を殺害された人の身に想像を及ぼせば、負債の完済ということはありえない。だから、ここにあるのは、どうすれば負債を完済できるか、またどうすれば正式に謝罪することができるか、ということであるより、――それらの努力を通じて――どのようなあり方が負債の支払い側に用意されれば、これを受ける側は――たとえ負債が完済されることはなくとも――その姿勢を了とし、相手国への最低必要な信頼を回復することになるのか、という関係性のうちにおかれた問いである。この場合、自分の中にどのようにすれば納得が生じるか、という自分と自分の関係の構築が、他者の中にどのように納得が生じるか、という自分と他者の関係の構築の土台なのである。ここで相手の了解を生じさせるものは、自分の論理の相手への説得という単線的な働きではなく、自分の納得からはじまる、双方の構造の相互性の働きなのである。

わたしはその核心にあるものを、日本がとにかく戦前と戦後をつなぐ歴史意識を作り出すことだろうと考え、「人格分裂の克服」、「強い謝罪の論理の構築」、「謝罪主体の構築」ということを述べてきた。そのような歴史意識に立って、たとえば、過去を謝罪し、反省の気持を示し、必要な弁済を行い、またその反省に立脚した施策を未来に向けて行うこと、つまり自分のまず自分に向けての意思の表明が、その他者との関係において前提をなす第一義の必要条件だろうと考えたのである。

ところで、このわたしの主張については、これをよく読んでもらえばわかるはずだが、いまなお十分な理解が得られず、誤解がつきまとっている。表面的な論難においてだけでなく、深く踏み込んだ上でなされた最近のいくつかの批判にも、それが見られる。この先考えようとすることとも関係するので、もう一度、確認しておく。

わたしが戦後日本の革新派と保守派の論理が、ジキル氏とハイド氏のような「人格分裂」に陥っているといったのは、そのジキル氏、ハイド氏の論理では、いずれも相手を納得させるものにならないだろうという意味である。革新派の論理についていえば、それは――いわば内を顧みない外向きの――ジキル氏の論理であるため、論として弱く、その結果として必ず――いわば外を顧みない内向きの――ハイド氏の論理を呼びださずにはいない。そのため、それを、その内部にハイド氏の論理の基盤を繰り入れた、「強い謝罪の論理」に鍛えあげなければならない。また、保守派の論理についていえば、これも、単に自己肯定の風潮を国内的に作り出すだけでよしとするハイド氏流の態度ではダメで、そこに主張があるのであれば、その論理に侵略相手国、また国外の他者を納得させるだけの強度――論理としての人格の統一――をもたせなければならない。そのためには彼らも、ジキル氏のモチーフを繰り込んだ、「筋の通った保守の論理」をめざさなければならない。そうすれば、この二つの論理は、日本の内部で、これまでの分裂の二つの所産から、それを克服するための論理対立の二つの要素へと変わる。ジキル氏の論理はジキル氏の論理ではなくなり、ハイド氏の論理はハイド氏の論理でなくなり、そうしてはじめて、明確な論理の対立が生まれ、これまでの分裂が克服される基盤が作られるだろうというのが、そこでのわたしの趣旨である。

なぜこのような分裂が生じるのか、という理由としてわたしは、日本の戦後に「ねじれ」があることをあげた。「ねじれ」は憲法の問題、天皇の問題、そして戦争の死者をめぐる問題について見られることを指摘した。革新派、保守派の論理の双方が、その「ねじれ」を見ておらず、これを繰り込んでいないことが、両者をツルリとした腰軽の論（半身の論）とさせ、その結果として、外から見ると日本の言論は二様の一対の半身の論（ジキル氏の論とハイド氏の論、謝罪の論と失言の論）からなる「人格分裂」になっていると、述べたのである。

しかし外から見ると「人格分裂」になっているとは、わたし達の自己認識においてそうだということである。外から見るとは、わたし達が自己を認識する際の不可欠の回路であり、つまりわたし達の自己像は、他者を媒介項としてすでに自分の中に繰り込まれているからである。

最近書かれたわたしへの批判で、笠井潔は、世界戦争の結果、そこに参加した人間は「人でなし」の経験とも呼びうる「自己分裂」を経験したといい、「戦後日本人の自己分裂は、いうまでもないだろうが、絶対戦争の戦場で生じた『人でなし』の自己分裂の結果に他ならない」

と書いている（「総力戦体制と主体性の分裂」[1]）。しかしこの言い方についていえば、この指摘の前段、世界戦争が「人でなし」の自己分裂的経験をもたらしたというのはその通りだが、その後段、それが戦後日本人の自己分裂をもたらしたというのは、そうではない。わたしが述べてきたのは、それとは逆に、戦後日本人の自己分裂は、ここにいうような第二次世界大戦とその敗戦の結果生じた「自己分裂」（ねじれ）を、戦後の日本人の一人一人が回避した結果、もたらされた、ということである。

　また、大澤真幸も、わたしのいっていることを不正確に理解し、加藤は「二重人格状態を克服して、統一的な人格を回復しなくてはならないと考えている」が、「日本人はむしろ分裂しなくてはならない、というのが僕の考え」だと述べ、それをわたしへの批判としている（「もうひとつの〈自由〉——思考のヒント」[2]）。しかし、これについても、わたしはそもそも、ここで大澤がいおうとしていることを、『敗戦後論』以来、語ってきている。日本人という言葉は、対外的な集合名詞とその一人一人の構成者の双方をさす。そのことを念頭に、論の構成を受けとれば、対外的な集合名詞としての日本人の「人格分裂」的なあり方を克服するために、一人一人の日本人が「ねじれ」を組み込んだ思考を生きなくてはならない、とわたしの述べている論旨は理解されるはずである。この「ねじれ」を「自己分裂」といえば、（集合存在として）日本人は（対外的な、したがって対自的な）二重人格分裂状態を克服するために「むしろ（一人一人が）分裂しなくてはならない」、そのような「分裂」を繰り込んだ論理、歴史意識が作られた時、その（対外的な、したがって対自的な）論理としての「統一的な人格」は、はじめて回復される、というのが、この間、わたしの一貫して主張していることだとわかるはずである。

なぜ、この種の誤解が絶えないのか。

違いは、ここにいう「ナショナルな枠組み」の負荷が現存しているというわたしの認識が、大澤をはじめとする多くのわたしの批判者たちに、共有されていないことにある。そのため、このような「人格分裂」の「克服」という主張が、考え方としては簡明であるにもかかわらず、しばしば、ナショナルな志向、ナショナルなもの、統合的なものへの後退というように、単純な二元論的理解に、収束しているのである。

2　坂本多加雄の「日本の来歴」

こうした中で読んだこともあり、保守派の論客である坂本多加雄の『象徴天皇制度と日本の来歴』の読書経験が、わたしには新鮮に感じられた。むろんわたしの考えと坂本のそれとは厳しく対立しているが、坂本は、ここにいう思想的な負荷というものを、よく理解している。

坂本はそこで、日本が他者に対して「自分が何者か」を示すとはどういうことか、ということから考察をはじめ、日本が自分を説明する「語り」の論理を、自ら作りあげる必要を指摘しているのだが、彼をそのような考察に促しているのは、日本の戦前と戦後の間に深い断絶があり、それを架橋する「物語」を作ることができなければ、戦後日本に他の国との関係を作りあげることは難しいだろう、という深い危機意識である。坂本はいわば保守的な関心からこの問題に接近しているが、彼にあるのも、戦後日本に戦前と戦後をつなぐ「論理」がないために、関係する他国に了解を生む言説を戦後日本がもてないでいるという認識であり、わたしにいわせれば、彼は、「日本の来歴」を作りあげるという形で、わたし同様、あの戦後日本の「分裂した人格」の克服が必要だと、いっているのである。

わたしと坂本の違う点は、坂本がこの戦後日本の「分裂した人格の統合」のために統合的な、戦前と戦後をつなぐ「日本の来歴」を作りあげることができると考え、それを構想するのに対し、わたしが、そのような統合的な戦前と戦後をつなぐ「来歴」が戦後日本に不可能だという認識を出発点にして、むしろ、その「つながり」の不可能性を示す「自己確認」の論理を作りあげ、共有することが、この課題に答える唯一の方途だと、考えていることである。

この違いを、もう少し掘り下げていってみよう。問題はこの「語り」の性格にかかわっている。坂本は、この「語り」を、日本が他国に対して示す対外的な論理という意味で用いている。そのためこの「語り」が自分にとってもつ意味は、彼の論理の中にそれとしての場所を与えられていない（権利をもっていない）。しかしわたしの考えでは、この「語り」を必要とするのは、侵略相手国の住民である前に、日本人自身である。そのような意味では、それは、「相手を説得する語り」ではなく、そうである以前に「自己確認のための語り」でもあるような「語り」なのであり、それが、どのように日本人自身（＝自分）を深く納得させるかが、問われている。つまり、それは、何より日本人自身を納得させるものであることで、ようやく他者を納得させることのできるものとなると、考えられるのである。坂本の「語り」は、そのような意味では相手を〝説得〟するための物語である。結果として相手を〝説得〟できる物語であれば、彼の「語り」はそれで用をなすと考えられている。自分の〝納得〟と相手の〝説得〟、了解を与えるものと説得するものという違いが、わたしと坂本の考え方を、隔てている。

「日本の来歴」をめぐる坂本の考えとは、次のようなものである。

まず彼は、わたし達の論が「わたし達が誰であるか」ということから自由でない理由を、このように説明する。

ある人物が「何者」か、という問いは、どのような答えによって満たされるだろうか。まずわたし達は、これに彼の属性を列挙することによって答えようとするが、すると、すぐにそれでは十分でないことがわかる。というのも、たとえば彼が目下の政治信条について、「民主主義」と答えるとしても、以前に彼が「軍国主義」の信奉者だったとすれば、その答えの情報価値は、言葉通りのものとして受けとり難くなるからである。では、現在だけではなく、これに過去をも網羅した情報を加味すれば、彼がどういう人間かがわかるだろうか。そうだとしても、事情はさして変わらないと思われる。というのも、彼が現在「民主主義」を信奉し、かつて「軍国主義」を信奉していたというように、両者が「著しい相違を示している場合」、われわれは、「それをいっさい無視して、現在のそれをそのまま信頼感をもって受け入れたりすることは、通常しない」からである。

もっともここには存外に「困難な問題」がある。というのは、そこにはかつての浅田彰が提唱したような、「人間のタイプを『パラノイア』・『スキゾ』と区別し、『過去のすべてを積分＝統合化（インテグレート）して背に背負ってるような』『偏執型』の人間像に対して、『そのつど時点ゼロで微分＝差異化（ディファレンシエート）してるような』『一瞬一瞬の空気を鋭敏に察知してそれに一切を賭ける』『分裂型』の人間像」に代表される、「一人の個人を、必ずしも通時的に一貫して持続する主体として捉える必要はないという立場」もあることが考慮されなければならないからである。同じく倫理学にも、「過去とは異なった属性を持つ人物については、別の二つの人格があると考えてもさしつかえないではないかといった主張」を行う「超人格主義」という立場があり、このような立場に立てば、個々人を区別するはずの「肉体」さえ、「日々新陳代謝を繰り返している」非同一の存在だとされる。

それでは、わたし達はこのような考え方に従って、「異なった時点において全く相違する信条を表明したり、属性を示したりする人物」については、そこに「別の人格」を想定すべきだろうか。一つの思考実験としては興味深いが、わたし達はそうしないだろう。なぜなら、ここでは問いに対する答えがどのようなあり方を示す時に答えとなるか、ということが問われているのであり、そうである以上、それは、相手に「何者か」という問いの答えとしての了解を与えるかどうかという点では、先の答えと同様、問題を残すからである。

このことは、人間の理解ということに、特定の時点でなされた主張や意見に対する理解、あるいはその客観的妥当性の判断ということ以上の要因が関与していることを示している。

殺人が正しくないという命題の妥当性は、それ自体で判断しうるものである。しかしながら、度重なる殺人を重ねた人物から、このような命題が発せられた場合、当の人物に対する理解は、単にそうした命題の妥当性には還元され得ないものがあろう。すなわち、われわれは、過去と現在の相違に関しては、どうしても、当人自身の説明を求めたくなるのである。先の例で言えば、軍国主義者であった過去の自分と、民主主義者である現在の自分との関係についての説明を求めるということになるであろう。(『象徴天皇制度と日本の来歴』一九九五年、傍点引用者)[*3]

坂本は、わたしが戦後の日本の保守派と革新派の関係に見た「人格分裂」(『敗戦後論』)、また、戦後的な価値と戦争の死者の間に見た「裏切り」(本書第二部)というのとほぼ同じ問題を、日本の戦前と戦後という二つのものの関係に見ている。先に述べたことを、この坂本の指摘を手がかりにいい直せば、『敗戦後論』でいったことは、次のようになるだろう。すなわち、戦後の日本の問題は、自分の「過去と現在の相違に関して」、自分自身に、そしてまた相手国の住民に、十分に納得のできる「説明」をいまだに用意できないでいる、ということである。これがわたし達につきつけられているもっとも深い課題なのだが、そのことを、「現在」を否定し、単に「過去」を称揚するだけの保守派、「現在」に立って、単に「過去」を否定するだけの革新派、また、「一人の個人を、必ずしも通時的に一貫して持続する主体として捉える必要はない」というポストモダン派の一部は、三者が三者、こぞって理解しないまま、現在にいたっているのである。

ところで、この場合の「説明」は、それがどのようなものである時、わたし達自身への了解

ではここにあるのはどのような要因なのか。

坂本は、この場合、われわれが求めているのは、その説明の数学的論証のような厳密さではない、という。この坂本の指摘はわたし達を納得させる。言葉の上では論理的な妥当性の条件を満たしていても、わたし達を納得させない答えというものがあり、論理的に矛盾をはらんでいてもなおわたし達がそれに納得する答えがあることを、わたし達は、経験的に知っている。では、ここにあるのはどのような要因なのか。

坂本は、フランスの哲学者ポール・リクールの考えを援用して、ここに「筋」という概念をもってくる。リクールは、アリストテレスのミュートス（筋）の観念に依拠して、「フィクションを含めた各種の物語において、それを、ひとつのまとまりを持ったものとして理解可能にするもの」としての「筋」という考え方を、彼の観点から再構築し、「『筋』とは『不調和』なものを『調和』の中に含ませることによって、それを理解可能なものにし、感情の上でも受け容れられるものにする」契機であると述べているという（『時間と物語　Ｉ』）。坂本は、そのリクールの説に示唆され、このような「筋」をもつ物語を作りあげることが、かつて「軍国主義者」でいま「民主主義者」であるような存在にとっては、不可欠だといい、そうした戦後日本がもつ「日本の物語」――それを彼は「日本の来歴」と呼ぶ――を、われわれは用意しなければならないと主張するのである。

彼によれば、それは、「あくまで、そうした信条や属性の変化について、何よりも本人が納得して語り、それを聞いた周りの者も、ひとりの人間の中で起こり得たこととして受け容れるような『筋』」であればよい。そのような「筋」をもつ自分達の「来歴」を用意できれば、われわれは、他国と一つの安定した関係を築く道に歩み出ることができる。

以前の軍国主義者が民主主義者になるような、一見して「不調和」な過程についても、何らかの形であれ、そのような「筋」をもった物語として語られることで、他者に理解可能なものとなるのである。すなわち、「筋」とは、不自然な飛躍のない、ある種の連続性のなかに事態の変化を秩序づけるものである。(同前)

坂本は、このような問題意識をもたない、単に戦後に立って戦前を否定するだけの戦後派の「物語」を「戦後の来歴」と呼び、これに「日本の来歴」を対置して、前者を後者によって代えなければならないという。

ここで断わっておけば、この坂本の説明は、必ずしもわたしを十分に納得させるというのではない。というのも、このように定義された「筋」であれば、そこにいかによくできた「筋」があっても、なお納得できない答えというものがあることを、わたし達の経験は教えるからである。ことは先に坂本の述べた、われわれは「過去と現在の相違に関しては、どうしても、当人自身の説明を求めたくなる」という点に関わる。なぜわたし達は、第三者による説明がどんなに論理として完全なよくできたものであっても、ある存在の過去と現在の相違に関してはその「当人自身の説明」をきかなくては、その相違の理由を納得できないのだろうか。一つにその相違は、いわば生きられた相違であって、その相違の和として、当人がそこにいるからである。それは、一つの解かれるべき問いがそこにあるということではなく、そこにいる人間をどう理解することができるか、という問題なのである。しかしそのわけはそれにつきるのではない。もっと大事なことがここにはある。それは、その過去と現在の相違の理由を、人は、当人がこれをどう了解しているのか、というその当事者の了解の仕方を手がかりに、了解するのだということである。説得の手前に納得があるとは、この意味であり、人はここでは、生きた魚を手摑みで相手に渡すのではなく、自分の盥にいれた魚を相手の盥に、水ごと流し込む仕方で、手渡す。説得とはここで論理を手摑みで手渡す仕方を意味している。しかしその論理が、そこで当事者にどう了解され、当事者の中でどう生きているかということが、問題なのであり、それが当事者に了解されているものとして相手に受けとられることを通じ、論理は、相手の中に、了解をもたらすのである。

坂本の志向は、このようにわたしのそれとは大きく違うが、しかし、一見、彼の論と似ている、たとえば藤岡信勝らの自由主義史観とも、また、長年この種の志向を領導してきた江藤淳の「他人の物語と自分の物語」といった考え方とも、違っていることが、ここで重要である。わたしはこの点、あの思想的な負荷に基づく問題意識を、坂本と共有できると考える。その論は、ここにめざされるべき戦後日本人の物語が、前段と後段で「著しい相違を示している」ため、その「不調和」を「調和」させなければ「つながり」をもてない断絶を抱えている、という認識に立脚している点、その断絶を見ない、あるいはそれに非思想的に対するだけの、江藤、藤岡らの発想と、似て非なるものだからである。

3　一例としての「自由主義史観」

ここに自由主義史観というのは、数年前から教育学者藤岡信勝を中心に提唱されるようになった、教育的見地からの日本肯定の運動である。わたし自身の論をこの運動の考え方と同一視する評者もいるが、[*4] わたしからいえば、藤岡の考え方は、これまでの時代迎合的な考え方から出ない、凡庸な思想認識を基本としている。それは、わたしの論というよりは、わたしを批判する革新派の考え方と、その戦前と戦後の断絶への認識の甘さを含め、共通している。藤岡の中には、日本の戦前と戦後の価値が齟齬をきたしており、その「不調和」を何らかの形で他者にも自分にも「理解可能」なものにしなければ、いま自分達のおかれた苦境を打開できないという、坂本にあり、その一点においてわたしも共有する、あの戦前と戦後の「断絶」をめぐる問題意識は、見られない。保守派の論として、「断絶」の意味への着眼は、坂本の「日本の来歴」の論が、その嚆矢なのである。

このことを、少し時代を遡り、戦後の幅で考えてみよう。

戦前と戦後をひとつながりのものとして見ようとする試みは、戦後の日本で、もっぱら保守派とリベラル派右派とによって担われてきた。そしてその試みは、いつも戦前と戦後をいわば「順接に」つなぐというあり方を示してきたといってよい。そもそもこの試みは、戦前を浅く受けとって戦後に接合可能な形としたうえこれを戦後と「順接に」つなぐか、戦後を浅く受けとって戦前に接合できる形におき直したうえでこれを「順接に」一つなぐか、二つに一つの方法しかもちえない。というのも、戦前と戦後をともに深く受けとるなら、それが「順接に」つながらないことは、明白だったからである。

たとえば、戦前と戦後を通じ、リベラルな文学者として生きた竹山道雄は、一九五〇年代半ば、戦後のマルクス主義主流の風潮に抗して『昭和の精神史』を書いている。彼はそこで、戦前と戦後をつなぐ「精神史」の流れを構想するが、そこで戦前は、戦後の非マルクス主義的リベラリズムに接合しうるよう、一九三一年から四五年にいたる軍国主義的風潮を逸脱と見、反軍国主義的なオールド・リベラリズムを本流とする、浅い相でとり出されている。[*5] 彼の小説『ビルマの竪琴』の主人公水島上等兵は、敗戦の後も、戦死者を弔って一人ビルマに僧として残る。その人物像は、戦後的価値に通じるヒューマニストとして造型されており、そこに認識主体として、戦後の竹山自身との齟齬は感じられない。

竹山は、戦前はドイツ留学経験のあるリベラリストとして堀辰雄などと親しみ、その姿勢を変えることなく戦争を通過し、戦後はマルクス主義的風潮に頑強に抵抗した。彼の立場は一貫している。しかし、その一貫性は、いわば彼が戦前も戦後も時代から孤立することによって得られているにすぎない。彼の描く戦前と戦後のつながりの像は、日本の社会の戦前と戦後の断絶を克服しているというより、それに、出会っていないのである。

同じようなことが、これは日本人ではないが、エドウィン・O・ライシャワーの戦前、戦後を対象とする近代日本史の記述にも見られる。[*6] そこでは十五年戦争の軍国主義はよき戦前日本の伝統からの逸脱ととらえられている。これまで見てきたように、戦前の経験を戦争への没入という経験によって集約するのでなければ、戦前と戦後の関係の問題は正確にとらえられない、と考えるわたしの立場からすれば、そこで戦前の経験は、最深の経験部分を除去されることで、かろうじて、戦後に順接でつながるものと、〝矯正〟されているのである。

藤岡の考えは、これをできるだけ可能的に受けとっても、この戦後記述の従来からの紋切り型の一つを、踏襲したものにすぎない。彼にとって大事なことは、教育学者として、いわば子供たちに「日本を肯定的な像として示すこと」である。彼自身の語るところによれば、藤岡は、かつてはマルクス主義の活動家であり、また熱烈な平和主義の信奉者だった。それから社会主義の衰退、湾岸戦争を契機に、大きくその考えを変えるが、この一点から見る時、彼は、その姿勢を、変えていない。

かつて彼が平和教育の信奉者だったのは、彼の目に、平和主義が日本の肯定的な価値を体現していたからである。しかしその戦後の価値がもはや新しい時代にそぐわなくなり、これをもって日本を肯定的に描くことができないという判断が生まれると、彼は、新しく日本を肯定的に描くための価値を、戦前の自国肯定の流儀から汲みだすようになる。自由主義史観の要諦は、子供に「まず何よりも日本人であることに誇りを持てるような歴史」を用意することである。彼にあって第一の関心は、何をもってすれば子供たちに自国を肯定する価値を与えることができるか、ということなのである。

戦後前期、他の多くの人々と同様、熱心な「平和教育」の推進者だった頃、彼は当然、戦前の日本を否定している。しかしそこで彼は、日本を否定しているのではない。戦前（の日本）を否定することで（戦後の）日本を肯定しているのである。そういうわけで、その時、彼の中でその戦前否定は「自虐的」であるとは感じられていない。湾岸戦争を境に彼の中にもうこの「平和主義」では日本を肯定的に描けないという判断が生まれ、戦後的な価値によっては日本を肯定できなくなると、彼にとって、戦前の価値の否定はそのまま日本の否定を意味することとなり、かつて彼をとらえていたと同じ史観が、今度は、新しく彼の目に、「暗黒史観・自虐史観・反日史観」として現れてくる（「反日歴史教育を排す――私はいかにしてマインド・コントロールを脱したか」、「歴史『書き直し』の観点――日本人であることに誇りを持てるような教育を！」、以上『汚辱の近現代史』所収）。

彼はこう書いている。これまで「戦後日本の平和教育」が「一つの定型として現場に定着し、父母・国民からおおむね支持されてきたことは疑いがない」。しかし「湾岸戦争以後」、「状況が根本的に変化した」。

湾岸戦争は、平和教育がよりどころとしていた憲法九条の「平和主義」の理想が国際政治の現実の中で破綻したことを示す衝撃的な事件であった。（「自閉する日本――『一国平和主義』はすでに破綻している」[*7]）

彼の中で戦後的価値が自己肯定の根拠となっている間は、戦後的価値に立って戦前を否定することが彼の自国肯定のあり方だったのだが、戦後的価値がその力を失うと、今度は戦前的な流儀に従って明治維新以来の日本を肯定し、戦後的な価値を「マインド・コントロール」の産物として否定しさることが、彼の自国肯定のあり方になるのである。

そこにはそもそも、一つの生涯の意味、一つの国の歴史の意味、戦前と戦後の「つながり」の意味といった主題系への関心はない。彼に戦後的価値が肯定される時、戦前はナンセンスな存在であり、彼に戦前的価値がよきものとして現れると、戦後はナンセンスな存在となる。そのようなものである限り、あるのは「戦後の来歴」か、でなければ「戦前の来歴」であり、これと坂本の「日本の来歴」の論は、似ていないどころか、むしろ思想として、深く対立しているのである。[*8]

4　佐々木・和辻の国体変更論争

なぜ戦前と戦後の「つながり」は、不可能なのだろうか。

そのことの原理的な説明は、第二部（第二篇）に行なった通りだが（第1章「世界戦争と死者の分裂」）、ここでは、坂本の示す「日本の来歴」に即して、この問題の内実にわたってみる。

坂本は、この戦前と戦後の「不調和」をいくつかの側面から説明するが、その根底として示されるのは、戦後憲法が旧憲法の原理に代えて規定する、「国民主権」の問題である。

日本の新たな来歴を語るに際して、まず重要なのは、戦前・戦後を通しての日本の国内の政治体制のあり方に見られる変化をどう理解すべきか、すなわち、そこに見られる「不調和」を、何がしか「調和」を持った物語として語るためには、どのような「筋」が構想されうるのかということである。その点に関しては、戦後において確立されたとされる「国民主権」の原則をどのように理解すればよいかという問題が関わる。(『象徴天皇制度と日本の来歴』)

坂本によれば、日本の戦後の革新派が用意した「戦後の来歴」とは、「日本国憲法の理念とされた平和主義と民主主義を軸とする物語」である。「そこでは、戦前までの日本が、非民主的な政体のもとにあって、対外的には、軍国主義的な侵略戦争の道を歩み、その目論見が失敗した結果、『国民主権』の実現と非武装の確立という新しい理想に目覚めて再出発したという『回心』の物語が語られていた」。

しかし、それは戦後の日本人が自分で作り出した物語ではない。それを作ったのは、「日本国憲法の実質的制作者となった連合国軍司令部」であり、戦後の日本人がそれを自分たちの作った、自分たちの物語だと思いこんだのは、何とか自分たちの未曾有の敗北を「合理的に納得したいと」考えたすえ、この「他国によって語られた来歴」に、自分を「同化」させようとした結果である。

坂本は、これに代わる「日本の来歴」を、次のように構想する。戦前と戦後の断絶を象徴するものとしてこれまで語られてきたのは、「天皇は、日本国の象徴であり日本国民統合の象徴であつて、この地位は、主権の存する日本国民の総意に基く」と書かれた日本国憲法の第一条の規定である。戦後の通念的解釈は、これを「国民主権」をうたったものと見るが、これは「国民主権」を明記する条項であると同時に、また、「象徴天皇」の存在を明記する条項でもある。では、なぜ「天皇主権」を否定したとされるこの規定に、「天皇」の制度が明記されているのだろうか。理由ははっきりしていて、連合国軍司令部が最終的にこれを残したからである。憲法作成当時、占領軍にこうした「妥協」を強いたのは、「天皇の制度を廃止すれば円滑な占領統治が不可能になる」という認識であり、彼らにそうした認識を迫ったのは、敗戦にもかかわらず日本国民が圧倒的に天皇の制度を支持しているという事実だった。すなわちこの第一条が「国民主権」を明記しつつ天皇が「国民統合の象徴」であることをも規定しているのは、連合国軍司令部が「天皇」の制度を廃絶できなかったことの現れにほかならないのである。

さて、国民が天皇の制度を支持しているという事情は、大本でいまも変わらないと思われる。国民の大半は、天皇の制度があることを支持している。そうだとすれば、われわれは、これまでの戦後的解釈をいわば反転して、これを、天皇の制度が「国民主権」への変更にもかかわらず残ったことの規定として、受けとることもできるのではないだろうか。

つまり、われわれにとっては、「国民主権」と「象徴天皇」という天皇の制度が、両立してあるというのが、戦後の政治体制のあり方なのではないだろうか。

たしかに護憲派の多くは、「国民多数の意向」にもかかわらず、こうした見方をとらず、「国民主権」が本来的な形になるよう、潜在的に天皇制度の廃止を願望している。しかし、それにどのような根拠があるのか。彼らの願望のよってきたる所以ははっきりしている。国民主権と君主の存在を両立不可能な二者択一の存在とするのは、フランス革命をモデルとしたいわば西欧の一方の「近代」の物語である。護憲派の願望は、彼らがフランス革命の物語に沿ってこの戦後の変革を見ていることの結果であり、そこに現実的な根拠は存在していない。われわれは、こうした先入観から自由になりさえすれば、「国民多数の意向」に合致する形で、「象徴天皇」と「国民主権」を両立させる、新しい「われわれの物語」をもつことを通じ、あの戦前から戦後への断絶を、「調和」をもった連続性の「筋」で、克服できるはずである。

坂本は、虚心に見れば、象徴天皇の制度を不変の底板とした、明治以前から明治大正期、昭和期、戦後と連続して続く、安定した「日本の来歴」の作成は不可能ではないという。こう見てくればわかるが、彼は、あの敗戦直後の国体変更論争に示された和辻哲郎の文化的な「国体」説をモデルに、ここに新しい戦前と戦後をつなぐ「筋」を構想しようとしているのである。それは、共時的には、現在の日本の他国との関係の問題だが、通時的には、戦前と戦後を「連続」させる試みとして、国体変更をめぐる問題をいまの観点から再定義する、敗戦から五十年後の企てを意味している。

一九四六年、新憲法の公布に際して、「国体」変更の有無が大きな問題となる。ここに和辻哲郎の説というのは、この時、「国体」が変更するという判断に対してなされた、和辻の反論のことである。そこで和辻は、日本国憲法の先の第一条の規定によって「国体は変更する」と主張した法学者佐々木惣一に対し、第一条の「国民主権」の規定によっても「国体」は変更しないという反論を行う。そしてそれは、その後、戦後の保守派の国体不変説に一つの原典を提供するものとなる。

一九四六年十一月、新憲法が公布された時、法学者で日本側の新憲法草案（憲法改正案）作成の担い手でもあった佐々木惣一は、次のように書いた。

日本国憲法が新たに成立する暁には、我が国体は変更するのである。日本国憲法を成立せしむる為に提案された帝国憲法改正案の帝国議会での審議に際し、無数の問題の論議せられたことは、世人の知る如くであるが、その中最も重大な根本的のものは国体の問題であった。（略）

日本国憲法によれば我が国体は変更する。かくいうのは、国体の変更という国制上の事実を客観的に考察するのであって、国体の変更について、批判的に論評するのではない。日本国憲法が国体の変更を為すことが是か非か、これは勿論問題にされなくてはならぬが、その前に、それとは別に、国体が変更するのかどうか、ということを明にしなければならない。

（「国体は変更する」一九四六年[*9]）

佐々木の主張は、こうだった。国体とは国柄ということだが、その国柄には「政治の様式という面から見て、如何なる国柄のものであるか」という観点と、「国家における共同生活に浸透している精神的倫理的の観念という面から見て、如何なる国柄のものであるか」という観点との二つがある。いまそれぞれを「政治の様式より見た国体の概念」、「精神的観念より見た国体の概念」と呼ぶと（以下それぞれ「政治的な国体」、「精神的な国体」と書く）、ここで、元来「政治の様式を定めるもの」である憲法の改正をめぐり、問題になるのは、前者の「政治的な国体」である。その場合、「政治的な国体」の事実に該当するのは、「何人が国家統治権の総攬者であるか」ということだが、従来、それは、大日本帝国憲法第一条に「大日本帝国は万世一系の天皇之を統治す」とあり、「万世一系の天皇が、万世一系であるということを根柢として統治権の総攬者であ」った。日本国憲法第一条は、「天皇は、日本国の象徴であり日本国民統合の象徴であって、この地位は、主権の存する日本国民の総意に基く」と定める。「主権の存する日本国民ということは、明に、統治権の総攬者が天皇でない、ということを示すものである。（略）日本国民なるものが統治権又は統治権総攬の権を有するのであって、天皇が有せられるのではない」。したがって日本国憲法の公布により、日本の国体は変更するのである。

　さらに佐々木は、このような国体の変更は必要でなかった、という。民主的な国家を作るため憲法を改正するのであれば、これまでの「天皇に協力する諸機関の制度」を「徹底的に改革」すればすむので、何も「それより進んで、天皇の統治権の総攬者たる地位を廃止する必要はない」。ポツダム宣言受諾時の日本政府と連合国のやりとりも、そのことを確認しており、「ポツダム宣言の受諾から、国体変更の必要を生じたというようなことは、全くない」。

　しかしとにもかくにも「政治的な国体」は変更することになった、それによって「精神的な国体」も全く影響を受けないとはいえない。長い目で見れば、「精神的な国体」も、「直にでなくとも、漸次変更する」ことになるであろう。

これに対し、和辻哲郎は、一九四六年一月に「国体変更論について佐々木博士の教を乞う」[*10]を書いて、こう反論した。

佐々木のいうことに不明な点はないが、もし佐々木のいう通りだとしたら、そこにいわれる「政治的な国体」は、国体というより「政体」と呼ばれるべきだろう。古代ギリシャのアテーナイで「統治権の総攬者」が君主制、貴族制、民主制の変遷を通じて変わったからといって、それをわれわれは、国体の変遷とはいわず、それでも変わらないものをさしてアテーナイの「国柄」、つまり「国体」とみなすからである。

さらに、佐々木はこの「統治権の総攬者」の変更をもって「国体」変更の事実にあてるが、そうとすればそこで変更するのは「明治以来の国体」である。それ以前、そもそも天皇は政治的な「統治権の総攬者」ではなかった。一般に「国体」といえば「国初以来」の国柄と信じられる。その「国初以来」の国柄のほうを「国体」と呼べば、佐々木のいう「国体」変更は、たかだか「千年以前の日本において存在し、その後漸次実質を失って、短期間の例外のほかは約七百年間あとを絶ち、明治維新において復興され」た、七十数年間の事実の変更にすぎないのである。

そのことはまた、天皇の意義にとって「統治権の総攬者」であることがさして「中枢的なもの」ではないことを示唆している。歴史が教えるのは、天皇が「統治権総攬者でないにもかかわらず」、長年にわたり、日本社会に「尊皇の伝統が持続した」ことである。そのことからわかるのは、天皇の「中枢的意義」がそれとは別のところにあるということであって、その別の意義とは、日本の「国初以来」の伝統に立脚した国民統合の象徴としての意義であり、それは室町期など「国家が分裂解体していたときにも厳然として存したのであるから、国家とは次序の異なるものと見られなくてはならない。従ってその統一は政治的な統一ではなくて文化的な統一」なのである。

したがって、新憲法の規定によって、この「国民統合の象徴」の意味での「国体」は変更していない。武士階級興隆以来の「主従君臣の関係」を「『日本国民統合の象徴』たる天皇に強いて結びつけ」、「国初以来」の「尊皇思想」を「封建的忠君思想によってすりかえ」た結果生まれたのが、明治以降の「国体」である。そのことを考えるなら、むしろ天皇は象徴天皇としての規定をえて、本来のあり方に復帰したともいえるのである。

そもそも日本国憲法の第一条を佐々木は「天皇は統治権総攬者でなくなる」ということの根拠にあげるが、こう考えてくれれば、これはむしろ天皇の「本質的意義に変わりがないのみならずさらに統治権総攬という事態においても根本的な変更はない」ことを明記した規定というる。それは天皇が「主権の存する日本国民の総意に基」いて「日本国民統合の象徴」であることを定めている。ここで主権をもつのは「国民の全体性」であって、「国民を形成する個々人ではない」、「しからば主権を持つのは日本国民の全体意志であって、個々の国民ではない」。つまり、「国民の全体意志に主権があり、そうしてその国民の統一を天皇が象徴するとすれば、主権を象徴するのもほかならぬ天皇」なのである。

こう見てくれれば、和辻の説が、この後、さまざまに変奏され、坂本多加雄の「日本の来歴」

論にまで流れつくことになる、日本の保守派の国体不変説の源泉となっていることが明らかになる。それによれば、現行憲法第一条は「国民主権」を定める規定ではなく(あるいは定める規定であると同時に)「象徴天皇制」を定める規定である。また日本の天皇制度の本質はこの文化的な「象徴天皇制」のほうにある。したがって、敗戦の憲法改正(新憲法の制定)によっても、「国体」(われわれのもっとも大切なもの)は変わっていない。

この後ふれる、江藤淳の戦前と戦後を順接につなぐ論をはじめ、渡部昇一[*11]、西部邁[*12]、さらにこの坂本の論が、こぞって唱える不文の憲法(Constitution)と成文の「憲法典」の区別と前者の後者に対する優位の説も、見ればわかるように、憲法の変化をやわらげるため、和辻説が行った発明を踏襲して、主張されているのである。

しかし、戦前と戦後の関係に立ってこの和辻説の問題点を指摘すれば、この和辻説は、ここに戦争の死者と天皇の関係、また戦争の死者と戦後の国民であるわたし達の関係という観点を投げ込むと、とたんにその致命的な弱点を露わにする。

和辻説のこの弱点からまた、坂本の「日本の来歴」論も、同じ致命的弱点をもつことが導かれるのである。

5　天皇の責任とは何か

この論争の劈頭、佐々木は、これから新憲法によって「国体は変更する」理由を述べるが、「かくいうのは、国体の変更という国制上の事実を客観的に考察するのであって、国体の変更について、批判的に論評するのではない」と断わっている。

日本国憲法が国体を変更することが「是か非か」、「これは勿論問題にされなくてはならぬ」が、「その前に、それとは別に」、国体の変更がなされるのかどうかを明らかにする、といったのである。

やや遅れ、これと並行して尾高朝雄と宮沢俊義の間でもより純粋に法学的な国体変更論争が行われている。けれども、総じて、この時期に行われた国体変更論争を見ていまわかるのは、結局、この論争を通じて、その「国体の変更」に対する「批判的な論評」は、誰によってもなされなかった、ということである。「批判的な論評」とは、いったん「国体」が「変更」したことが明らかになった暁に、そこから進めてその責任が誰にあり、それが誰に対する、どのような責任だったか、ということをめぐってなされる論評のことである。誰もがこぞって国体の変更を「客観的に考察」したが、「その後に、それとは別に」続くかと思われた国体変更をめぐる「批判的な論評」は、どこからも現れなかったのである。

なぜこのようなことをいうかというと、そこには、実は誰の目にも明らかな一事があって、そのことは、伏せられたのではないかと思われるからである。

一九四六年二月、「天皇主権」を「国民主権」に代える新憲法草案を受け入れることをマッカーサーに強いられ、ついにこれを呑んだ時の幣原首相の心境は、三月五日の閣議発言として伝わっているが、これ以上抵抗すると「皇室を失う」、「天子様を捨てる」ことになる、というものだった（樋口陽一『比較のなかの日本国憲法』[*14]）。

ここにいう憲法の「改正」による「国体の変更」は、ポツダム宣言受諾時に日本政府が最大の重要事項とした「国体の護持」という目標の蹉跌を意味している。その責任が、この憲法を受け入れた日本政府にあることは明らかだが、このことで政府の受け入れ決定（＝国体放棄の決定）を批判する声がどこからもあがらなかったのは、それが、次に述べるような事情から、「皇室制度および天皇をまもるための『避雷針』」（樋口陽一）を意味したことを、当時の日本人の誰もが、知っていたからである。

一九四五年八月、日本政府はポツダム宣言受諾に際し、連合国に対し、「国体の護持」に関する申し入れを行う。それに応えるいわゆるバーンズ回答は、趣旨を読み取りにくく書かれていたが、それは、「現行の皇室のもとでの立憲君主制」を認めるスティムソン・グルー路線の主張を弱め、かえってどちらにも受けとめられるよう、国務長官バーンズが書き方に工夫を加えたからだった。その時点での連合国（米国）の方針は、佐々木、和辻がいう通り、「天皇制の保持」を条件次第では認める、となっていた。そこでは天皇制の利用が、占領政策に不可欠の条件と考えられていた。

しかし、「このバーンズ回答」は、だからといって「昭和天皇が何らかの戦争犯罪人としての処分を受ける可能性」を排除するものではなかった（荒井信一『戦争責任論』[*15]）。つまり、この段階では、「国体」（天皇制の保持）こそ連合国から保証されてはいたが、「天皇（個人）の安否」は保証の限りではなく、先の「皇室制度および天皇をまもるための『避雷針』」という言い方の前提とする事実は、自明ではなかった。「皇室制度」と「天皇（個人）」は、分けられていたのである。

その後、マッカーサーが連合国軍最高司令官として着任すると、よく知られた会見などの経過のすえに、連合国軍最高司令部の意向は、昭和天皇個人を免責して占領政策の協力者とするという方向――つまり「皇室制度」と「天皇（個人）」を一体化する方向――に定まる。しかし、マッカーサーの権限を制約する極東委員会が発足することになり、米本国を含む日本の外で天皇を戦争犯罪人として訴追すべきだという声が高まると、事情は再び変わる。一度一体化するかと思われた「皇室制度」と「天皇（個人）」は、また二つに分かれるのである。

マッカーサーは、一九四六年二月二十六日に予定されていた極東委員会発足以前に憲法改正着手という既成事実を作っておく必要に迫られる。毎日新聞の「スクープ」で日本側草案の内容が旧套を出ないものであることがわかり、日本側にまかせていてはとても自分の考えているような憲法はできないという判断から、彼はGHQのスタッフに独自の草案を作成するよう命令を下す。彼の構想はその時固まっているが、その内容はポツダム宣言受諾時の申しあわせから一歩を進め、「天皇の統治権の総攬者たる地位を廃止する」（佐々木）ことまでを盛り込んだ「国民主権」の憲法案である。GHQ作成の憲法草案はこの刻限ぎりぎりに日本政府に示されるが、その際、マッカーサーは、これを受け入れさせるため、切り札として、この間の事情の変化を背景に、日本側の用意する「国体護持」の憲法草案ではとても極東委員会、米本国政府および国民を納得させられない、もし「天皇（個人）」を戦争犯罪人としての処罰から守ろうとするなら、この「国体護持」（と「軍隊保持」）の原則の放棄を明記した新憲法を採用する以外にないと、首相幣原に迫る。つまり国体の放棄は（戦争の放棄とともに）、最終的な局面では、「皇室制度および天皇をまもるため」というより、「天皇をまもることでひいては皇室制度をもまもるため」の、「避雷針」となるのである。

ところで、この「天皇」か「国体」か、という二者択一は、ここで何を意味しているだろう。ポツダム宣言受諾の際に申し入れられたのは、それが「天皇の国家統治の大権を変更するの要求を包含し居らざること」の確認だった。ここでの「国体の護持」は、ひとまず、この「天皇の国家統治の大権」の護持と考えておくことができる。しかしそれは少なくとも連合国の理解では、天皇個人の安否の保証と切り離される形で、その「護持」を確約されていた。

マッカーサーの言い方は、「皇室制度および天皇」を守るため、というものである。この時この時点では「天皇（個人）」が退位あるいは戦争犯罪人としての出廷によって「皇室制度」を救う、という、二つが分かれた上で成り立つ選択肢は消えている。しかし、この二者択一をつきつけられた日本政府にとっては、この「イエスかノーか」は、実質的に、「天皇（個人）」をめぐる「イエスかノーか」になっている。「イエス」の場合に助かるのは「皇室制度および天皇（個人）」だが、「ノー」の場合、消えるのは、一度命を失ったら生き返らない「天皇（個人）」だからである（「皇室制度」は後の復活を望める）。つまり、問いの形は「天皇の安寧と皇室制度の保持」か「天皇主権」かという二者択一だが、ここには「天皇個人の安寧」と「（国初以来の）皇室制度の確保」と「（明治以来の）天皇主権の護持」という三つの項目があって、この三つが、秤にかけられている。そして、敗戦後の国体変更論争からは、このうち、「天皇個人の安寧」という項目だけが、消えているのである。

その結果、佐々木と和辻、宮沢と尾高という二組の間でたたかわされた二つの論争を通じ、「国体」の変更が論じられるが、そこで「皇室制度の確保」（象徴天皇制）と「天皇主権の護持」（国体変更）は問題にされる一方、それらと「天皇個人の安寧」との関係は、取りあげられない。結局、国体変更論争は、この問題、つまり国体護持方針の蹉跌の責任が誰に帰せられるのか、そしてその場合、それは誰に対する責任なのかという「批判的な論評」が行われないという事実を、あらかじめ見えないものにしたうえ、いわばこれを論じずにすむ形に、問題全体の布置を、変えて進むのである。

ここに起こっているのはどういうことだろうか。この時、南原繁など何人かの天皇信従者はこう思っている。「国体の護持」がなされなかったのは、遺憾だが、これは、「天皇（個人）」と「皇室制度」を守るためであって、それはむろん元臣民たる日本国民の望むところではある。けれども、そこで守られた二つのうち、「皇室制度」はこのことによって少なくとも半分は損壊を受けることになった（統治権の総攬者としての天皇という意義の部分を毀損された）。さて、ではこの「国体」の喪失と「皇室制度」の変質（損壊）にたいし、残る「天皇（個人）」は、「どう考えている」のか。昭和天皇自身はこの半分の損傷についてどういう了解をもっているのか――。つまり、少なからざる人間が昭和天皇に人間としての親愛の念をもてばこそ、そのことに関し思いをめぐらせ、そのことを知りたいために、そのことに関する「当人自身の説明」を暗々裡に欲している。「臣民」と天皇、両者の関係が、かつて「軍国主義者」でいま「民主主義者」である者の、そのことに関する「当人自身の説明」なしには再び築かれえないという事情は、ここで、坂本のいう、日本と他国の関係とまったく相似である。しかし、その「臣民」側の気がかりは口に出されず、ただ、ここにある「不調和」を目立たなくする、あるいはこの変転を「革命」として正当化する「筋」だけが、国体変更論争など別の文脈において、別人の口から語られてゆくのである。[*16]

佐々木と和辻の論争は、このように見るなら、その天皇自身の了解の如何に対する疑念自体を見えにくくする、双方の側から企てられ、協同された、巧妙な昭和天皇を「かばう」弁証であるとも見えてくる。

そうでなければ、佐々木は、この論争で、和辻に反論し、あのポツダム宣言受諾時に問題となった「国体の護持」が成ったのかどうかこそが、ここでの問題なのだ、といっただろう。そしてそういわれれば、和辻としても、それにふれないわけにいかず、その反論は、ではあのポツダム宣言受諾時の「国体の護持」に、それほど大きな意味があるのだろうか、というものになったはずである。そして、そうやりとりが進めば、問題ははじめて核心にふれることになったに違いない。では、あの「国体の護持」とは、単に「政治的な国体」の護持だけの意味だったのか、あの「政治的な国体」の護持ということの意味は、果して、「明治以来の」天皇制度の護持という文面だけの意味だったのか、そういうことが、そこではじめて問われることになるからである。

ここにあるのは次のような問題である。

「国体の護持」ということを敗戦とのかねあいではじめて問題にしたのは、一九四五年二月の上奏文における近衛文麿である。そこで近衛は、このまま戦争を続行させれば国内的な動向から、天皇（個人）に対する反発が生じ、「国体の護持」つまり天皇制の存続が危うくなる、ということを理由に、ただちに戦争の終結に向かうべきことを天皇に進言している。彼は、最も警戒すべきものとして戦況悪化に伴う国内での「共産革命」をあげている。その背景として考えられているのは、国民における反天皇感情であり、その母胎の一つに考えられているのは、軍部である。そこで、「国体の護持」は先ほどの三分類にいう、「（国初以来の）皇室制度の確保」をさしている。そしてそれが国民・軍部対天皇家という構図のもと、国民と対立する項にあげられている。そしてそこで天皇の責任と考えられているのは、「皇祖皇宗」に対する責任、つまり最近明らかになった天皇の言葉にいう、「祖先から受け継いだこの国を子孫に伝える」責任である。[*17]

しかし、それから六ヵ月後、八月のポツダム宣言受諾時に問題にされる「国体の護持」は、この時の「国体の護持」とは意味が違っている。そこでの「国体の護持」は、二月のそれと同じく天皇制の保持と翻訳されえても、これを先の三分類に該当させれば、大日本帝国という近代国家の本質を意味し、「（国初以来の）皇室制度の確保」のほかに、「（明治以来の）天皇主権の護持」を加えているからである。

ここに二月の段階の「（国初以来の）皇室制度の確保」に新しく加わっている、「（明治以来の）天皇主権の護持」とは、何だろうか。その中身が、「天皇の国家統治の大権」、つまり国体変更論争が問題にする、明治以来の「政治的な国体」にほかならない。しかし、この八月段階の「天皇の国家統治の大権」のうちには、佐々木が問題にし和辻がそれを受けてふれた天皇の統治権（大権）という問題のほかに、もう一つ別の問題が加わっている。ここには、「国体の護持」についていわれた先の三要素にはなかった、第四の要素が入っているのである。

天皇の第一の側近だった内大臣木戸幸一は、東京裁判で終身禁固刑を受け、巣鴨プリズンに収監されるが、一九五一年九月、サンフランシスコ講和条約の調印直後、講和発効を前に、獄中から人を介して天皇に伝言を伝え、退位を勧めている。日記によればその理由は、このようなものである。

今度の敗戦については何としても陛下に御責任あることなれば、ポツダム宣言を完全に御履行になりたる時、換言すれば媾和条約の成立したる時、皇祖皇宗に対し、また国民に対し、責任をおとり遊ばされ、御退位遊ばさるるが至当なりと思う。（略）これにより戦没、戦傷者の遺家族、未帰還者、戦犯者の家族は何か報いられたるが如き慰めを感じ、皇室を中心としての国家的団結に資することは頗る大なるべしと思わる。もしかくのごとくせざれば、皇室だけが遂に責任をおとりにならぬことになり、何か割り切れぬ空気を残し、永久の禍根となるにあらざるやを虞れる。（『木戸幸一尋問調書』解説所引、吉田裕『昭和天皇の終戦史』[*18]より再引）

注意を要するのは、木戸が、ここに「皇祖皇宗に対し、また国民に対し」と書いていることである。ここには「陛下」の責任が、「皇祖皇宗」に対するものと「国民」に対するものと、二つに分け、示されている。では、いつその天皇の責任の項に、先の「皇祖皇宗」への責任に加え、「国民」への責任が入っているのか。ポツダム宣言の受諾に続く昭和天皇の終戦の詔勅の原文には、受諾理由の個所に異例の書き込みがあり、新型の「残虐ナル爆弾」が「頻ニ無辜（の国民）ヲ殺傷シ」と手書きで加筆されている。天皇の敗戦決定を受けとる国民への「配慮」が、異例の書き加えをさせているのだが、「陛下」の責任に、はじめて「国民」という項が入る画期を求めるとすれば、日本政府が敗戦決定をめぐり「国体の護持」の如何に揺れた八月の段階しかない。二月の段階の近衛のいう「国体の護持」と、八月の最終段階に問題になる「国体の護持」の概念の違いとは、これを先の三要素でいえば、後者では「（国初以来の）皇室制度」に加え、「（明治以来の）天皇主権」の項が入っていることだが、そこに「（明治以来）の天皇主権」の項が加わったことの、天皇の責任にとっての意味は何かといえば、敗戦をめぐる「皇祖皇宗に対する」責任に加え、新たに「国民に対する」責任が入っていることが、それなのである。一九四五年八月段階で問題になるあの「国体（天皇主権）の護持」という概念にあり、その後一九四六年の国体変更論争で問題にされる「国体（天皇主権）の護持」という考察から脱落しているのは、この「国民に対する国家統治者としての」天皇の責任という、この第四の要素からくる、もう一つの問題にほかならない。

和辻の論を、この観点から見れば、それは、こういっている。たしかに敗戦によって日本は

「天皇主権の護持」を果すことができなかった。でもそれによっても「国体」は失われなかった。その理由は、「（明治以来の）天皇主権の護持」はならなかったが、「（国初以来の）皇室制度の確保」は、象徴天皇制度の形でなったからであり、国体の本体は、象徴天皇制度の形で守られたこの皇室制度のほうにこそあるからである、と。

それでは、この同じ和辻の弁証で、国体変更論争にいう「国体」が救済されるとして、同じことが、今度はあのポツダム宣言受諾時の「国体」にも、いえるだろうか。

こう考えてみるとわたし達はひとつのことに気づく。それは、和辻の論が、ある一つの要素を見落としていることである。

「国体」をここで責任の問題として見てみよう。その場合、和辻の弁証がいうのは、「政治的な国体」は天皇の国民に対する政治的責任の問題であり、「精神的な国体」は、天皇の国民と皇祖皇宗に対するより高次な精神的責任の問題だということである。

彼はこういっている。

前者「政治的な国体」レベルで天皇の国民に対する政治的責任の基礎をなしているのは、明治以来の短期的な「国体」——武家的・非日本的な「主従君臣の関係」——である。また後者「精神的な国体」レベルで天皇の国民に対する精神的責任の基礎をなしているのは、より長い射程と深い基底をもつ国民の天皇への「尊皇思想」である。さて、敗戦による天皇主権の喪失は、「政治的な国体」の損傷であり、ここからはたしかに天皇が戦前統治権者として政治的にコミットした（戦前の）国民に対する政治的責任が生まれている。しかし、それにもかかわらず、同時にもたらされた象徴天皇制度の成立は、「精神的な国体」の回復を意味するから、この回復により、天皇は、（戦後の）国民に対して前者以上に高次な精神的責任（役割）を果すことになる。したがって、天皇の前者レベルの（戦前の）国民への〝借り〟は、この後者レベルの（戦後の）国民への〝寄与〟によって十分に返済され、なお余りあるといわなければならないのである、と。

しかし、わたしが右の行文中、カッコにくるみ指示したように、ここには前者レベルの国民ではありながら、後者レベルの国民に含まれない一群の「国民」の集団が存在している。その一群の「国民」と天皇は、たとえ「国初以来」の伝統から見れば逸脱した、短期的で変則的なあり方でであろうと、とにかく「政治的なコミット」を行なったのである。その一群の「国民」に対して、天皇は、戦後、象徴天皇の形で責任をとれるだろうか。和辻の弁証にもかかわらず、天皇は、その「国民」に対しては、象徴天皇の形で戦後、責任をとれないばかりでなく、象徴天皇へと変わることで、責任を放棄することになるのではないだろうか。彼はむしろ、逆に「統帥権の総攬者」、「統帥権者」であり続けることで、かろうじて彼らに対しては、責任の一部をとれたのではないだろうか。その一群の「国民」、つまり戦前の国民には含まれるが戦後の国民には含まれない「国民」とは、いうまでもなく、戦争の死者たちである。[*19]

ここに、第二部の冒頭に述べた、世界戦争の帰結としての戦争の死者への天皇の「裏切り」という問題の核心がある。

戦争の死者への責任という項目を、皇祖皇宗への責任、（戦前と戦後の）国民への責任という項目のほかに、ここに設け、この弁証の構図の中に投げ込めば、和辻の「国体の護持」をめぐる天皇免責の弁証は、崩れざるをえないのである。

6　戦争の死者をどう考えるか

同じことが、和辻におけるよりももっと強く、坂本多加雄の「日本の来歴」の論には、いえるだろう。和辻は当然、そこに「国体の護持」をめぐる天皇の戦争の死者への責任がからんでいることを直観して、天皇信奉者として、いわばこれをひそかに解体し、隠蔽するため、捏造的論理を駆使し、天皇の弁護論を試みているのだが、坂本に、その戦争の死者への眼差しは見られない。いってみれば、彼の念頭にあるのは、日本の将来を考えるうえに、この戦前と戦後の断絶を手当てするどんな「筋」がもっとも適切か、という関心なので、それは、戦前と戦後の断絶の核心をもっとも深いところで掘り起こすという、ここでわたし達をとらえている関心とは、逆向きなのである。しかし、そのため、彼の「日本の来歴」の論は、結果として浅い形で戦前と戦後をつなげるものとなってしまう。わたしから見れば、坂本の作る「日本の来歴」は、その程度ではとても戦後日本の戦前との断絶は克服できない、といわざるをえないのである。

たとえば彼は、戦後日本の「国民主権」と「象徴天皇」の制度は、十分両立できるもので、われわれは、この二つが両立する「自分の物語」をもつことで、戦前と戦後の断絶を修復する「理解可能」な物語を作り出せるだろうと考えている。彼によれば戦後の護憲派がこの二つを両立不可能だと考えてきたのは、先に述べたように、――君主を倒すことで国民主権をかちとるという「筋」をもつ——フランス革命の物語によって日本の現実を見ようとしてきたからである。しかし、この坂本の説は、机上で考えられた腰高の論にすぎない。この「国民主権」と「象徴天皇」の両立不可能の判断の底に見出されるべきものは、知識人の矮小な一傾向などではなく、いま見た、戦争の死者と昭和天皇の、両立不可能性だからである。それがあればこそ——またそれがある限りで——、彼ら護憲派のフランス革命の物語への引照は、観念的な弱みをもちつつも、それなりの根拠をもったのである。戦争の死者と昭和天皇の関係については、後にふれるが、つまり、ここに戦争の死者という観点を投げ込めば、坂本の論は、和辻の論同様、その最も深いところで壊れざるをえないのである。

とはいえ、現在わたし達が目にしうる保守的な言論の中で、坂本の論がもっとも先鋭な考察であることは動かない。彼の論の欠落は、戦争の死者への観点がないことだが、では、戦争の死者への視線があれば、あの戦前と戦後の断絶が深く意識されることになるかといえば、そうではないということを、たとえば戦争の死者に目をそそぐものである江藤淳の論は、示しているからである。

江藤にとっても戦前と戦後をどう「つなぐ」かが戦後の最も大切な問題と考えられている。しかし、彼にとってその解決のカギは、靖国神社である。

なぜ閣僚による靖国神社公式参拝が戦後日本にとって喫緊の必要事なのか。

そう問いをおいて、江藤は、こう書いている。

なぜ、戦争の死者を考えることが切実な意味をもつのだろう。わたし達は敗戦によって「他

人の物語」としての憲法を押しつけられ、自分自身の過去から切断された。その憲法の断絶
を、憲法より高次のもの、つまり文化的な持続を懸け橋に、克服することがめざされているか
らである。
国家の持続と憲法の変化をどう考えるべきだろうか。憲法は英語で Constitution という
が、その原義は、「成文・非成文のいかんにかかわらず、文化・伝統・習俗の一切を包含した
国の実際のあり方」である。そういう説を紹介している多くの論者のうちの一人、渡部昇一は
これを「国体」と呼んでおり、それでもいいが、ここでは戦前の国家体制に限定されすぎるの
でそれを「Constitution（＝国柄）」と呼んでおく。したがって成文の形で示される憲法典は
「Constitution（＝国柄）」の基礎のうえに立つ第二義的な存在である。憲法の変化とは明治憲
法典から現行憲法典へのこの「憲法典の変化」にすぎず、そうである以上、わたし達は、これ
を「Constitution（＝国柄）」の不変さで克服できるのだが、その国家の持続を作り出す「憲
法典より高次のもの」の核心こそ、わたし達と死者のつながりなのである。

敗戦直前に柳田国男は「先祖の話」を書いて、この問題にふれているが、戦前と戦後の断絶
の克服のカギは、残されたわたし達が先の戦争の死者をどう遇するか、ということにある。[*20]
ところで、江藤は、そのために必要なのは、国のために死んだ戦争の死者をわたし達が「英
霊」として悼むことだという。昭和天皇は敗戦の際の詔書で、「帝国臣民ニシテ戦陣ニ死シ職
域ニ殉ジ非命ニ斃レタル者及其ノ遺族ニ想ヲ致セハ五内為ニ裂ク」と述べ、戦争の死者への自
分の苦衷を最大級の言葉で表明した。そして、戦傷者、軍人、軍属、民間人を問わない戦争犠

牲者に対して、「深ク軫念スル所」と語った。その昭和天皇は毎年国の戦没者追悼式に出て、「いまなお胸の痛むのを覚えます」と述べている。日本国民の一人一人がこの天皇に倣い、国民の代表としてのたとえば内閣総理大臣がやはりこれに続いて靖国神社を公式参拝すること、これが「憲法典の変化」を越えて「国の持続」を作り出すことの基本にある行為である。だとすれば、たとえ憲法上問題ありとされても、ちょうど政府が「憲法典の規定」で問題ありとされながらも「自衛隊を維持し、生者の防衛と安全を確保しようとしている」のと同じく、政府は、閣僚の公式参拝にふみきるべきではないだろうか。

たしかに坂本、和辻と違い、江藤は、戦争の死者と残された戦後の日本人の関係が、戦前と戦後の断絶の克服にとって最大のカギであることを見据えている。しかし、江藤は、なぜかはわからないが、この両者の「断絶」がふつうのやり方では「修復」不可能であることを、見ようとしない。彼は、あたかもそれがない「かのように」、こういう。なぜこの戦争の死者とその後に残されたわれわれ生者が、「戦前と戦後の断絶」にもかかわらず、これを越えて「つながり」を回復できるのか。両者をつなぐ存在として天皇がおり、敗戦に際し、戦争の死者を悼み、その後も毎年、戦争の死者への哀悼を繰り返しているからだ。

陛下がこう仰せられたではないか、「五内為ニ裂ク」とまでおっしゃったではないか。今でも戦没者の追悼式に出てこられて、「いまなお胸の痛むのを覚えます」と、陛下は毎年繰り返しておられる。そう申し上げては畏れ多いけれど、陛下はあの一言を繰り返すためにだけ、ご健康に留意し、ご高齢を保っておられるんじゃないか。あの一言の繰り返しての再確認こそ、陛下のお生き甲斐なのではないかと思うぐらい、「五内為ニ裂ク」を、いまは口語で繰り返しておられる。決して自分は忘れてないぞと仰せられている。(「生者の視線と死者の視線」一九八六年)[*21]

しかし、この江藤の論理は、転倒しているといわざるをえない。なぜなら、歴史の事実が示しているのは、この昭和天皇の「裏切り」が、戦争の死者とわたし達の関係の修復不可能性の象徴としてここにあること、天皇の存在が戦争の死者と戦後の、「連続」ならぬ「断絶」の基点だということだからである。

敗戦時に天皇の周辺の側近、近親者たちが「国体の護持」のために考えたのは次のようなことだった。たとえば、近衛文麿は、自決の寸前、事態の予期した以上の急転に絶望し、「もう皇室は駄目だ。陛下が自決されれば日本の皇室は助かるのだが」と述べている(高橋紘『象徴天皇』[*22])。あるいは、木戸幸一は、先に見たように、どうしても天皇が何らかの意味で「責任」をとらなければ「皇室だけが遂に責任をおとりにならぬことになり、何か割り切れぬ空気を残し、永久の禍根となる」と考え、講和条約調印直後に、天皇に退位を迫っている。

もし、天皇が戦後のある時点で、退位し、その後自分の名のもとに戦場に赴き、そこで死んだ戦争の死者を慰霊することに専念するようになったとか、あるいは、国民への深い反省の念、あるいは謝罪の念を表明した上で死去したというなら、江藤のいうことにも、一定の説得力が伴っただろうが、昭和天皇に関しては、そういうことは、一切ない。逆に彼に関しては、人間宣言という一方的な戦争の死者への背信行為こそが、記録されているのである。そうしたことを知って、江藤の論を見るなら、そこから明らかになるのは、むしろ──昭和天皇が戦争の死者に対する「裏切り」の中心に位置している以上──、戦前と戦後のつながりの回復が、その天皇がいては、いよいよ困難だということなのである。

しかし、いうまでもなく、戦前と戦後の関係、また戦争の死者と戦後に生きるわたし達の関係が、「つながらない」理由は、天皇が人間宣言で戦争の死者たちとの関係を一方的に取りさげ、彼らとの「現御神」としての「紐帯」を裏切っているからではない。もし天皇が彼らを裏切らず、退位し、彼らに対する責任をとれば、わたし達と戦争の死者の関係が「つながる」ようになったろうというのではない。その場合には、天皇は戦争の死者の側に残り、彼らとの関係に殉じたことになるが、戦後に生きるわたし達が、戦争の死者と違う価値観に生きる、彼らから見ての「裏切り者」であることに変わりはないのである。天皇の背信は、戦後のわたし達自身の戦争の死者に対する背信の象徴として、いま、わたし達に考えられるべき理由をもっている。

とはいえ、こういう問いは残る。なぜ、江藤は、戦争の死者について考えながら、彼らとわたし達の間の「断絶」を見ずにおれるのだろうか。

ここに顔を出しているのは次の問題である。

江藤は、戦争の死者を、無前提に国のため、天皇のために死んだ死者たちであると考える。

しかし、彼らは、逆に国のため、天皇のために死ななくてはならなかった、別にいうなら殺された死者たちであるかもしれない。それをわたし達は決めることができない。ここにはわたし達に決定不可能なものがある。

　しかし、わたし達が戦争の死者に向かいあうに際して、求められる誠実さとは、その決定不可能なものの前にこそ立ち、その決定不可能性を、よく考えてみることではないだろうか。わたしがいうのは、戦争の死者の一人一人がどんなふうにして死んだか、それはわからないではないか、という意味での決定不可能性ということではない。わたしの論に対して、そういう趣旨の批判が寄せられているが、[*23] わたしはそうは考えない。その批判がいうようなことは当然だが、しかし、それが決定不可能だということを当然視してしまえば、わたし達は、たとえば戦争の死者というカテゴリーのうちにある死者を、考えることができなくなる。たしかに誰にも、ある人間がどのような思いで死んだかを理解することはできない。けれども、その人間と関係をもとうとすれば、当然人は彼を理解しようとする。あの決定不可能性は、その意欲があってはじめて、ここに理解の不可能性という意味をもって浮かんでくる。その時、それは、理解の不可能性として、しかし同時に、生きている者が死んだ人間を理解しようとする意欲の結実、一つの「つながり」の形象となっているのである。そこでは理解できないということにぶつかり、心の底でそれを思い知ることが、そのようなものとしての相手を、理解することである。つながりをもてないと深く感じることが、相手とのつながりの絆なのだ。だからわたし達は、戦争の死者に対しては、彼らは理解不可能だというのではなく、理解不可能だということを思い知ることが、わたし達が彼らを理解することの、起点だというのである。

その一線を越え、生者の都合で死者を意味づけてしまうとすれば、それは、死者の「心」に土足で踏み込むようなものだろう。もし、戦争の死者を一人一人の生者の時のつながりによってではなく（父として、あるいは夫として、あるいは友人としてではなく）、戦争の死者として考えるなら、その場合、彼らは、わたし達を呼びだしながら、なおかつ、その戸口でわたし達を押しとどめ、立ちどまらせる、そういう存在なのである。*24

それは逆にいえばこういうことでもある。

政治的に江藤淳とは対極に立つ家永三郎が、戦争の死者をめぐり、次のような話を紹介し、こう述べている。

毎日新聞の「余録」が、一九六三年の八月十五日に戦没者追悼式を評し、その「性格ははっきりしている。これは無益の死をしいられた人たちに対する謝罪の式典である」と書いたところ、これを読んだ一人の戦争未亡人が、「『無益の死』ということばにはげしいショックを受け、一年間何度となく手紙を余録子に寄せ」た後、上京して余録子と面会して、「夫は、敗戦も死もすべてを覚悟のうえで、地獄の門に運ぶ汽車に乗らねばならなかった。その死を『無益の死』といわれるのは、どうしても納得できない」と問責した。一年後の八月十五日、余録子は、同欄でこの経過を記し、「このことばが一人の未亡人の生きる力を失わせたとしたら、改めて不文を謝するにやぶさかでない」と陳謝している。

しかし、それがどんなに遺族に残酷な言い方であっても、「問題の本質をごまかすことは許されない」のであって、ここにいう余録子は、「『無益の死』をどうすれば『無益の死』でなくせるかについて、その未亡人に対し十分に説得できるように説明し、未亡人に新しい生き方を示唆する義務があった」のではないだろうか。「『不文を謝』した」だけでは、「何の解決にもならない」からだ。ではこの未亡人を「十分に説得できる」、「新しい生き方を示唆する」考え方とはどのようなものか。

ある戦死兵士の遺子が一九七三年、「父は、国家の犠牲になった」、「叙勲を受ければ、戦争をね、正当化する」ことになるということを理由に、叙勲を辞退した。また一九七一年、空襲で肉親四人を失ったある主婦が、国からの補償をもって国の戦争責任が免罪されてはかなわない、その意味で戦災死者に国からの補償がなかったことはむしろよかった、応召戦死軍人も、本土での戦災死者も「ひとしく戦争権力の犠牲になったと考えるべきで」ある。「今後一人の戦死、戦災者も出さないために戦争につながる恐れのあるあらゆるものを」自分は「拒んでゆこうと思」う、「それが犠牲になった人々への慰霊ではないでしょうか」と述べている。

家永は、このように例をあげ、こう答えるのである。

これらの人々は、戦争による死者を等しく「犠牲者」と考え、再びそのような「犠牲者」を出さないために、戦争につらなる一切の動向を阻止することに力を注ぐのが、その死を「犬死」に終わらしめない唯一の道である、と主張しているのである。私もまったく同じように考えてきた。

十五年戦争での死を単純に美化し有意義な死として顕彰することは、一見慰霊となるようであっても、むしろ「英霊」の再生産に道を開くこととなるのを考え、残酷のようでも「犬死」であることを勇気をもって認めたうえで、悲劇の再来を全力をあげてくいとめることにより、「犬死」を真に貴い犠牲死に転換させるという、いわば弁証法的態度をとる以外に、死者に報いる道はないのである（「十五年戦争による死をどう考えるか」一九七九年）。[*25]

しかし、わたしは、この家永の答えに説得されない。家永は、「戦争による死者」を等しく「真に貴い犠牲」者に「転換」することで「死者に報いる」というのだが、この見方は、戦争の死者の中にそれこそ皇国思想を信じ、「戦争に没入し」て死んでいった人々もいただろうことを、脱落させている。江藤が戦争の死者をすべて「君国のための死」で一括りして何のためらいもないのと同じく、ここで家永は、同じ存在を「君国による犠牲死」に一括りして、何のためらいもない、といわなければならないのである。

彼は父を「国家の犠牲になった」と考え、叙勲を辞退した遺子を、「健全な良識の持ち主」の「りっぱな答え」の例にあげる。しかしこの見方は、ここにいわれる死者（父）がどのように考えて戦争に向かったか、ということがいまの自分には窺い知れないことへの畏怖、相手が自分にとっても一方的理解を思いとどまらせる他者だという配慮を、欠いている。戦災死者の遺族である主婦の例についても同じことがいえる。わたしはこの一連の考察の前半で、戦争の経験を戦争への抵抗の相だけで受けとるのではなく、それへの没入の相で受けとる必要について述べたが、どのような戦争の死者も「ひとしく戦争権力の犠牲になったと考えるべき」だというのは、いまの自分達の価値観がその死を繰り込んだ歴史過程の中に位置する、それと同等の権利しかもたないものであることを考えるなら、生きている者の傲慢であり、またわたしの言い方をここに重ねるなら、戦争の死者と自分の位置の「逆接の関係」に無自覚な、彼らに対して不当な弁でもある。

わたし達は、そもそも戦争の死者に対し、彼らが「君国のために身を捧げた」英霊であるとか、「君国のために殺された」犠牲者であるとか、一方的に意味を付与する関係にないのではないだろうか。そのような関係に立つ時、戦争の死者と戦後のわたし達の関係は、すでに見誤られているのではないだろうか。わたし達が戦争の死者に意味を与えるのではない。むしろ戦争の死者が、彼らとわたし達の関係を通じて、わたし達を、意味づけているのである。[*26]

先ほどの戦争未亡人の例でいえば、わたしの答えは次のようなものとなる。戦争の死者は「無益な死」を死んだとわたしは思う。たとえ「敗戦も死もすべてを覚悟のうえ」の死だとしても、それは、死んだ人間にとっては「酬われない死」だったからである。しかし、それが「無益（＝無意味）」だというのは、死んだ当事者にとって「無益（＝無意味）」だということである。それが生き残った人間、また戦後に生きる人間、さらに戦後に生まれた人間にとって、「無益（＝無意味）」だということではない。その死は、死んだ本人にとっては「無益（＝無意味）」だった。しかし、死んだ本人にとって「無益（＝無意味）」だったというあり方を通じて、それは、いま生きているわたし達に、それ自体、大きく深い「意味」たりうるのである。

では、どのような意味で、戦争の死は、それがその本人にとって「無益（＝無意味）」であることを通じて、わたし達にとっての「意味」となるのか。

わたし達に欠けているのは、そのような戦争の死者との関係を「意味」化する努力である。彼らとわたし達の間にはどのような「つながり」もない、しかし、その「つながりのなさ」が、わたし達と彼らの「つながり」のただ一つの足場である。「つながりのなさ」を「つながり」として示す論理、いや、示すのではなく、これを「つながり」として作る論理、それが、わたし達に必要とされている。他者を説得し、理解させるためにでなく、わたし達が自分で納得し、了解するため、そしてそのことにより、わたし達の語りかけを通じ、他者に了解が生じるようになることをめざすために、それは、わたし達に、必要なのである。ところで、それは、そのようなものであってなお、論理だろうか。その時それは、その論理をそれを抱えるものがどう了解するかという、論理の了解、あの「魚を入れた盥」の形になっているのではないだろうか。

7　三島由紀夫のディレンマ

この戦前と戦後の坂本いうところの「不調和」――「断絶」――は、これまで戦後の革新派によって強調され、保守派によってできるだけ軽いものとみなされる傾向にあった。その逆に、この二つのものの「連続性」は、革新派によってできるだけ軽いものとみなされ、保守派によって強調されるのがつねだった。前者の象徴は新憲法の第一章および第二章（国民主権と戦争放棄条項）であり、後者の象徴は、新憲法の第一章を足場にしたその憲法を越える価値としての象徴天皇制度の存在である。

こう考えてみれば、敗戦直後に語られた宮沢俊義の新憲法の公布による「八月革命説」は、この前者の例であり、一方、和辻の展開した「精神的な国体」（象徴天皇制）の優位と持続の説、保守派の展開した「押しつけ憲法」の説は、憲法を越えるものの提示と現行憲法の価値を下落させるものの提示と、二方向から試みられた、その後者の例にほかならない。しかし、必要なことは、その断絶のもっとも深いところでどのように「つながり」を構想できるかを考え、その一見してつながっていると見える連続性のただなかに、それに抗する「つながらなさ」を見出す意志によって、その断絶の克服が企図されることではなかっただろうか。そのような試みは、革新派によっても、保守派によっても、なされなかった。誰もがいわば川をその「浅い瀬の部分」で渡ろうとしてきたのである。しかしこの断絶をその最も深い部分で渡ろうとした人間がいなかったわけではない。

戦後におけるその唯一の例外といってよい存在が、三島由紀夫である。

むろんそのために、三島は彼に固有のディレンマを生きることになる。

三島のディレンマは、次のようにして構成されている。

彼は、一九二五年に生まれ、戦前に早熟な文学的才能として日本浪曼派の論客らに愛され、若年での死を自明視する戦争世代の一人として、戦時期の日本を生きる。しかし、彼のその時の最大の愛読書の一つは、レイモン・ラディゲの『ドルジェル伯の舞踏会』であり、その文学的な「遍歴時代」は、軍国主義の時代を皇国精神への没頭ですごす同世代の人間とは違う、異例にさめた場所ですごされている。三島の最大の理解者の一人、奥野健男は、一九四五年二月、召集令状を受けた三島が、「天皇陛下万歳」で終わる留保のない皇国精神に則った遺書をしたためる一方で、「兵庫の連隊に父と共に行きたまたまひいていた風邪を大げさに軍医に申告し、肺結核の末期という誤診を引き出し、即日帰郷となり、父子とも逃げるように東京へ戻って」いる事実をあげ、この「二重構造」に、三島の秘密をとく最大のカギがあると、示唆している（『三島由紀夫伝説』一九九三年）[*27]。

たぶん、この時の三島は、皇国イデオロギーを愚直に信じて誤りに誤った同年代の吉本隆明（一九二四年生まれ）や、井上光晴（一九二六年生まれ）とちょうど対極の場所にいる。彼は、戦後、時代の主流となるマルクス主義、民主主義のイデオロギーに冷淡に対したが、そのあり方はたぶん戦争の時代も変らず、時代の主流たる皇国的イデオロギーと、ひそかに冷徹な距離を保ち続けている。彼は学習院の高等科を首席卒業した際親しく天皇に謁見をえている。その生活は皇族、天皇の側近のそれと近い圏域で営まれた。「距離は夢みさせる」という彼の言葉を借りるなら、戦時中、天皇の近くにあった三島に、天皇を「夢みさせる」にたる距離はなく、彼は天皇と皇国思想の近くにあって、それとはまるで別の遠いもの――フランスの天才夭折作家の作品が象徴するもの――を「夢み」ているのである。もし、軍国主義の皇国イデオロギー時代が長く続いたら、三島が、戦後、民主主義イデオロギーに対したように、それと対立する、そこから超然としたむしろこれに反する美学を手にすることになっただろうことはほぼ疑いがない。

しかし、その「二重構造」が後に、三島に深い傷となる。これも奥野の指摘していることだが、彼は、ある回顧的な文章に、「昭和二十年早春にいよいよ赤紙が来たとき、私は気管支炎で高熱を発してをり、それを胸膜炎とまちがへられて、即日帰郷になつたいきさつなどは、はうばうに書いたから、省略するが、（略）一億玉砕は必至のやうな気がして、一作一作と遺作のつもりで書いてゐた」と「さりげなく」書いている（『私の遍歴時代』）。しかし奥野が調べたところでは、その「いきさつなど」は実は「はうばうに」書かれていない。それは、ただ一度、それも『仮面の告白』という「はたして事実か虚構かわからないかたちの小説の中で」詳しく語られているだけである（ただしそれが「事実」であることが三島の死後、父親の書いた著作『倅・三島由紀夫』の中ではじめて明らかにされる。父は息子が死ぬほど明かされたくなかった事実を、そこでこともなげに書いている）[*28]。そのことは、どんな意味をもっていただろうか。たとえば戦前に彼の才能を愛した日本浪曼派周辺の文学者蓮田善明は、敗戦の直後、上官を射殺して自決し、そのような三島のあり方とは似ても似つかないあり方を示し、自分の考えと感性に殉じている。三島はそのような人々の中で、これに愛され、「二重構造」をもって戦前を生きる。しかし、戦後も十五年くらいたつ頃から、自分と戦後の世の中の間の齟齬が彼の中で堪え難いものとして意識されはじめると、彼の中で、この戦時下の自分の「二重構造」が、奇妙な刺となるようになる。そして、かつて彼を動かさなかった「皇国イデオロギー」が、彼の中で、新しく意味をもちはじめるのである。

自裁する年の七月、三島は、こう書いている。

私の中の二十五年間を考えると、その空虚に今さらびっくりする。私はほとんど「生きた」とはいえない。鼻をつまみながら通りすぎたのだ。

二十五年前に私が憎んだものは、多少形を変えはしたが、今もあいかわらずしぶとく生き永らえている。生き永らえているどころか、おどろくべき繁殖力で日本中に完全に浸透してしまった。それは戦後民主主義とそこから生ずる偽善というおそるべきバチルスである。

（略）

この二十五年間、思想的節操を保ったという自負は多少あるけれども、そのこと自体は大して自慢にならない。思想的節操を保ったために投獄されたこともなければ大怪我をしたこともないからである。（略）

それよりも気にかかるのは、私が果たして「約束」を果たして来たか、ということである。否定により、批判により、私は何事かを約束して来た筈だ。政治家ではないから実際的利益を与えて約束を果たすわけではないが、政治家の与えうるよりも、もっともっと大きな、もっともっと重要な約束を、私はまだ果たしていないという思いに日夜責められるのである。その約束を果たすためなら文学なんかどうでもいい、という考えが時折頭をかすめる。これも「男の意地」であろうが、それほど否定してきた戦後民主主義の時代二十五年間を、否定しながらそこから利得を得、のうのうと暮らして来たということは、私の久しい心

の傷になっている。(「私の中の二十五年」一九七〇年[*29])

この三島の言葉に嘘はない。彼は、戦後、実際ほっともしただろうし、それと同時に新しい時代の息吹に心を動かされもしただろうが、敗戦をへて、新しくはじまった時代とその思想的な動向に対しては最初から欺瞞を見、一貫してそれとははっきりと一線を画す姿勢を示し続けたからである。一九四九年に書かれた『仮面の告白』を奥野は、三島が太宰の『人間失格』を念頭に書いた作ではないかといっているが、そういう可能性を否定できないほど、それは、自分の虚偽を含め、すべてを回避することなく書かれた、驚くべき作品である。

しかし、彼を襲う変化は、戦後への嫌悪が深まると、かつて『仮面の告白』に率直に吐露された戦前の自分へのうしろめたさを、自分に対し抑圧しないでは、もうその嫌悪がささえきれなくなるという形で、やってくる。三島は、戦後、それこそ太宰同様、清水の舞台から飛び降りるつもりで、自分が戦前には「死」を夢見る小説を書きながら応召すれば「即日帰郷」をかちえて父と逃げ帰ってくるような奇怪さの持ち主であること、自分の本質としての「二重構造=仮面」性を「告白」することで、はじめて文学者になりえたと感じたはずだが、やがて、自分のその「奇怪さ」を凌駕する戦後の「欺瞞」をまのあたりにして、その「欺瞞」に対抗する必要上、自分に対しても、自分の「奇怪さ」をいったん地下に――自分の意識下に――、格納しなければならなくなるのである。

彼は、戦後の反時代的なニヒリストという像から、同じく反時代的ながら戦前の価値を称揚する「危険な文学者」へと自分の位置を移動させるが、その間、戦後の動向への彼の嫌悪は、そこに「欺瞞」があるという切迫を通じて、自分の中の何がそれを「欺瞞」と感じさせるのか、ということを、彼に自省させるように働いたと思われる。つまり「欺瞞」でない何が自分の中にあるために、これら目の前のすべてが自分に「欺瞞」と感じられるのか。彼は、彼の中にあって、彼の眼前にあるものを、自分を含め、すべて欺瞞だと感じさせるものの根源に敏感になってゆく。こうして三島は、たぶん一九六〇年前後に、彼の中に「戦争の死者」の感覚がよみがえるのに出会っているのである。

わたしは今回、この文章を書くにあたって三島の著作を久しぶりにまとめて再読して、その正直さに改めて驚かされた。三島のような本質的な文学者であれば、ふつうには、自分が戦争中、「即日帰郷」をめざすような奇怪さをもっていたことを、（それが非難される戦前的状況であれば当然のこと、それが逆に称揚されてしまう戦後的状況であっても）予想される誤解をものともせず、隠しはしないだろう。しかし、ある時からそのことが彼を内側からさいなみはじめ、奥野がいうように、『私の遍歴時代』を書く一九六三年頃には、三島はそれを「むしろみじめな恥と感じはじめて」いる。そういうことが起こっているとすれば、彼にそう感じさせているものは、彼の同時代人ではありえないことは当然として、彼と同じようにこの世界に生きている存在でもありえない。彼にそのような力を及ぼす存在は、ほとんど一つの例外以外考えられず、つまり、戦争の死者が、彼の中によみがえっていると、考えられるのである。[*30]

しかし、それは、ストレートに戦争の死者たちへの「うしろめたさ」としては現れてこない。そのようなものとして「告白」の対象になるほど、彼の「仮面＝二重構造」は彼の中でヤワな存在ではない。そのこと自身が再び、「仮面の告白」の構造をもたざるをえない理由が、ここにあり、彼は、一九六一年に「憂国」を書き、それを機に、二・二六事件の青年将校への関心を前面に出す。この「二・二六事件の青年将校」が、彼の戦争の死者たちへのコミットメントに格好の「隠れ蓑」を提供する、彼における戦争の死者たちのダミー（替え玉）となる。一九七〇年、自分は「果たして『約束』を果たして来たか」と書く時、彼において、そこに念じられている「約束」の相手が、彼自身が一度も「約束」していない二・二六事件の青年将校たちであることはありえない。それは、はっきりと、彼もその一員だった戦争世代の多くをそこに含む、「戦争の死者」たちだったのである。

では、なぜ三島の姿勢は、「戦後民主主義の欺瞞」に、戦前から続く価値、あるいはそれを体現する象徴天皇を対置し、その場所から戦後民主主義の虚偽を撃つという、戦後保守主義の定型を踏襲していないのだろうか。和辻の原典にそい、一方に日本の伝統と象徴天皇と戦争の死者をおき、そこから現行憲法の「憲法典」の第二義性、あるいは「押しつけ憲法」としての虚偽、あるいは反君主制としての「国民主権」観の外来性を暴くというのが戦後保守の類型である。そのような凡百の轍を踏まず、彼の場合、「戦争の死者」と「戦後の二十五年」の間に玉突きのクッションのように「二・二六事件の青年将校」という第三項が入るのは、なぜなのか。

わたしの考えをいえば、そこにこそ、三島の「戦争の死者」への同時代の誰の認識をも抜いた、きわめて鋭敏な関係の意識の現れがある。彼は、どんなに戦後の価値を憎んだとしても、だからといって自分を「戦争の死者」たちと同一視するほど鈍感ではありえなかったのであり、結論を先取りしていえば、その戦争の死者と自分の関係の客観的相関物を、戦争の死者に対する「裏切り」の中心的存在、昭和天皇その人に、見出しているのである。

三島は、自分を戦後的なものの対極におけばおくほど、その自分が同時に、戦争の死者に対する裏切りへの加担者としてここにいるという関係の意識に捉えられざるをえない。彼は戦前の皇国の価値を信じるというが、もし本当にその時、彼がそれを信じていたなら、彼はここにいないはずなのである。なぜなら、そういう真性の皇国主義者は、全員、敗戦時に絶望し、また戦争の死者に殉じて、あの蓮田善明のように、自決しているからである。

彼の目に当然、昭和天皇は「人間宣言」をはじめとするさまざまな責任放棄を通じて、この戦争の死者たちを「裏切った」軽薄このうえもない存在と見えている。しかし、ひるがえってみれば、それは彼の似姿にほかならない。

彼にとって戦争の死者は昭和天皇と、また彼を含む戦後の日本に裏切られた存在である。そういう彼が天皇と戦後日本をその「裏切り」を欺瞞の根源におく形で糾弾しようとすれば、そこに彼の居場所はなくなる。彼は糾弾しようとするが、彼は、糾弾される側の一員でもあり、もし声をあげれば、かたわらの糾弾する「同志」から、しかしあなたは「利得を得、のうのうと」そこに「暮らして来た」一人でもある、場所を改めたほうがよいのではないか、といわれざるをえないからである。では、どうすれば、彼と天皇を切り離し、戦後を生きる彼がしかも天皇と戦後日本を糾弾できる形を、「仮構」できるか。二・二六事件の死者たちは、こうして、彼の「戦争の死者」のダミー、〝文学的形象〟として、彼の文学世界に導きいれられることになる。

しかし、いうまでもなく、この試みは、問題の解決とはならない。彼と戦争の死者たちの「不調和」な関係は、戦争の死者たちが死に、彼がそうではなかった時点で確定している。それは、何らかの試みを行うにせよ、それによって慰撫され、緩和されはするだろうが、治癒に達することはないからである。というよりその試みは、三島に、その「不調和」な関係が、どのような企てによってもほんらい「治癒」不可能なものであることを、わからせるように動く。彼の試みは彼に、誰よりも早く、誰よりも深く、戦後日本の本質をさとらせるように、作用するのである。

一九六一年には「憂国」が書かれ、一人二・二六事件の蹶起から取り残された将校の自決の物語が描かれる。しかし、その治癒不可能性の予兆は、すでにこの作品に致命的な瑕瑾となって姿を見せている。いうまでもなく、ここに描かれる主人公と蹶起将校の関係は、事件当時十一歳だった彼と青年将校の関係ならぬ、敗戦当時二十歳前後だった彼と、同年代の戦争の死者たちとの関係に、その原型をもっている。主人公の近衛連隊第一中隊武山信二中尉は、新婚半年の身であるという理由で、彼の親友たちの慮りにより、蹶起の誘いから除外される。しかしそのことは彼を、ディレンマに追い込む。翌朝、蹶起軍討伐の命令が下るのは必至である。彼は軍人としての任務に忠実であろうとすれば、親友たち蹶起軍の討伐に加わらなければならず、それを拒否すれば、軍人である自分を否定しなければならない。彼は、共に死ぬことを願う妻の頼みをいれ、妻を従え、切腹自決する。

　ここでいわば美的な理由から一人取り残され、また、美的な原理の中で妻と死ぬことになる主人公と蹶起将校たちの関係が、彼の観念の中の、戦後一人、文学者として生き残った彼と、もう逝ってしまった戦争の死者たちとの関係を、苦しげになぞるものであることは、明らかだろう。しかし、蹶起将校が彼を誘わない理由がなぜ「新婚半年という境遇」という、薄弱このうえもない理由なのか。また主人公の「軍人」としての死が、なぜ新妻との情交をともなう「心中」という「文化的」なものとなるのか。ここにはすでに後年橋川文三によって指摘される、彼の美と軍隊の結合の論理の矛盾（「文化防衛論」）が、小説的構成の弱さとなって、萌芽を見せている。[*31]

　しかし、たぶん彼はその矛盾、自分にやってきているディレンマの深さをよく知っていたと思われる。

三島はその後、一九六六年に「英霊の聲」を発表するが、この作品が、ほんとうのところ語っているのは、戦後の人間が戦前の価値に立って戦後を批判することは、不可能だ、という一事だからである。

「英霊の聲」は、次のような構成をもっている。

　私はある浅春の一夕、木村先生の主宰する帰神《かむがかり》の会に列席して、そこに戦前の若い荒魂《あらみたま》が相次いで降霊するのに立ちあう。その帰神の会は、木村先生が審神者《さにわ》となり、霊媒である川崎重男君に霊を降ろして列席者が霊と対面するのだが、その夜は、いつになくただならぬ気配があり、まず一人ならぬ「大ぜいの唱和する声」が川崎君の口から発せられたかと思うと、その声が、戦後の日本の頽廃を憂い、そのあげく、昭和天皇に対する「などてすめろぎは人間《ひと》となりたまいし」という糾弾の言葉を唱える。声は、「われらは裏切られた者たちの霊だ」という。それは、いまは「南の海」の上に集うのらしい、三十年近く前の、二・二六事件で死んだ青年将校たちの霊である。

さて、その霊が神上《かむあが》りして去り、参列者たちが、場所を改めて今夜の感銘を語り合う段となるが、すると、木村先生に異変が生じ、さらに別の霊が降りようとしていることがわかる。疲れ果てて眠りに入っていた川崎君がようやく目覚め、第二の霊が現れる。第二の霊の出現に先立って木村先生を襲った第一の霊は、それを「われらの弟神たち」であるといい、木村先生に問われ、「われらに次いで、裏切られた霊である。第二に裏切られた霊である」と答える。それは先の霊同様の若い荒魂の集団であり、「いずれも飛行服を召し、日本刀を携え、胸もとの白いマフラーが血に染まっている」。

改めて川崎君に降りたその霊は、「われらは戦《いくさ》の敗れんとするときに、神州最後の神風を起さんとして、命を君国に捧げたものだ」という。それは特攻隊の死者たちの霊である。その霊は、彼らもまた、自分達が死んでから起こったことを縷々言挙げし、最後、「などてすめろぎは人間《ひと》となりたまいし」、つまりなぜ天皇は神であることをやめ、人間になることで自分達を裏切ったのか、と連禱し、糾弾する。

川崎君の声が絶えだえとなり、雨戸の隙からしらしらあけの空の兆しが見え、最後長かった降霊がようやく終わるが、気づくと、川崎君は息絶えている。しかし、それだけではない。その顔が一変している。盲目の美青年の顔は、「何者とも知れぬと云おうか、何者かのあいまいな顔に変容し」ており、見る私を、慄然とさせるのである。

さて、ここにいわれる「などてすめろぎは人間となりたまいし」が、一九四六年元旦の昭和天皇による詔勅、いわゆる「人間宣言」をさすことは、作中に見えている。

戦争の死者たちの霊は、いう。

一九四五年の晩秋、昭和天皇は首相幣原に、過去のある天皇が玉体に医者ごときが手をふれるのは恐れ多いという理由で医師にかかれず病気が悪化して死んでいるがこれは「とんでもないことではないか」と述べている。これは、民主主義国の天皇であるためには「神格化」を是正せねばならぬと、暗示したのだった。

首相幣原が恐懼して「神格化」是正を進言すると、天皇は「昭和二十一年の新春」には「一つそういう意味の詔勅を出したいものだ」といい、それと、おりから総司令部にもしそういう趣旨の表明があれば「天皇のお立場はよくなる」という示唆を受けていたことがあいまって、この宣言は、準備されたのである。

それは幣原が自らいうように、「日本よりむしろ外国の人達に印象を与えたいという気持が強かったから、まず英文で起草」したのである。

そこには、英文の草稿に基づき、今後は「誓ヲ新ニシテ」、「平和主義ニ徹シ」、「新日本」の「建設」に向けて「結束」しなければならないことが「我国民」に対し、呼びかけられる。しかし、そこで天皇は、こう語ったのである。

『然れども朕は爾等国民と共に在り、常に利害を同じうし休戚を分たんと欲す。朕と爾等国民との間の紐帯は、終始相互の信頼と敬愛とに依りて結ばれ、単なる神話と伝説とに依りて生ぜるものに非ず。天皇を以て現御神とし、且日本国民を以て他の民族に優越せる民族にして、延て世界を支配すべき運命を有すとの架空なる観念に基くものに非ず』

……今われらは強いて怒りを抑えて物語ろう。

われらは神界から逐一を見守っていたが、この『人間宣言』には、明らかに天皇御自身の御意志が含まれていた。天皇御自身に、

『実は朕は人間である』

と仰せ出されたいお気持が、積年に亘って、ふりつもる雪のように重みを加えていた。それが大御心であったのである。(「英霊の聲」一九六六年[*32])

こうして三島は、それまで抱えていた、また一九六〇年代に入ってからは彼の中で比重をます一方だった戦後の「欺瞞」に対する彼自身の怒りに形を与える。あの一九四五年のポツダム宣言受諾時に問題にされた「国体の護持」がならなかったことで、誰に対する責任が生じることになったか、そしてそこに生じた責任は、誰がまっさきにとるべきだったか。敗戦直後の国体変更論争以来、もし天皇自身が反省の言葉としてこれをいわなかったとしても、誰かがいわ

なければならなかったことを、ここで、三島がはじめて語っていることについて、わたし達はこれをどんなに評価しても、しすぎることはない。昭和天皇が何より彼の名の下に戦場に赴き、そこで死ぬことになった戦争の死者たちに対する「統治権総攬者」、「統帥権総攬者」としての責任をとらなかったこと、それればかりか、その戦前における彼らとの「紐帯」を「架空なる観念」の一言で破棄して、彼らを「裏切った」ことは、たとえ、戦争の死者たちがよみがえってこれを糾弾するということを、しないとしても、誰かが、もはや存在しない正当性の場所を仮構しても、そこから、一度は指摘しなければならないことだったからである。

しかし、それは戦後に生きるわたし達に、どのように可能なのだろうか。

誰かが、戦争の死者たちに代わって、これを指摘し、また、これに関し天皇を糾弾することは、可能なのだろうか。

いったい戦後に生きるわたし達のうちの誰が、「戦争の死者」とは「不調和」な関係にありつつ——彼らを裏切った者でありつつ——、彼らを「代弁」できるか。戦後日本人のうちの誰が、戦争の死者に対して同じ「裏切り」の共犯者でありつつ、天皇を「糾弾」できるか。ここには、こんな難題が横たわっている。

そして、ここまで見てきた通り、三島は「戦争の死者」との関係が視野に入ってほどなく、そこにひそむディレンマに気づいている。三島が戦争の死者に代え、二・二六事件の死者を彼の文学的な「依り代」にするのは、何よりそのディレンマを回避しようとしてのことなのである。

しかし、彼はそのディレンマの回避に成功しない。

ここにひそむ二律背反は重層的である。

まず、彼は、二・二六事件の死者と特攻隊の死者になり代わり、彼らの天皇批判、そして戦後社会批判を「代弁」しようとするが、それはまた、彼らの天皇批判、戦後社会批判をして彼自身のそれを「代弁」させることと可逆的である。彼は死者の代弁としてこれを語るが、それは彼の思いを死者に代弁させることと同義たらざるをえない。しかし、誰に彼ら死者を、自分の「代弁者」にする権利があるだろうか。「英霊の聲」ではそのディレンマを避けようと、言葉が〝霊媒〟の口を通じ、「代弁」される形が用意される。「口寄せ」であれば、そこで語るのは死者であり、語る者の意志は無化されるのである。

しかし、この第一のディレンマが解消されても、そもそも死者たちを「代弁」できるのかというより困難な問題が待ち受けている。それは、一般的に死者なるものの代弁が可能か、ということでもあるが、それ以前に、戦後の人間である三島に、「二・二六事件の死者と特攻隊の死者」が代弁できるか、という問題であり、そこに隠されているのは、もっとも致命的な形でいえば、戦争の時に死ななかった(死ぬことを避けた)三島に、戦争の死者たちを代弁することは許されるのか、という問いかけにほかならない。

「英霊の聲」は見てきたように錯綜した構造をもつが、その必要は、すべてこのディレンマに対処すべく、生じているのである。

この作品でも彼がいいたい最大のことは、昭和天皇は彼の名の下に戦場に送られた戦争の死者たちを裏切っている、ということである。そのことに、そのような裏切りからはじまった日本の戦後は欺瞞にみちている、という彼の戦後日本に対する批判が続き、これに、しかし、自分もその戦後の一員としてそこから「利得を得」ている、という彼の「心の傷」、また、彼自身が戦時下を生きた人間として「戦争の死者たち」を「裏切っている」のではないか、彼らを代弁するなど破廉恥の極みなのではないか、という「うしろめたさ」と「疑念」が向かいあい、彼のディレンマを作りあげている。

彼はまず、自分と戦争の死者たちの対面する場面を回避するために、あの玉突きのクッションとして二・二六事件の死者たちをもってくる。彼らは、昭和天皇に裏切られたが、三島はその時十一歳だったからその「裏切り」には無罪である。次に彼は戦争の死者を「戦の敗れんとするときに、神州最後の神風を起さんとして、命を君国に捧げたもの」である、特攻隊の若い死者たちで代表させようとする。彼らは、一般には「純粋な救国の至情」で「命を君国に捧げた」存在と見なされている。彼らは、たとえば「敗戦も死もすべてを覚悟のうえで、地獄の門に運ぶ汽車に乗らねばならなかった」先の未亡人の夫を含む多様な、広範な、また年齢もまちまちの戦争の死者たちと二・二六事件の青年将校の違いを目立たなくするために、いわば二つの集合の重なりの部分として、ここに動員されるのである。

こうして、この作品では、三島の分身たる審神者木村先生の指導のもと、この二・二六事件の青年将校の霊と（特攻隊の死者に「代表」された）戦争の死者たちの霊が、やはり三島のもう一人の分身である霊媒川崎君に降霊し、川崎君の口を借り、共に、兄神、弟神として、天皇を糾弾する。しかし、その試みはうまくいかない。作品の最後、川崎君が死ぬが、この霊媒青年の死は、この二種の死者を「一緒くたにしての」代弁が、少なくとも三島には不可能だったということの、彼の告白にほかならない。なぜそれは不可能か。特攻隊の死者は二・二六事件の死者ではない。三島はそこを見まいとするが、最終的に、作品を書きながら、特攻隊の死者が戦争の死者として彼に尋ねる、あなたがわれわれを代弁することができるのか、という声を聞いたと思われる。作品の最後は、その川崎君の顔が「何者とも知れぬと云おうか、何者かのあいまいな顔」に変わっているところで終わっている。その顔とは、昭和天皇の顔である（三島自身が後にそう証言している）[*33]。つまりその終わりが、彼の聞いた最後の言葉が、あなたにわれわれを代弁することはできない、なぜならわれわれから見ればあなたも昭和天皇と同じだからだ、というものだったことを、暗に語っているのである。

ここにあるのは次のような問題である。

三島は二・二六事件における青年将校と天皇の関係を、「大東亜戦争」の死者たちと天皇の関係の原型として描こうとするのだが、それには無理がある。なぜなら、後者の場合、戦争の死者たちは、うむをいわせず彼らを戦争に召集しておきながら敗戦後はその政治的なコミットメントを一方的に破棄した昭和天皇を、その背信を理由に糾弾しているのだが、前者の二・二六事件における青年将校たちと天皇の関係は、そのようなコミットメントを含むとはいえず、こちらに関しては、昭和天皇も、自分が「神」でなかったことについて、「糾弾されるいわれはない」と、青年将校の霊に向け、いいうるからである。

三島もその違いを重々知っており、そのため、この作品の二・二六事件の死者による糾弾の弁証は、もっぱらこの弱点を補強する観点から、手当てされている。[*34]

彼は、こう二・二六事件の霊にいわせる。

たしかにここにあるのはわれわれの勝手な一方的なコミットメントであるかに見える。「片恋」であるように見える。しかし、

『陛下に対する片恋というものはないのだ』とわれらは夢の確信を得たのである。『そのようなものがあったとしたら、もし報いられぬ恋がある筈だとしたら、軍人勅諭はいつわりとなり、軍人精神は死に絶えるほかはない。そのようなものがありえないというところに、君臣一体のわが国体は成立し、すめろぎは神にましますのだ。

恋して、恋して、恋して、恋狂いに恋し奉ればよいのだ。どのような一方的な恋も、その至純、その熱度にいつわりがなければ、必ず陛下は御嘉納あらせられる。陛下はかくもおん憐み深く、かくも寛仁、かくもたおやかにましますからだ。それこそはすめろぎの神にまします所以だ』（同前）

片恋が片恋でないとされる根拠は、「軍人勅諭」である。それは、この作品の中に、「人間宣言」に対置される形で引かれているといってよい。

「朕は汝等軍人の大元帥なるぞ。されば朕は汝等を股肱と頼み汝等は朕を頭首と仰ぎてぞ、その親《した》しみは特《こと》に深かるべき。朕が国家を保護《ほうご》して上天《しょうてん》の恵に応じ祖宗の恩に報いまいらする

事を得るも得ざるも、汝等軍人が其職を尽すと尽さざるとに由るぞかし」

これは一八八二年に明治天皇の名で出されたものである。それは軍隊が天皇親率の組織であることを明記し、天皇と軍人の関係が法を越えたものであることを語っている。これが明治天皇の治世以来、引き継がれてきているところを見れば、そこで天皇は現御神なのだから、神である以上、昭和天皇は、この「恋闕」のコミットメントを受けとるべきだという理屈は成り立たないとはいえない。

しかしその場合、二・二六事件の死者たちの糾弾は、「などてすめろぎは人間となりたまいし」とはならない。なぜなら、二・二六事件が起こり、忠臣を多く殺害され、激怒した天皇が、どっちつかずの軍部を前に、当日、「今回のこと」は「甚だ不本意なり、国体の精華を傷つくるものと認む」といい、翌日、蹶起軍将校を自決させようと「勅使の御差遣」が願い出された際にはにべもなく、「自殺するならば勝手に自殺させよ」と答えていることが示しているように、天皇は、二・二六事件の際には、最初から、英国風の立憲君主観の持ち主として行動しているからである。彼は、それまで現御神としてふるまい、軍人、臣民にコミットしながら、事件が起こったら「人間になった」、「英国風の君主観」に鞍替えした、というのではない。そのような裏切りを示したのは、昭和天皇ではなく、真崎甚三郎など軍部の一部の指導者である。たしかにその後、昭和天皇は「現御神」として国政にコミットするようになる。開戦の詔勅により、総力戦体制となり、そこに彼は統治権総攬者、統帥権総攬者（大元帥）として現れるようになる。しかしそれは二・二六事件以後のことであり、この事件の際、示されたのは、もとから、「すめろぎは人間なりし」という事実で、新たに、彼が「人間となりたまいし」事実ではなかったのである。

　とすれば、天皇に対するあの兄神が恨み言をいう理由と弟神が恨み言をいう理由とは同じではない。そしてその違いは、外見こそ、「命を君国に捧げた」といわれ、「兄神」に似て見えようと、この「弟神」の天皇糾弾の根拠が、彼らが、特別攻撃隊の青年たちであることというより、むしろ「戦争の死者」たちであることのうちにこそあることを、わたし達に示唆するように思われる。そしてそれは次のことをも語るだろう。つまり、敗戦後の天皇の人間宣言が戦争の死者たちへの背信である理由は、彼が神であることを否定したこと自体にあるのではなく、むしろ、戦争時における政治的精神的道義的な「臣民」とのコミットメントを、一方的に破棄したことに、あるのだということを。

「英霊の聲」の「弟神」は、天皇の人間宣言を問題にするに先立ち、こういう事実をあげる。ある時、われわれは総員集合を命じられ、こういう軍令部総長からの電文内容を聞かされた。「陛下は神風特別攻撃隊の奮戦を聞こし召されて、次の御言葉を賜わった。〈そのようにまでせねばならなかったか。しかしよくやった〉」。彼らがいうのは、この言葉はわれわれを奮い立たせた。いったんこのようなコミットを行った天皇が、敗戦の後、それを否定するのは背信ではないか、ということである。つまりそこでの背信は、必ずしも神としての背信ではないというより、そこでいわれているのは、人間としての「しかしよくやった」という言葉であり、その言葉に対する、昭和天皇の、人間としての、政治指導者としての、背信なのである。そこからこの「弟神」の、この作品の亀裂の一点ともいうべき、次のような言葉が生まれる。

　敗戦からわずか半年後に、天皇は、実は自分は人間だった、と述べられた。天皇は、長い間、自分としては人間であろうとされてきたのである。「陛下の御誠実は疑いがない」。「それはよい。誰が陛下をお咎めすることができよう」。

　だが、昭和の歴史においてただ二度だけ、陛下は神であらせられるべきだった。何と云おうか、人間としての義務《つとめ》において、神であらせられるべきだった。この二度だけは、陛下は人間であらせられるその深度のきわみにおいて、正に、神であらせられるべきだった。それを二度とも陛下は逸したもうた。もっとも神であらせられるべき時に、人間にましましたのだ。一度は兄神たちの蹶起の時。一度はわれらの死のあと、国の敗れたあとの時である。（同前、傍点引用者）

「人間としての義務において、神であること」とは、次のことを意味している。昭和天皇は、二・二六事件の時はいざ知らず、この「われらの死のあと、国の敗れたあとの時」、つまり敗戦直後、神でなければならなかったのではなく、人間でなければならなかったのである。「人間であらせられるその深度のきわみにおいて」——和辻なら変則的な明治以来の事態にすぎないという——戦時中に行った、人間としての、つまり統治権者としての「政治的なコミット」の責任をこそとるべきだったのであり、その責任をとることこそが行為によって示される彼の

「人間宣言」であるべきだったのである。

だから、三島は、この作品を書きながら、この特攻隊の死者たちの、たとえば、「兄神」に対する、いや、ちょっと待ってほしい、わたし達とあなた方とでは事情が違う、それは同じではない、という声をきいただろうし、右のように彼らに、自分たちと「兄神」たちとは同列なのだ、といわせながら、それは嘘だ、という声を彼の中深く聞いたに違いない。

そして、その声は、そもそもあなたに昭和天皇を糾弾することができるのか、という先の問いをも含むものだったに違いない。そういう声を、自分の中に聞きながら、押し殺し、とにかくこの天皇糾弾の作品を書き終える上で、唯一のありうべき「活路」と思われたのが、最後の、先に述べた、これまで昭和天皇を糾弾してきた三島自身が、その「仮面の告白」に耐えきれず、息絶え、仮面をはぎとられてみると、実は昭和天皇だったという、どんでん返しの結末の趣向だったのである。

8　私利私欲と偶有性

この場所から見える三島は、ただ一つのことを語っている。

たとえばこの作品は一九六六年の五月に発表されているが（『文藝』一九六六年六月号）、奥野健男は、前掲書の中で、このような「異常」な「天皇に対する恨み、憎しみ」を記した「呪詛の作品」を五月に発表しながら、「同じ年の十一月」、三島が夫妻で平然と「天皇主催の観菊の秋の園遊会」に出席していることをあげ、「よくも出席したものだと不思議になる」と、そこにひそむ落差にふれている。また、外国の研究者が三島について必ずあげる三つの不可解の一つが、あの即日帰郷と皇国少年としての小説執筆の共存、実は三島が『中央公論』誌への深沢七郎作「風流夢譚」の強力な推薦者だったことの不思議とならんで、晩年あれほど昭和天皇批判を繰り返した三島が、最後、市ケ谷で、なぜ「天皇陛下万歳」と叫んで死んだのかということだといい、三島の昭和天皇への関係の意識が錯綜していることに読者の注意を喚起しているが、わたしにいわせれば、そこに不思議なものは、何もない。後者、「天皇陛下万歳」についていえば、そこで三島は、自分の「約束」の相手が二・二六事件の青年将校などではなく、戦争の死者たちであり、それも天皇を神とあがめた皇国青年に代表される戦争の死者というより、ただの「戦争の死者たち」だったろうことを、わたし達に教えている。また前者、彼がこれほど激烈な昭和天皇糾弾の作品を明らかにして、なお、昭和天皇の園遊会に夫妻で出席している事実がわたし達に語るのは、たぶんそれに見あうほどに——そこでは昭和天皇への糾弾が自己への糾弾をほぼ意味してしまうくらいに——彼の内なる自己糾弾が、激烈だったということである。最後、彼は、まったく無内容に「天皇陛下万歳」と唱えている。しかしそれに意味がないのではない。それは、無意味ではあるが、ただの戦争の死者たちの多くが死ぬ際、唱えただろう呼号であることで、彼に意味をもっているのである。

これらのことは次のことを語っている。

話を前段に戻す。

坂本多加雄は、戦後の日本人が「国民主権」という戦後の価値を「象徴天皇制度」と両立しない形で想定しようとすることの背後に、知識人たちの、現実を他人の眼鏡を通して見ようとする態度があると考えた。彼によれば、「国民主権」と「象徴天皇の制度」をもつことには何の矛盾もない。護憲派の知識人たちがそれを両立不可能なものと考えるのは、フランス革命の物語をそこに重ねるからである。

しかし、わたしは、ここにある事情は違うのだと思う。

国民主権に代表される戦後の価値の柱は、基本的人権としての個人の尊厳であり、個人の自由の観念だが、それは、けっして日本の現実の中で、フランス革命の「自由・平等・博愛」という「理念」として受けとられ、生きているのではない。

なぜ国民主権と天皇の制度は、両立しないのだろうか。

それは、国民主権、個人の自由という「理念」が、天皇制度という君主制の「理念」と合致しないからではない。国民主権をささえているのは、わたしの考えでは、天皇の制度に代表されるような理念的なものに立脚して、人は生きているのではないという、敗戦経験から汲みとったわたし達の「生の直感」であり、これは、戦前的な理念と戦後的な理念の対立ではなく、理念と、理念から逃れおちる生の直感の間の対立なのである。

したがって、天皇の存在は、いま戦前の理念、あるいは和辻、坂本のいう伝統的な文化性を代表しているのではなく、むしろ、そのようなものとして、あの「国民統合」をこそ象徴している。つまり、それは、過去の理念を体現しているのではなく、いわば理念の「統合」性を、象徴しているのである。

戦後、わたし達が手にした「国民主権」のうちに体現されているのは、その理念や文化性の「統合」の力に対する、反措定の力である。それは、フランス革命からきた概念であり、それを構成しているのは「自由・平等・博愛」という理念ではあるが、その理念の現実性をささえているのは、実は理念から遠い、その対極にあるもの、私利私欲につらなる人間の本性なのである。

わたし達が戦争の死者を裏切ったのも、戦前の皇国イデオロギーを捨てた果てに、別のイデオロギーに移ったからではない。わたし達から戦前のイデオロギーを剝がした力は、けっして民主主義という新しい理念の、イデオロギーとしての力ではない。そうではなく、わたし達は、まず、単なる私利私欲の徒に落ちた。わたし達には、そうすることが必要だったのである。もし、戦後の日本が戦前に対して新しく作り出した価値があるとすれば、それは、国よりも自分を先にするということ、公的なものとして差しだされるものより私情に基づくこと、人はまず自分の欲望を追求してよいという流儀を、身についた形で作りあげたということであり、私利私欲とは、戦後が獲得した「自由」という理念のはきちがえではなく、むしろその本質であり起点なのである。

わたしが、第三部に述べたことは、このことと関係している。わたし達にいま求められているのは、戦後を、戦前に対して明らかにそれと違うものとして再定義することである。その場合、わたし達の戦後の価値の根源は、何にこそおかれなければならないか。これまで人々は戦前の天皇に体現される理念に対し、国民主権という理念を掲げ、民主主義、平和主義、あるいは人権という思想を、戦後の価値としてきた。けれども、戦後が戦前と何をもって和解不可能なあり方を示しているかといえば、それは、国民主権という概念、民主主義、平和主義といった理念、自由という観念のためというより、それらに呼応する形で、むしろわたし達が、はじめて私利私欲を肯定し、欲望にしたがって動くようになったことによる。そこにこそ逆行不可能な戦前と戦後の「不調和」があるのである。

坂本多加雄や江藤淳のように、両者の断絶を緩和させ、そこに橋をかけようとすれば、必ずこの断絶の川を〝浅く渡る〟ことになることの根拠が、ここにある。わたし達が、まず両者の断絶の意味をはっきりとさせ、それが「つながらない」所以を明らかにしたうえで、その「つながりなさ」こそが、ありうべき「つながり」の足場となると考えることの根拠も、これであり、そうでない限り、わたし達は、必ずや、戦後を戦後ではないものとして――わたし達の生きる戦後よりも〝浅く〟――想定したうえで、これを戦前と対置する誤りを、おかすほかなくなるのである。

では、その「つながらなさ」は、どのように二つのものの「つながり」の足場となるのか。

一つのヒントは、こうである。

大澤真幸は、この部の冒頭近くにふれた論で、わたし達にとっての戦争の死者の意味について、およそ、次のような意味のことを述べている（「もうひとつの〈自由〉――思考のヒント」）。

大澤によれば、戦争の死者たちがいまわたし達に意味をもつのは、その死が「意味づけられない」(偶有的である)から、——彼らが「意味づけられない」死者だからである。そのことを説明するため、彼は、四年前の関西の大震災で夫をなくした、こんな一人の女性の話を例に引いている。この主婦は、たまたま震災の朝、普通より十分だけ早く目をさまし、台所に立ったために、死ななかった。彼女の横に眠っていた夫は、家具の下敷きになって死んだ。しかし、そのため、彼女は、その後、非常に苦しむ。なぜそこで死んだのが夫で自分ではなかったのか。そこにあるのは「偶有的」なことである。その「意味づけられなさ」が彼女を苦しめるのである。

——なぜ生き残ったのが自分で死んだのが夫だったのか。

この問いには意味がない。けれども、彼女は、このような問いを口にせずにはいられない。なぜなら、そのことに答えがないこと、そのことを説明する理由を見つけられないことが、彼女から、夫の死を悲しむ能力さえも奪うからである。人は、愛する家族の死を悲しむためにも、自分が自分であるという確信を、必要とする。自分が生きていることへの、自分なりの了解が基礎になければ、人は苦しむこともできなければ、愛する家族の死を悲しむこともできないからである。

さて、この主婦は、悲しむための足場を、大震災というできごとのもついわば「偶有性」から、奪われているのだと、大澤はいう。「偶有性」とは、何か。コンティンジェンシー(contingency)。ふつう私たちが偶然性と呼び慣わしているもののことである。『広辞苑』には「偶然」の字義として「何の因果関係もなく、予期しない出来事が起こるさま」とある。そこで大澤は、この概念に、「そのものは他でもありえたという様相」という定義を与え、こう続ける。

「偶有性」（＝ほかでありえた）の反対語は、「必然性」（＝ほかでありえない）と「不可能性」（＝ありえない）です。偶有的というのは必然的でないけれども、不可能ではないということです。不可能性と必然性を両方否定したときに出てくるのが「偶有性」です。たまたまそうしたのであって、ほかでもありえたということが「偶有的」、絶対こうなるしかなかったと思えば「必然的」、そもそも起こらなかったら「不可能」、そういう関係になっています。（「もう一つの〈自由〉──思考のヒント」[*35]）

できごとからもたらされた「偶有性」の大きさが、彼女から何かを奪う。

そのため、まず彼女は、彼女に同情をよせる周囲の人々とうまくいかなくなる。周囲の人は彼女がひどく悲しんでいると思い、その想定に立って彼女を力づけようと励ますが、彼女の苦しみは、「悲しむことができない」というものであるため、彼女はたとえば身勝手だとか、薄情だとか、他の人間への感謝の気持を忘れているとかと見られ、そこに生じる齟齬から、関係は壊れ、人は去ってゆく。彼女は、こうして人々と感情の疎通を絶たれ、夫を亡くし、さらにいわば、世界をも失う。

大澤はこのことを、「言ってみれば」、彼女は「悲しいとか寂しいという感情の主体になる以前のところで躓いている」、「悲しいという感情を引き受ける主体になりえていない」のだと述べる。自分が生き残り、夫が死んだこと、それが逆ではなかったことには、「どんな意味もない」。それはまったく意味を付与できない偶然にすぎない。その「意味づけられなさ」が、彼女から、生きている人間としてのアイデンティティー、主体としての座を奪っているのである。

ところで、戦場での死の経験とは、その本質を、それが同じくこうした「偶有性」の経験であることにもつだろう。それは、細部でいえば、無数のそのような意味づけられなさの蓄積からなる一つの経験である。戦争世代の安田武は、一九四五年の八月十五日の戦闘で自分の十センチ横にいた戦友が銃弾に当たり、死亡したことに衝撃を受け、その衝撃から立ち直れない形で戦後を生きる。なぜ彼は、それに衝撃を受け、その衝撃は回復不可能なものとして彼に残るのか。戦友が死んで自分が死ななかったことには、何の原因も、理由もない。そこにあるのは「偶有性」であり、その「意味づけられなさ」が、いわばそれまで彼をささえていた彼が彼であることの意味を、根こそぎ、ゼロに更新してしまうのである。わたし達が自分についてアイデンティティーをもつとは、自分が自分であって他の誰でもないことに意味を見ることだが、大澤によれば、戦争の死者は、程度の差こそあれ、そのような意味を「削られ」続け、偶有性の経験の果て、死んでいるとされる。

しかし、こう見てくると、私たちはもう一度、「偶有性」とは何か、震災とか戦場とか、激しいできごとが私たちから生きている人間としてのアイデンティティーを奪うのはなぜか、という問いに差し戻される。大澤自身が別のところではこの偶有性を「他なる可能性」と呼び、小見出しに「『他でもありえたかもしれない』可能性」という言葉をあげているが、[*36]そもそもこの「他でもありえた」偶有性は、「他でもありえた」可能性と、どこが違うのだろうか。

それを明らかにするにはもう一度、定義から歩み直す必要がある。じつをいえば偶有性とは、大澤のいうような「そのものは他でもありえたという様相」ではない。それは、必然性と不可能性の反対概念というだけでは不十分なので、じつは、必然性と不可能性と可能性の反対概念なのである。

ライプニッツによれば、可能性は、「そうすることが・できる」、不可能性は、「そうすることが・できない」、偶然性は、「そうしないことが・できる」、必然性は、「そうしないことが・できない」と定義される（『自然法の諸要素』）。厳密にいえば、偶然性（偶有性）とは、「そうであることがありえる」（可能性）でも、「そうであることがありえない」（不可能性）でも、「そうでないことがありえない」（必然性）でもない、「そうでないことがありうる」反・可能性のことなのである。[*37]

ここで「そうであることがありえる」可能性と「そうでないことがありうる」偶有性の違いとはどういうものだろう。先の主婦の例でいえば、彼女と夫とは交換可能だった。彼女が夫であることもありえた。そういう可能性もあった。しかし、この「他でもありえた」可能性が、ここで可能性としては語りえないのは、この交換可能性によって、「悲しむための足場」、つまり彼女が彼女であることの「主体」の座が揺るがせられてしまったからである。その交換可能性は、交換の「主体」の座をゆるがすほどに激しいものだった。そのため、ここから「（彼女が）そうであることがありえる」可能性における主体の座――（「彼女が」）――が奪われる、生きている人間としてのアイデンティティーが奪われる、ということが起こりうる。つまり、そこから、はじめて「そうでないことがありうる」が出現する。可能性ではない偶有性が、顔を見せているのである。

一九四五年八月十五日の安田武に起こっているのも、そのような「他でありえた」偶有性である。それが「他でありえた」可能性ではないのは、そこに「（彼が）戦友でもありえた」の「彼」の主体性が奪われていて、「（彼が）戦友でありえた」自体がない、ということがありうる、そのような反・可能性が顔を見せているからである。「そうでないことがありうる」（＝偶有性）が、現れ、彼のアイデンティティーを奪っているからなのである。

ここで話を戻そう。

三島は、自分の同年代の無名のおびただしい戦争の死者たちに対する「うしろめたさ」に苛まれながら、しかし、彼らを代弁し、昭和天皇を糾弾しようとする。その糾弾は、「などてすめろぎは人間《ひと》となりたまいし」と天皇に向かい呼ばわりながら、同時に、「お前はなぜ生きてそこにいるのか」というもう一つの糾弾の声を、その声を発させる書き手としての彼自身に向けさせずにはいない。彼は、戦争の死者たちとつながりをもとうとする。そして最後、彼の主体の座を消す。彼は、自分を語り手の「私」と霊媒の「川崎君」の二つに分け、「川崎君」を媒介に彼らとつながるが、その結果、「川崎君」は死ぬ。その死んだ「川崎君」の顔を不在の「私」が覗き込む。その両者の関係は、あのヘーゲルの主人と奴隷の弁証法の、「死にたくない」という共通の本性の声を聞く自己意識の姿勢に正確に重なる。そこで、その「川崎君」の顔は「昭和天皇」に変わっている。しかし、それを見る「私」はまだ消えず、いわば自己意識としてそこに、残像のように浮かんでいる。

私たちと戦争の死者と、その「つながらなさ」は、どのように二つのものの「つながり」の足場になるのか。その答えが、ここに見られた「私」と「川崎君」の関係のうちに現れていると思う。そしてそれをつなぐ関係が、ここに、「他でありうる」可能性ではない、「他でありうる」偶有性、「そうであることがありうる」ではない、「そうでないことがありうる」様相のうちに、現れていると思う。

三島にもはや「他でありうる」可能性はない。その代わりに、「そうでないことがありうる」偶有性が、残されている。

戦争の死者がどのような意味でもわたし達と「つながらない」という時、そこに名指しされているのは、このような意味での戦争の死者の「意味づけられなさ」としての本質である。わたしはこれまで、戦争の死者たちとわたし達の関係の切断の契機を、わたし達の彼らに対する「裏切り」という形で述べてきたが、三島が教えるように、そういう形をした断絶の底にあるのは、戦争の死者の、意味づけることを思いとどめさせる力、その力を通じてわたし達にやってくる、いわば「意味づけられなさ」という「意味」なのである。

戦争の死者とはわたし達にとって、その「意味づけられないこと」の「意味」だろう。

それは、こちらが「意味」をもって近づくと、それ自体、「意味の壊れ」として現れる。しかしこちらがそれを力ずくで一つの「意味」としてとらえてしまうと、今度はそのとらえたわたし達が「意味の壊れ」である所以、あの「理念の壊れ」である私利私欲の徒である所以を、白日の下にさらすのである。

日本の戦前と戦後はつながらないことが本質である。これをつなげようとする試みが、必ずそこにひそむ最も深い「断絶」の契機を回避するという自己欺瞞に陥らずにいないのは、そのためである。三島は、この本でここまで述べてきた吉本と同様、世にどのようにいわれようと、どのような自己欺瞞をも排して、この「つながらなさ」の川を最も深い瀬で渡ろうとした、戦争世代出身の戦後日本人である。そして彼らがともに語っているのも、このことにほかならない。

大切なのは、戦前と戦後を「調和」的につなぐ論理としての「筋」なのではない。そのようなものでは、わたし達の戦前と戦後はつながらない。そのような「論理」がもはやないこと、論理を用意すれば問題が解決できるのではないこと、そのことの深い了解が、わたし達の第一歩となるべきである。思えば、戦後的思考とは、それが誤りうるものであり、また、人が生きることのうちに論理では解決できないものがあることへの、深い了解に立つ、戦争からの贈り物なのだった。

注

第一部　戦後的思考とは何か

＊1　『インパクション』九六号（一九九六年三月）のインタビュー「国民国家を越えて」（インタビュアー松葉祥一）における西川長夫の発言。

＊2　以下の文は、日本の英字新聞に掲載を拒否されたため、活字媒体としては、『思想の科学』一九八九年八月号にはじめて掲載された。同誌のこの号は、特集「天皇現象——一九八九年の日蝕観察」と題して一九八八年九月から八九年一月までの天皇の病臥から死にいたる日本国内の社会的諸現象を主として図像的に「観測」しようとしたもので、当時この雑誌の編集委員だった黒川創、加藤典洋が中心に企画している。なお、この特集の加藤執筆分は、後に加筆して「図像と巡業——『天皇崩御』の図像学」と題して『ホーロー質』（河出書房新社、一九九一年）に収録され、さらに現在では『「天皇崩御」の図像学——『ホーロー質』より』（平凡社ライブラリー、二〇〇一年）に再録されている。

＊3　「『ガイジン』に天皇批判の自由はないか？」加地永都子訳（『思想の科学』一九八九年八月号）。注2の「図像と巡業」に加藤が加地訳を参考に原文に基づき、若干手を加えて訳出したものを再引用した。

＊4　このような「真情」の根源の枯渇の後、現れうるのはキッチュな天皇信仰、天皇信奉でしかない。そしてこの場合、この新種の右翼感情に旧来の右翼、保守感情が場所を譲らないわけにはいかないことは、目に見えている。旧来の保守派感情が、もう「終わっている」のにそのことに気づいていないとすれば、新たなキッチュな保守派感情は、その保守の「真情」が「終わっている」こと、その消滅を出発点にしている分、つねに従来の保守派に比べ、一日の長がある。一九九〇年代に入り、キッチュで保守反動的な言説がメディアをにぎわし、そこで福田和也など若手の保守論者がパンク右翼と称して力をもつようになるが、それは、戦後の保守感情が拡散した末の当然の帰結である。

＊5　朝日新聞一九九七年五月一七日「批評の広場」欄の西島建男による記事「『歴史主体』論争――戦後日本の再構想に一石」。

＊6　『過ぎ去ろうとしない過去』についてわたしは、テクストを日本語訳（『過ぎ去ろうとしない過去――ナチズムとドイツ歴史家論争』徳永恂、清水多吉他訳、人文書院、一九九五年）で読んで、意味が判然としないところに関しては知人に言語上の教示を仰いだ。ここでは、以下全て、ドイツ語版から別個に試訳された明治学院大学国際学部間共同体研究会例会（一九九八年六月）における提出ペイパー「ドイツ歴史家論争におけるハーバーマスの主張その他」（瀬尾育生）における瀬尾育生訳を採用している。なお一部、意味を損なわない範囲でその訳文を変えたところがある。

＊7　戦後日本における自衛隊が合憲的な存在かどうか、という問題は極めて重大だが、そ

れと平行して、その自衛隊が戦前の軍隊とどのような関係にあるか、ということも問われる必要がある。日本在住のアメリカ人の歴史家オーティス・ケーリは、戦後の海上自衛隊の旗が日章旗ではなく、戦前の軍旗である旭日旗をいまなお使用していることに多くの戦後の日本人が無関心ないし無頓着であることに疑問を呈している（『西日本新聞』一九九二年八月一三日〜二二日、座談会「'92夏を受け止める――『ＰＫＯ』と戦後の終焉」出席者　オーティス・ケーリ、岸本重陳、岩井克人、加藤典洋）。また、わたしの知るかぎり、戦後の自衛隊が、天皇の軍隊であることをやめた戦後の自衛隊自身の観点から、戦前の沖縄と満州における民間人防衛を主眼としない戦闘についての批判（自己批判）を公けにしたという話もきかない。しかし、こういうことは、誰かがしっかりと指摘し、それへの対処を求めるべきことがらだろう。

＊8　ただし、わたしの考えとこの論争記録に収録された二本の論文に見えるハーバーマス（並びにドイツ戦後派）の考えは、多くの点で違ってもいる。そのうち主要なものを以下に列挙しておく。

一、わたしもハーバーマスと同じく、ナショナルなアイデンティティーに対し、これがナショナルなものであることを理由に、これに反対を唱えるあり方に反対である。このことについては、前著『敗戦後論』のあとがきに触れたが、その理由は、このような批判では、現に、わたし達が、国民国家のあり方にさまざまな不都合を感じ、これをより開かれたものにしたいと思いつつ、いわば「ねじれ」を抱えながら、この国民国家を現実の枠組みとし、そこに生きている事実が、そこに組み入れられないからである。この「ねじれ」た事実の厚みにこそ、わたし達がそれを前提に生きつつしかもそれに異議申し立てすることの根拠がある。その根拠を離れた、単に頭で考えられただけの国民国家批判をわたしはそこで、イデオロギー的な国民批判と呼び、否定している。とはいえ、このナショナル・アイデンティティーという考え方を思想として、無前提に肯定できるものと考えているのではない。それはしばしば個人と集団を対立的にとらえた上で、個人の価値を集団の価値のもとに否定する考え方と結びつきやすい。そのことにわたしは、異和感をもち、従来よく見られるこのタイプの主張としてのナショナル・アイデンティティーを、否定したいと考えている。考え方としては、わたしの価値の基準は個人の自由ということで、これはナショナルな考え方と、対立点をもっている。この対立を、どのように乗り越えていくか。その乗り越えの方法論で、日本の国民国家批判論者に反対し、ハーバーマスの観点を評価している。ハーバーマスが、このナショナル・アイデンティティーという考え自体に理念的にどのような判断を示しているのかわからないので、そのことを明記しておく。

二、また、これは、本文の以下の記述に関わるが、ドイツの戦後派の考えでは、ナチス・ドイツのユダヤ人絶滅政策は歴史的にやはり唯一無二の犯罪として「比較禁止」の対象となっている。歴史学者は、これに反対している。この点に関し、ハーバーマスは、やはりドイツ戦後派のこの「比較禁止」の命題を肯定しているようである。しかしわたしは、この点では、歴史家の主張のほうがもっともだと考える。ハーバーマスの思想の基底には明らかにカント以来の「啓蒙」の思想があるが、「啓蒙」の思想は、どのような論理的な対立の明示にも反対しないばかりか、対立、比較の禁止にこそ反対するだろうから、このハーバーマスの「比較禁止」的なあり方は、その彼自身の思想を裏切っていることになる。このことに関連して、ドイツには、ホロコーストの事実に疑義を呈する主張などを禁止する法律（刑法改正）も生まれているが（一九九四年）、わたしはこのようなあり方にも同じ理由から、反対である。論理には論理で立ち向かい、その根を断つ論理を作らなければならない。これが啓蒙の考え方である。わたしはこの啓蒙の考え方を肯定する（これについては森千春『「壁」が崩壊して——統一ドイツは何を裁いたか』丸善、一九九五年、が現地でなされた踏み込んだ観察と考察を示している）。

＊9　ここでの問題は、「恥かしさ Schamröte」と「罪 Schuld」が罪と責任と謝罪の問題系の中で、どのような関係にあるか、ということだが、ハーバーマスの議論には厳密に見ると、ある曖昧さがある。たとえば、別の個所で彼は戦後生まれのドイツ人にもユダヤ人虐殺の「共同的な罪」は及ぶ、といっているが、そこでの言い方は余り説得的ではない（後出「歴史の公的使用について」）。わたしの考えでは、この問題の本質は、本文中、後に述べるように現在、人が誰でもこのような問題にぶつかりうること、普通の生活の中にいまやそのような原理が埋めこまれていることにある。そのことが、これらの問題をいまわたし達が考えることの根拠であり、また、理由である。ハーバーマスのように、このことを過去に戻り、「共同的な罪」として意味づけようとすることは、この基盤を見ないことになる。

＊10　それぞれ、ハーバーマス「一種の損害補償」の該当個所における辰巳伸知訳（「一種の損害補償」）と細見和之訳（マルティン・ブロシャート「各人の立場はどこで分かれるのか」）。先に、前者により、「『罪への囚われ』というような決まり文句によって、このような事実に対する恥の感覚をなくしてしまおうとする」と訳された個所（六八頁）が、後者では、「『罪への囚われ』といった決まり文句でこの〔アウシュヴィッツという〕事実についての恥辱感をドイツ人から追い払」おうとする、と違う意味で訳出されている（一五六頁）。後者は明らかに誤訳である。

＊11　とはいえ、この「ねじれ」の論理が公的な見解となることでだいぶ不徹底なものとなっていることも、ハーバーマスの場合にみられる通りである（注8、9を参照）。旧西ドイツでは、この不徹底に対し、新歴史派とは逆のほうから、つまり「ねじれ」をより自覚的に生きる思考のほうから、さまざまな抵抗が生じることになる。ここでは触れることができなかったが、ドイツ戦後の美術界の異端児であるアンゼルム・キーファー、また近年、『膨れ上がる山羊の歌』で物議をかもした作家・戯曲家のボートー・シュトラウスなどの挑発のもっている意味は、この点にあるはずである。

＊12　『ヴァイツゼッカー大統領演説集』永井清彦編訳、岩波書店、一九九五年。

＊13　たとえばその日本講演集を素材に、わたしの批判者でもある西川長夫がヴァイツゼッカーの観点について批判しているが、その批判はかつてのロシア・マルクス主義流と軌を一にしたイデオロギー的な国民国家批判である（「『国民理性』に関する一考察――ヴァイツゼ

ッカー批判」『国民国家論の射程――あるいは〈国民〉という怪物について』柏書房、一九九八年)。批判理由の第一にあげられているのはヴァイツゼッカーの民族観、文化概念が国民国家の観点からしてナチズムを完全に脱却していないということであり、それはこう書かれる。「ドイツ人が体質的にナチであると言うのではない。どこかの国民国家の一員である限り、つまり『国民』である限り、われわれは多少ともナチ的であり、そう認識するときにはじめてナチズムからの脱却の可能性がひらけるのではないか。体制は変ったが、ドイツ人はいぜんとしてドイツ国民であり続けているのである」。国民国家的な発想を、その根元で、それが国民国家的であるからと否定する批判の典型例がここにある。しかし、この種の腰の細い現実批判でやっていけるのは「反体制の学者」だけではないだろうか。その思想としての命脈は最初から断たれていると思える。

＊14　『ヤスパース選集第一〇巻』橋本文夫訳、理想社、一九六五年。なお、同書は、『戦争の罪を問う』(平凡社、一九九八年)として復刊、ついで『われわれの戦争責任について』(ちくま学芸文庫、二〇一五年)として再刊され、そのいずれにも本文の趣旨を補足する拙文「戦後的思考の原型」が解説として付されている。この解説は先に『可能性としての戦後以後』(岩波書店、一九九九年)に収録された。また、二〇一五年刊の解説には加筆がある。

＊15　この後、ヤスパースの『責罪論』について再考した論考に「戦争体験と『破れ目』――ヤスパースと日本の平和思想のあいだ」がある(『ハシからハシへ』第四巻九号、二〇一六年四月五日号。二〇一六年刊行予定の日本ヤスパース協会機関誌に掲載予定)。日本ヤ

スパース協会での二〇一五年一二月五日の第三二回大会で発表した「敗戦の光のなかで――ヤスパースが考えたこと」をもとに再構成した。日本人からすると違和感のあるヤスパースの原爆投下への見解を起点に、ヤスパースの観点と日本の戦後の戦争体験論の違いに光を当て、『責罪論』を再考のうえ、最終的に「形而上的な罪」の設定に偶然性との関係のもと、ヤスパースの現代に通じる可能性を見たものである。

＊16 この文章を書いた直後、池田浩士が、津田左右吉が特に日本国内の朝鮮人への言及などで浅薄な従来の蔑視感をそのまま踏襲した一文（「現下の世相とニホン人の態度」一九四八年）を書いていることをあげて、津田の思想性への疑念を記すわたしへの批判文を発表している（「終わらぬ夜としての戦後」『戦後論存疑』社会評論社、一九九八年）。わたしはこの津田文を知らずに先の『敗戦後論』を書き、またこの文章の初出稿を書いたが、ここに述べているように、津田は、美濃部とともに、天皇への信従へと赴く。わたしの観点からいっても、こういうことは十分にありうることだと思う。しかし、だからといって、津田の戦後のあり方にまったく意味がないとはいえない。その敗戦を受け取る感度には、一定の相対化が必要だとしても、見るべきものがある。

＊17 しかし次のことを断っておく必要がある。このヤスパースの「ねじれ」を含む「責罪論」の論理は、ほどなく西ドイツで彼を孤立させる。それがこの重要な論考がただちに日本語に訳されていないことの背景としてある。ヤスパースはその後、ハイデルベルク大学をやめ、一九四八年、妻とともにスイスに移り、バーゼル大学の教授となる。そして最終的にス

イスに国籍を変えることになる。『責罪論』は一九六五年になってようやく、日本語に訳されている（橋本文夫訳、理想社）。

＊18「『敗者の弁』がないということ」（毎日新聞一九八九年一月二三日夕刊、『ホーロー質』前掲、所収。その後、『「天皇崩御」の図像学』（平凡社ライブラリー、二〇〇一年）に収録）。

＊19　この個所の連載時の表現は、当初、「『全然根拠がないわけではない』だろう」の個所が、「一理がある」となっていた。この表現に関し、白楽晴の著作の訳者である李順愛氏から疑問が示され、それにわたしが答えるやりとりがあった（『群像』一九九八年九月号、李順愛「加藤典洋氏の『戦後的思考（一）』を読んで」、加藤典洋「李順愛氏の指摘について」）。その疑念を了解し、ここでは、このやりとりを受け、初出時の表現を改めている。

＊20　白楽晴「ドイツと朝鮮における国家統一論の差異――ハーバーマスのソウル講演に応答する」（慎蒼健訳『批評空間』第二期一七号、一九九八年）

＊21　白楽晴『民族文化運動の状況と論理』の「はしがき」（滝沢秀樹監訳、御茶の水書房、一九八五年）。白はこう書いている。「ところで（略）『民族』という言葉そのものに、ある違和感をもつ人々が、韓国以上に、日本の知識人の間にも少なくないかもしれない。かりにそうだとすれば、それがはたして常に望ましい現象であるのか、ここで問うてみたい。民族主義の両面性、そしてこれに伴う膨大な害悪の可能性については、少なくとも韓日両国の知識人には異る説明を要するくらい、両国現代史の教訓がなまなましく、痛ましい。しか

しそのために、今日第三世界の民族運動が即ち、全地球的民衆解放運動の重要な前衛であることを看過したり、その民族的性格を単に避けがたい落後性（後進性の意――引用者）の一部だと寛大にみなしてやる態度が、先進的認識を意味するものではないと思う。韓国の民衆運動と連帯しようとする日本の友人たちが、そのような態度をもち続ける限り、まずはその連帯の幅と深みに厳然たる限界がひかれるだろうが、それよりも日本の民衆の中に、依然として無視できない現実として残っている民族感情、民族意識を最初からあっさりと国粋主義者に譲り渡して、果してどれだけの実質的なしごとを――外国の民衆はさておいて、日本人自身のために――やりとげられるのか疑わしく思うのである」。なお白楽晴の思想について書いた拙論「方法としての『遅れ』――白楽晴の『朝鮮半島統一論』」（二〇〇一年執筆）が拙著『ポッカリあいた心の穴を少しずつ埋めてゆくんだ』（クレイン、二〇〇二年）に収録されている。彼の『朝鮮半島統一論』への解説として書かれたが、掲載されなかった。

＊22　なぜ、戦争前から戦争開始、敗戦から戦後直後の坂口の「無傷ぶり」に違和感をおぼえ、不審を感じ、以後、坂口から遠ざかることになったかについて、改めて二〇一五年の時点で再説したものに、この年新潟で行われた講演の記録「安吾と戦後――『安吾巷談体』の転回」がある（『言葉の降る日』岩波書店、二〇一六年、所収）。そこで私は、安吾の「戦後」における「屈折」と「転回」が、敗戦から五年後、「時差」を含んで、一九五〇年前後に壮絶な薬物中毒の様相のもとに、新しい文体の発見をめぐって生じているという見方について述べている。戦後の様相を再考するうち、再び、坂口の新しい「戦後」の意味にふれた

ことが契機となった。
＊23 「別れの挨拶——弔辞」(『現代詩読本　さよなら鮎川信夫』思潮社、一九八六年)
＊24 「石原吉郎の死・戦後詩の危機」(吉本隆明・鮎川信夫『詩の読解』思潮社、一九八一年)。たとえばこの鮎川との対談で、吉本は、石原について、石原は長い間ソ連の収容所にいたにもかかわらず「国家とか社会とか、共同のものに対する防備が何もない」、そこが不思議でもあれば物足りなくもある点だと述べている。またこうもいっている。スターリン支配下のソ連では多くの人間が収容所は悪くないと思っていたはずだ、だとすれば「共同的なものは個人の問題とは次元が違うんだということに対して」なぜ石原は無関心だったのか、そこが物足りない。石原は、「共同的なもの、体制的なものはどういうものかということを考えなかった、そこが無防備だった」。
＊25 吉本の加藤とのやりとりについては、『敗戦後論』所収「戦後後論」のⅡの1「思想としての文学」における吉本発言の引用を参照(一五一〜一五二頁)。なお、この座談会「半世紀後の憲法」は『思想の科学』一九九五年七月号に掲載された。
＊26 「マチウ書試論」の引用部分は、一九五五年前後執筆の未発表稿。初出は『芸術的抵抗と挫折』未来社、一九六三年。

第二部　戦前——誤りをめぐって

＊1 橋川文三「戦争責任を明治憲法から考える」(『橋川文三著作集』第五巻、筑摩書房、

一九八五年、所収)。

＊2　戦後の日本人の集団転向は「面従腹背」の「偽装的な転向」ではなかった。しかし彼らは——われわれは——、それを後に、偽装であって、自分たちの本心は変わらなかったのだと思いみなすようになった。そこに戦後の日本人の自己欺瞞があるという考えについては、加藤の『日本の無思想』(平凡社新書、一九九九年)の第一部を参照。

＊3　たとえば中江丑吉は、大東亜戦争の理念に当初から見切りの姿勢を見せている。終生彼を敬慕した阪谷芳直は、二十歳前後の青年として一九四一年、はじめて北京の中江宅を訪れた時の中江とのやりとりをこう伝えている。ズデーテン進駐に踏みきったナチスに、もはやレーゾン・デートルはない、「邪は正に勝てぬ。ドイツは必ず敗れる」と評する中江の言葉に、皇国イデオロギーに染まった阪谷が当初、なかなか納得しないでいると、中江はこう述べたという。「では君は、枢軸が勝って、ナチス・ドイツや日本のあのような体制が世界を蔽うに至ったら、人間のレーベンはレーゾン・デートルを持つと思うか？　またその下に生きたいと思うか？」。さすがに阪谷が「否」というと、中江はこう答える。「そうだろう。歴史人間の合理的思惟に堪えられないようなものが勝つことはありえない。そうだったら、歴史というものにはおよそ意味がないことになる。だから日本も同じことだ。こういっても、君はこっちを単なる敗戦主義者だとは思わないだろう。今の方向で行って日本が仮に勝利を占めることがあったとすれば、軍の驕慢や官僚の独善やらは天井知らずになり、健全で明朗な民族の生長などは絶対に望めなくなる。だから病根を抱いて不健全に膨張するよりも、負け

て民族の性格を根本的に叩き直す方がいいんだ」。ここには、枢軸国側の掲げる理念への、理念としての見切りを理由とした反対が顔を見せている。しかし中江は単なるインターナショナリストではない。その論点には、後に取りあげる『戦艦大和ノ最期』の臼淵大尉の言葉（第二部第Ⅱ篇参照）を思わせるものがある（阪谷芳直「老北京の回想」『兆民を継ぐもの』所収、橋川文三「国家と人間の品位」『橋川文三著作集』第四巻より再引用）。

＊4　見田宗介『現代社会の理論』岩波書店、一九九六年。見田はこう述べている。「（いわゆる『自由主義陣営』の『社会主義陣営』に対する――引用者）『冷戦の勝利』ということについて、理論的にも思想的にも、肝要なただ一つの点は、それが軍事力の優位による勝利ではなかったということである。軍事力に関する限り、二つの陣営は、たがいに他を圧倒して勝利することができないという膠着の状態にあった。この膠着をつき崩したのは、『自由世界』の、情報と消費の水準と魅力性であり、いっそう根本的な所では、人間の自由を少なくとも理念として肯定しているシステムの魅力性である」。

＊5　最近の論考では、第四部で取りあげる坂本多加雄の『象徴天皇制度と日本の来歴』が第二次世界大戦戦時下の「世界史の哲学」の世界理念としての射程を現時点の価値軸に照らし、考察している。しかし、賛成できない。わたしの考えでは、価値の基本は人間の自由であり、これらの「思想」はそれに照らして吟味されることになる。

＊6　「『戦争体験』論の意味」一九五九年（『橋川文三著作集』第五巻所収）

＊7　白井健三郎「橋川文三のパトス」（『橋川文三著作集』第五巻月報）

＊8 「敗戦前後」（『橋川文三著作集』第五巻所収）

＊9 ここに戦争世代を間に含む戦後の三つの世代の文学者、思想家、知識人の簡単な一覧をふしておく（カッコ内は生年）。

【第一世代＝戦後派・西洋文物世代】

〈第一次戦後派＝『近代文学』派周辺〉

平野謙（一九〇七）、本多秋五（一九〇八）、埴谷雄高（一九一〇）、荒正人（一九一三）、佐々木基一・丸山真男（一九一四）、小田切秀雄（一九一六）

〈第二次戦後派＝『マチネ・ポエチック』周辺〉

白井健三郎（一九一七）、中村真一郎・福永武彦（一九一八）、加藤周一（一九一九）

【第二世代＝戦争世代・戦中派】

安岡章太郎（一九二〇）、平井啓之（一九二一）、橋川文三・鶴見俊輔・安田武（一九二二）、谷川雁・吉田満・司馬遼太郎・村上兵衛（一九二三）、安部公房・吉本隆明・多田道太郎（一九二四）、三島由紀夫（一九二五）、井上光晴・いいだ・もも（一九二六）、藤田省三・原口統三（一九二七）

【第三世代＝戦後世代・新戦後派・安保世代】

島成郎（一九三一）、石原慎太郎（一九三二）、江藤淳・浅利慶太（一九三三）、大江健三郎（一九三五）、唐牛健太郎（一九三七）

＊10 戦時下において、ナチスに抵抗しながら、敗戦に際して、敗戦国民であることを選ぼ

うとしたヤスパースのあり方との対比で、ここでは、丸山真男について、こう述べた（丸山については第二部第Ⅱ篇も参照）。しかし、いうまでもなく、丸山は、当時の敗戦直後の第一世代の中では、敗戦にともなう「ねじれ」、敗戦国民たることの意味に最も敏感な知識人の一人だった。彼は、敗戦直後、明治期に日本の開かれたナショナリズムに道をひらいた陸羯南論を書いている（「陸羯南――人と思想」一九四七年）。これが意識的な――「反時代的な」――主題の選択だったことはいうまでもない。丸山についてはまた稿を改めて考える。

＊11　注6を参照。

＊12　吉本隆明『高村光太郎』講談社文芸文庫、一九九一年、初出一九五七年。

＊13　吉本隆明「戦後文学は何処へ行ったか」（『芸術的抵抗と挫折』前掲、所収、初出一九五七年）

＊14　座談会「すぎゆく時代の群像」（一九五八年）での橋川発言（鶴見俊輔対話集『同時代』合同出版、一九七一年）。なお、この橋川発言は、この座談会を再録した鶴見俊輔『鶴見俊輔座談　思想とは何だろうか』（晶文社、一九九六年）では、吉本隆明の発言となっている（同書八〇頁）。その旨の指摘を橋川文三研究家の宮嶋繁明氏より受けたが、確認の結果、これは再録に際して起こったミスであり、この発言は吉本の発言ではなく、『同時代』に収録されている通り、橋川の発言であるとの回答を版元より受けとった。このミスは次の版で訂正されるとのことである。

＊15　吉本隆明「情況とはなにかⅥ――知識人・大衆・家」（『自立の思想的拠点』徳間書

店、一九六六年、所収）

＊16　ここに述べていることは、先に『敗戦後論』所収の第二論文「戦後後論」で述べられたことと違っている。そのことを不審に思う読者がいることと思う。なぜこのようなことが生じているか、吉本の「世界認識の方法」の評価の逆転をめぐるこの間のわたしの事情を説明すれば、以下のようである。一、先にわたしは、吉本に「世界認識の方法」と語られるものがいわば先験的かつ鳥瞰的に摑まれた彼の戦後の「正しさ」――無謬的思考――の体現物であるという考えに立ち、「ヘーゲル的な全円性」を必須とするとされるこの「世界認識の方法」に疑念を呈した（「還相と自同律の不快――『政治と文学』論争の終わり」『君と世界の戦いでは、世界に支援せよ』一九八八年、及び「戦後後論」『敗戦後論』一九九七年）。二、しかしその時点でのそのわたしの判断は、この「方法」をこのようなものとして受けとったという点で、間違っていた。それというのも、吉本は、この「世界認識の方法」を、マルクスやヘーゲルを読むことで、理念の正しさとして摑んでいるのでは、なかったからである。そうだとしたら、この、彼の戦後の立脚点を示す「世界認識の方法」は、戦前の彼の「誤り」と相対することになる。橋川におけるように、その方法は、この（「世界認識の方法」という）「正しさ」から、彼が、この「誤り」を診断し、判定し、さらにはそこからの回復のみちすじを提示するという形になるはずである。しかし、彼が行っているのは、そういうことではない。実際になされているのは、その逆で、「誤り」に立脚して、世にいう「正しさ」――既成のイデオロギー――に相対する方法が、ここではめざされている。三、

では、なぜわたしは先に間違い、いまその誤りを訂正しようとしているのだろうか。そのことについてはわたしにも「言い分」めいたものがある。後に本文で触れるが、わたしは、少なくとも前著では「半世紀後の憲法」と題する一九九五年の座談会でのわたし自身と吉本とのやりとりをもとに、「世界認識の方法」を無謬の方法と受けとった。そこでの吉本の言い方が、そうなっていたからである。しかし、今回、敗戦直後から六〇年代にかけての吉本の思想的営為を再検討して、この方法の本質がそのようなものではなく、むしろ誤りの方法たるところにあると考えるようになった。ところが、このわたしの理解に立てば、「文学的な発想では誤る」という一九九五年のその座談会での吉本の言い方は、彼自身の本来的な「世界認識の方法」という考え方を裏切っている。「世界認識の方法」をここでのように誤りに立脚する方法と考える限り、「文学的な発想では誤る」という言葉は出てこないからだ。「世界認識の方法」が敗戦経験から摑まれている以上、それが「文学的発想」という「誤り」にどこまでもとどまることで、その「文学的発想」の手に摑まれる概念であることは、明らかだからである。したがって、わたしにいわせるなら、「世界認識の方法」をもって「文学的発想」をタタクというのは、「世界認識の方法」の概念使用上、誤用なのである。以上、三点が、この間のわたしの評価変更の理由である。なお、注48をも参照。［後記。この本を上梓した後、わたしは吉本さんに会い、この本を読んでもらったうえで、この点について確認を求めた。吉本さんの答えは、この理解でよいと思います、というものだった。二〇一六年九月八日記す］

＊17　鶴見俊輔「転向の共同研究について」（『転向研究』筑摩書房、一九七六年、初出『共同研究転向』上、平凡社、一九五九年）

＊18　鶴見俊輔も有力な戦争世代の思想家である。彼は十代に渡米し、開戦とともに日米交換船で帰国し、軍属となる。「物質的特権」にゆるされた形でこの戦争の本質を洞察したが、それが「特権」に条件づけられた明察であることを一時も忘れていない。吉本が登場した時、吉本が敗戦に一度がっくりと「膝を屈している」こと――ノックアウトされていること――に敵わないものを感じたと記しているが、そこには吉本と対極の意味で、同じ敗戦世代の感度が生きている。彼の「誤り」への関心はそこから出てくる。

＊19　吉本隆明「転向論」（『芸術的抵抗と挫折』前掲、所収、初出一九五八年）

＊20　鶴見俊輔「転向論の展望」（前掲『転向研究』、初出『共同研究転向』下、一九六二年）

＊21　吉本はこう書いている。「わずかではあるが、わたしは、はじめて高村光太郎に異和感をおぼえた。（略）わたしには、終りの四行が問題だった。わたしが徹底的に衝撃をうけ、生きることも死ぬこともできない精神状態に堕ちこんだとき、（略）（終りの四行のような――引用者）希望的なコトバを見出せる精神構造が、合点がゆかなかったのである」（『高村光太郎』）

＊22　「『民主主義文学』批判」（『芸術的抵抗と挫折』前掲、所収、初出一九五六年）。吉本はそこで、一九三〇年代後半の一時期を境に、日本のプロレタリア文学運動の転向形態が二段階に分かれることを指摘している。「わたしの考えでは（略）プロレタリア文学運動の挫

折は、昭和十二年〜十五年を境にして、二つの段階にわかれる。／前期は、いわば弾圧によって、運動史的な欠陥をつかれ、孤立し、後退し、転向していった過程であり、後期は、かつてプロレタリア文学最盛期に習いおぼえたうでっぷしと理論をつかって権力に迎合し、その文芸政策を合理化した積極転向の過程である。／前期の転向は、小林多喜二の専制主義による虐殺に象徴されるように、弾圧がその主要原因であり、後期は、これを権力の弾圧にきすることができず、いわばプロレタリア文学運動自体がもっていた文学理論、実作、組織論、の欠陥が自己展開して再生産されていった過程である。／したがって、前期転向は『良心に反して』おこなわれ、後期転向は『良心に従って』おこなわれた」。

＊23　鶴見、前掲「転向論の展望」。鶴見はこう書いている。「ここで吉本は、中野重治の思考転換を、転向ではない思考的変換と呼んでみたり、他の転向より上位にある不可避的転向と呼んでみたりしているが、これには明白に論理の混乱がある」。こう考えていけば「実はあらゆる思想が転向であると言うことになり、転向以外の思想類型はなくなる」。「用語規定」があいまいであるため、「用語体系の一貫した適用がのぞみえなくなっている」。

＊24　中野重治『敗戦前日記』中央公論社、一九九四年。これを読むと、出獄（一九三四年五月二十六日）から約二ヵ月半後、帰郷先でつけられた「八月八日」の項の記述に父との会話の覚えとして以下の書き込みがある。「多喜二はいいことをした。」「遊び、遊戯、屁をひったも同然。帳消し。」「文筆を全く捨てるのが良策である。」「死ぬまで行くものとして凡てを処置して来た。」これらは全てほとんどそのまま、「村の家」に父孫蔵の勉次を諌める言葉

として出てくる。
＊25　板垣直子「文学の新動向」（『行動』一九三四年九月号）
＊26　中野重治「『文学者に就て』について」（『行動』一九三五年二月号、林淑美編『中野重治評論集』平凡社ライブラリー、一九九六年、所収）
＊27　吉本はこう書いている。「転向作家が、批判に屈して、少しでも弱気を出したが最後、はてしなく転落する外はないという心理と論理は、『村の家』の勉次が筆を折れという父親の忠告にたいして、かいてゆきたいとこたえたときの唯一のモチーフであった。中野は、このモチーフを、板垣の糾弾の正面にすえたのである」（「転向論」）
＊28　中野重治「村の家」（『村の家・おじさんの話・歌のわかれ』講談社文芸文庫、一九九四年、初出『経済往来』一九三五年五月号）
＊29　ヘーゲル『精神現象学』長谷川宏訳、作品社、一九九八年。
＊30　とはいえ、「転向論」で吉本によって見出されている経験の意味が、中野自身にすべて了解されていたかといえば、そこには疑問の余地がある。一九三四年から一九三五年にかけて中野が切り開いたこの思想の地平は、軍国主義化が進むにつれ、中野自身の中で一部、拡散していく。この過程を「村の家」（一九三五年）から「空想家とシナリオ」（一九三九年）にいたる中野の作品を手がかりに追ったものに加藤の「中野重治の自由」がある（一九九〇年、その後「『書くこと』の非人間性」と改め、『ホーロー質』に収録）。
＊31　それぞれ「臼淵大尉の場合」（『季刊芸術』一九七三年夏、第二六号）、「祖国と敵国の

間」（同、一九七四年春、第二九号）。

＊32　「生者と死者」（『文學界』一九七九年一一月号、『落葉の掃き寄せ』文藝春秋、一九八四年、所収）

＊33　「死者との絆」（『新潮』一九八〇年二月号、同前、所収）

＊34　「『戦艦大和ノ最期』初出の問題」（『文學界』一九八一年九月号、同前、所収）

＊35　「臼淵大尉の場合」（『鎮魂戦艦大和』講談社、一九七四年、所収）

＊36　座談会「日本の思想における軍隊の役割」での丸山真男の発言（飯塚浩二『日本の軍隊』第一部「討議の形式による共同研究の記録」岩波書店、一九九一年、所収、初出一九五〇年）

＊37　田山花袋「一兵卒」（『早稲田文学』一九〇八年一月号）

＊38　吉本隆明「丸山真男論」一九六三年（『吉本隆明全集撰第四巻　思想家』大和書房、一九八七年、所収）

＊39　ヤスパース『責罪論』前掲。ヤスパースは一九六三年の版のあとがきでこのことにふれ、しかし、ニュルンベルク裁判時にこの新しい罪の創設に意味を認めた自分の判断は甘かった、戦勝国は、自分が考えたほど真摯にこの問題に取り組まず、結局、それは新しい一歩にならなかったと、この時の判断を撤回している。

＊40　吉本隆明「日本のナショナリズム」一九六四年（『自立の思想的拠点』前掲、所収）

＊41　ここで「誰でも」と訳したanybodyという考え方は、「何者か」という意味の

somebodyと対偶の関係にあるものとして捉えられた概念である。わたしは、この考え方を、「私は『何者か＝誰か』（somebody）の文体でではなくて『誰でも』（anybody）の文体で書きたい」というホルヘ・ルイス・ボルヘスの言葉から示唆された。この考え方については、先に「anythingelseとしての文学」と題し、考えたことがある。その講演記録「anythingelseとしての文学」を参照（『理解することへの抵抗』海鳥社、一九九七年、所収）。

＊42　それぞれ「高村光太郎ノート——『のつぽの奴は黙つてゐる』について」（『荒地詩集一九五五年版』一九五五年）、「高村光太郎ノート——戦争期について」（『現代詩』一九五五年七月号）。

＊43　注42を参照。

＊44　ここで、高村の一面的な「庶民の生活倫理」への拝跪は、「現実把握の機能が低下したとき高村をおとずれる」「超越的な倫理観」の「ふいの浮上」と捉えられている。「いかものを絶滅してしまえ」という衝迫として語られるが、すぐにわかるように、この捉え方とおなじものが、一九八六年の弔辞における晩年の鮎川信夫の「本音の世界」への進入という見方に適用されている。そこには「あるとき貴方は」「こらえにこらえてきて長年の忍耐の辛さを放棄されて、本音の世界に入られたのでした。そのときから貴方の晩年が始まったのだと思います」と語られている。第一部第一編九章「吉本隆明の一九八六年の弔辞」を参照（八二頁）。ある意味では、これと同じ心の瓦解が、一九六〇年代初頭以後の三島由紀夫にも見られる（第六篇第七章「三島由紀夫のディレンマ」）。

＊45　吉本隆明「前世代の詩人たち」（『詩学』一九五五年一一月号、吉本隆明・武井昭夫『文学者の戦争責任』淡路書房、一九五六年、所収）

＊46　本書の刊行後、この引用に続く記述にふれてこの「逆過程」が「大衆の原像」につながらないという趣旨の指摘があったが、右の引用「だが、この過程には、逆過程がある。」の続きはこうである。「論理化された内部世界から、逆に外部世界と相わたるとき、はじめて、外部世界を論理化する欲求が、生じなければならぬ。いいかえれば、自分の庶民の生活意識からの背離感を、社会的な現実を変革する欲求として、逆に社会秩序にむかって投げかえす過程である。正当な意味での変革（革命）の課題は、こういう過程のほかから生れないのだ」（「前世代の詩人たち」）。ここにいわれているのは、こういうことである。人は知的に上昇すると「庶民の生活意識」から「背離」し「孤立」するが、その「孤立」は新たに「外部世界を論理化する欲求」を生じさせずにはいない。それはけっして「庶民意識」への回帰にも、知識人としての「大衆」の客体化＝「大衆」からの孤立にも進まない。この逆過程により、再び知識人と大衆というつながりが生じ、そのつながり、「庶民→知識人→人民」という過程を踏んで、庶民は人民となる。ここでの「庶民→知識人→人民」には、ここに「革命」という語が見えることからわかるように、「大衆」の語はなく、その代わりに「人民」の語が置かれている。しかし、この一九五五年の吉本の直観が、このあと、関係構造への着目（「マチウ書試論第三章」一九五四〜五五年、「転向論」一九五八年）をへて、「人民」を「大衆」に読み換えさせ、「庶民」↓（上向・往相）↓「知識人」↓（下向・還相）↓「非

知」(「人民」)ならぬ「大衆の原像」)の認識への起点となる。そして一九六四年の「日本のナショナリズム」における「世界認識の方法」=「大衆の原像」という考えに収斂していく。以上がここでの行論をささえるわたしの理解である。

＊47　後に吉本は、その誤りからまぬかれるには、「内部を現実のうごきとはげしく相渉らせ、たたかわせながら、時代の動向を凝視してはなさなかった、そういう至難の持続力」が不可欠だったと述べている(「高村光太郎ノート――戦争期について」)。

＊48　吉本は、後年、自分は敗戦で自分の文学的な発想がダメであることがわかり、これを捨てて、いわば世界認識の方法に変えた、という言い方をしている。これについては、注16をも参照。

＊49　ここに述べている「内省」と「関係」については、「内在」と「関係」という二つの概念構成のもとに、より詳しく、この本に続き、書き下ろされた『日本人の自画像』(岩波書店、二〇〇〇年三月刊、再刊に関しては文庫版あとがきを参照)で、その背景をなす考えを展開している。同第三部第一章「関係の発見」を参照のこと。

＊50　吉本隆明「マチウ書試論」一九五四〜五五年(『芸術的抵抗と挫折』前掲、所収)。「マチウ書試論」は第一章、第二章が一九五四年に『現代批評』の第一号、第二号に掲載。第三章は、一九五四〜五五年に書かれ、その後、「奥野健男が保管していてくれたため消滅をまぬかれ」(『芸術的抵抗と挫折』あとがき)、『芸術的抵抗と挫折』に収録されることで、一九六三年に発表された。

＊51　島尾敏雄との対談『特攻体験と戦後』での吉田満の発言（中央公論社、一九七八年、その後二〇一四年、『新編 特攻体験と戦後』として中公文庫で再刊の際、加藤が解説を書いた）。

＊52　吉本隆明「読書について」一九六〇年（『模写と鏡』春秋社、一九六四年、所収）

＊53　吉本隆明「情況とはなにかⅠ——知識人と大衆」一九六六年（『自立の思想的拠点』前掲、所収）

＊54　たとえば、「《討議》昭和批評の諸問題一九四五—一九六五」（柄谷行人、浅田彰、蓮實重彦、三浦雅士、『季刊思潮』第七号、一九九〇年、柄谷行人編『近代日本の批評・昭和篇（下）』福武書店、一九九一年、講談社文芸文庫、一九九七年、所収）の中で、三浦雅士は、吉本の思想の魅力を、「ぼくらにとっては……そのままマルクス主義の魅力と重なっていた」、「錯綜した現実をあるひとつの原理から一貫して解きほぐす論理の魅惑というのが、いわゆるマルクス主義の魅惑だとすれば、その具体例のように吉本がいた」、「図式の、何というか快刀乱麻というようなところが、たいへん魅力的だった」と述べている。典型的な吉本理解、しかし一面的な誤読の例である。

＊55　フェティ・ベンスラマ『物騒なフィクション——起源の分有をめぐって』西谷修訳、筑摩書房、一九九四年。

＊56　この本を書いた後に日本に紹介された西欧の思想家のうち、たとえば、欧米を含む世界の全体を歴史人口学、家族人類学の観点から再編成、再考察し、新しい視点を打ち出しているエマニュエル・トッドは、ここにいう、西欧から出てきた西欧自身を「後進性」の眼差

しの下に脱構築する新しい思想家の一人である。彼を支えているのは、西洋と非西洋をひとしなみに考察しうる観点とはどのようなものか、という問題意識であり、その家族人類学は、そのような課題に応えるものとして、彼につかまれている（『世界の多様性』、『新ヨーロッパ大全』、『帝国以後』など）。

第三部　戦後――私利私欲をめぐって

＊1　佐伯啓思『現代日本のイデオロギー』講談社、一九九八年。

＊2　竹田青嗣との往復書簡『世紀末のランニングパス』（講談社、一九九二年）所収の「ピンクの砂と青い砂」、初出は『本』一九九一年一〇月号。『世紀末のランニングパス』はその後、『二つの戦後から』（ちくま文庫、一九九八年）と改題している。

＊3　川村湊は「湾岸戦後の批評空間」（一九九六年）で、わたしの議論には戦後の「ある意味では無責任なノン・モラルの柔軟さ」が欠けている、と述べている。わたしが自分の生まれる前の国家大のできごとにコミットしたことに、佐伯が「強度の国家主義」を見たように、「過剰な潔癖感」を見る見方である（『戦後批評論』講談社、一九九八年、所収）。また似た見方の持主に守中高明がいる。守中は、戦争体験者についてはいえるが、それと同じことがなぜ「一九四八年生まれの」――戦後生まれの――加藤にいえるのか、そこにあるのは『形式』の反復―転移」ではないか、と述べ、やはり世代の違いに意味を見る、ポストモダン的な観点を示している（「死（者たち）と形式」『現代詩手帖』一九九八年九月号）。

＊4　佐伯は「新しい歴史教科書をつくる会」が準備している「公民」教科書の六人の執筆メンバーの一人として名を連ねている（西部邁ほかによる討議「公民教科書を語る」、新しい歴史教科書をつくる会編、小林よしのり責任編集『新しい歴史教科書を「つくる会」という運動がある』扶桑社、一九九八年、所収）。

＊5　政治家である高市早苗の、政治的な意識をまったくもたず、自分が公共的人間であることの意味をまったく解さない発言は、一昔前にそのような政治家がいるとは考えられなかったという意味で、近代的な意識、政治的な意識の次元における、一高校生が一九九七年にテレビで発したことから問題としてとりあげられた「なぜ人を殺してはいけないのか？」という発言に匹敵する（ただし、この時の高校生の発言は、動物なら許容されるのになぜ人を殺してはいけないとされるのか、という趣旨の、もっともな問いであった。わたしはこの質問者を評価する）。「なぜ人を殺してはいけないか？」にはじまり、「なぜ身体を売ってはいけないか？」と続き、問いは、いまや、近代社会の成員が「なぜ差別してはいけないか？」という問いを発するところまできているが、これを跳び越して、政治家自身が「なぜ国家が自分の生まれる前に行なったことの責任を政治家としての自分が受けとめなくてはいけないのか？」と訊いた。「なぜ国家が自分の生まれる前に行なったことに対し、思想家（知識人）としての自分が善悪の評価を下さなければならないのか？」。佐伯の発言もわたしには似て聞こえる。

＊6　川村湊「補論二　加藤典洋の『敗戦後論』について」（『戦後批評論』前掲、所収）。

＊7 「戦後後論」(『敗戦後論』所収)参照。

＊8 「アジアの片隅で——福沢諭吉」一九九四年(『この時代の生き方』講談社、一九九五年、所収)

＊9 「ボランティアと私利私欲」(朝日新聞一九九五年三月二二日、『この時代の生き方』前掲、所収)。この文の新聞掲載時にこのタイトルはないが、新聞社に渡した原稿のタイトルがこれだった。単行本収録時に復活した。同じ趣旨に立つ論に、やはり阪神大震災時に大阪産経新聞に寄稿した「大震災と軽薄短小」(一九九五年三月二三日、同前、所収)がある。

＊10 一言で言えば、彼らは人間における欲望の意義を、頭では理解しているが、こと公共的な場所に立つと、私利私欲として現れるそれを、受けとめることができない。必ず否定する。利己的な市民をさす「私民」という蔑称は、「公的なもの」に対する反対語として、たとえば手元にある関連文献でも、佐伯啓思(『「市民」とは誰か』)、間宮陽介(「公共空間論序説」『神奈川大学評論』二九号)、小林よしのり(『戦争論』)など保守、革新双方の論者の著作に同じく使われている。なお、この問題については、加藤『日本の無思想』(前掲)第三部を参照。

＊11 ここでも例外は、吉本隆明、鶴見俊輔といった戦争世代の思想家である。吉本は後述するように丸山の見解に対し、私的関心への後退として否定される戦後のマイホーム主義を、戦前的な価値(滅私奉公)へのもっとも確かな反措定として擁護した。鶴見は私利私欲の権化である漫画「がきデカ」の主人公に日本の戦後の可能性を見ると書いた。

＊12　佐伯啓思『「市民」とは誰か――戦後民主主義を問いなおす』ＰＨＰ新書、一九九七年。

＊13　後出するアーレントでは、「社会的なもの the social」は、政治的なもの（＝公共的なもの）の対立語である。また「公民」とは政治的公共的存在、その空間の中心的担い手である。公民の作る空間は、政治的共同体となる。そうでない空間がアーレントの場合、社会とされる。「公民」によって作られる「社会」（society of citizens）。そのような「市民社会」は、アーレントの政治思想では字義矛盾となる。しかしアーレントだけでなく、ヘーゲル以来の多くの欧米の近代政治思想が、ここに字義矛盾を見るだろう。本節の後述部分を参照。

＊14　市民と公民。日本における市民とヨーロッパにおける市民。これらはみな違う。ここには難しい問題がある。本文でもふれているが、改めて以下の点を断っておく。一、ヨーロッパ政治思想の概念では、共通世界は「市民社会」（私的世界）と「政治的国家」（公的世界）からなる。前者は中世以来の世俗世界、後者は神聖世界に対応している。市民概念は、それに応じて「市民社会の成員」と「政治的国家（政治的共同体）の成員」に分かれる。その場合、前者は市民（ブルジョア）、後者は公民（シトワイヤン＝シティズン）と呼ばれる。両者は私的存在と公的存在として分割されている。二、しかし前者のブルジョアは、ヨーロッパ政治思想の歴史的概念規定からいうと新参の概念である。市民（ブルジョワ）の構成する集合は、シヴィルの用語をとり、civil society（シヴィル・ソサイエティ）と呼ばれる。日本でヨーロッパ思想史上の用語にいう〈市民社会〉はこのcivil societyの訳であり、概念として、先の両者は、「シヴィル（民間）」と「ポリティック（公共）」という基礎の上

に立つ。ここでも分割線は、私的と公的である。この事情を勘案して日本語に移せば、市民は、私的な概念が「市民（シヴィル）」、公的な概念が「公民（シトワイヤン）」となるだろう。軍人、僧籍に対して一般市民、民間人、文民の意味でいわれるシヴィリアンはこの世俗性、一般市民性のニュアンスを伝えている。三、しかし日本ではこの概念がこのように使われていない。その事情は、本文中、後にふれる。四、したがって、以下、本文での表記の定義を次のようにする。（一）〝公民〟はヨーロッパ的な理解に立つシトワイヤン、「公共的存在としての市民」をさす。（二）〝市民〟は、その文脈により、以下の三つの用法を混用する。①戦後民主主義的な理解に立つ市民。これは「世俗世界の住人」と「公共的存在としての市民」の合体の表現で、ヨーロッパの近代政治思想にこの種の概念はない。ただし、ハーバーマスが一九六三年に著した『公共性の構造転換』の流れに立つ近年の欧米の市民社会論もまた、概念として、こうした不思議なアマルガムの上にたっている。②ヨーロッパの「〈市民社会〉の成員」に該当。ただしこの意味での市民という言葉はない。市民的として、シヴィルの語がある。ここで〈市民社会〉というのは、上記概念枠での世俗社会（私的な利益、権利に立つ社会）をさすことに注意。公共的な意味はない。この意味での市民は、多少の違いをもちながら、それぞれ一定程度、（プチ）ブルジョア、民間人（シヴィリアン）、一般社会の住人に重なる。③引用者の用例を踏襲する場合。なお、必要に応じ、概念規定について本文で手当てする。

＊15　国際政治学者である坂本義和はむろん、ここにわたしの指摘する内容をも踏まえて、

この公共的な「市民」概念を提起している（『相対化の時代』岩波新書、一九九七年、なおこれは本文にふれられた『世界』掲載論文に加筆したものである）。彼によれば、市民社会（civil society）という言葉は、十八世紀末の英国で、アダム・ファーガソン、アダム・スミスなどが新しい意味を盛り込み、これをヘーゲルが「市場経済と重ね合わせて体系化して用いた」。これはマルクスの「ブルジョワ市民社会」の概念に近い（わたしのいうヨーロッパ思想史の主軸はこれと重なっている）。しかし、坂本によれば、この動きは必ずしも彼の現在の市民社会観を拘束するものではない。というのも、それは、その後、「トクヴィルやグラムシが、それぞれに独自の市民社会の概念を打ち出すなど、歴史的にも多義的に使われ、変化してきた」。そして、彼の「市民」概念もまた、この歴史的多義的使用の文脈の流れのうちにある。しかし、そうだとしても、佐伯の指摘する弱点は残る。坂本は、この「市民社会」概念が従来の通説の理解を離れていることを踏まえ、自分は、「市民社会」の概念は、いまでは「理論家の定義によるのではなく」、「たえず市民自身が再定義していく歴史過程」の産物としてあると考える、と述べる。そして、例として、ポーランド連帯の運動の際に生まれた「市民社会」という概念の更新のケースをあげている。しかしこれは、こういうことではないだろうか。この時、ポーランドの〈市民社会〉は上部に自分たちの参加し、構成する政治的共同体をもっていなかった。そこに自分たちが公民として関与できる公共空間を奪われていた。だから、この公共空間創出の運動として、この「連帯」の運動は起こった。それは〈市民社会〉を公共空間に変える再定義を行い、「市民社会」概念を掲げ、新しく、市民（シトワイヤン）による運動体を作った。しかし、そこから、全体主義的な、つまり公共的でない国家体制を転覆し、自分たちの構成する政治的共同体（新生ポーランド）を作った、のである。ポーランドでの坂本のいう公共的な「市民社会」概念の創出は、そのまま民主国家の創出へとつながる。それは、公共的政治的国家が奪われている場合、それを創出する動きの一環として現れる、本質的に過渡的存在として理解すべきものだろう。つまり、もし日本にも旧東欧型全体主義国家があれば、反国家の民主主義実現のための「市民」の連合体は、存在理由をもちもすれば、存在可能でもある（ただし、その場合それは、概念としては過渡的に公共的な「市民社会」を掲げるかもしれないが、実態は、「社会」ではなく、「連帯」のような「運動体」、萌芽的な「政治的共同体」である）。そしてそれが新しい民主的国家体制へとひきつがれる。つまり、その場合、それは、自分たちの作った、自分たちが実質的主権者である「国民国家」を作り出す概念であって、坂本のいうような、（自分たちが主権者である）国家と対立する概念とはならない。坂本が、日本を旧ポーランドのように国家体制に公共空間のない全体主義国家と考えて、彼の「市民社会」を後に政治的共同体の母体となる革命的存在と考えているなら、わかるが、そうでない限り、この市民自身による「歴史的な過程の自己表現」としての「市民社会」概念は、ヨーロッパ政治思想の厚みを前に、説得力をもたない。

＊16　佐伯はこう述べている。「（「シヴィック」を「公民」をさす語として使いたい——引用者）とはいえ、『公民』という言葉は、日本語では意味内容の必ずしも明瞭ではない言葉

である。これは日本では、『公』という観念が明瞭ではなく、しばしば、『お上』と同一視されてしまったからであり、これでは、西欧における『公共』とは全く意味内容が違う。そこで、あえて『公民』とは呼ばないことにしたい。『シヴィック』もあくまで『市民』なのである。しかし『私民』ではない」（「『市民』とは誰か」前掲、一五五頁）。しかしこの理由は、説得的でない。理由は本文の通りだが、このことはまた、そこに掲げられた自由、平等、博愛といった公共的理念を、佐伯自身がお題目としてしか受け取っていないことを示している。

＊17 坂本の提唱する一九九〇年代以降の欧米における公共的市民論の一つの淵源は、ユルゲン・ハーバーマスが一九六三年に書いた『公共性の構造転換』である。そこでハーバーマスは、はじめてヘーゲル流の私的利害に立つ〈市民社会〉とは異なる公共的な市民による社会、「市民社会」という概念を構築している。ハーバーマスの観点は、十九世紀の読書サロンや新聞の発行による「公衆」の成立に、公共的市民の母体を見るものだが、構えとして、私的（プライヴェート）な空間の拡大と充実が公共的市民の基盤となるという考え方を示している。後にふれるように、この考えは、大枠として、十八世紀以降の近代を、公的なものと私的なもの、及び社会的なものによるこの両者の駆逐と見るアーレントの観点から、多くを受けとっている。とりわけ、私的利害を否定対象とする点で、ハーバーマスのこの公共的市民論は、一九五八年に世に出たアーレントの公共性論（『人間の条件』）の影響下にある。

＊18 ハンナ・アレント『人間の条件』志水速雄訳、ちくま学芸文庫、一九九四年、原著一

九五八年。なお訳文は必要に応じ、原著によって手を加えた。

＊19　近代日本は明治に入って、stateという語の訳語を「国家」とした。「国家」とは、考えてみれば、奇妙な言葉である。古代ギリシャの考え方からいえば、そこには相対立するポリス（国）とオイコス（家）の双方が含まれ、合体している。佐伯の古代ギリシャへの言及は、ポリスの原理の中にはオイコスの原理もある、という方向でなされており、この二つの原理の対立の観点を欠如させている点、旧套の近代日本の「国家」観をひきずっている。

＊20　ここでの政治的共同体＝公共体、自然的共同体＝共同体という概念と、「語り口の問題」で述べた公共性、共同性の対応関係は、次のようなものである。概念としては、人の集団をさす用語として、ここでは共同体（コミュニティ）という言葉を用いる。したがって、共同体という概念は、公共性、共同性という概念に対して中立的である。公共性に基づく共同体とは、人為的に構成された人々の集合であり、共同性に基づく共同体とは、自然的に構成された人々の集合であって、これは政治学的な概念に照応させれば、それぞれ、政治的共同体、自然的共同体である。この後者を共同体と呼ぶのは、誤解をまねくが、これは、ここにいう自然的共同体が、しばしば公共体（ゲゼルシャフト）との対比で、共同体（ゲマインシャフト）と呼ばれていることから、こう書いてみた。ここに公共体というのは、熟さない言葉だが、たとえばカントの訳にはdas gemeine Wesenの訳語として用いられている（後掲「啓蒙とは何か」篠田英雄訳、注52参照）。ここにいう政治的共同体、自然的共同体の対比で最も名高いのはテンニースの『ゲマインシャフトとゲゼルシャフト』における共同社会

（ゲマインシャフト）と利益社会＝契約社会（ゲゼルシャフト）という概念だろうが、わたしはここでは、むしろ、古代ギリシャの二つの原理、オイコスとポリスに立脚して、自然的共同体、政治的共同体という対項関係を考えている。したがって、前者の原理は人間の本性（＝同質性）、後者の原理は、人間の複数性（＝差異性）である。

＊21　ポール・ヴァレリー「テスト氏との一夜」一八九六年、小林秀雄訳（『小林秀雄全集第二巻　ランボオ・Xへの手紙』新潮社、一九六八年、所収。初訳一九三二年、単行本『テスト氏』野田書房、一九三四年、所収）

＊22　理由は以下の通り。佐伯の理解は、古代ギリシャのポリスとオイコスの峻別を受けとっていない。そのため、彼は古代ギリシャとは無縁の「市民精神」を捏造して、それを古代ギリシャに帰した。しかし、なぜ佐伯のような理解が現れるかといえば、古代ギリシャの理解の不十分さゆえとはいえない。誰もが古代ギリシャの専門家ではないからである。彼の誤りは、むしろ近代西欧の理解の不十分さからきているのである。そう考えると、アーレントは、その近代西欧への無理解が現在、力をもつことの一つの影響源となっている。したがって、彼女は、自分としては、公共的なものが「社会的なもの」に席捲されたことから、公共性について偏頗な理解が広まることを予見し、これに抗するために、古代的な政治性を復活させようとしたわけだが、一方、そのことにより近代性の軽視に道を開いたという点で、その偏頗な理解の出現に、加担している。

＊23　ユルゲン・ハーバーマス『公共性の構造転換　第2版』細谷貞雄・山田正行訳、未来

社、一九九四年（第二章第四節、第六節。四七〜四八頁、六五〜六六頁）

＊24 川崎修『アレント——公共性の復権』講談社、一九九八年。

＊25 ヘーゲル『精神現象学』前掲。

＊26 この個所は志水訳ではこうなっている。「多数性が人間活動の条件であるというのは、私たちが人間であるという点ですべて同一でありながら、だれ一人として、過去に生きた他人、現に生きている人、将来生きるであろう他人と、けっして同一ではないからである」（前掲、傍点引用者）。原文に照らせば正確な訳文ではないが（加藤の該当箇所訳は二八三頁）、原文が同義反復めいていることから、このような「意訳」がなされているとも考えられる。

＊27 福田歓一「日本における政治学史研究」一九八六年（『国家・民族・権力——現代における自由を求めて』岩波書店、一九八八年、所収）

＊28 カール・マルクス「ユダヤ人問題によせて」（『ユダヤ人問題によせて・ヘーゲル法哲学批判序説』城塚登訳、岩波文庫、一九七四年、原著一八四四年）。なお城塚訳はドイツ語原著からの訳出だが、英訳に「ピープル people」とある個所を城塚訳の「民族」から「人民」に変えるなど、以下、一部英訳を参考に訳文に手を加えている。"On the Jewish Question", in Early Writings by Karl Marx, tr. by Rodney Livingstone and Gregory Benton, Penguin Books, 1975.

＊29 海老坂武「いま、民主主義をどう考えるか」（『思想の冬の時代に——〈東欧〉、〈湾

岸〉そして民主主義』岩波書店、一九九二年、一二二頁）

＊30　マルクスの影響を、ここにいう私的世界、「市民社会」の上にこそ立脚し、政治的変革をめざさなければならないという力点で受けとめてきた思想家のもっとも見やすい代表は、吉本隆明である。彼は、どのような場合も、ここにいう〈市民社会〉の成員を敵視していない。「僕がどこに正当性を認めるかということになるのですけれども、大衆の大多数が向いていく方向にどこまでもくっついていくのがオーソドックスだとかんがえます。大衆の動向に追従していくのではなくて、それと緊張関係にあって対決しながら、どこまでもくっついていく」（座談会「日本思想史と転向」『増補改訂・共同研究転向』下巻、平凡社、における一九五九年三月の発言）。何のオーソドクシィか。「近代思想の正統性」とわたしは読む。ヨーロッパにおける「人間」（利己的存在＝自然的土台）が日本に対応物をもっているとしたら、それはこの吉本における「大衆」という概念においてである。類似した観点が、鶴見俊輔にも見られるが、「大衆の原像」という本書第二部でふれた考え方が、わたしの見るところ、「人間」と「公民」をめぐるヨーロッパ政治哲学の文脈を踏まえた、ほぼ唯一の、日本における政治思想をさしている。

＊31　「ヘーゲル国法論批判」は一八四二年から四三年にかけて準備された、「ユダヤ人問題によせて」（一八四四年）に先立つ草稿。そこで、マルクスはこう書いている。ヘーゲルの国法論はその思弁哲学同様、現実的な関係の転倒にもとづいている。「理念が主体化され、国家にたいする家族や市民社会の現実的な関係が、理念の内的な、想像上の活動として把握

されている。現実には、家族や市民社会が国家の前提であり、まさにそれらが本来活動するものなのであるが、思弁のなかではこれが逆立ちさせられている」、ヘーゲルでは「政治的国家が市民社会によって現実化されるのではなく、反対に市民社会を規定する」ものとして現れる。「家族と市民社会はそれ自身を国家と作《な》す。それらは原動力となって他を推し動かすものである。これに反してヘーゲルによれば、家族と市民社会は現実的理念によってはたらきを受けている」（「ヘーゲル国法論批判」一八四三年、『ヘーゲル法哲学批判序論』真下信一訳、大月書店、一九七〇年。ただし訳文は一部講談社『マルクス』（都留重人著、一九八二年）第二章の佐藤金三郎による訳からとっている）。

＊32　二五歳のマルクスは特に断っていないが、これは、第五篇「ルソーからドストエフスキー」に述べるように『社会契約論』第二編の第七章「立法者について」からの引用である。そしてマルクスが、気づいていたかどうかはわからないが、人間の「変改」をめぐり、この個所をしか『社会契約論』から取りだせなかったことには、この後本文に述べられるような、確たる理由がある。このマルクスが引くのと同じ「立法者」への介入要請の個所が、後にドストエフスキーの『罪と罰』における、ラスコーリニコフの、「立法者」（＝天才）には何もかもが許されているという論理を引き出すことになることについては、次の第五篇の本文（三四五～三四八頁）、および注55をも参照。

＊33　吉本隆明「擬制の終焉」一九六〇年（『擬制の終焉』現代思潮社、一九六二年、所収）

＊34　福田歓一『人類の知的遺産40　ルソー』講談社、一九八六年。

＊35　ルソー「社会契約論（ジュネーブ草稿）」作田啓一訳（『ルソー全集第五巻』白水社、一九七九年、所収）

＊36　ディドロ「自然法」井上弘治訳（『ディドロ全集第三巻　政治・経済』法政大学出版局、一九八九年、所収）。ただし訳文は、ルソーに引用されている部分については作田訳を用い、その他の部分にも多少手を加えた。

＊37　佐伯啓思『「市民」とは誰か』前掲、六一頁。

＊38　ルソー「社会契約論」一七六二年、作田啓一訳（『社会契約論・人間不平等起源論』白水社、一九九一年、所収）。但し、訳文は井上弘治訳（『世界の名著第三六巻　ルソー』中央公論社、一九七八年、所収）、Rousseau, "Du contrat social", Le livre de poche, 1996を参考に、適宜手を加えた。

＊39　ジョージ・R・ヘイヴンズ『ヴォルテールによるルソーの著書への欄外の書き込み』による。中川久定「日本の心と西欧の心」（『文学』第五四巻一一号、一九八六年一一月号）から再引した。

＊40　ルソー「政治経済論」一七五五年、坂上孝訳（『ルソー全集第五巻』前掲、所収）但し、Rousseau, "Du contrat social／Ecrits politiques" (Bibliothèque de la Pléiade) Editions Gallimard, 1964所収のDiscours sur l'économie politiqueを参考に、適宜手を加えた。

＊41　ハンナ・アレント『革命について』志水速雄訳、ちくま学芸文庫、一九九五年、二三三頁。

＊42　このような「外国人」の考え方について最近の論は、社会契約による国家形成がその

後、閉鎖的な国民国家となるという文脈から、批判的である。しかし、ここでルソーは、社会契約の原初の合意に立ち会いながら、自分の意志でこれに加わらない人間を外国人と呼んでいる。その前提となっているのは、それに加わる人間は、どのような民族と文化の出自をもっていようと、メンバーになりうるというもので、現在の国民国家の枠による外国人排除の論理とはむしろ対立する考え方である。現在の外国人問題の中心である、自分の意志ではなく、ある国民国家に外国人としてとどまらざるをえないたとえば亡命者、難民のようなケースをルソーは念頭においていないが、そのようなケースに対処する考え方の基礎は示している。それは本文に示すように、国民国家の枠にけっしてとらわれない原理的なものである。現代のケースをもとに、ルソーの観点を批判するのは、たやすいが、安易であり、ルソーに対し、不当なことである。

＊43 ルソー『社会契約論』第二篇第三章「一般意志は誤ることがありうるか」の注。この個所については、本文の傍点部分の訳（「各人の間ごとに利益の一致が生じることに対する反対」）に関し、定訳がないが、ルソーはこう書いている。わたし自身の〝解釈〟は（訳としては問題を含むが、意味から推して）本文の通りである。"Chaque intérêt, dit le M. de A.〔le marquis d'Argenson〕, a des principes différents. L'accord de deux intérêts particuliers se forme par opposition à celui d'un tiers." Il eût pu ajouter que l'accord de tous les intérêts se forme par opposition à celui de chucun.

＊44 現実の日本国憲法の規定では、憲法改正は、衆参両院のそれぞれの総員の三分の二以

上の賛成があった場合、国民投票にかけられ、そこで過半数を得た場合に、可決されるとなっている。この例はそのまま現実の日本国憲法の場合と合致していない。三分の二と過半数の違いが生じるのは、前段階の国会における票決においてである（雑誌連載時に筆者が勘違いした記述を行い、読者からの指摘を受けた。雑誌掲載時の誤りをこのように改める）。

＊45　ここでの引用は、注38の作田訳による。

＊46　注34『ルソー全集第五巻』所収「社会契約論」訳注。

＊47　ルソー「学問・芸術論」平岡昇訳（『世界の名著第三六巻　ルソー』前掲、所収）六六頁。

＊48　アーレントはこう書いている。「親密さの最初の明晰な探究者であり、ある程度までその理論家でさえあったのは、ジャン＝ジャック・ルソーである。彼は、まったく特徴的なことに、いまだにしばしばファースト・ネームだけで呼ばれる唯一の大著述家である。彼が自分の発見に到達したのは、国家の抑圧にたいする反抗を通してではない。むしろ、人間の魂をねじまげる社会の堪え難い力にたいする反抗や、それまで特別の保護を必要としなかった人間の内奥の地帯にたいする社会の侵入にたいする反抗を通してであった」（『人間の条件』）。

＊49　アンジェイ・ワイダの映画『ダントン』（一九八二年）は、ポーランドの連帯の運動における「連帯」代表のワレサと体制代表のヤルゼルスキをそれぞれダントンとロベスピエールに擬して構想されている。この同じ連帯の運動を吉本隆明がこの篇の冒頭にとりあげた

日本の安保闘争と並び、大衆運動として高く評価していることを考えあわせると、興味深い符合を感じる。

＊50　チェルヌイシェフスキー『何をなすべきか』一八六三年（金子幸彦訳、岩波文庫、一九七八年）

＊51　ドストエフスキー『地下室の手記』一八六四年（江川卓訳、新潮文庫、一九六九年）

＊52　ルソー『告白』一七七一年（桑原武夫訳、岩波文庫、一九六五年）

＊53　カント「啓蒙とは何か」（『啓蒙とは何か』篠田英雄訳、岩波文庫、一九五〇年、所収）

＊54　ドストエフスキー『カラマーゾフの兄弟』一八八〇年（米川正夫訳、岩波文庫、一九二八年）

＊55　このルソーのぶつかった壁とそこからの避難としての「立法者」への介入要請に対し、一八四四年、「ユダヤ人問題によせて」を書いたマルクス、一八六六年、『罪と罰』を書いたドストエフスキーに続き、ドストエフスキーとほぼ同時期、特に注意を向けた非西洋出自の知識人に、日本の中江兆民がいることを、ここにつけ足しておきたい。中江は、『罪と罰』の発表から五年後の一八七一年、明治政府の司法留学生としてフランスに留学し、七四年に帰国後、ルソーの『社会契約論』を二度まで、「民約論」（一八七四年）、「民約訳解」（漢語訳、一八八二年）と訳出している。ところがその際、いずれの場合も、「第二部第六章」までで、訳しとめている。二〇一七年に刊行予定の『幕末的思考』（みすず書房）のなかで、著者の野口良平は、その「訳し控え」が、『社会契約論』の第二部第七章が「立法者

について」で、そこで「立法者」への介入要請が生じているため、そこの個所までを訳出すると、当時、伊藤博文、井上毅らによる明治天皇の名の下に準備されている「欽定憲法」の考え方に利されることを懸念した中江兆民の意図的な選択・配慮だったのではないか、と考えている。中江と井上は、フランス留学時代の同期生でもあった。なお、この第七章「立法者について」を若年のマルクスが「ユダヤ人問題によせて」に引いていることについては、注32を参照。

＊56　ドストエフスキー『罪と罰』一八六七年（工藤精一郎訳、新潮文庫、一九八七年）

＊57　作田啓一『ドストエフスキーの世界』筑摩書房、一九八八年。

第四部　戦前と戦後をつなぐもの

＊1　笠井潔「総力戦体制と主体性の分裂」（『新潮』一九九九年二月号）。笠井のこの論はこれまで現れた中でもっとも踏み込んだ場所からなされた『敗戦後論』批判の一つである。この笠井の批判には場所を改めて答えたい。

＊2　大澤真幸「もうひとつの〈自由〉——思考のヒント」（有坂誠人編『MD現代文・小論文』朝日出版社、一九九八年、所収）。余り目につかないところに発表されたが、『戦後の思想空間』（ちくま新書、一九九八年）、「自由の牢獄——リベラリズムを越えて」（『アステイオン』一九九八年夏季号）の趣旨の延長で、大澤としてははじめて『敗戦後論』についての批判を行っている。講演記録という体裁であり、内容も多岐にわたる。最終的なところで

は、わたしはその批判の趣旨に説得されない。しかし、この論の最後に触れるように、内容は、考える手がかりに富んでいる。

＊3　坂本多加雄『象徴天皇制度と日本の来歴』都市出版、一九九五年。

＊4　高橋哲哉「ネオナショナリズム批判のために」(『現代思想』一九九七年九月号)。高橋はこの講演記録で、わたしの考えと藤岡信勝の論があたかも「同類」であるかのように「論証」している。なぜわたしの論が自由主義史観と同じ「健全なナショナリズム」の論と呼ばれるようになったのかも、これを読むとわかる。しかしこの「論証」は、杜撰な読みの所産であり、高橋のわたしへの批判がどのようにフェアプレイから遠い手法に立つものか、その志の低さを立証している。高橋はこの後、小森陽一との共編で『ナショナル・ヒストリーを超えて』(東京大学出版会、一九九八年)を編集刊行している。しかし所収論文に示唆を受けるものは驚くほど少ない。

＊5　竹山道雄『昭和の精神史』(『竹山道雄著作集第一巻　昭和の精神史』、福武書店、一九八三年、初出一九五六年)。たとえば竹山は、戦前の天皇の性格を政党・財閥・官僚・軍閥の頂点に位置するイギリス風の「機関説的性格」の天皇と、「御親政によって民と直結して、平等な民族共同体の首長」に位置する「統帥権的性格」の天皇に分裂していたと見たうえで、後者による前者の蹂躙に戦前日本の蹉跌の原因があったと考えている。それによれば天皇は二・二六事件と終戦時と「二度だけ」機関説的性格を捨てて親政体制をとったとされる。しかし、現在明らかになっている資料では(たとえば『杉山メモ』)昭和天皇は、自ら

ならえる。きれいに「統帥権的性格」と分岐しなくなるところに、むしろ戦前の本質はあると、わたしならから考える。

軍部に細部まで質問し、開戦にあたってだいぶ統帥権者としてのイニシアティブを発揮しており、このようなきれいな二分的性格を示していない。その「機関説的性格」がこのようにきれいに「統帥権的性格」と分岐しなくなるところに、むしろ戦前の本質はあると、わたしなら考える。

＊6　たとえばエドウィン・O・ライシャワー『ザ・ジャパニーズ』國弘正雄訳、文藝春秋、一九七九年。

＊7　藤岡信勝『汚辱の近現代史――いま、克服のとき』徳間書店、一九九六年。

＊8　坂本多加雄は藤岡信勝、小林よしのりらの「新しい歴史教科書を作る会」の主要メンバーだが、この事実は、坂本と藤岡らの間に思想的な大きなレベルの違い、あるいは対立があることと必ずしも矛盾しない。戦前と戦後の「断絶」の認識でわたしと坂本は一致するが、それが「調和」的に統合されると坂本が考えるのに対し、わたしは、その「不調和」が消えないことに両者の関係の本質を見ている。その違いがどこからくるかは本文に記す通りだが、坂本の行動は、そのわたしからすると、必然ではないが、ありうべきことである。

＊9　佐々木惣一「国体は変更する」（杉原泰雄『国民主権と天皇制　文献選集　日本国憲法2』三省堂、一九七七年、初出は『世界文化』第一巻一〇・一一号、一九四六年一一月）

＊10　和辻哲郎「国体変更論について佐々木博士の教を乞う」（『和辻哲郎全集』第一四巻、岩波書店、一九六三年、所収、初出は『世界』一九四六年一月号）。なお、この佐々木・和辻論争は、この和辻の批判のあと、佐々木「国体の問題の諸論点――和辻教授に答う」（『季

刊法律学』第四号)、和辻「佐々木博士の教示について」(『国民統合の象徴』一九四八年)、佐々木「和辻博士再論読後の感」(『天皇の国家的象徴性』一九四九年)と続いた。

＊11 たとえば、江藤淳「生者の視線と死者の視線」、後の注21を参照。

＊12 たとえば、渡部昇一「磨かれざる憲法の不運」(『逆説の時代』PHP研究所、一九九三年)など。なお、江藤淳は、注19「生者の視線と死者の視線」に、Constitution の論を渡部の説として紹介している。

＊13 たとえば、西部邁『「国柄」の思想』(徳間書店、一九九七年)など。

＊14 樋口陽一『比較のなかの日本国憲法』岩波新書、一九七九年、三三頁。

＊15 荒井信一『戦争責任論――現代史からの問い』岩波書店、一九九五年。

＊16 ポツダム宣言受諾と新憲法制定をめぐる動きの中で広義の「国体」の一部を損傷したことについて、当事者である天皇個人は「どう思っているのか」。多くの国民が知りたかったことについて、一九七五年一〇月三一日、皇居、石橋の間で行われた日本記者クラブ主催天皇・皇后記者会見の席で、一人の日本人ジャーナリスト(中村康二、ロンドン・タイムズ通信記者、元毎日新聞記者)がはじめて「戦争責任について、どのように考えるか」という趣旨の質問を行い、「そういう言葉のアヤについては」「文学方面をあまり研究していないので」「答えができかねる」という答えを昭和天皇個人の口から引き出す。これが昭和天皇にさし向けられた、佐々木惣一のいう「批判的な論評」の嚆矢で、また最後をなす、面と向かっての質問の場面となった。この戦後の日本にとって画期的な質問者とその質問の背景につ

いては、インターナショナル・ニューヨークタイムズ紙に寄稿した加藤の英語コラム"The Journalist and the Emperor"(Oct. 14, 2014)、およびその日本語版である「昭和天皇と中村康二」、その取材・調査の背景を記した「中村康二氏についてのアトランダムなメモ」(ともに『日の沈む国から』岩波書店、二〇一六年、所収)を参照。

＊17　天皇の退位に関する言行記録の発見を報じた朝日新聞一九九九年一月六日の記事「昭和天皇、敗戦二三年後の述懐」における昭和天皇自身の言葉。この記事は、昭和天皇がこれまで自分から「退位すると言ったことはない」といった発言を、元侍従長の日記の付属資料をもとに伝えている。その理由の一つとして語られたのが、この「わたしの任務は祖先から受け継いだこの国を子孫に伝えることである」という発言である。天皇の戦争をめぐる責任の相手としては、この侵略戦争で死んだ日本以外の国の住民、おなじくこの戦争で死んだ日本の兵士および戦災者、さらにこの戦争に動員された日本国民が考えられるが、昭和天皇は、そのうち、もっぱら「皇祖皇宗」に対する自分の責任をはたすという観点から、「退位」せずに皇位にとどまることを選択している。これまで昭和天皇は三度、――最初は、終戦直後、二度目は、東京裁判の判決時、三度目は、講和条約発効の前――「退位あるいは戦争責任についての何らかの表明」をしようとしたというのが通説だったが(たとえば高橋紘『象徴天皇』後出注22)、それが覆されたことになる。

＊18　吉田裕『昭和天皇の終戦史』岩波新書、一九九二年。

＊19　これと同時に、こう書けばわかるように、昭和天皇から見て――またわたし達から見

て——、戦前の国民には含まれ、戦後の国民には含まれないもう一群の「国民（旧臣民）」の集団がいる。旧大日本帝国の皇民に編入され、戦後、日本国民の枠から排除される結果となった現在の在日韓国・朝鮮人、在日中国人、在日台湾人を中心とした旧皇民達がそれであり、とりわけ旧皇民の兵士達が、それである。ここに、現在の在日外国人である旧臣民カテゴリーと戦争の死者のカテゴリーの、戦後日本における相似の意味合いが示されている。在日韓国・朝鮮人の元皇軍兵士出身者による、現在、在日外国人の元兵士が軍人恩給の対象から外されていることへの異議申し立ては、形としては、日本人の戦争の死者を含む兵士経験者と彼らの間の差別待遇に対してなされているが、その基底に、戦後社会に対する戦争の死者からの異議申し立てと同方向のものを含んでいることが、理解されなければならない。

＊20 柳田国男が一九四六年に「先祖の話」を刊行して提案したのは、異境で非業の死を遂げた日本の若者の家に、さらに若い日本の若者たちが「養子」として入り、戦争の死者を「ご先祖」とする新しい「家」を建て、慰霊するという方式だった。その提案のもっていた靖国「英霊」信仰解体の可能性について、後に、「死が死として集まる、そういう場所。」で考察している（『すばる』二〇一五年九月号、その後『言葉の降る日』岩波書店、二〇一六年に収録）。

＊21 江藤淳「生者の視線と死者の視線」（江藤淳・小堀桂一郎編『靖国論集——日本の鎮魂の伝統のために』日本教文社、一九八六年、所収、初出一九八六年四月）

＊22 高橋紘『象徴天皇』岩波新書、一九八七年。

＊23　たとえば丹生谷貴志「文藝時評'98第四回・『真の戦後』、『真の荒野』」（『文藝』一九九九年冬季号）。そこで丹生谷は、戦争の死者は理念の下に死んだのではなく、「『出来事』の中に解体」する中、「『理念』が機能停止した場所において戦う」のではないかといっているが、それは当然のことである。問題はにもかかわらず、わたし達が戦争の死者と関係を結ぼうとすれば、彼をその「できごと」としての戦場での死へともたらした関係性の枠が、意味として残る、ということにある（でなければどんな死も単に「意味づけられない」死となる。戦争の死者と関係をもつことはナンセンスとなるだろう）。丹生谷はまた、一国民国家のゲーム・プレーヤーとしての義務をフェアネスと呼び、「内的な分裂と外部から見なされる時の『一体性』は矛盾しない。内アナルシー的な戦後的国民国家はその内的分裂と外的フェアネスの引き受けにおいて、例えば『謝罪』を行うことになるはずである」とノーテンキなことをいうが、それはわたしのかねての主張であり、外的フェアネスに必要とされるそのゲームのプレーヤーの資格をもつために、ここにいわれる「謝罪」は必要とされているのである。

＊24　このあたりの記述に関し、戦後のわたし達と自国の戦争の死者の関係について考えるのはよいが、ではその自国の戦争の死者に殺害された他国の無辜の死者との関係はどうなるのか、と疑問に感じる読者が出てくるかもしれない。しかしここでの問題の起点は、わたし達が戦前と戦後の「つながり」を何らかの意味で作りださなければ、他国の人間と了解可能な関係をもてないということである。自国の戦争の死者との新しい「関係」を作り出せなけ

れば、他国の死者の前に「わたし達」が立つことにはならないのではないかとわたしは考えている。わたし達の一人一人が、このような関係の場では、「わたし達の一員」であることから自由に、「わたし達の他者」である他者には出会えない理由は、今回、坂本の所論を手がかりに述べた通りである。わたし達は戦前に侵略行為をした。その戦前とのつながりがなければ、わたし達は、その「罪」を引き受けなくともよい。他国の死者への「謝罪」は、自国の死者との「つながり」によって、そこから現れてくる。

＊25　家永三郎「十五年戦争による死をどう考えるか」（『歴史と責任』中央大学出版部、一九七九年）。なお、わたしはこの家永の文章を十年以上ぶりに再読した有泉貞夫の論考「太平洋戦争史観の変遷」（『アステイオン』一九八八年夏季号）によって教えられた。この有泉の論考に初読の時と同様、示唆されるところが多かった。また、今回の論の推敲において、本稿発表の後、有泉から受けた厳しい批判が有益だった。

＊26　たとえば、戦争の死者を戦争による犠牲者と考え、このような戦争を二度と繰り返さないために、何事かをすることが、これらの戦争の死者（犠牲者）に報いる道だという考えがある。この考え方の問題点は、次のようにいうと取り出される。もし、家永とは違い、自分も戦争期を無批判に過ごし、その後、戦後になってはじめて、日本の関与した太平洋・アジア戦争の侵略的性格を知って、深く反省した人物（つまり一般的に想定される戦後的な人間）が、右のように考えるとしよう。その場合には、彼は、戦争の死者を戦争の犠牲者と考え、いわばその死者がどう考えて戦場に赴いたか、という点を脱落させた客体一方としての

観点からその死者を見ることで、第一に、了解不可能性ともいうべきものとしてある死者の尊厳、あるいは他者性を無視している。そこで死者は、彼の（きっと戦争になど行きたくなかったに違いないという）想像のままに動かされている。また、第二に、そのことを通じて、彼は、彼自身が、戦争下においてはたとえば丸山真男や家永のようにこれを批判視していたわけでもないこと、それが戦後、反省によって、戦争を批判視するようになったこと、つまり、彼自身の中における戦前と戦後の「つながらなさ」からくる問題を、回避するという自己欺瞞を犯している。彼は、戦争を二度と繰り返さないことが、戦争の犠牲者に報いることだといいながら、いわば戦争の問題を浅く渡り、かつ自分の問題を回避しつつ、そのことに気づかずにすんでいるのである。これは、深い自己欺瞞の一例ではないだろうか。

＊27　奥野健男『三島由紀夫伝説』新潮文庫、二〇〇〇年、初出、一九九三年。

＊28　同前、一五八～一六四頁、一六七頁。

＊29　三島由紀夫「私の中の二十五年」（『蘭陵王――三島由紀夫　一九六七・一～一九七〇・一一』新潮社、一九七一年）初出は『サンケイ新聞』一九七〇年七月七日。

＊30　ここにいう「戦争の死者」とぴったりと重なるのではないが、三島は一九七〇年、小高根二郎の『蓮田善明とその死』に序を寄せ、蓮田善明にふれ、こう書いている。「氏（蓮田善明――引用者）が二度目の応召で、事実上、小高根氏のいはゆる『賜死』の旅に旅立つたとき、のこる私に何か大事なものを託して行つた筈だが、不明な私は永いこと何を託されたかがわからなかつた。少なくとも氏の最期を聞いたとき、それをすぐさま直感すべきであ

つた筈が、戦後私は小説家といふものにならうと志してゐて、青年のシニシズム（好んで青年が着るもつとも醜い衣装！）で身を鎧ひ、未来に対しても、過去に対しても、見ざる聞かざる言はざるの三猿を決め込んでゐた」。

＊31　橋川は、「美の論理と政治の論理――三島由紀夫『文化防衛論』に触れて」（『中央公論』一九六八年九月号）の中で、美と政治をめぐる三島の論理的矛盾を衝いている（橋川文三『三島由紀夫論集成』深夜叢書社、一九九九年、所収）。

＊32　三島由紀夫『英霊の聲』河出書房新社、一九六六年。三島はこの作品が雑誌発表になった直後にこれを「十日の菊」、「憂国」といっしょに「二・二六事件三部作」として単行本で上梓した。この作品の昭和天皇への批判の「意味」をめくらましするためになされたことだが、それについては加藤「一九五九年の結婚」（後出注33）を参照。

＊33　わたしは先に、三島の「英霊の聲」を扱った際、この「何者とも知れぬと云おうか、何者かのあいまいな顔」が「実在のある人物を指示している」と書いて、これが昭和天皇の顔であることを暗に示した（「一九五九年の結婚」一九八八年九月執筆、『日本風景論』講談社、一九九〇年、所収）。この当時は、小説の読みとしてそうとしか考えられないと思ったものの、確証がないので、当時昭和天皇が生存していたこともあり、不確かな記述は生きている個人に対し、失礼と考え、このような言い方にとどめた。しかし、昭和天皇の死後刊行された堂本正樹の『劇人三島由紀夫』（劇書房、一九九四年）によれば、ここにいう「あいまいな顔」とは、やはり昭和天皇のことのようである。堂本は、次の三島自身の言葉を、自

分の記憶の一こまとして、伝えている。「(この「あいまいな顔」は、筆者が個人的に三島から教えられた断片的示唆によると、「あれはネ、ヒロヒトの顔なんだよ」、だとある。ただし当時何気なく聞き流したので、それだけで終ってしまった)」(同書五五頁)。

＊34　「二・二六事件」の死者と「大東亜戦争」の死者を「兄弟(兄神・弟神)」とし、「一緒くた」にすることが、無理のあることに三島が気づいていただろうことは、最初に降霊する「二・二六事件」の青年将校の死者たちが、「南の島につどう」霊であると作者により設定されているところによく現れている。戦争の死者、特別攻撃隊の死者が、その死んだ「南の島」にいるのはわかるが、そういうなら、二・二六事件の死者の霊は、東京にいるのでなければならない。彼らは「南の島」とはなんら関係がない。そういう霊を、別の場所に転送しなくてはならなかったところに、作者の苦衷が見えている。

＊35　大澤真幸、注2前掲、六二頁。

＊36　同前、七四頁。

＊37　なお、加藤は、このあと書かれた『人類が永遠に続くのではないとしたら』(新潮社、二〇一四年)のなかで、このライプニッツの『自然法の諸要素』に示された偶然性(偶有性)の考えを受け、自分なりの偶然性論を展開している。同、第一〇章「しないことができることの彼方」を参照のこと。

あとがき

これは、一九九八年八月から一年間、隔月で『群像』に連載した「戦後的思考」を、連載完了後、半年ほどをかけて推敲し、四部構成の批評に再構成したものである。六回の連載の順序と内容はほぼ雑誌掲載のままだが、執筆時にまだ予感としてしか抱かれていなかったものを、明確な批評的形姿をもったものとして提出するため、だいぶ手を加えている。

一回の連載がほぼ平均一三〇枚という異例の長さでの隔月連載となったために、連載期間はかなりの精神的緊張を強いられた。さらに、仕事に入る際の踏切板として、眼前に前著『敗戦後論』に対する膨大な批判が横たわるといういわば嵐の海に向けての出帆だったこともあり、作業を終了したいま、荒仕事を終えたという感じが、身体に残っている。

内容は、読んでいただければわかる通り、『敗戦後論』への批判を受けた著者による、それを踏まえたうえでの、戦後をめぐる第二弾としての考察である。敗戦体験がどのような世界性をもつか、わたし達の戦後という経験がわたし達の生きる狭義の戦後世界と広義の近代世界の中で、どんな意味をたたえているか、ということを、できるだけ、既成の日本の枠の中にとどまらない、広い視野の中で考えてみた。これを、この間現れたわたしへの批判に対する、回答と受けてもらっても、再挑戦と受けとめてもらっても、構わない。続『敗戦後論』というつもりで構想したが、書き終わってみて、当初考えていたよりも多くのことが考えられた。前著より、遠くまでゆけたのではないかと思っている。

前著に収めた後ろの二編が、三年前、パリで執筆されたと同様、これは偶然だが、この論の推敲作業のもっともきつい部分も、パリの市井のただなかで行われた。

ほとんど日にちの感覚を失うほど、二週間余りの間、これに没頭し、苦しみ、問題の明晰化につとめたが、もうこういうことは、わたしの人生では、ないだろう。

夕暮れ、仕事でぼおっとした頭をかかえて、部屋をおり、歩いて数分のところにある、ムフタール通りを上った、デカルト通りとの境目にあるコントルスカルプ広場のカフェで、行き交う人や、犬、風に揺れる木を眺めたりした。ここは、好きなヘミングウェイの『移動祝祭日』というパリ生活記に出てくる、若き日の彼がよく出入りしたカフェである。部屋では、窓べりに小さい四角形のテーブルをすえ、仕事を続けたが、その日本風にいえば三階の窓にも、いつも下のギリシャ・レストランから、裏のゴミ置き場の空隙を上がって、裏町のおっかさんの声、地中海の調べが上ってきた。

戦後についてまとめて書くのは、これを最後にしたいという気がしているが、わたしにとっては、『敗戦後論』とこの本と、日本の戦後に関する考察を、ともにこのような空気の乾いたパリの街の気分の中で行えたのは、幸運なことだった。

『敗戦後論』の時と同様、雑誌への掲載時には、『群像』の寺西直裕氏に、単行本化に関しては、講談社文芸第一出版部の見田葉子氏に、言葉にいいあらわせないお世話を受けている。他に、ドイツ関係の文献、調査で協力を惜しまなかった友人の瀬尾育生、読書会等を通じ、ヘーゲルへの目を開いてくれた恩師の西研の名前をここにあげておきたい。『群像』での連載においては、寺西氏のほかに、籠島雅雄編集長をはじめ編集部、校閲部、印刷所の方々にも、迷惑をおかけしている。また、単行本の準備段階では数度にわたり、見田氏の手を煩わせた。本の執筆は、編集者との共同作業とは、よくいわれることだが、このような卓越した編集者の助力に恵まれることは、控えめにいっても、異例のことというべきだろう。さらに、第一部に取りあげた白楽晴氏の訳者李順愛氏からの疑問など、連載時の誤り、疑問点の数々に、著者と編集部宛て、便りをくださった幾人かの読者の鋭い指摘にも、深く助けられている。装丁は、前著に続き、平野甲賀氏に素晴らしいものを用意していただいた。つくづくよい、編集者と読者、関係者にめぐまれたと感謝している。皆さん、ありがとう。何とか、大きな仕事をやりとげることができました。

最後に、この本を、大学時代の恩師、戦争世代の一人として戦後を生きた、いまは亡き平井啓之先生の霊に捧げたい。平井先生、ご苦労様でした。「軍服を着た中原中也」、宮野尾文平という素晴らしい詩人を教えていただきました。安らかにお休み下さい。

一九九九年九月　パリにて

加藤典洋

文芸文庫版のためのあとがき

著者から読者へ

加藤典洋

この本、『戦後的思考』は、自分の気持ちとしては『敗戦後論』の続編のつもりで書いた。先で書いてわかってもらえなかったところも、ここまで書けば文句ないだろうという気持ちがあった。

いま、改めて読み直すと、そのときの気持ちがよみがえってくる。批判を受けた人間として、正面からこの批判を受けとめ、これを「黙らせよう」と、このときだけは、手加減なし、批判者たちの「息の根」をとめるつもりで書いたのだが、意外にも、批判者たちからの再反論はなかった。読まれなかったのかもしれない。あるいは飽きられた、もしくは呆れられたのだったかもしれない。

この年、ほぼ同時期に書き下ろした『日本の無思想』（一九九九年五月刊、二〇一五年一二月、『増補改訂　日本の無思想』として平凡社ライブラリーより再刊）に続き、この「続編」の連載と推敲を終え、一九九九年十一月、ようやく刊行にこぎつけた際には自分なりの手応えを感じたものだが、あまり反響はなく、勢いが収まらないまま、続けて書き下ろした『日本人の自画像』（二〇〇〇年三月刊。二〇一七年一月、岩波現代文庫より再刊予定）を世に送りだしたときには、マラソンでトップを走っているつもりが、後ろを振り返ったら、誰もいない、という感じに襲われたのを、昨日のことのように覚えている。

自分が走路を間違ったのか、それとも私の追跡者たちが私を追いきれずに見失ったのか。そのことに確信がもてず、それからしばらくだいぶ留守にしていた文学の世界に戻り、同時代の小説、文学理論の方面に手を染めたが、このときのこの本への反響のなさへの落胆からか、それから十七年間というもの、一度もこの本を読み返さなかった。

このたび、まったく意外にもこの分厚い本を講談社の文芸文庫に入れてくれるという話をもらったときも、果たしてこのように「徹底的に考え詰められた」ものが、いまの「震災後」の世に受け入れられるのかと不審にすら思ったが、送られてきたゲラを読み出したら、やめることができない。そのまま、数日間、寸暇を惜しむようにして、最後まで、精読して読了した。そして、よくぞここまで書いたものと、ひそかに、かつての自分を慰労したい気持ちに襲われた。

一番驚いたのは、この本がきわめて明快なメッセージに貫かれ、きわめて読みやすい文体をもっていたことである。また、現在の関心から読んでも、内容が少しも古びていないと感じられる。途中、登山でいうとかなりの高度にいたり、酸素が少なくなり、歩みが緩慢になる個所があるけれども、そのままにしておいた。この本を手に取るほどの人なら、という意味は、それくらいの知的な好奇心と生きる元気をもつ人なら、初速で読み切ってもらえるだろうと、楽観している。

内容について、またその程度について、著者がいらぬことを語るよりも、読んでもらえたら、それがいちばん、手っとり早い。一部、吉本隆明の「転向論」、ヴァレリーの『テスト氏』、最終篇の「偶有性」をめぐる個所に手を加えたほか、現時点の見地からいくつか新しい注を施したが、それ以外は、ほぼ単行本のままである。

とにかく、私にとってこのうえなく大事な本が十七年を経て、ひそかに三部作を目して書いたほかの同時期の二著作ともども、文庫のかたちで「蘇生」しようとしている。よくぞこの逆境の時期を生き残ったものである。雑誌連載時につきあってもらったもと講談社の寺西直裕さん、単行本でお世話になった現文芸第一出版部の見田葉子さん、そして今回、これを文芸文庫に入れてくださるもと『群像』編集長でいま文芸文庫の松沢賢二さん、文芸文庫編集長の森山悦子さんに、深く感謝する。

最後に。

この本を捧げている平井啓之先生をめぐって、一言述べておきたい。平井さんは「わだつみ会」元常任理事。ランボオとプルーストの研究家。サルトルの同伴者として知られ、最晩年はドゥルーズを読まれた。一九九二年に急逝されている。途中、私の信屈さから、ぶつかりもしたが、終始私に優しく対してくださり、唯一、東京大学の学生時代に「先生」と呼べる人だった。また、題辞にかかげた平井さんの旧制三高時代の親友、宮野尾文平は、よい詩を書き、戦争で死んでいるのだが、奇しくも、もう一人、大学を出てから後年、深くおつきあいさせていただいた仏文学者、批評家の多田道太郎さんの、やはり旧制高校時代の親友でもあった。多田さんは、二〇〇七年に亡くなられた。平井さんは一九二一年生まれ。宮野尾文平は一九二三年生まれ。多田さんは一九二四年生まれ。みな戦争世代の人。そして彼ら三人に一九四八年に生まれた私を加えた四人の共通性は、詩人中原中也への極度の偏愛である。この場を借りて、多田道太郎さんにも、生前、お世話になったお礼をもうしあげる。

年齢順に、平井さんのあと、鶴見俊輔さん、吉本隆明さん、多田さんと、長く、親しくしていただいた先行者たちがこの間、亡くなっている。私が深くつきあった人々は、多く戦中派と呼ばれた人々である。この人たちの謦咳に接し、多くを学び、私がもっとも力を注いで書いた本を、今度こそ、ぜひ多くの人に、読んでいただければありがたい。

解説は東浩紀さんに引き受けていただいた。そのことを光栄に思う。東さんにも感謝する。

二〇一六年九月

加藤典洋

政治のなかの文学の場所

解説

東　浩紀

本書『戦後的思考』に収められた六つの文章は、いずれも、本書（単行本版は一九九九年に刊行）の二年前に出版された『敗戦後論』を出発点とし、同書に向けられた数多くの批判に対する再批判として書かれている。

一九九〇年代から二〇〇〇年代にかけて、日本の論壇では、政治学者、歴史学者から文学者まで、多様なプレイヤーを巻き込み、第二次大戦の評価や戦後日本の主体性をめぐって大きな論争が起きた。加藤の『敗戦後論』はその幕を開いた書物であり、一連の論争はときに「歴史主体論争」と総称される。本書はその『敗戦後論』の続編にあたる書物であり、論争を振り返るうえで欠かせない文献のひとつだ。

とはいえ、ぼくはあまりここでその論争自体に立ち入るつもりはない。そもそもはじめに断っておけば、ぼくはその論争に関して、必ずしも加藤典洋のよい読者ではない。それどころか、むしろぼくは、本来なら、加藤の「敵」側の陣営に分類されるはずの書き手である。

ぼくは『敗戦後論』が出版された当時、批評誌『批評空間』で論文を発表しつつ、東京大学大学院総合文化研究科に学生として籍を置いていた。前者の編集委員には柄谷行人がいて、後者では高橋哲哉の指導を受けていた。柄谷は、加藤が『敗戦後論』で批判対象とした「湾岸戦争に反対する文学者声明」の中心人物であり、高橋は、のち加藤に対しもっとも痛烈な批判を向ける哲学者である。つまりはぼくは当時、奇しくも、加藤ともっとも敵対する二人の人物のもとで仕事をしていた。実際に柄谷と高橋はともに『批評空間』で加藤を批判する座談会を行ってもいて、まだ二〇代だったぼくには、その磁場から抜け出すのはむずかしかった。恥ずかしながら告白すれば、当時のぼくは、『敗戦後論』を、反動的な文芸評論家が記したよくわからない本ぐらいにしか認識していなかったのである。

その認識が変わったのは、つい最近、ようやく昨年（二〇一五年）になってのことである。ぼくはいま、『ゲンロン』という批評誌の編集長を務め、この四〇年ほどの批評の歩みを振り返る連続座談会を行っている。その第二回で一九九〇年代の批評を対象とすることになり、時代を代表する書物として『敗戦後論』の名が挙がった。そこで一八年ぶりに同書を手に取ってみたのだが、一読して大きな衝撃を受けた。かつてのぼくは、この本をいっさい読めていなかった。今回ぼくが解説を書かせていただいているのは、ぼくがその衝撃を『ゲンロン』誌上で語り、その発言が加藤の目にとまったからだ。

ではぼくはなにを新たに発見したのか。だれもが知るように、戦後日本は分裂を抱えている。戦前の日本を肯定する立場と否定する立場の分裂である。一般にはそれは、保守と革新、改憲と護憲、愛国とリベラルといった政治的主張の対立と見なされている。けれども加藤はそれは、イデオロギーの対立というより、むしろアイデンティティの分裂として捉えたほうが正確だと考えた。加藤によれば、戦後日本は、敗戦という外傷のため「人格分裂」を病んでおり、そのせいで言論空間の全体が歪んでいる。したがってぼくたちはまず分裂した人格を統合しなければならない。ひらたく言えば、それが『敗戦後論』の中核にある主張である。

この主張は当時、時代遅れのナショナリズム（国民国家の統合）を説く右派の思想と理解され、おもに左派の言論人によって厳しい批判を受けた。前出の柄谷や高橋もそこに含まれる。いまのぼくには、その批判自体がすでに的外れに思われるが、ここではそちらには立ち入らない。

むしろ昨年、一八年ぶりの再読でぼくが気づきあらためて驚いたのは、この本が、いまはおもに社会学や政治思想の文脈で読まれる書物であるにもかかわらず、実際には半分近くが文学の話題に割かれており、また加藤もその重要性を繰り返し強調しているという事実に対してである。『敗戦後論』は三章から成っており、第二章と第三章は、独立した論文として発表された第一章に向けられた批判への応答として書かれている。そして第一章は、歴史主体論争の出発点にふさわしく、靖国参拝や改憲の是非といった、すぐれて政治的な主題について書かれている。しかし、その第一章の続編として書かれたはずにもかかわらず、加藤が第二章で展開しているのは太宰治論であり、第三章で注目するのも、引用元こそ政治思想家のハンナ・アーレントのテクストではあるものの、「語り口」の質というとても周縁的な問題なのである。加藤はそこでは、彼が提起する問題は「フリッパント」（軽薄）な「語り口」抜きには理解できない、それゆえ前出の高橋のようなあまりにも堅苦しい、論理一辺倒の哲学的批判は無効なのだといった、いっけん奇妙な主張を展開している。

加藤のこの主張の重要性は、論争当時はほとんど理解されなかった。むしろ稚拙なはぐらかしぐらいに受け止められていた。ぼくも同じように感じたことを記憶している。けれどもいまのぼくには、そこで加藤が「語り口」に固執したことこそが決定的に重要だったことがよくわかる。なぜならば、それは、なぜぼくたちが「文学」を必要とするのか、その根源的な理由に触れる考察になっているからである。

日本人の自己意識は敗戦という外傷のため分裂している。分裂のため近隣諸国との関係もねじれている。そのねじれは、もはや単純な謝罪や事実確認で解きほぐせるものではない。日本と近隣諸国の関係は、いまや、こじれた夫婦や友人関係のように、あるひとに謝罪することが別のひとを激怒させ、新たな事実の確認が別の疑いを生み出す、そのような無限の悪循環に囚われている。このような事態は論理の言葉では解きほぐせない。被害者の心は論理では癒えないし、加害者の猜疑心も論理では解体できない。ではどうするか。

加藤によれば、文学の言葉が必要とされるのはまさにそこである。論理は共同体しか構築することができない。あるひとを共同体に入れ、そのかわりに別のひとを排除する、そういった境界で世界を整理することしかできない。したがってそこでは、どうしても、あるひとには謝罪して別のひとには謝罪しないといった、序列や不公平の問題が生まれることになる。戦死者の追悼が厄介なのは、まさにその序列が問題になるからだ。けれども、文学の言葉は、共同体の手前にある「私性」と共同体の彼方にある「公共性」とを排除の論理の媒介なしに直結させてしまう、まったく別種の力をもっている。たとえばそこでは、あるひとに謝罪したことが、その特定のひとりのひとへの謝罪であるままに全人類への謝罪となるような、逆説と普遍の回路が出現しうる。キリストの問題がまさにそれである。加藤はそこにこそ、現代の日本が陥った苦境の解消の可能性を見る。だから彼は太宰の話をし、アーレントの「語り口」の話をするのである。

この点で『敗戦後論』は、一種の文学擁護論として読める。けれども、それはけっして文学者の自己弁護のため書かれたものではない。加藤が『敗戦後論』で指摘したねじれや分裂は、出版から一九年を経たいまも、ほぼ変わらず残り続けているからである。日本社会はいまも敗戦を克服していない。愛国とリベラル、改憲と護憲、右派と左派はいまだに罵詈雑言を浴びせあっているし、アジア諸国との関係はますますこじれている。人格の分裂はより先鋭になり、言説の歪みはより深刻になっている。その状況は、加藤の論を敷衍すれば、ぼくたちの社会がいまこそ文学の言葉を必要とし、にもかかわらずそれを与えられていないことを意味している。

いまの日本には娯楽小説はたくさん存在するが、文学はほぼ存在しない。みな文学の必要すら忘れ始めている。けれども、日本社会にいま足りないのは、愛国とリベラル、改憲と護憲、そのどちらが正しいかを決める論理ではなく、ましてや「エビデンス」などでもなく、対立そのものを止揚する和解の言葉なのだ。宗教がほぼ機能しないこの国では、それはおそらくは文学からしか出てこない。ぼくたちは、文学の力を借りなければ、けっして過去の亡霊から身を引きはがすことができない。加藤の指摘は、いまなお、この国に重い課題を投げかけ続けている。

さて、冒頭にも記したように、本書『戦後的思考』は、『敗戦後論』のいわば続編として編まれた評論集である。それゆえ本書には、ここまで見てきたような文学の機能をめぐる思考を、より豊かに肉付けし、より遠くまで引き延ばすための文章がいくつも収められている。読者にはぜひ、本書を右や左といった政治的な立場に押し込めるのではなく、以上の複雑なパースペクティブを理解したうえで、加藤の思考をていねいに追っていってほしいと思う。歴史主体論争以降、一部のアカデミズム、とりわけ北米の日本研究者のあいだでは、加藤といえば保守派の批評家であり、「歴史修正主義者」であるという評価が定着していると聞く。すでにおわかりのとおり、それはあまりにも貧しい理解である。

本書ではさまざまな固有名が扱われており、それぞれで固有の問題が分析されている。しかし、その前提のうえであえて言うとすれば、本書の軸をなすのは、第四章のヘーゲル論および第五章のルソー論である。

ぼくはさきほど、文学の言葉は、共同体の手前にある「私性」と共同体の彼方にある「公共性」とを、論理の言葉とは違う回路で直結させるものなのだと記した。けれども加藤はここで、まさにその直結のメカニズムを、ヘーゲルとルソーの再読を通じて論理の言葉で記述しようと試みている。

アーレントは公と私を分けた。言い換えれば政治と文学を分けた。そして公＝政治から私＝文学を排除しようとした（実際にはこれはアーレントにかぎらず多くの社会思想家に共通する傾向である）。けれども本当の公＝政治は、私＝文学のなかからしか、すなわち私利私欲の徹底からしか出てこない。それがヘーゲルとルソーの発見であり、また近代の発見だったというのが、この二章で加藤が言おうとしていることである。哲学研究の文脈でその再読がどこまで説得力をもつものなのか、それは専門家の判断に委ねるほかない。しかし、本書の構成においては、この議論こそが一種の基礎理論として機能している。第一章のヤスパース論、第二章の吉本隆明論、第五章のドストエフスキー論、第六章の三島由紀夫論などは、すべて、私＝文学こそが公＝政治につながる逆説の回路を前提としたうえで、私利私欲の徹底が公共的なるものにぱたりと変質する、その「転向」の瞬間を捉えようとした応用論文である。加藤の文章は、文芸評論に慣れない読者からは、しばしば論旨が追いにくいと評価を受けることがある。そのような読者には、ぼくはまず第四章と第五章から読むことをお勧めする。

私利私欲の徹底が公に通じる。それは、別の言い方をすれば、ひとは悪いことをしたからといってすべてを告白できるわけではないし、またすべての告白が必ずしも正義につながるわけでもないということである。ひとは、秘密をもつことで、あるいは罪を抱えることで、むしろ公共的になれることがある。それが『敗戦後論』と『戦後的思考』の二冊を貫く加藤の人間観である。

それは真理である。けれどもそれは、おそらくは、読者の側にあるていどの成熟を要求するタイプの真理でもあるだろう。悪いことをしたら謝ればいいじゃないか、事実の認定に齟齬があるならしっかり調べればいいじゃないか、それで和解できないのならばとことん話し合えばいいし、たとえそれが苦痛だったとしてもそれが加害者の責務であり倫理というものじゃないか。若いころはそんなふうに考えがちだし、またそれが必ずしも過ちというわけでもない。ただ、年齢を重ね、経験を重ねれば、人間がそのようにまっすぐにはできていないこともまた認識できてくる。加藤の議論はその経験を前提にしている。だからぼくは、さきほどは柄谷や高橋の磁場について記したが、本当はそんな磁場がなかったとしても、二〇代の大学院生のぼくには『敗戦後論』はもともと理解できなかったのではないかとも思う。

加藤の評論は若い読者には向かないかもしれない。むろん論理は追うことができる。けれどもどこかで決定的に経験の蓄積を必要とするところがある。そんな文章は批評の名に値しないと退けるのもいい。それもまた読者の権利だ。

けれどもそうでなければ、ぼくは本書を、むしろ若い、頭でっかちの、かつてのぼくのような理屈っぽい読者にこそ読んでもらいたいと思う。理解しなくてもいいので、読んだことを覚えておいてほしいと思う。なぜならば、きみたちが本書を読み躓くであろう場所、そここそがいつかきみたちが現実でも躓く場所だからである。

年譜

加藤典洋

一九四八年（昭和二三年）
四月一日、山形県山形市に生れる。父光男、母美宇の次男。父は山形県の警察官。
一九五三年（昭和二八年）　五歳
幼稚園の入園試験に落第。
一九五四年（昭和二九年）　六歳
四月、山形市立第四小学校入学。
一九五六年（昭和三一年）　八歳
六月、父の転勤に伴い新庄市立新庄小学校に転校。
一九五八年（昭和三三年）　一〇歳
四月、鶴岡市立朝陽第一小学校に転校。一〇月、山形市立第八小学校に転校。
一九五九年（昭和三四年）　一一歳
四月、高校受験を控えた三歳年上の兄光洋を山形に残し、一家は転勤に伴い引っ越す。尾花沢市立尾花沢小学校に転校。家にあった『シートン動物記』全六巻を愛読。貸本屋に入りびたり、白土三平、つげ義春などの漫画、講談社版『少年少女世界文学全集』などを耽読する。家にテレビが入り、草創期のテレビで米国の番組、とりわけ無名時代のジェイムズ・コバーンの出る「風雲クロンダイク」に夢中になる。
一九六〇年（昭和三五年）　一二歳
四月、尾花沢市立尾花沢中学校入学。

一九六一年（昭和三六年）一三歳
四月、山形市立第一中学校に転校。志賀直哉、井上靖『あすなろ物語』、吉川英治『宮本武蔵』などのほか、デュマ『モンテ・クリスト伯』と間違って借り出したロマン・ロラン『ジャン・クリストフ』などに親しむ。
一九六三年（昭和三八年）一五歳
四月、山形県立山形東高等学校入学。弓道部ついで文芸部に入部。ヘルマン・ヘッセ『デミアン』、堀辰雄『聖家族』などに親しむ。
一九六四年（昭和三九年）一六歳
友人戸沢聰、村川光敏と同人雑誌を発刊。六月、家にあった『文學界』バックナンバーに連載中の大江健三郎『日常生活の冒険』を読み、同時代の日本文学の面白さに驚倒。手に入る大江健三郎の小説作品すべてを買い求めて読む。県立図書館から借り出した奥野健男の評論集『文学的制覇』を手がかりに倉橋由美子を知り、愛読。ほかに島尾敏雄、安部公房、三島由紀夫などを読む。コリン・ウィルソン『アウトサイダー』を手引きにドストエフスキー、ニーチェなどを知る。
一九六五年（昭和四〇年）一七歳
二月、新潮社より刊行された『現代フランス文学13人集』によってヌーヴォ・ロマンを知る。四月、父が鶴岡に転勤になり、一人山形に残って下宿。県立図書館から現代詩のシリーズを借り出し、鮎川信夫、田村隆一らの『荒地』グループを知る。『現代詩手帖』、『美術手帖』を愛読。詩人では特に長田弘、渡辺武信を好んだ。また市内の映画館でジャン・リュック・ゴダール「軽蔑」、フランソワ・トリュフォー「突然炎のごとく」、「ピアニストを撃て」を見、フランス現代映画のとりことなる。秋、山形東高文芸部誌『季節』第三〇号に小説「午後」と映画評「『軽蔑』について」を発表。山形北高の教師津金今朝夫氏にロレンス・ダレルの存在を教えられる。

一九六六年（昭和四一年）　一八歳
四月、東京大学文科三類入学。東京都狛江市のアパートに兄と同居。近所に住んでいたクラスの友人斎藤勝彦の影響で小林秀雄を読みはじめる。九月より杉並区高井戸に一人引っ越す。本屋で見つけたJ・M・G・ル・クレジオの『調書』に刺戟を受ける。ドストエフスキー、ヘンリー・ミラー、カフカ、リルケ、ゲーテ、トーマス・マンなどを読む。学内サークル「文学集団」に所属。竹村直之、若森栄樹、石山伊佐夫らを知る。初夏、ビートルズ来日。フーテン風俗周辺の新宿東口、歌舞伎町、新宿二丁目、渋谷百軒店界隈でジャズなどを聴き、那須路郎、星野忠、鈴木一平らと遊ぶ。

一九六七年（昭和四二年）　一九歳
四月、応募小説『手帖』が教養学部の銀杏並樹賞第一席入賞、学友会雑誌『学園』第四一号に掲載。一二月、同じ作品を『第二次東大文学』創刊号に転載。「文学集団」の一学年下に芝山幹郎、藤原利一（伊織）、平石貴樹がいた。ロートレアモン、ランボオ、ジャリ、アルトー、ダダイズムの諸作品などを耽読。フィリップ・ソレルス、ジャン・ルネ・ユグナンなど初期『テル・ケル』の書き手などに親しむ。受賞をきっかけにクラス担任の教師でもあった仏文学者平井啓之先生の知遇を得る。九月、杉並区阿佐谷に引っ越す。一〇月八日、第一次羽田闘争。前日友人に誘われ、断っていたが、翌日朝の新聞で炎上する装甲車を空から撮った写真を見、京大生山崎博昭が死亡したことを知って衝撃を受ける。一一月一一日、エスペランチスト由比忠之進が首相佐藤栄作の北爆支持に抗議して焼身自殺。翌一二日、第二次羽田闘争で生まれてはじめてデモに参加する。

一九六八年（昭和四三年）　二〇歳
三月、一月以来の医学部の無期限ストライキのあおりを受け、東大卒業式中止。四月、東京大学文学部仏語仏文学科に進学。本郷に移るが、雰囲気になじめず、一年間の休学を決め、友人荻野素彦夫妻の住む大阪釜が崎・喫茶「銀河」付近で寄食生活をするが、大学闘争が全学に広まる気配となり、六月、帰京。その間、五月、パリで五月革命。七月、医学部を中心に東大闘争が全学に広がるにつれ、学友会委員に名を連ねていたことなどから闘争にしだいに関与する。四月、鈴木沙那美（貞美）、窪田晌（高明）らの同人雑誌『変触』第一号の特集「フィリップ・ソレルス『ドラマ』をめぐって」に「ソレルスに関しての試み・1」を、一〇月、同誌第二号に小説「男友達」、評論「〈意識と感受について〉前書き――ソレルスに関しての試み・その2」を発表。同月、東大全学無期限ストを決定。同月二一日、国際反戦デー新宿騒乱。一二月、東大次年度入試中止決定。世田谷区松原に引っ越す。なお、この年より、受験生対象の学生組織である東大文化指導会の機関誌『$\alpha\beta$』の編集部員となり、九月、同誌にエッセイ「閉ざられた傷口についての覚え書」を、一二月、「岸上大作ノオト――ぼく達のためのノオト」（無署名）を寄稿する。

一九六九年（昭和四四年）　二一歳

一月、『$\alpha\beta$』に李賀の詩にふれ「巻頭言」（無署名）を寄稿。同月一八、一九日、安田講堂攻防戦。三月、下宿を出るように言われ、武蔵野市吉祥寺に引っ越す。五月、『$\alpha\beta$』の特集「東大を揺るがした一カ年」にエッセイ「黙否する午前――〈東大闘争〉の提起している問題」を寄稿。九月、日比谷野外音楽堂での全国全共闘連合結成大会、赤軍派の出現を目撃。これを契機に以後全共闘運動は終熄にむかう。この年、プルースト、ジュネなどを読む。

一九七〇年（昭和四五年）　二二歳

無期限ストに終結宣言が出ないため、時々孤立した文学部共闘会議の少数の集まりに参加するほか、部屋で無為にすごす。講義には出ず、卒業論文はスト続行中につき、指導教員なしで執筆することを決める。ただ一人読める日本語の書き手として中原中也の詩と散文を読みつぐ。『ガロ』の漫画家安部慎一の作品を偏愛する。五月、『現代詩手帖』にエッセイ「〈背後の木〉はどのように佇立しているか」を、九月、友人藤井貞和のすすめで『犯罪』第一号に小説「水蠟樹」を発表。またこの年、北海道大学新聞に表現論を数回にわたり、また『都市住宅』に芸術論「〈未空間〉の疾駆」を発表。秋、東京大学をやめ、海外に向かう平井啓之先生と会食。一一月、『現代の眼』編集部の竹村喜一郎氏（現ヘーゲル研究者）から依頼を受け、評論を執筆中、三島由紀夫の自決にあう。この年、東大仏文の大学院の試験を受け落第。

一九七一年（昭和四六年）二三歳
一月、『現代の眼』特集「現代の〈危険思想〉とは何か」に「最大不幸者にむかう幻視」を、三月、同誌の特集「総括・全共闘運動」に「不安の遊牧――〈全共闘〉をみごもる〈表現〉とは何か」を寄稿。世田谷区北沢に引っ越す。以後、就職のため、いくつか出版社を受けるがすべて落ちる。題目を長年準備してきたプルーストからロートレアモンに代え、一二月、指導教員なしのまま卒業論文を提出する。

一九七二年（昭和四七年）二四歳
二月、連合赤軍事件起き、衝撃を受ける。東大仏文の大学院を受けるも再度落第。三月、『現代の眼』に「言葉の蕩尽――ロートレアモン覚え書」を発表。四月、唯一受かった国立国会図書館に就職。閲覧部新聞雑誌課洋雑誌係に配属。以後四年にわたり新聞雑誌の閲覧受付と出納業務、洋雑誌の管理に従事する。一〇月、清野宏、智子の長女清野厚子と結婚。一一月、はじめて妻と中原中也の生まれた山口県湯田を訪れる。

一九七四年（昭和四九年）二六歳
六月、『新潮』に小説「青空」を発表。一一月、長女彩子誕生。

一九七五年（昭和五〇年）二七歳
この年、勤務のかたわら、時折りボクシングの世界タイトルマッチを義弟の運び込むテレビで観戦するほかは中原中也論の執筆に没頭。一二月、『変蝕』第六号に「中原中也の方へ・1」として「初期詩篇の黄昏」を寄稿。

一九七六年（昭和五一年）二八歳
一月、『四次元』第二号に「立身出世という無垢――中原中也の場所について」を発表。四月、国立国会図書館で整理部に異動となり、同第一課新収洋書総合目録係に配属。以後二年間、年に数十万枚に上るカードの整理に従事する。この前後、中原中也論の執筆を継続。

一九七七年（昭和五二年）二九歳
一〇月、長男良誕生。中原中也について書き続けている間生まれた子どもの誕生日がそれぞれ中原の亡児文也の死亡の日（一一月一〇日）、誕生の日（一〇月一八日）と重なったことに因縁を感じる。

一九七八年（昭和五三年）三〇歳
一一月、応募が受理され、国会図書館よりカナダ・ケベック州モントリオール大学東アジア研究所図書館に派遣される（一九八二年二月まで）。モントリオールに降り立ったのがその年最初の吹雪（タンペート）の日だった。同地でフランス語圏カナダ初の日本関係の研究および図書施設の拡充整備業務の傍ら、同大学の研究者に協力し、研究活動のコーディネイト業務等に従事。研究者のロバート・リケット（元和光大学教授）、アラン・ウルフ（元オレゴン大学教授）のほか、同じモントリオールにあるマッギル大学に勤める太田雄三氏（現同大名誉教授）と交遊を深める。日本より送った荷物のうち中原中也論草稿一千数百枚を入れた箱が届かず数年間の仕事が水泡に帰した。

一九七九年（昭和五四年）　三一歳

夏、家族でプリンス・エドワード島で保養。九月、マックギル大学に客員教授としてやってきた鶴見俊輔氏の講義を聴講する（一九八〇年春まで）。当時マックギル大学にいた辻信一（現明治学院大学教授）を知る。鶴見氏の人柄に接し、世の中を斜に構えて生きるのは美しくないことをさとる。この年、ロバート・リケットとニューヨーク行。はじめての米国訪問。またアジア学会に参加するため、アラン・ウルフとワシントン行。

一九八〇年（昭和五五年）　三二歳

この年、車の運転をおぼえ、秋、フランス、スイス、イタリア、スペインを二十数日にわたり、家族で自動車旅行。何度か運転のまずさから死にかかるが、数千キロを走破して無事生還。

一九八一年（昭和五六年）　三三歳

九月、勤務するモントリオール大学東アジア研究所に客員教授として多田道太郎氏を招聘。多田氏との交遊はじまる。一一月、友人鈴木貞美のすすめで鈴木が編集委員をしていた『早稲田文学』に梶井基次郎、中原中也、小林秀雄にふれた評論「二つの新しさと古さの共存」を寄稿。

一九八二年（昭和五七年）　三四歳

二月、ニューヨーク、ロサンゼルス、ハワイに立ち寄った後、帰国。横浜市金沢区の狭い公務員住宅に落ち着く。国立国会図書館の蘆原英了コレクション準備室に配属。四月、同調査局調査資料課海外事情調査室に転属。フランス語担当として、国会議員を対象としたフランスの新聞記事の講読・翻訳紹介の業務に従事する。同調査室の客員調査員として同僚にロシア専門家の袴田茂樹氏、アメリカ担当の田久保忠衛氏（現日本会議会長）らがいた。八月から一一月にかけて三回にわたり『早稲田文学』に田中康夫の『なんとなく、クリスタル』を手がかりに江藤淳と日米の関係を論じた評論「『アメリカ』の影——高度成長下の文学」を発表。江藤氏より書状をいただく。以後、文芸評論家としての活動をはじめる。

一九八三年（昭和五八年）　三五歳

一月、当時『文藝』副編集長の高木有氏の依頼を受け、二月から一二月にかけ、四回にわたり、『文藝』の「今月の本」欄に新刊を素材とした長編書評を担当。村上春樹、柄谷行人、村上龍、川崎長太郎を扱う。また、夏に勤務先に当時『群像』副編集長の天野敬子氏の訪問を受け、『群像』一一月号に「崩壊と受苦——あるいは『波うつ土地』」を寄稿。

一九八四年（昭和五九年）　三六歳

九月、『文藝』九月号に江藤淳と本多秋五両氏の無条件降伏論争にふれ、世界史への原爆の登場の意味について考える「戦後再見——天皇・原爆・無条件降伏」を発表。

一九八五年（昭和六〇年）　三七歳

一月、『文藝』で竹田青嗣氏とともに江藤淳氏を囲んで鼎談「批評の戦後と現在」を行なう。三月、埼玉県志木市に引っ越す。四月、表題評論に「崩壊と受苦」、「戦後再見」を加え『アメリカの影』を河出書房新社より刊行。またこの年、『文藝』誌上でそれぞれ柄谷行人氏（五月号）、竹田青嗣氏（一一月号）と対談。一二月、『海燕』に新人作家島田雅彦を論じ「君と世界の戦いでは、世界に支援せよ」を発表。文学的内面の現代的な意味をめぐって富岡幸一郎氏と論争を行なう。また、この年、立教大学・シカゴ大学共催のシンポジウムに参加し、大江健三郎、ノーマ・

フィールド、酒井直樹の諸氏を知る。

一九八六年（昭和六一年）　三八歳

四月、一四年間勤めた国立国会図書館を退職し、新設された明治学院大学国際学部の文化部門の一つ、文学の担当教員として就任（助教授）。担当の講義は、二つの演習のほかに現代文学論、言語表現法。同月、『思想の科学』の特集「『戦後世代』107人」に「加藤三郎——小さな光」を寄稿。六月、『中央公論』に「リンボーダンスからの眺め」を、九月、『群像』に吉本・埴谷論争にふれて「還相と自同律の不快」を発表。

一九八七年（昭和六二年）　三九歳

二月、『世界』に「『世界の終り』にて」を発表。七月、弓立社より『批評へ』を刊行。この年、沖縄に研究旅行。同僚の都留重人氏の指導のもとに学部論叢『国際学研究』の創刊準備に携わる。また、多田道太郎氏らが主宰する現代風俗研究会に参加。梶井基次郎と京都新京極界隈にふれて同会例会で発表。一二月、現代風俗研究会年報『現代風俗'87』に「キッチュ・ノスタルジー・モデル」を寄稿。さらに『思想の科学』の編集委員会に顔を出すようになる（後に非会員のまま編集委員となる）。

一九八八年（昭和六三年）　四〇歳

一月、筑摩書房より『君と世界の戦いでは、世界に支援せよ』を刊行。三月、『国際学研究』第二号に「『日本人』の成立」発表。七月、朝日新聞社よりモネの絵画強奪事件に取材したテッド・エスコット著『モネ・イズ・マネー』を翻訳刊行。同月より『群像』に「日本風景論」を隔月連載開始（一九八九年六月まで）。四月、『文學界』でポストモダン思想が席捲するなか難解な用語を振り回す風潮に苦言を呈する座談会「批評は今なぜ、むずかしいか」（高橋源一郎、竹田青嗣両氏と）を行なう。これに批判を加えた浅田彰氏に、八月、『文學界』に「『外部』幻想のこと」を寄稿して反駁。柄谷行人、蓮實重彥らの論者を批判し、いわゆるポストモダン派と論争を行なう。また、この年の暮れより、『中央公論文芸特集』(季刊)に「読書の愉しみ」を七回にわたり連載を開始(一九八八年冬季号から一九九〇年夏季号まで)。

一九八九年(昭和六四・平成元年) 四一歳

一月、昭和天皇死去。毎日新聞に寄稿した文章により数次にわたる電話による脅迫を受ける。六月、中国で天安門事件。七月、宮崎勤事件起こる。八月、『思想の科学』の天皇死去の報道をめぐる特集「天皇現象——一九八九年の日蝕」を編集委員黒川創と企画(後に「図像と巡業」としてまとめ『ホーロー質』に収録)。一一月、現代風俗研究会の年報『現代風俗'90 貧乏』を責任編集。同月、ベルリンの壁崩壊。この年、七月より一年間、『月刊 ASAHI』書評委員を務める。

一九九〇年(平成二年) 四二歳

東欧革命の余震続く。一月、講談社より『日本風景論』刊行。八月、イラク、クウェートを侵攻。九月、『思想の科学』に「帰化後の氏名」、『中央公論文芸特集』秋季号に「中野重治の自由」を発表。一二月、中央公論社より「読書の愉しみ」の連載を『ゆるやかな速度』として刊行、現代風俗研究会年報『現代遺跡・現代風俗'91』に学生との共同研究「東京オリンピック・マラソンコースの発掘」を発表。この年一年間、共同通信の文芸時評を担当する。

一九九一年(平成三年) 四三歳

一月より、『本』に竹田青嗣氏と往復書簡「世紀末のランニングパス」を連載(一九九二年五月号まで)。同月一七日、湾岸戦争勃発。二月、柄谷行人、高橋源一郎から田中康夫、島田雅彦まで若い文学者を中心に組織された「文学者の討論集会」の名で反戦声明が発表されたのに対し、三月『中央公論文芸特集』春季号に「聖戦日記」を、五月、『群像』に「これは批評ではない」を書いてその対応を批判。孤立し、以後しばらく文芸ジャーナリズムから遠のく。六月、河出書房新社から笠井潔、竹田青嗣両氏との鼎談『対話篇　村上春樹をめぐる冒険』を刊行。市村弘正・松山巖両氏らの同人雑誌『省察』第三号に「洗面器を逆さにして、押しこむ……」、「わたしの肖像」を発表。八月、河出書房新社より『ホーロー質』を刊行。

一九九二年（平成四年）　四四歳

一月、平安神宮爆破その他で罪に問われた加藤三郎氏の思想の科学賞受賞作を含む著書『意見書――「大地の豚」からあなたへ』（思想の科学社刊）に解説「この本について――『世界革命戦線・大地の豚』からの声」を寄稿。同月より『太陽』で写真展、新作写真集を対象とした写真時評を担当する（一二月号まで）。三月、『国際学研究』第九号の共同研究報告「戦後日本の社会変動の研究――『高度成長』を鍵概念に」に「『高度成長』論覚え書――『高度』の語感をめぐって」を発表。七月、竹田青嗣氏との往復書簡『世紀末のランニングパス――1991-92』を講談社より刊行。一〇月、『Voice』に「考え方の順序」を、一二月、『思想の科学』に「感情論覚え書」を発表。この年、三ヵ月、終刊まぎわの『朝日ジャーナル』の書評委員を務める。一二月、平井啓之先生死去。

一九九三年（平成五年）　四五歳

一月、「がんばれチヨジ、という場面」を『新沖縄文学』に、二月、東京都写真美術館展「発言する風景」カタログに「風景の終り」を、一一月、『思想の科学』に「理解することへの抵抗」を発表。この年、四月から朝日新聞の書評委員を務め（一九九五年四月まで）、同じく、四月から読売新聞の文芸季評を担当する（一九九五年一月まで）。

一九九四年（平成六年）四六歳

三月、初の書き下ろし評論として『日本という身体――「大・新・高」の精神史』を講談社より、ヴィジュアルなメディアについて論じた文章を集めた『なんだなんだそうだったのか、早く言えよ。――ヴィジュアル論覚え書』を五柳書院より刊行。春から夏にかけ、東京新聞より原稿依頼を受けたのをきっかけに、戦後の問題について徹底的に考える。八月、『思想の科学』の特集「日本の戦後の幽霊」を企画、中沢新一、赤坂憲雄両氏とそれぞれ「幽霊の生き方――逃走から過ぎ越しへ」、「三百万の死者から二千万の死者へ――戦後に死者を弔う仕方」と題する対談を行なう。一〇月、一連の短文五篇を東京新聞に寄稿（後「敗戦論覚え書」として『この時代の生き方』に収録）。この年あたりから二年間、大学で阿満利麿、竹田青嗣、西谷修の諸氏に岸田秀、瀬尾育生、若森栄樹、百川敬仁の諸氏を加え、明治学院大学国際学部による近代天皇制研究の共同研究を行ない、本居宣長の輪読会、伊勢神宮、幸徳秋水墓所への研究旅行などに参加する。

一九九五年（平成七年）四七歳

一月、『国際学研究』第一三号にこの間の大学での講義を素材に研究ノート「花田清輝『復興期の精神』私注（稿）（上）」を発表。同月、『群像』に「敗戦後論」を発表。翌月の朝日新聞の文芸時評で蓮實重彥氏に批判を受ける。八月、『世界』で西谷修氏と「世界戦争のトラウマと『日本人』」と題し対談し、高橋哲哉氏の『敗戦後論』批判に答えたことから、以後数年の間高橋氏との間に論争が起こる。一一月より『広告批評』で多田道太郎、鷲田清一の両氏との連載鼎談「立ち話風哲学問答」を開始する（一九九六年一一月まで一二回、一九九八年一〇月から一九九九年一〇月まで一二回連載)。一二月、講談社より『この時代の生き方』を刊行。なお、この年、阿満利麿、竹田青嗣、西谷修らの諸氏と沖縄に研究旅行。『思想の科学』で五回にわたる特集「戦後検証」を企画する。

一九九六年（平成八年）　四八歳

四月、大学からの在外研究派遣により、パリにあるコレージュ・アンテルナシオナル・ド・フィロゾフィの自由研究員として一年間フランスに滞在。家族全員に猫三匹（ジュウゾウ、クロ、キヨ）を同道する。五月、『思想の科学』休刊。七月、福岡市の出版社海鳥社より対談・講演を集成した『加藤典洋の発言』シリーズ（全三巻）の第一巻『空無化するラディカリズム』を刊行。八月、『群像』に「戦後後論」を発表。夏、友人の瀬尾育生・荒尾信子夫妻とオーストリア、チェコ等を旅行。以後、積極的にヨーロッパ各地を旅した。コレージュのセミナーに顔を出し、ハンナ・アーレント論を準備。一〇月、編著『村上春樹　イエローページ』を荒地出版社より、『言語表現法講義』を岩波書店より刊行。一一月、海鳥社より『加藤典洋の発言』第二巻『戦後を超える思考』を刊行。

一九九七年（平成九年）　四九歳

二月、『中央公論』に「語り口の問題」を発表。四月、帰国。八月、「敗戦後論」、「戦後後論」、「語り口の問題」に加筆し『敗戦後論』を講談社より刊行。賛否両論が起こる。六月、『言語表現法講義』が第一〇回新潮学芸賞を受賞。一二月、『みじかい文章――批評家としての軌跡』、『少し長い文章――現代日本の作家と作品論』を五柳書院より同時刊行。またこの年以降、竹田青嗣、瀬尾育生の諸氏とともに共同研究組織「間共同体研究会」をはじめ、橋爪大三郎、見田宗介、大澤真幸といった諸氏を加え、討議を行なう。

一九九八年（平成一〇年）　五〇歳

四月、岩波書店より岩波ブックレット『戦後を戦後以後、考える――ノン・モラルからの出発とは何か』を刊行。六月、『敗戦後論』が第九回伊藤整文学賞を受賞。八月より『群像』で「戦後的思考」を隔月連載（一九九九年六月まで）。一〇月、『敗戦後論』の韓国語訳『謝罪と妄言のあいだで』を韓国・創作と批評社より刊行。同月、『加藤典洋の発言』シリーズの第三巻、講演篇『理解することへの抵抗』を海鳥社より刊行。

一九九九年（平成一一年）五一歳

三月、岩波書店より『可能性としての戦後以後』を刊行。四月、作品社より編著『日本の名随筆98　昭和Ⅱ』を刊行。この月より一年間、大学より特別研究休暇をもらう。五月、平凡社より平凡社新書の一冊として『日本の無思想』を刊行。七月、江藤淳氏自死。九月、『中央公論』に「戦後の地平――江藤淳氏の逝去によせて」を寄稿。八月末から九月にかけ、パリに滞在し、イタリア、オーストリアを訪問。一一月、連載分に加筆し講談社より『戦後的思考』を刊行。この年、筑摩書房より三鷹市との共催の形で復活した太宰治賞の選考委員の委嘱を受ける。

二〇〇〇年（平成一二年）五二歳

三月、岩波書店より『日本人の自画像』を刊行。五月、朝日新聞社より多田道太郎、鷲田清一両氏との鼎談『立ち話風哲学問答』を刊行。五月二六日、猫のキヨ、癌で死ぬ。この間続けてきた日本と戦後に関する仕事では、もうしばらく読者がいないのではないか、という感じに襲われる。七月、ポルトガル、フランスに短い旅行。一一月、径書房より橋爪大三郎、竹田青嗣両氏と『天皇の戦争責任』を刊行。この年、講談社より群像新人文学賞の選考委員の委嘱を受ける（二〇〇八年まで）。

二〇〇一年（平成一三年）五三歳

七月、『一冊の本』で「現代小説論講義」の連載を開始（二〇〇三年一〇月まで）、文芸評論の世界に復帰する。九月、ニューヨークでの同時多発テロ。一一月、先に奈良女子大学で行なった討議をまとめた小路田泰直編『戦後的知と「私利私欲」――加藤典洋的問いをめぐって』が柏書房より刊行される。

二〇〇二年（平成一四年）　五四歳

五月、クレインより『ポッカリあいた心の穴を少しずつ埋めてゆくんだ』を刊行。一〇月、『群像』に「『作者の死』と『取り替え子《チェンジリング》』」を発表。一一月、見田宗介、橋爪大三郎、宮台真司、竹田青嗣の諸氏を迎え明治学院大学国際学部付属研究所主催シンポジウム「9・11以後の国家と社会をめぐって」を企画、司会を行なう。基調発言「『世界心情』と『換喩的な世界』――9・11で何が変わったのか」を発表。一二月、トランスアートより編著『別冊・本とコンピュータ5　読書は変わったか？』を刊行。同月、猫のジュウゾウ死ぬ。この年、新潮社より小林秀雄賞選考委員の委嘱を受ける。

二〇〇三年（平成一五年）　五五歳

一月、『論座』に前年のシンポジウム「9・11以後の国家と社会をめぐって」の記録を掲載。「『世界心情』と『換喩的な世界』」（短縮版）を発表。二月、『群像』に「『海辺のカフカ』と『換喩的な世界』」を発表。春、明治学院大学国際学部の内部事情から早稲田大学に移ることを決める。五月、長野県小諸市郊外浅間南麓に中村好文氏に設計を依頼していたごく小さな仕事小屋が建つ。以後夏は多くその小屋で過ごす。九月、『群像』に「『仮面の告白』と『作者殺し』」を発表。一一月、『国際学研究』第二四号の前記シンポジウム特集に「『世界心情』と『換喩的な世界』」（完全版）を発表。

二〇〇四年（平成一六年）　五六歳

一月、この間『群像』に発表した文芸評論と『一冊の本』の連載をまとめ講談社より『テクストから遠く離れて』を、朝日新聞社より『小説の未来』を同時刊行。三月二七日、母美宇死去。四月、『新潮』に「『プー』する小説――『シンセミア』と、いまどきの小説」を発表。五月、荒地出版社より編著『村上春樹 イエローページ Part 2』を刊行。七月、『テクストから遠く離れて』、『小説の未来』が第七回桑原武夫学芸賞を受賞。八月、早稲田大学新設学部での英語での講義に備え、カナダ、バンクーバーのブリティッシュ・コロンビア大学英語夏期講座に参加。一一月、東京大学大学院「多分野交流演習」で「関係の原的負荷――『寄生獣』からの啓示」と題し講演。同月、晶文社より『語りの背景』を刊行。

二〇〇五年（平成一七年）　五七歳

二月、鶴見俊輔『埴谷雄高』に解説「六文銭のゆくえ――埴谷雄高と鶴見俊輔」を寄稿。四月、明治学院大学国際学部を辞し早稲田大学国際教養学部教授に就任。米国、カナダ、デンマーク、シンガポール、韓国からの留学生からなる七名の受講生を相手にJapanese Contemporary Literatureの授業を行なう。五月、岩波書店よりシリーズ「ことばのために」の一冊『僕が批評家になったわけ』を刊行。八月、再度、日米交換船の調査をかね、英語研修のためカナダ、バンクーバーのサイモン・フレーザー大学夏季英語講座に参加。九月、Intellectual and Cultural History of Post-War Japanの授業を担当。一〇月、河出書房新社『日本文芸史第七巻　現代Ⅰ』に第二部第二章「批評の自立」を、一一月、同第八巻『現代Ⅱ』に第一部第三章「批評」、第二部第二章「批評」を寄稿。同月、六本木ヒルズ森美術館での杉本博司氏の写真展「時間の終わり」展で同氏と特別対談を行なう。一二月、筑摩書房よりちくま文庫の一冊として『敗戦後論』を刊行。この年、講談社より講談社ノンフィクション賞選考委員の委嘱を受ける（二〇一〇年まで）。

二〇〇六年（平成一八年）　五八歳

一月、これまで書いた村上春樹に関する文章をまとめ若草書房より『村上春樹論集1』、二月、同『村上春樹論集2』を刊行。二月、『考える人』に「一九六二年の文学」を発表。三月、新潮社より黒川創とともに鶴見俊輔氏の戦時の経験を聞き記録にとどめた『日米交換船』を刊行。また、四月より朝日新聞で文芸時評を担当（二〇〇八年三月まで）。九月、編集グループSUREより鶴見俊輔氏他との談論記録『創作は進歩するのか』を刊行。同月、*The American Interest* 第二巻一号に"Goodbye Godzilla, Hello Kitty : The Origins and Meaning of Japanese Cuteness"を発表（翻訳マイケル・エメリック）。これをきっかけに同誌編集委員会委員長フランシス・フクヤマ氏を知る。一一月、『群像』に「太宰と井伏　ふたつの戦後」を発表。同月、猫のクロ死ぬ。

二〇〇七年（平成一九年）　五九歳

三月、筑摩書房より筑摩書房ウェブサイトで二〇〇五年から行ってきた人生相談「21世紀を生きるために必要な考え方」をまとめ『考える人生相談』を刊行。四月、『群像』に前年 *The American Interest* 誌に発表した英文論考の日本語原文「グッバイ・ゴジラ、ハロー・キティ」を発表。同月、講談社より『太宰と井伏　ふたつの戦後』を刊行。同月、勤務する早稲田大学国際教養学部のゼミでゼミ内刊行物「ゼミノート」の刊行を開始する（二〇一四年三月まで）。六月、『論座』に「戦後から遠く離れて——わたしの憲法『選び直し』の論」を発表。一〇月、父脳梗塞で倒れる。以後だいぶ機能回復するも後遺症残る。一二月二日、多田道太郎氏死去。
二〇〇八年（平成二〇年）　六〇歳
六月、筑摩書房より前記ウェブサイトの人生相談の二〇〇六年以降分をまとめ『何でも僕に訊いてくれ——きつい時代を生きるための56の問答』を刊行。七月、『中原中也研究』第一三号に前年、中原中也の会で行なった講演「批評の楕円——小林秀雄と戦後」を発表。九月、妻、娘を伴い、パリを経由してイタリア・シチリア島に旅行。同月、『小説トリッパー』に「大江と村上——一九八七年の分水嶺」を発表。一二月、『群像』に「関係の原的負荷——二〇〇八、『親殺し』の文学」を発表。同月、朝日新聞出版よりこれまで行った文芸時評と直近の文芸評論をまとめた『文学地図——大江と村上と二十年』を刊行。
二〇〇九年（平成二一年）　六一歳
二月〜三月、プリンストン大学エバーハード・L・フェイバー基金とアジア研究学科より招聘され同大学を訪問、二月二五日、ゴジラと戦後日本について英語の講演（"From Godzilla to Kitty : Sanitizing the Uncanny in Post-war Japan"）を行う。三月三一日、旧知の編集者入澤美時急逝。四月、『週刊朝日緊急増刊・朝日ジャーナル』に「『連帯を求めて』孤立への道を」を発表。七月、加藤ほか著『ことばの見本帖（ことばのために別冊）』（岩波書店）に「さようなら、『ゴジラ』たち——文化象徴と戦後日本」を寄稿。九月、『群像』に「村上春樹の短編を英語で読む」の連載を開始する（二〇一一年四月まで）。同月二〇日、早稲田大学で親しかったロシア文学者、水野忠夫氏が急逝。一〇月二七日、『思想の科学』五十年史の会主催の「『思想の科学』は、まだ続く——五十年史三部作完結記念シンポジウム」にパネラーとして参加。

二〇一〇年（平成二二年）六一歳

三月一三日、東京工業大学世界文明センターでの『大菩薩峠』研究キックオフ・シンポジウムで「『大菩薩峠』とは何か――文学史と思想史の読みかえの可能性に向けて」を講演。四月より、一年間の特別研究休暇で、デンマークと米国に赴任。前半はデンマーク、コペンハーゲン大学文化横断地域研究学部に客員教授として滞在（九月まで）。その間、ポーランドのオフィチエンシム（アウシュヴィッツ）のほか、ノルウェー、アイスランド、ハンガリー、バスク地方など欧州各地を旅行する。五月一〇日、ケンブリッジ大学ウォルフソン・カレッジのアジア中東学部で“From Godzilla to Hello Kitty : Sanitizing the Uncanny in Post-War Japan”と題し、講演。七月、『さようなら、ゴジラたち　戦後から遠く離れて』を岩波書店から刊行。八月二二日、米国紙ニューヨークタイムズにコラム“Japan and the Ancient Art of Shrugging”を発表（翻訳マイケル・エメリック）。同月二八日、デンマーク、ミュン島での二日間の村上春樹氏のトーク・イベントに観衆の一人として参加。九月一七日、コペンハーゲン大学を離任する。二三日以後、カリフォルニア大学サンタバーバラ校（UCSB）学際的人文研究所（IHC）に客員研究員として赴任（二〇一一年三月まで）。ゼミ、講義、勉強会への参加などを通じ、マイケル・エメリック同大上級准教授、嶋﨑聡子コロラド大学ボールダー校准教授のほか、ジョン・ネイスン、ルーク・ロバーツ、長谷川毅といったUCSBの教授たちと親交を結ぶ。また、友人たちに勧められ、拙著『敗戦後論』への米国での批判に対する反論を執筆する（しかし、その後曲折を経たあと、いまだ欧米での発表にいたらず）。

二〇一一年（平成二三年）六三歳

三月、カズオ・イシグロを論じた“Send in the Clones”（翻訳マイケル・エメリック）を*The American Interest* 第六巻四号に発表。同月一一日、東日本大震災、福島第一原発事故が発生。自分の国の田畑が大津波に呑みこまれる光景を異国のテレビ画面に見る。三一日、一年の研究休暇を終え、震災直後の故国に帰国。四月六日、友人の住む南相馬市を訪れる。五月、「死に神に突き飛ばされる——フクシマ・ダイイチと私」を『一冊の本』に、「ヘールシャム・モナムール——カズオ・イシグロ『わたしを離さないで』を暗がりで読む」（先のイシグロ論の日本語版）を『群像』に、「独裁と錯視——二十世紀小説としての『巨匠とマルガリータ』」を『新潮』に発表。六月、南相馬市での経験を記し日本のメディアを批判する「政府と新聞の共同歩調」を『週刊朝日緊急増刊・朝日ジャーナル』に寄稿。七月、米国で書き下ろしたJポップ論、『耳をふさいで歌を聴く』をアルテスパブリッシングより刊行。八月、『村上春樹の短編を英語で読む　1979～2011』を講談社より刊行。同月二七日、新潟県越後妻有大地の芸術祭の里での福島からの避難家族を主対象にした林間学校で宮沢賢治「やまなし」を題材に授業を行う。一〇月、『小さな天体　全サバティカル日記』を新潮社より刊行。一一月、夏に書き下ろした論考「祈念と国策」を収録して『3・11　死に神に突き飛ばされる』を岩波書店より刊行。

二〇一二年（平成二四年）　六四歳

三月、「ゴジラとアトム——一対性のゆくえ」を慶應義塾大学アート・センター Booklet 第二〇号に発表。同月一六日、吉本隆明氏が死去。一七日、『中国新聞』に「『此岸』に立ち続けた思想——吉本さん追悼」を、一九日、『毎日新聞』に「『誤り』『遅れ』から戦後思想築く——吉本隆明さんの死に際して」を発表。以後、学内の刊行物「ゼミノート」を自らが編集人となって毎週発行することとし、そこに「三・一一以後の思想」の模索を目的に、後に連載「有限性の方へ」へと合流する草稿群の集中的執筆を開始する。五月一四日と二八日、東京工業大学世界文明センターで「三・一一以後を考える」と題し、連続講演。九月二九日、福岡ユネスコ協会で「書くひと　鶴見俊輔」と題し、講演。一二月一五日、台湾日本語文学会年次大会で「村上春樹の国際的な受容はどこから来るか――その文学の多層性と多数性」を基調講演。

二〇一三年（平成二五年）　六五歳

一月、『ふたつの講演　戦後思想の射程について』を岩波書店より刊行。同月一四日、都心に雪降りしきる早朝、息子加藤良、事故で死ぬ。二〇日、友人の京都・徳正寺僧侶井上迅（扉野良人）の勧めにより埼玉県朝霞市の斎場で葬儀。喪主挨拶を読む。二月、「有限性の方へ」を『新潮』に連載開始（五～六月を除き、二〇一四年一月まで）。同月六日、三鷹ネットワーク大学で「太宰治、底板にふれる――『山姥』をめぐって」を講演。三月、黒川創氏との共著『考える人・鶴見俊輔』を弦書房から刊行。五月、高橋源一郎氏との共著『吉本隆明がぼくたちに遺したもの』を岩波書店から刊行。一一月、インターナショナル・ニューヨークタイムズ紙の固定コラムニストに就任。以後、天皇、安倍政権の右傾化、沖縄問題、原爆投下などについて月一回、コラムを掲載する（翻訳マイケル・エメリック、二〇一四年一〇月まで）。一二月一四日、早稲田大学RILAS主催シンポジウム「東アジア文化圏と村上春樹――越境する文学、危機の中の可能性」に参加、「一六八年後の村上春樹と東アジア」を発表。この年、早稲田大学坪内逍遙大賞選考委員に委嘱を受ける。
二〇一四年（平成二六年）　六六歳
二月一〇日、友人の鷲尾賢也（元講談社取締役、歌人の小高賢）が急逝。同月一四日、告別式で友人代表として弔辞を読む。三月三一日、早稲田大学国際学術院国際教養学部を退職、同名誉教授となる。四月より、「ゼミノート」を「ハシからハシへ」に改題、以後、一〇〇部未満の規模で知友に配る不定期のウェブ刊行に切り替える。またこの月より、岩波書店ウェブサイトで「村上春樹は、むずかしい」を月一回更新で連載開始（二〇一五年六月まで）。五月、中尾ハジメ氏との共著『なぜ「原子力の時代」に終止符が打てないか』を編集グループSUREより刊行。六月、『人類が永遠に続くのではないとしたら』（「有限性の方へ」を改題）を新潮社より刊行。七月一日、安倍政権、集団的自衛権行使を閣議決定。同月六日、父加藤光男、死去。一一月七日、日本記者クラブで「七〇年目の戦後問題」と題し、講演。このあと、翌年八月まで戦後論の執筆に没頭する。
二〇一五年（平成二七年）　六七歳
二月八日、北川フラム企画の奥能登国際芸術祭キックオフ・シンポジウムにパネラーとして参加。三月、季刊誌『ｋｏｔｏｂａ』に「敗者の想像力」を連載開始（二〇一六年一二月まで）。七月二〇日、鶴見俊輔氏が死去。二八日、『毎日新聞』に「『空気投げ』のような教え――鶴見俊輔さんを悼む」を寄稿。九月、『すばる』に「死が死として集まる。そういう場所」を発表。同月六日、義母清野智子が死去。一〇月、『戦後入門』をちくま新書より刊行。『世界』に「鶴見さんのいない日」を、『岩波講座現代第一巻　現代の現代性』に「ゾーエーと抵抗――何が終らず、何が始まらないのか」を発表。一一月二五日、友人扉野良人に招かれ京都に滞在（一二月二日まで）。二九日、京都・徳正寺で「戦後ってなんだろう」と題しトーク。扉野の友人ほしよりこと知る。一二月、『村上春樹は、むずかしい』を岩波新書より刊行。一九九九年刊の『日本の無思想』を『増補改訂日本の無思想』として平凡社ライブラリーより再刊。同月九日、日本記者クラブで「『戦後入門』をめぐって——戦後七〇年目の戦後論」と題し、講演。

二〇一六年（平成二八年）　六八歳

一月、『現代思想』で見田宗介氏と「現代社会論／比較社会学を再照射する」と題し対談を行う。同月二四日、義父清野宏が死去。二月、『早稲田文学』春季号に「水に沈んだ峡谷への探索行の報告（抄）」を発表。五月五日、水俣フォーラム水俣病公式確認六〇年記念特別講演会で「水俣病と私——〝微力〟について」と題し、講演。二三日、この間、交遊のはじまっていた宇佐美爽子氏が急逝。二八～三〇日、台湾淡江大学の村上春樹研究センター主催第五回村上春樹国際シンポジウムで「『1Q84』における秩序問題」と題し、基調講演。ポーランド語の翻訳者アンナ・ジェリンスカ゠エリオットと知る。早稲田大学での教え子、英国ニューカッスル大学准教授のギッテ・ハンセンと再会。六月、大澤真幸編『憲法9条とわれらが日本　未来世代へ手渡す』（筑摩書房）にインタビュー「『明後日』のことまで考える——九条強化と国連中心主義」（聞き手　大澤真幸）を発表。七月、『新潮』に「死に臨んで彼が考えたこと——三年後のソクラテス考」を発表。『飢餓陣営せれくしょん5　沖縄からはじめる『新・戦後入門』』に「加藤典洋ロングインタビュー『戦後』の出口なし状況からどう脱却するか」（聞き手　佐藤幹夫）を、内田樹編『転換期を生きるきみたちへ　中高生に伝えておきたいたいせつなこと』(晶文社)に「僕の夢――中高生のための『戦後入門』」を発表。八月～一〇月、インターナショナル・ニューヨークタイムズ寄稿コラムの日本語版などを収めた『日の沈む国から 政治・社会論集』、文学論を編んだ『世界をわからないものに育てること 文学・思想論集』、吉本さん、鶴見さんなど大事な人々をめぐる文を集めた『言葉の降る日』の三冊を、月ごと、私的な三・一一以後三部作の心づもりで岩波書店から刊行する。八月一五日、ニューヨークタイムズ紙に“The Emperor and the Prime Minister”(翻訳マイケル・エメリック)を発表。一〇月、鶴見俊輔遺著『敗北力 Later Works』(編集グループSURE)に解説を執筆。『新潮』に「シン・ゴジラ論(ネタバレ注意)」を発表する。

(二〇一六年一〇月記す)

著書目録

加藤典洋

【単行本】

アメリカの影　昭60・4　河出書房新社
批評へ　昭62・7　弓立社
君と世界の戦いでは、世界に支援せよ　昭63・1　筑摩書房
日本風景論　平2・1　講談社
ゆるやかな速度　平2・11　中央公論社
ホーロー質　平3・8　河出書房新社
日本という身体——「大・新・高」の精神史　平6・3　講談社
なんだなんだそうだったのか、早く言えよ。——ヴィジュアル論覚え書　平6・3　五柳書院
この時代の生き方　平7・12　講談社
言語表現法講義　平8・10　岩波書店
敗戦後論　平9・8　講談社
みじかい文章——批評家としての軌跡　平9・11　五柳書院
少し長い文章——現代日本の作家と作品論　平9・11　五柳書院
戦後を戦後以後、考える——ノン・モラルからの出発と　平10・4　岩波書店

は何か

謝罪と妄言のあいだで（『敗戦後論』韓国語訳）　平10・10　韓国・創作と批評社

可能性としての戦後以後　平11・3　岩波書店

日本の無思想（新書）　平11・5　平凡社

戦後的思考　平11・11　講談社

日本人の自画像　平12・3　岩波書店

ポッカリあいた心の穴を少しずつ埋めてゆくんだ　平14・5　クレイン

テクストから遠く離れて　平16・1　講談社

小説の未来　平16・1　朝日新聞社

語りの背景　平16・11　晶文社

僕が批評家になったわけ　平17・5　岩波書店

村上春樹論集1　平18・1　若草書房

村上春樹論集2　平18・2　若草書房

考える人生相談　平19・3　筑摩書房

太宰と井伏　ふたつの戦後　平19・4　講談社

何でも僕に訊いてくれ　きつい時代を生きるための56の問答　平20・6　筑摩書房

文学地図　大江と村上と二十年　平20・12　朝日新聞出版

さようなら、ゴジラたち　戦後から遠く離れて　平22・7　岩波書店

耳をふさいで、歌を聴く　平23・7　アルテスパブリッシング

村上春樹の短編を英語で読む　1979～2011　平23・8　講談社

小さな天体　全サバティカル日記　平23・10　新潮社

3・11　死に神に突き飛ばされる　平23・11　岩波書店

ふたつの講演　戦後思想の射程について　平25・1　岩波書店

人類が永遠に続くのではないとしたら　平26・6　新潮社

戦後入門（新書）　平27・10　筑摩書房

村上春樹は、むずかしい（新書）　平27・12　岩波書店

日の沈む国から　政治・社会論集　平28・8　岩波書店

世界をわからないものに育てること　文学・思想論集　平28・9　岩波書店

言葉の降る日　平28・10　岩波書店

〈対談・講演集〉

空無化するラディカリズム（対談集、『加藤典洋の発言』第一巻）　平8・7　海鳥社

戦後を超える思考（対談集、同第二巻）　平8・11　海鳥社

理解することへの抵抗（講演集、同第三巻）　平10・10　海鳥社

〈共著・編著〉

対話篇　村上春樹をめぐる冒険（笠井潔、竹田青嗣と）　平3・6　河出書房新社

世紀末のランニングパス——1991—92（竹田青嗣との往復書簡）　平4・7　講談社

村上春樹　イエローページ（編著）　平8・10　荒地出版社

日本の名随筆98　昭和Ⅱ（編著）　平11・4　作品社

立ち話風哲学問答　平12・5　朝日新聞社

（多田道太郎、鷲田清一と）

天皇の戦争責任（橋爪大三郎、竹田青嗣と）　平12・11　径書房

読書は変わったか？（別冊・本とコンピュータ5）（編著）　平14・12　トランスアート

村上春樹　イエローページ　Part 2（編著）　平16・5　荒地出版社

日米交換船（鶴見俊輔、黒川創と）　平18・3　新潮社

創作は進歩するのか（鶴見俊輔と）　平18・9　編集グループSURE

考える人・鶴見俊輔（FUKUOKA Uブックレット3、黒川創と）　平25・3　弦書房

吉本隆明がぼくたちに遺したもの（高橋源一郎と）　平25・5　岩波書店

なぜ「原子力の時代」に終止符を打てないか（中尾ハジメと）　平26・5　編集グループSURE

〈訳書〉

モネ・イズ・マネー（テッド・エスコット著）　昭63・7　朝日新聞社

【文庫】

アメリカの影――戦後再見　平7・6　講談社学術文庫

二つの戦後から（『世紀末のランニングパス』改題、竹田青嗣と）　平10・8　ちくま文庫

との往復書簡）

日本風景論　平12・11　講談社文芸文庫

「天皇崩御」の図像学――『ホーロー質』より　平13・6　平凡社ライブラリー

敗戦後論　平17・12　ちくま文庫

村上春樹　イエローページ1　平18・8　幻冬舎文庫

村上春樹　イエローページ2　平18・10　幻冬舎文庫

アメリカの影　平21・9　講談社文芸文庫

増補　日本という身体　平21・12　河出文庫

敗戦後論　平27・7　ちくま学芸文庫

増補改訂　日本の無思想　平27・12　平凡社ライブラリー

「著書目録」には再刊本及び四名以上との共著は入れなかった。

（作成・著者）

初出
『群像』一九九八年八月号〜一九九九年六月号（隔月掲載）

本書は一九九九年一一月刊行の単行本『戦後的思考』（講談社）を底本とし、加筆・訂正を施したものです。